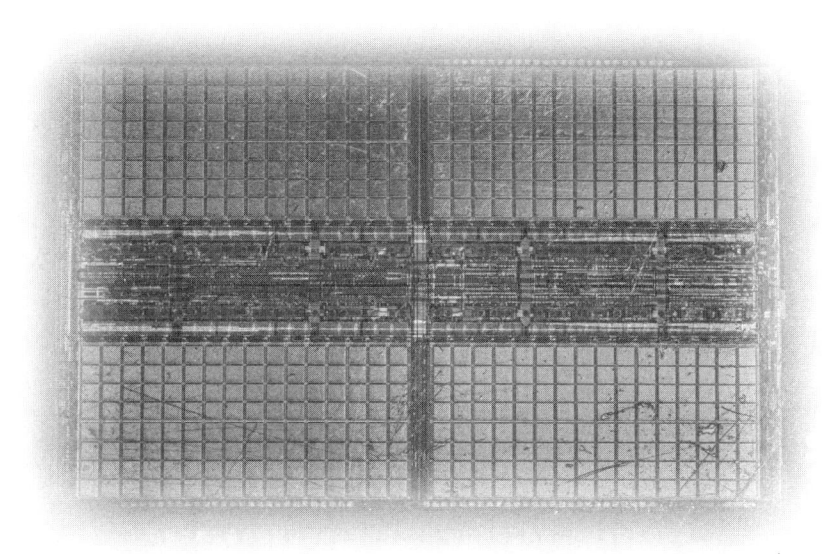

科学文化经典译丛

# 韩国现代化之路
## 工业化和技术革命

한국의 산업화와 기술발전
한국 경제의 진화와 주요 산업의 기술혁신

[韩]宋成守 著
李姗 李莹 译

中国科学技术出版社
·北京·

# 图书在版编目（CIP）数据

韩国现代化之路：工业化和技术革命/（韩）宋成守著；李姗，李莹译 .—北京：中国科学技术出版社，2023.4

（科学文化经典译丛）

ISBN 978-7-5046-9889-6

Ⅰ.①韩… Ⅱ.①宋… ②李… ③李… Ⅲ.①工业技术—技术史—韩国 Ⅳ.① F431.269

中国版本图书馆 CIP 数据核字（2022）第 227583 号

《한국의 산업화와 기술발전 한국의 과학과 문명 17》
By Song Sung Soo（송성수 / 宋成守）
Copyright © 전북대학교 한국과학문명학연구소 2021
All Rights Reserved.Original Korean edition published by Dulnyouk Publishing Co,
Simplified Chinese Character translation rights arranged through Easy Agency, SEOUL and YOUBOOK AGENCY, CHINA 本书中文简体字版权由玉流文化版权代理独家代理，授权中国科学技术出版社出版。
未经出版者书面许可，不得以任何方式复制或抄袭或节录本书内容。版权所有，侵权必究。
北京市版权局著作权合同登记　图字：01-2022-5400

| 总 策 划 | 秦德继 |
|---|---|
| 策划编辑 | 周少敏　李惠兴　郭秋霞 |
| 责任编辑 | 李惠兴　崔家岭　汪莉雅 |
| 封面设计 | 中文天地 |
| 正文设计 | 中文天地 |
| 责任校对 | 吕传新 |
| 责任印制 | 马宇晨 |

| 出　　版 | 中国科学技术出版社 |
|---|---|
| 发　　行 | 中国科学技术出版社有限公司发行部 |
| 地　　址 | 北京市海淀区中关村南大街 16 号 |
| 邮　　编 | 100081 |
| 发行电话 | 010-62173865 |
| 传　　真 | 010-62173081 |
| 网　　址 | http：//www.cspbooks.com.cn |

| 开　　本 | 710mm×1000mm　1/16 |
|---|---|
| 字　　数 | 402 千字 |
| 印　　张 | 30.25 |
| 版　　次 | 2023 年 4 月第 1 版 |
| 印　　次 | 2023 年 4 月第 1 次印刷 |
| 印　　刷 | 河北鑫兆源印刷有限公司 |
| 书　　号 | ISBN 978-7-5046-9889-6 / F·1083 |
| 定　　价 | 128.00 元 |

（凡购买本社图书，如有缺页、倒页、脱页者，本社发行部负责调换）

# 前 言

  漫长的旅程似已告一段落，笔者对韩国现代科学技术史的关注不知不觉已 20 余载。在构思博士学位论文过程中，笔者开始正式思考韩国技术发展这一主题，并在此期间发表了几篇与钢铁产业和半导体产业相关的论文。与此同时，还致力于造船业和汽车产业方面案例的研究。通过本书，笔者在完善现有研究的同时，增加了纤维、鞋类、石油化学、电脑、通信、手机、显示器等相关产业分析。

  本书的筹划、准备过程并非像想象中那么容易。尽管本书很早就入选韩国科学文明学研究所主办的"韩国科学与文明"系列丛书出版计划，但对研究范围却存在诸多争议。对于是否把重点放在技术发展上，是否包括经济史，是集中于少数案例，抑或是尽量增加案例探讨等问题，出现了意见分歧。最终，方向确定为将经济史和技术史相结合，探讨各种技术发展案例。在经历一番曲折后，撰写语言也由英文改为韩文。

  从收集资料算起，本书的实际编写工作始于 2016 年夏。从挖掘材料到成书，与韩国的科技先驱们所进行的实践一样，整个过程就像完成一幅拼图。著书的工作也如韩国经济的进化过程那般，呈现 S 曲线。刚开始进展缓慢，在某个瞬间突然加速，之后再次放缓。笔者从 2018 年 8 月起担任釜山大学通识教育学院院长，导致写作曾一度停滞。像曾致力于韩国技术发展的先驱们一样，早出晚归日益频繁，甚至有时周末也要加班。因此，该书的初稿直至 2019 年春天才告一段落，之后又根据修改意见不断完善。

尽管前期历经坎坷，但在出版之际，又发现了不少问题。笔者按自己的思路整理了韩国现代经济史和技术史，但这两个领域似乎并没有紧密联系在一起。另外，书中所举案例，有些有详细的分析，有些仅停留在通盘探讨上。绪论中提出的有关韩国技术发展的分析框架是否在正文中体现也存在疑问。技术社会史、技术文化史、社会科学理论（韩国技术革命相关）等非技术经济史关注者，也会对本书的形式提出质疑。只好自我安慰"一口吃不成胖子"，同时也期待笔者在内众多研究者的后续工作。

针对以上问题反复讨论打磨后，似乎更加明确了本书的局限性和特征。本书虽涵盖了韩国现代经济史和技术史，主要研究对象却是技术史，经济史则相当于一种背景。但是，在阐述经济史时，同时探讨了重要产业政策和科学技术政策，成为探索韩国技术发展的纽带。受相关产业技术特征影响，案例分析呈现差异性，总体而言，仍然具备重要参考价值。由此可见，对韩国现代技术史的探讨还处于起步阶段，在此背景下，韩国工学翰林院于 2019 年夏出版了 10 卷"韩国产业技术发展史"丛书，值得我们拍手称道。

此外，该书第 3-5 章中个别案例研究缺少充分的佐证资料，为避免重复单调的讨论，特未体现韩国技术发展的分析框架，而是在各章的最后补充了综合考察部分，并在第六章结论中探讨了各产业的技术发展路径，以此补充完善。

本书的出版受到各方帮助与支持。全北大学的金根培教授、申东源教授、文晚龙教授、金兑豪教授、申香淑博士等在本书的体系框架、进度方面给予了很大的帮助。特别是金根培教授让笔者从构思到评价的全过程慎终如始，借此机会对金教授表示感谢。同时，向李根教授、宋伟赈博士、李相哲教授等研究者们表示深深的谢意，他们的先行研究为本研究提供了重要参考。最后，感谢我的家人李允珠、宋英恩，你们是支撑我的坚实力量。

宋成守

2020 年 12 月

# 目 录

前言 ································································· i

## 第一章　绪论 ·················································· 1

1. 韩国的经济增长 ············································· 1
2. 从技术从属论到技术能力发展论 ······················· 5
3. 技术发展的阶段、特点和类型 ···························· 8
4. 分析框架建议和本书概况 ·································· 12

## 第二章　经济重建的尝试 ································ 17

1. 光复后至 20 世纪 50 年代的韩国经济 ················· 17
2. 替代进口工业化进程 ······································ 30

## 第三章　极速的经济开发和技术掌握 ··············· 38

1. 20 世纪 60—70 年代的韩国经济 ························ 39
2. 轻工业领域的技术掌握 ···································· 71
3. 重化工业领域的技术学习 ································· 85
4. 综合考察 ······················································ 136

## 第四章　第二次高速增长期与技术追赶 ················ **143**

    1. 1980—1997年的韩国经济 ························· **143**

    2. 现有产业的技术追赶 ······························· **167**

    3. 挑战尖端技术 ········································· **207**

    4. 综合考察 ·············································· **251**

## 第五章　韩国的经济转型和技术领先 ··················· **259**

    1. 外汇危机后的韩国经济 ···························· **259**

    2. 主要产业的技术领先 ······························· **280**

    3. 小结 ··················································· **315**

## 第六章　结语 ··················································· **322**

    1. 韩国经济的进化 ···································· **322**

    2. 技术发展路径 ······································· **327**

**注释** ································································ **335**

**参考文献** ························································· **437**

**索引** ································································ **464**

**译者后记** ························································· **471**

# 第一章

## 绪 论

### 1. 韩国的经济增长

一直到1960年,韩国还是一个非常贫穷的国家。当时韩国的人均GDP为79美元,低于非洲的苏丹,还不到北美洲墨西哥的三分之一。这种情况在1962年推行经济开发五年计划前后开始迅速变化。韩国社会也正式进入了工业化社会。早在18世纪中叶,发达国家就已进入工业化,可以说,韩国的工业化起步晚了200余年。但韩国的工业化发展迅速,20世纪90年代中期以后,已基本迈入发达国家行列。从世界史的角度,20世纪60年代到90年代中期,韩国工业化的迅猛发展可以被称为"韩国工业革命"。[1]

反映一个国家经济成果的一般指标包括GDP、人均GDP和经济增长率。韩国的GDP在1965年达到30亿美元左右,1980年和1997年分别增长至652亿美元和5575亿美元。人均GDP在1965年仅为106美元,1980年达到1711美元,1997年则增至12133美元。据统计,韩国经济增长率在1962年至1979年期间达到年均9.3%,1980年至1997年期间达到年均8.5%。[2]事实上,包括韩国在内的东亚新兴工业国的经济水平在1980年左右超过非洲国家，与南美洲国家持平。在此之后，韩国的经济发展逐渐达到可以与发达国家竞争的水平，而南美洲国家则失去了增长动力。[3]

韩国的经济增长之所以更加令人印象深刻，是与产业结构高度并行的结果。20世纪60年代重点发展轻工业，70年代重化工业发展紧随其后，20世纪80年代以后发展尖端产业。由此，韩国仅用了40多年的时间就实现了经济增长主导产业由第一产业经过轻工业和重化工业向尖端产业的转变，这一点从表1-1中所示的十大出口商品的变化趋势中得到了很好的体现。[4]除此之外，韩国是经济合作与发展组织（Organization for Economic Cooperation and Development，OECD）成立后，首个从援助受惠国变为援助提供国的国家。韩国于1996年12月成为经济合作与发展组织的第29个成员国，2010年1月成为经合组织下属委员会——发展援助委员会（Development Assistance Committee，DAC）成员国。此外，韩国在2019年3月位列"3050俱乐部"（"3050"俱乐部指人口数量超过5000万、人均国民收入超过3万美元的国家）。

表1-1 韩国十大出口商品变化

| 位次 | 1960年 | 1970年 | 1980年 | 1990年 | 2000年 | 2010年 |
|---|---|---|---|---|---|---|
| 1 | 铁矿石 | 纤维类 | 纤维类 | 服装类 | 半导体 | 半导体 |
| 2 | 钨矿石 | 合成板 | 电子产品 | 半导体 | 电脑 | 船舶 |
| 3 | 生丝 | 假发 | 钢铁制品 | 鞋类 | 汽车 | 汽车 |
| 4 | 无烟煤 | 铁矿石 | 鞋类 | 船舶 | 石油制品 | 显示器 |
| 5 | 鱿鱼 | 电子产品 | 船舶 | 映像机器 | 船舶 | 石油制品 |
| 6 | 鲜鱼 | 蔬菜类 | 合成树脂 | 钢铁板 | 无线通信设备 | 无线通信设备 |
| 7 | 石墨 | 鞋类 | 金属制品 | 人造纤维 | 合成树脂 | 汽车附件 |
| 8 | 合成板 | 烟草 | 合成板 | 电脑 | 钢铁板 | 合成树脂 |
| 9 | 大米 | 钢铁制品 | 远洋渔业 | 音箱器材 | 服装类 | 钢铁板 |
| 10 | 鬃毛 | 金属制品 | 电器 | 汽车 | 映像机器 | 电脑 |

资料出处：崔永洛等，《韩国科学技术发展的形态与方式分析》，科学技术政策研究院，2010。

韩国经济的快速增长,从1988年在首都举办的奥运会前后开始受到国际学术界的关注。例如,政治经济学家艾丽斯·H.阿姆斯登(Alice H. Amsden)将韩国视为继日本之后"亚洲的下一个巨人";沃格尔(Ezra F. Vogel)将韩国与新加坡相提并论。[5]沃格尔评价说:"世界上没有哪个国家像韩国一样努力,也没有哪个国家像韩国这样迅速地从手工业过渡到重工业,从贫穷到繁荣,从没有经验变为近代计划制定者、经营者和工程师。"[6]阿姆斯登说:"像韩国这样的国家可以成为其他渴望实现工业化国家学习的有益模式。"[7]与此同时,从将韩国的经济增长比喻为"汉江奇迹"的表达也不难发现这点。[8]

但是,对于如何理解和评价韩国的经济增长和工业化,仍众说纷纭。一直以来,对于韩国经济增长的特点,以"朴正熙体制""韩国发展模式"等为媒介展开了无数争论,主要从以市场为中心、国家主义、国际主义的视角展开。[9]

以市场为中心的视角立足于"新古典理论",强调市场机制的作用,认为韩国经济成功的秘诀在于遵循自由市场竞争规律,积极融入世界经济。韩国政府也通过市场亲和性政策,倾力打造优势项目。与此相反,以"发展型国家理论"(developmental state theory)为代表的国家主义视角关注政府的自主性和政策能力。[10]根据该理论,韩国经济发展是通过对汇率、利率、物价、劳动等方面进行市场干预和价格操纵,政府有效地调节投资的优先顺序而实现的。国际主义视角凸显了有利于追赶先发经济的地缘政治条件。后发经济就像"雁行模式"(flying geese)一样,紧跟先发经济的步伐。韩国经济的迅速崛起,美国国际政治战略的支持和日本经济的领先发展在其中发挥了不可或缺的作用。[11]

进入21世纪,出现了对以上观点的补充和超越,其中包括工业化类型论、开发政府论、阶级关系论等观点。工业化类型论将亚历山大·格申克龙(Alexander Gerschenkron)关于后发工业化的论述应用于东亚。[12]

就韩国而言，制定了"国家－银行－财阀"这一独特的经济体系，坚持全面赶超先发国家的发展道路。[13]"开发政府论"认为，韩国是在朴正熙政权主导下，以经济开发和工业化为首要目标。[14]阶级关系论认为基于国内外资本的绝对优势，实现资本与劳动关系的社会性扩张，是朴正熙体制下实现高度发展的重要原因。[15]

本书从以上各个视角和观点简要介绍了韩国经济增长情况，同时，对以下问题也持不同意见：在韩国的经济增长过程中，政府以何种方式和强度介入其中？韩国政府具备了何种程度的自律性和政策能力？韩国政府的介入是否有效？为什么在韩国被称为"财阀"的大企业集团成了核心经济主体？依赖大型企业实现的经济增长其优点和缺点是什么？韩国政府和资本是如何利用和控制劳动的？韩国的劳动过程、劳动市场、工人运动的特点是什么？与其他发展中国家相比，韩国的经济增长到底具有哪些独特之处？

诸如此类问题会不断涌现，今后也将成为持续探索的问题。事实上，对韩国经济增长争论焦点的详细介绍和评价超出了本书的范围。笔者的关注点是目前关于韩国经济增长和工业化的讨论，主要围绕国家和政府，财阀和大型企业，并以劳动为中心进行，因此，技术与技术革新仍然被视为黑匣子。正如柯布－道格拉斯（Cobb-Douglas）生产函数所示，对一个国家经济增长做出贡献的因素有资本、劳动、技术革新等。[16]但对韩国经济的讨论焦点一直集中在资本和劳动的作用上，对于韩国工业化过程中伴随的巨大技术发展还未做正式思考。

因此，本书未能对以韩国工业化为媒介的技术发展过程和特点进行系统地分析，即使提到技术发展，也只是根据需要一笔带过。例如，技术引进作为国际收支中引进外资的一个环节，在有关韩国经济的权威著作中只对其进行了部分讨论。[17]而英国等发达国家对工业革命的相关讨论将技术革新视为非常重要的因素，两者形成了鲜明对比。[18]今后，在对韩国经济增长和工业化的讨论中,技术革新应作为必不可少的要素,政府、资本、劳动、技术等要素也应被包含在内,确保研究的全面性。

## 2. 从技术从属论到技术能力发展论

以技术和技术发展为主题的研究虽不是对韩国经济增长的决定性(主流)研究,但长期以来,笔者对此的研究从未中断,且在相当长的一段时间内将技术引进作为主要讨论对象。后发工业国的工业化过程中已经存在国际性的技术差距,因此技术发展的源泉多依赖于外部,也成为从技术引进的角度对技术作用进行探讨的历史条件。[19] 其关键问题在于从发达国家引进技术是抑制后发工业国的技术发展,还是成为后发国自身技术发展的契机,值得进一步地研究。虽然技术引进的影响具有两面性,但韩国技术相关的初期研究更加关注负面影响。因此,多数评论认为,韩国的工业化与内部技术活动并无特殊关联,只要依赖技术引进,就必然会一直存在与发达国家的技术差距。

相关讨论的代表性理论基础是技术从属论。技术从属(technological dependency)是指一个社会所需技术的供应依赖于外部,内部缺乏可代替的革新体制。技术从属导致的结果包括技术引进费用增加、无法自行控制主要决策、引进的技术不符合国内情况、国内以科技发展为目的的相关活动受限等。特别是由于工业化对技术引进的依赖,后发工业国家的科学技术活动未能与国家相关的社会经济需求紧密结合,只停留在履行周边功能上,这一点一直被视为结构性问题。[20] 后发工业国一直存在这种情况,但问题是技术从属不是一种过渡期的现象,而是具有结构再生产的性质。技术从属论主张淡化技术引进的主导作用,但该理论具有明显的缺点:提前切断了后发工业国自身技术发展过程中的疑问,中止了与此相关的历史事实探索。

20世纪80年代以来，学者开始以个人或集团为中心对韩国技术发展过程展开详细研究。首尔大学经济研究所的研究团队于1980年进行了尼龙、钢铁、石油化学等相关事例研究，[21]在此基础上，朴宇熙分次出版了有关韩国产业技术发展的著作。[22]金仁秀和李轸周作为韩国技术革新研究和技术革新学（innovation studies）的开拓者也起了很大作用。金仁秀从1980年左右开始以电子产业、汽车产业、半导体产业为中心，持续探索韩国技术发展的理论和事例，对前期研究进行了系统、综合的概括，于1997年出版《从模仿到创新》（Imitation to Innovation），在国内外备受关注。[23]以李轸周为首的韩国科学技术院经营科学系的研究团队对机床产业、汽车产业、计算机产业、交换器产业等进行了成果分析和事例研究。[24]与此同时，还尝试探索发展中国家技术发展过程的普遍化理论。[25]

1990年前后，学者们从多角度考察技术引进和自主开发的关系，开始从新视角介绍新兴工业国的技术革新。郑日镕在坚持技术从属论的同时，通过对韩国技术引进的广泛分析，关注技术引进和经济增长在结构上的共存性；金雨植介绍了技术引进和韩国国内技术能力相冲突的理论观点后，参考宏观统计指标，指出技术引进并没有阻碍本国的研究开发。[26]与此同时，在有关技术革新的讨论中，在激进革新（radical innovation）和渐进革新（incremental innovation）之间，更关注渐进革新的重要性，强调技术和制度同频共振的"新熊彼特主义"（Neo-Schumpeterianism）开始受到研究者们的关注。例如，金焕锡以新熊彼特主义者的技术革新理论为基础，尝试探讨韩国经济增长和技术发展的相互关系；李根全面研究了新熊彼特主义标榜的技术革新概念，尝试探索韩国技术追赶的可能性。[27]

在此理论基础上，20世纪90年代中期后，开始深入分析韩国技术发展过程中的事例。首尔大学以经济学专业为主，尝试对汽车产业、电子产业、半导体产业、化学纤维产业等进行正式的事例研究，[28]以此为基础，技术和进化经济学研究会于1997年出版了全面研究主要产业技术发展过程和特征的著作。[29]另外，科学技术政策管理研究所和科学技术政策研究院的研究人员也持续关注产业革新的模式和韩国的技术革新，例如1994年至1995年推进了各产业的技术革新模式与长期发展战略的研究；1999年至2000年实施了对主要产业的技术革新模式和开展方向的研究等。[30]科学技术政策管理研究所和科学技术政策研究院的研究者们还以韩国的半导体产业、移动通信产业、钢铁产业等为对象，撰写了技术革新方式、技术发展过程方面的博士学位论文。[31]

随着这些研究的陆续出现，技术从属论逐渐被"技术能力发展论"所取代。技术能力（technological capabilities）是指在致力于搜索、选择、获得、吸收和改进现有技术方面，能够有效地使用技术知识的能力。由生产过程中掌握的现场经验和学习效果、投资知识和熟练度、提高产品设计及工程技术所需的变通能力、技术创新所需的知识等构成。[32]"技术能力"的概念从源头综合考察了后发工业国的技术活动，非常适合分析后发工业国的经济增长和技术发展过程。重视创新和现有技术的发展，关注作为技术革新前提条件的生产及投资相关活动。事实上，后发工业国的技术发展在引进并掌握发达国家技术的过程中，已转变为适合自身发展需求的形式，并通过自主研发，逐步实现技术能力的全面提高。通过这一点我们可以发现，技术水平的提高不是对引进技术的单纯移植，而是以技术引进方积极的技术努力为媒介。在此过程中，消化、吸收引进的技术，追赶、超越发达国家。

可以看到，以上对韩国技术发展过程的研究主要关注当时的尖端产业。首尔大学经济研究所1980年的研究对象也属于当时的尖端产业，20世纪90年代以后对半导体产业和汽车产业进行了集中研究。[33]据此，虽然针对诸多产业的技术发展过程展开了研究，但在韩国工业化过程中占据重要地位的产业并未得到充分重视。在研究视角方面，主要集中于取得优秀成果的产业，由此反映出对相关产业技术发展过程的分析仅局限于某特定时期。另外，现行研究多止步于20世纪90年代中期，对之后韩国主要产业的技术发展过程研究不足。尤其是韩国的技术革新活动在某些领域正在从赶超状态逐渐变弱，因此有必要对此进行正式的研究。[34]

现行研究需重新审视分析特定案例的标准和方式。虽然对韩国技术发展的分析只能包括产业水平和技术层面的讨论，然而，部分研究只停留在对产业水平的研究上，未能妥善解决实际的技术发展问题。当然，根据不同产业的特点，技术的重要性也会有所不同，但如果将韩国的技术发展作为研究主题，那么则有必要进一步加强对技术层面的讨论。另外，多数现行研究都是在叙述技术发展过程后得出关键成功要素（key success factors，KSF）的方式展开。在这种情况下，虽然对技术发展的叙述和对成功因素的分析实现动态均衡非常重要，但也有以对成功因素的分析为主，简单描述技术发展过程的情况。与此同时，成功因素与技术发展的哪个时期或阶段有关，也需要进行深入的分析。

## 3. 技术发展的阶段、特点和类型

韩国技术发展的相关研究是与各技术发展阶段的研究工作同时进行的。1980年，金仁秀提出了"反技术寿命周期论"，即后发国家的产业技术以与发达国家相反的顺序发展，确立了探索韩国技术革新过程的基本视角。[35]换言之，发达国家的技术革新分为流动阶段（fluid phase）、过渡阶段（transitional phase）、特性阶段（specific phase）三个阶段进行，而后发国家则以发达国家在特性阶段的技术为基础，展开技术革新活动后，进入过渡阶段和流动阶段。[36]在此基础上，他以对电子产业的研究为例，将韩国的技术发展阶段分为引进阶段（acquisition）、消化阶段（absorption）和改进阶段（improvement）。朴宇熙等人在1986年对引进技术进行消化、吸收和改良的事例进行分析后，1996年追加了研究开发相关的事例，将韩国的技术发展分为消化吸收（absorption）、改良

（improvement）、研究开发（research and development）三个阶段。[37] 1999年，金仁秀综合考虑技术轨迹、吸收能力、技术转移、营造危机、动态学习等因素，将韩国的技术发展阶段重组为复制模仿（duplicative imitation）、创造性模仿（creative imitation）、革新（innovation）三个阶段。[38]

也有学者对包括韩国在内的发展中国家整体技术发展阶段进行探索。李轸周等人在1988年发表的论文中，综合考察引进技术的水平、引进技术的方法、掌握技术的内容、技术活动的性质等，将发展中国家的技术发展过程定为引进（introduction）、内化（internalization）、创造（creation）三个阶段。据此，在引进阶段，通过成熟技术的引进获得生产制造技术；在内化阶段，对产品进行改良，开始独立的研发活动；在创造阶段，推动世界级水平新技术的开发。[39] 之后，金仁秀于1997年出版《从模仿到创新》，树立了发展中国家技术革新模型的里程碑。他认为，发展中国家首先成功消化从国外引进的特性阶段的技术，然后对发达国家过渡阶段的技术进行反复引进和消化。在此基础上，通过流动阶段新技术的开发，进入与发达国家竞争的阶段（见图1-1）。通过这样的模型，除之前讨论的引进、消化、改良阶段外，金仁秀将创造阶段也纳入发展中国家的技术发展阶段。

与此同时，考虑到不同产业间的差别，还将韩国技术发展的路径划分为不同类型。对此，代表性的先行研究是李根和林采成2001年发表的论文。他们参考世界市场占有率、技术体制的性质、相对追赶的程度等项目指标，将韩国到20世纪90年代的技术追赶路径归纳为路径追随型（path-following catch-up）、路径跳越型（stage-skipping catch-up）、路径创造型（path-creating catch-up）等三种模式。路径追随型是完全照搬先发者的路径，如机械产业和家电产业。路径跳越型是指超越先发者路径中的若干阶段，汽车产业和半导体产业属于此种路径。如现代汽车在独立研发发动机时，跳过卡钳式化油器式，直接采用了燃油喷射式发动机；三星电子进军动态随机存取存储器（DRAM）领域，跳过1K DRAM，直接挑战了64K DRAM。路径创造型在移动通信方面有出色表现，创造了像码分多址联接方式（CDMA）等新的技术路径，与先发者形成对等的竞争关系。其中路径跳越型和路径创造型被认为是可以解释技术跨越（technological leapfrogging）的两种模式。[40]

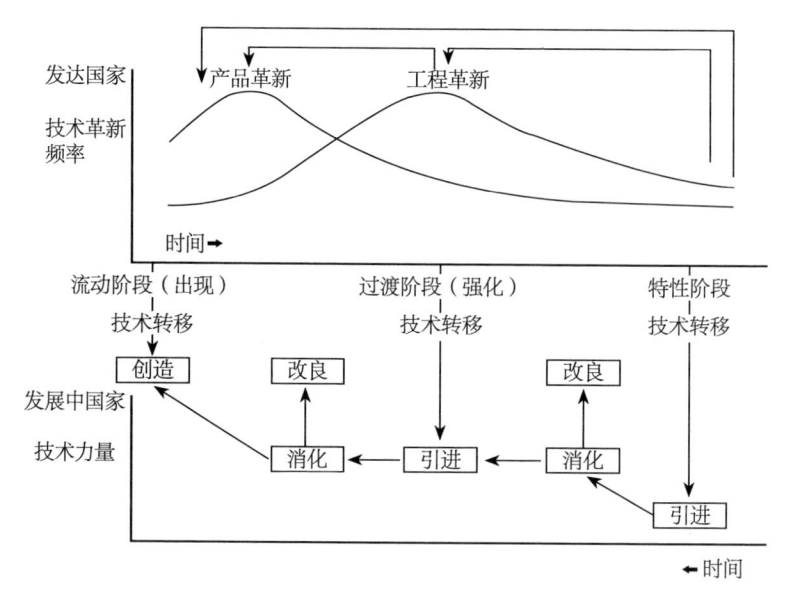

图1-1　金仁秀提出的发展中国家技术革新类型
资料出处：Linsu Kim, Imitation to Innovation (Boston, MA: Harvard Business School Press, 1997), p.89；金仁秀，《从模仿到创新》(Sigma Insight, 2000)，第121页。

这些讨论基本上是以技术追赶为前提进行的，但近期也有人提出反追赶的技术创新模式。崔永洛等人根据创新主体需要解决的问题和掌握替代方案的性质，将技术创新模式划分为路径追随型创新（path-following innovation）、路径实现型创新（path-dishing innovation）、路径创造型创新（path-creating innovation）。如果说路径追随型创新是需要解决的问题和对应方案都已知的情况下推进的技术革新模式，路径创造性创新则是在未设定问题且未确定解决方案的情况下推进的技术革新模式，那么路径实现型创新就是一直要解决的问题，未确定解决方案的情况下展开的技术革新模式。[41]宋伟赈、黄惠兰、郑在容将追随型创新的模式划分为深化流程创新（deepening process innovation）、结构创新（architectural innovation）、激进创新（radical innovation）。深化流程创新通过深化引进的工艺技术来开拓新的技术领域；结构创新指的是源技术依赖于国外，但与现有技术重新结合，进入领先行列；激进创新指与发达国家几乎在同一时期开发源技术，形成新产业的模式。[42]

也有关于韩国技术发展的核心特征的讨论。崔永洛等人曾提出"拼图模型"（jigsaw puzzle model），以解释韩国在短时间内实现的技术跨越过程。韩国企业的技术革新活动包括内部积累的技术、外部掌握的技术和外部依赖的技术等三个方面，通过将这三个要素集为一体，成功完成生产。[43]笔者以钢铁产业和半导体产业等规模密集产业为中心，总结出韩国技术发展过程的一般特征：通过持续的大规模投资，创造了技术发展的源泉；利用海外研修帮助初创企业掌握技术；进入门槛由低到高，逐步扩大技术领域；适时采用尖端技术，加入技术发展的主流；开发并行，加快技术革新速度；赶超告一段落后，开辟新的技术路径等。[44]

关于韩国技术发展的特点，近期也有人提出了一些有趣的论点。李根等人注意到，成功赶超的国家和企业一直选择技术寿命短的领域，即短周期技术（short-cycle technology）领域集中培养。短周期技术领域具有后起之秀少、增长可能性大的特点。韩国在20世纪80年代以后集中在这些领域成功赶超发达国家。[45]另外，李正东等人将技术能力划分为执行（implementation）和概念设计（concept design），并认为此前在韩国积累的只是执行能力，韩国近期面临的危机本质在于缺乏概念设计能力。以这种判断为基础，李正东等人提出，为保证概念设计能力，需立足于积累错误经验的时间。[46]

以上尝试对韩国技术发展阶段、模式、特点等的讨论令人刮目相看，但还有进一步完善的空间。首先，为了说明技术发展的阶段而出现的概念——技术引进、研究开发、技术创新等，适用于几乎所有阶段，而不是特定阶段，因此有必要通过其他概念表达。另外，对技术发展模式的讨论还要进一步发掘典型案例，使得研究更加完善。同时，还要考虑相关讨论能否基本涵盖韩国的主要产业。如果需要将韩国的技术发展概括出一个特点的话，还要进一步讨论。例如，如果想突出韩国技术发展拼图模型或积累执行能力的特点，根据不同产业特点，拼图模型或执行能力的具体内容会有所不同。

值得注意的是，对技术发展阶段、特点、模式等的讨论建立在若干案例研究基础上。其问题在于是侧重理论特点还是史实。根据笔者的判断，现行研究大都把焦点放在理论的逻辑性上，对史实的研究不够充分、丰富。[47]这种倾向与研究者对韩国技术发展的学问背景（主要是经济学、经营学、行政学等社会科学）有关。相反，历史学界从20世纪80年代中期开始正式探索现代史研究，但到目前为止，研究的时间范围主要集中在从光复到朴正熙政权时期。而韩国的工业化和技术发展已走过60余年，因此需要对其进行细致的历史分析。

## 4. 分析框架建议和本书概况

那么，如何构建研究韩国技术发展的替代性分析框架呢？这种分析框架至少应该考虑以下两个条件：第一，需尽量涵盖广泛的产业和不同时期的分析框架。当然，无法将所有的讨论全部囊括，但在表1-1中，最好将与技术发展关联性较强的出口商品领域纳入研究对象；第二，对韩国技术发展的分析应最大限度贴合历史。其出发点应在于收集和利用各种资料，形成各产业技术发展脉络，然后从多角度比较主要产业的案例，探索一般论点的可行性。

鉴于此，笔者拟提出表1-2作为对韩国技术发展的暂定分析框架。该分析框架同时考虑了技术活动的性质和技术寿命周期，有望更全面地说明韩国技术发展的阶段和模式。表1-2可以对金仁秀提出的发展中国家技术革新模式进行补充完善，展现多种技术革新路径，因此可涵括更多产业的技术发展过程。另外，金仁秀模式给人的印象是强调了技术水平从低到高的必要性，但表1-2中提出的模式无须考虑技术水平提高。

表1-2 韩国技术发展相关概念

| 技术寿命周期 \ 技术活动性质 | 技术引进（3） | 技术追赶（2） | 技术领先（1） |
| --- | --- | --- | --- |
| 萌芽期（A） | A3 | A2 | A1 |
| 成长期（B） | B3 | B2 | B1 |
| 成熟期（C） | C3 | C2 | C1 |

注：标色的C3→B2→A1为简化的技术发展路径。
资料出处：宋成守，《韩国企业的技术革新（思考的力量，2013）》，修改自100页部分内容。

表1-2的横向列反映了韩国技术活动的性质，可以分为技术引进（technology acquisition）、技术追赶（technological follow-up）、技术领先（technological leading）三个阶段。技术引进指的是确保产品生产或设备运转所需的基本技术。"引进"的词典意义是"学以致用"，因此可以认为技术引进包括学习技术和消化技术两项活动。技术追赶指的是有意识地开展活动，缩小与发达国家的技术水平差距。在技术追赶阶段，与发达国家进行技术水平比较的频率提高，与以前相比，考虑的技术领域呈扩大趋势。技术领先指开发或商业化世界首创领先技术，加入技术革新主流。技术领先不仅限于抢占或创造新的技术路径，还包括现有技术路径具备世界最高水平的竞争力。这种技术引进、技术追赶、技术领先的概念，为相应阶段技术活动的执行者所掌握或实际应用。[48]

当然，也有人批评说很难将技术引进、技术追赶和技术领先的概念严格分离开来。尤其是技术引进和技术追赶是相互联动的概念。对此，也有人提出将韩国的技术活动分为两个阶段的观点，如关于追赶和后追赶的对比讨论。[49]这种观点能够明确当今韩国面临的课题，但却难以充分反映韩国技术发展历史进程。我们重新把焦点放到技术活动执行者上，技术引进将重点放在保证基本技术上，而技术追赶将重点放在缩小整体技术差距上，因此技术引进和技术追赶是两个指向不同的概念。事实上，韩国关于"追赶"的讨论浮出水面的时期始于20世纪80年代以后。与以往不同，进入20世纪80年代以来，研究、比较韩国和发达国家技术水平的工作日益频繁。[50]

表1-2的纵向列是技术寿命周期或产品寿命周期，是将前面提到的流动阶段、过渡阶段和特性阶段概念化为萌芽期（embryonic period）、成长期（growth period）和成熟期（mature period）。流动阶段、过渡阶段、特性阶段的概念是詹姆斯·M. 厄特巴克（James M. Utterback）和威廉·J. 阿伯内西（William J. Abernathy）通过产品革新和工艺革新的相关动态模型提出的，但根据相关产业的性质，产品革新和工艺革新的重要性会产生差异，可能无法出现主导性设计。与此相反，萌芽期、成长期、成熟期的概念往往通过技术寿命周期的S曲线（S-curve）进行讨论，具有涵盖产业范围广、用语通俗易懂等优点。由此，萌芽期是新技术或产品出现的时期；在成长期，持续的技术开发和商业化将实现快速的技术进步；在成熟期，随着相应技术的进步放缓，出现替代的技术。[51]

表1-2将韩国技术发展的阶段论和模式论相结合，反映了不同产业在技术发展路径上的差异。表1-2中最令人印象深刻的路径是C3→B2→A1。与此相对应的产业同时改变了技术活动的性质和内容，体现了简化的技术发展能力的特点。由此，技术活动的开展不是继续以成熟期技术为对象，而是相关技术的寿命周期实现向成熟期、成长期、萌芽期发展，技术活动的性质向引进、追赶、领先发展。在相关产业中，简化技术发展能力过程的要素是成熟期技术的掌握、成长期技术的追赶、萌芽期技术的先导。

除以上路径外，还可列举出多种可能性。如一直局限于 C3 或 B2 的产业，从一开始就挑战 A1 的产业。另外，还可以辨别从 C3 开始后停留在 B2 上的产业、从 B2 开始走向 A1 的产业、C3 → B2 → A2 路径的产业。甚至存在从 B2 到 A1，再回到 B2 的可能性。如果以这种方式讨论各产业的差异，研究技术发展的路径，有些产业会成为令人印象深刻的成功案例，而有些产业可能会被视为停滞或后退的案例。表 1-2 的分析框架可以涵盖各种情况，因此可以针对更多产业展开对技术发展路径的讨论。

考虑到这些分析框架，绘制关于主要产业技术发展过程的整体地形图是本书的首要目的。技术发展过程可以从不同的层面切入，但笔者基本上是以企业为中心展开讨论。以企业为中心的方法可以揭示韩国技术发展过程最真实、最具体的情况。韩国在几乎不具备任何条件的情况下，依靠少数几家企业主导技术发展，因此以企业为中心的方法更符合韩国国情。本书在分析主要产业的案例时，明显领先的企业将以该企业的技术发展过程为中心展开讨论；反之，则以多家企业为对象，展现技术发展的面貌。

以企业为中心的讨论并不意味着忽视公共部门的作用。事实上，政府和公共研究机构的支援对企业技术水平的提高做出了相当大的贡献，韩国的一些重要技术活动一直由政府和公共研究机构主导。[52] 基于此，作为技术革新的支持者和主体，公共部门开展的若干政策和工作案例也将纳入讨论对象。但在这里要明确的是，这本书以企业的案例为中心，研究韩国技术发展过程。这一点既是本书显著的优点也是其缺点。

本书的考察重点是技术发展过程，但作为其背景条件的经济状况也应纳入考察范围。鉴于此，本书将韩国的技术发展和经济增长都包括在内，研究技术发展为主，研究经济增长为辅。因此，本书以现代韩国技术史为中心展开讨论，同时讨论部分经济史。本书未涵盖现有经济史著作所考察的韩国经济的所有主题，而是将重点放在与韩国技术发展有关的国家政策和产业结构的变化上。

本书结构如下。第二章简要介绍了韩国自光复后到20世纪50年代韩国的经济和产业。第三章、第四章、第五章是本书的中心部分，分别以1961—1979年、1980—1997年、1998—2007年为对象，探讨了各时期经济增长和技术发展的过程，讨论其中的争议点。1961年，"5·16"军事政变后，第一个经济发展五年计划准备就绪，1980年韩国经济实现高度增长后，首次出现负增长率，1997年外汇危机，2008年爆发世界金融危机……以这种方式划分，可以与政权的变化相联系：1961年至1979年与朴正熙执政时期相吻合，1980—1997年包括全斗焕政府、卢泰愚政府、金泳三政府，1998—2007年相当于金大中政府和卢武铉政府时期。但与政治相比，经济和技术具有很强的连续性，因此政权变化、经济增长、技术发展的时期不能机械地对应。事实上，该书第3-5章中涉及的各产业技术发展案例也并未与相应时期完全一致。最后第六章将在本文讨论的基础上，总结韩国经济的演化过程，并对各产业的技术发展路径进行探讨。

为了本书的编写工作，笔者积极收集和利用各种资料，从多角度参考现有研究文献和资料，包括机关史（含一部企业史）、各种机关出版的文件和报告书、回忆录、传记、杂志等。特别是企业史和回忆录中记录的相关事件的信息，为研究现代史提供了丰富的资料。事实上，在现代史上，很难严格区分第一手资料和第二手资料，也很难评价哪些资料可靠、价值高。在叙述现代史时，重要的是确保事实关系的准确性和论旨展开的客观性，为此，笔者尽可能多地对资料进行比较、研究，同时考察当时的脉络，认真解读了相关资料。

该书内容中有关韩国经济增长的部分，近年来通过学习几位经济史学者出版的关于韩国经济史的专著受益匪浅。[53]关于韩国技术发展的部分以笔者以前撰写的关于钢铁、半导体、造船、汽车的文献为出发点，[54]通过该书将研究范围扩展到纤维、鞋类、石化、计算机、通信、手机、显示器等领域。

# 第二章
## 经济重建的尝试

本章讲述光复后20世纪50年代韩国的经济变化和产业化情况。对韩国经济起源的传统解释认为,韩国以产业化为基础开始进入近代经济增长阶段是在20世纪60年代初期,但近来的研究显示,20世纪50年代就已形成产业化和经济增长的基础。[1] 鉴于此,本章第一节将大致分1945—1948年、1948—1950年、1950—1960年三个时期,概括韩国经济的变迁过程。在第二节中,我们分消费品工业和生产品工业考察了20世纪50年代进口替代型工业化的发展情况。消费品工业的案例包括棉纺织品、制粉、制糖、胶合板,生产材料工业的案例包括化肥、水泥、玻璃板、钢铁、造船。[2]

## 1. 光复后至20世纪50年代的韩国经济

**美国军政府时期的经济**

1945年8月15日,日本向联合国宣布无条件投降,朝鲜半岛南半部光复的同时,当地人本有建立政府的愿望,但未能实现。美国和苏联以北纬38度线为界，将朝鲜半岛一分为二并分别占领。进驻半岛南半部的美国军队于1945年9月设立了"驻朝鲜美国陆军司令部军政厅"（以下简称"美国军政府"）并声称美国军政府对朝鲜半岛南半部的统治目标是"建立独立自主"国家、引入议会民主主义制度和资本主义市场经济等。[3]

经过了日本帝国主义强占期，朝鲜半岛北半部的工业化速度比南半部快。在整个朝鲜半岛的工业品产值中，南半部所占比重在20世纪的前十年初达到65%，1940年下降到45%，1944年到了36.5%。南北之间的产业结构也存在明显差异。从1940年工业在不同地区的分布来看，以产值为准，纺织工业的85%，机械工业的72%，食品工业的65%位于南半部，金属工业的90%，化学工业的82%，煤气、电气工业的64%分布在北半部。南半部受供于北半部的金属、肥料、电力等因南北分治而受到严重打击。[4]

1945年10月，美国军政府通过"一号通则"（General Notice No.1）实施粮食自由交易，通过"二号通则"取消了对所有商品的控制。由国家调控的粮食市场落入地主和商人手中，但他们在囤积粮食后，直到价格上涨才进行交易。这种投机和囤积行为导致粮食价格暴涨，经济混乱进一步加剧。[5]美军政府强制收购粮食，同时利用美国的援助解决粮食困难。第二次世界大战结束后，以德国、意大利、日本等为对象的占领区行政救援援助（Government Aid and Relief In Occupied Area，GARIOA）和占领区经济复兴援助（Economic Rehabilitation in Occupied Area，EROA）也为朝鲜半岛南半部提供了援助。1945年9月至1948年8月，向南半部提供的GARIOA和EROA援助约为4亿美元，食品所占比重最大，占41.6%。[6]

管理日本人留下的归属财产也是美军政府的重要任务。[7]以归属耕地为例，1946年2月成立"新韩公社"并建立管理体制。新韩公社接收了在日本帝国主义强占时期东洋拓殖株式会社（东拓）所有的耕地，耕地面积为282480町步（韩国耕地面积单位，1町步约合9917.4平方米），农户数为55.4万户，分别占朝鲜半岛南半部总数的13.4%和26.8%。[8]在对土地改革争议不断的情况下，1948年3月制定了优先处理新韩公社归属耕地的方案，将年均产量的3倍分15年期以实物形式偿还，2町步以内的归属耕地拍卖给佃户。通过这种方法，到1948年9月为止，新韩公社的归属耕地向50572户农户拍卖了199029町步。[9]

对于收归企业，光复后的朝鲜半岛南半部以本民族职员为主经营工厂管理委员会，一些工厂还通过工厂管理委员会的活动，创下了比光复前更高的生产纪录。[10]美军政府为防止工厂管理委员会与左翼势力有联系，于1945年12月采取措施接收朝鲜半岛南半部所有日本人的财产。关于收归企业数量的统计虽参差不齐，但据推测，光复后，收归企业占全部企业的80%—90%，以1947年10月为准，总企业数5532个，收归企业1573个，占比28.5%。美军政府对收归的企业指定美国财产管理官，于1946年12月引入了企业经营的顾问管理制度。接着，1947年3月，将收归企业的管理权限转交给美军政府内是朝鲜南半部本民族人的部长或代管机构下设的团长。[11]

管理收归企业的方式频繁变更，导致企业开工率下降，经营收支情况持续恶化。对此，美国军政府制定了向民间拍卖归属企业的方案，1947年7月公布了对普通人拍卖附属企业的方针政策。拍卖收归企业时，管理人和承租人享有优先权，如果他们不买入，则拍卖给出价最高的竞标者。在签约时缴纳20%以上的拍卖款，尾款分10年按每年7%的利率分期偿还。截至1948年10月，完成协议的收归财产为1300件，达26亿韩元，已经拍卖的为293件，达11亿韩元。以当时美军政府统计的总价值为2170亿韩元的归属财产为标准，已经拍卖的归属财产仅占总数的0.5%。[12]

经历美国军政府时期，朝鲜半岛南半部的经济基础被大幅削弱。[13]但从细节上看，呈1946年之前迅速萎缩，之后逐渐恢复的态势。[14]美国军政府在初期积极通过日本技术人员传授技术、阻止机械及原料的销售等措施促进开工，但效果不尽如人意。另外，符合朝鲜半岛南半部实际的政府政策也未得到有效推进，导致未能摆脱经济混乱的状态。但随着援助物资的引进和中小企业的大举登场，到1946年下半年，经济状况开始有所改善。与此同时，美军政府时期推行的土地改革和收归企业虽然规模不大，但通过有偿没收、有偿分配和赋予相关人士优先权等举措，奠定了今后韩国政府制定政策的基本方向。[15]

**经济复兴之梦**

1948年8月15日，也是朝鲜半岛南半部光复3年后，大韩民国政府成立，宣布政治独立。但经济上仍需依靠援助。同年12月10日，美国政府与韩国政府签署韩美援助协定，通过美国经济合作署（Economic Cooperation Administration，ECA）提供1.1650亿美元援助。当时的援助以消费品为主，而ECA援助则主要为经济的"复苏"提供资本和设备。韩国政府设立对等基金（counterpart fund）特别账户，储备援助物资的销售款，以此为经济基础，探索经济的复兴和开发。[16]

李承晚政府在国务总理室下设企划处，筹备综合经济复兴计划。1949年4月，企划处制定了1949—1953年的产业复苏五年计划和物资供需五年计划。产业复苏五年计划以实现民需工业品自给自足、振兴出口工业、培育重工业等为主要目标，以电力、钢铁、造船、煤炭、水泥等14个部门为对象，按年度提出了今后5年扩充设备和增产的目标值。物资供需计划是关于农水产业、矿工业、能源等几乎所有产业的物资计划，旨在5年后稳定相关物资的国内供求，实现整体自给自足。根据这些综合计划，政府各部门也制定了相关领域的增产计划，其中包括农林部的农业增产3年计划，工商部的煤炭生产五年计划和电力提升计划，水产厅的水产业五年计划，专卖厅的盐生产五年计划等。产业复苏五年计划虽缺乏有效关联和具体的实践方案，但相当于韩国第一个中长期经济开发计划，具有积极意义。[17]

美国军政府时期停滞的针对土地改革和归属财产采取的措施在李承晚政府时期得以积极推进。新韩公社所有的归属耕地已经被美军政府处理，分配普通耕地的任务转交给了韩国政府。当时的土地改革是宪法规定的重要事项，宪法第86条规定：土地分配给农民，分配方法、所有额、所有权内容和范围由法律规定。但由于各种利益相关者的对立，立法被耽搁，直到1950年3月才得以公布《土地改革法》。《土地改革法》的范围限于水田和旱地，分配方式为有偿没收和有偿分配，每个农户得到的耕地面积仅为3町步。对地主的补偿政策是发行相当于年产量1.5倍金额的地价证券，分期5年支付；分地农户分期5年缴纳相当于年产量1.5倍的实物。[18]

依据《土地改革法》，截止到1951年底分配耕地面积33.2万町步，加上1948—1949年新韩公社拍卖的27.3万町步归属耕地，共57.5万町步。这仅占1945年年末朝鲜半岛南半部境内所有佃户面积144.7万町步的39.7%。在耕地改革滞后的情况下，许多地主拍卖了自己拥有的耕地，而这些地主的土地拍卖是使得耕地改革意义褪色的因素。虽然对耕地改革的评价多种多样，但通过耕地改革，土地主体被分解，因此"拒绝制造业优先政策"的势力消失，这一点是显而易见的。另外，耕地改革使韩国的农村社会具有了由拥有相似规模土地的小农组成的特征。但耕地改革后，农业生产率的提高和农户经济提高的后续措施不尽如人意，对韩国的农业发展起到了巨大的制约作用。[19]

1948年9月，根据财政及财产相关规定，旧时日本人财产的所有权移交给韩国政府，并于1949年12月制定了《归属财产处理法》，确定了拍卖归属财产的主要程序。归属财产处理法规定，将归属财产优先拍卖给品性好、能力强的亲信和员工，以及通过耕地改革被收购土地的地主。拍卖资金最长可分15年期缴纳，也可通过发行的地价证券向控股公司缴纳。开始时收归企业限定在掌握国家经济命脉的重要国有、公有企业，但随着1954年11月第二次宪法的修订，国有企业数量大幅减少。据统计，政府成立后到1958年5月止，收归企业的拍卖量为2029件，合同额为224.5426亿韩元。[20]

取得归属财产意味着享有巨大的优惠。收归企业的拍卖价格与评估价格相比，平均只有其62%。另外，收归财产的购买者在证券市场以低于票面价的价格购买地价证券并缴纳贷款。与此同时，贷款的分期缴纳年限最长达15年，期间物价上涨了数十倍，买方由此获得了巨大的利益。因此，收归财产的转让受到了"官商勾结""腐败的温床"等批判。事实上，20世纪50年代的主要大企业大部分将收购收归企业作为成长的跳板。据调查，在员工人数超过300人的89家大企业中有36家，员工人数超过500人的22家大企业中有15家起源于收归企业（参照表2-1）。[21]

表2-1　20世纪50年代主要大企业起源分布情况

单位：个

| 行业 | | 主要大企业 | 拍卖的收归企业 | 国有化的收归企业 | 日占期朝鲜族人创办的民族企业 | 光复后新成立的企业，来源不详 |
|---|---|---|---|---|---|---|
| 纤维 | 棉纺织 | 16 | 12 | | 1 | 3 |
| | 生产制造 | 5 | 4 | | | 1 |
| | 毛织品、丝织品、人造丝 | 10 | 3 | | | 7 |
| | 其他纤维制品 | 8 | 2 | | 1 | 5 |
| 化学 | 橡胶 | 12 | 2 | | 2 | 8 |
| | 其他化学制品 | 8 | 3 | | 1 | 4 |
| 金属、机械 | | 10 | 4 | 4 | 1 | 1 |
| 食品 | | 9 | 3 | | | 6 |
| 非金属矿物制品（陶瓷） | | 6 | 2 | | | 4 |
| 木材、木制品 | | 3 | 1 | | 2 | |
| 印刷、出版及其他 | | 2 | | | | 2 |
| 总计 | | 89 (100.0) | 36 (40.4) | 4 (4.5) | 8 (9.0) | 41 (46.1) |

注：以员工300人以上的大企业为对象。括号内数字为百分数。
资料出处：孔提郁，《20世纪50年代韩国资本家研究》（白山书堂，1993），第117页。

韩国政府虽然表现出通过工业复兴五年计划重建经济的决心，但从1949年下半年开始，经济的不稳定性开始增加，财政赤字的增加和通货膨胀导致物价暴涨。对此，美国要求韩国政府优先通过均衡财政和抑制通货维持经济稳定。1950年1月，由韩美双方各5人组成的韩美经济稳定委员会成立，3月，在委员会的主导下公布了"经济稳定15原则"，包括通过货币、金融、财政的稳定维持对内外均衡，通过流通顺畅化谋求物价稳定，扩充国内生产基础和促进出口，提高劳动生产率及确立工资制度等相关事项。以制定"经济稳定15原则"为契机，韩国经济政策的方向从复兴转向稳定。通过大刀阔斧地实施经济稳定政策，1950年5月，包括货币量和物价指数在内的各项经济指标趋于稳定，经济协助处（ECA）对韩国的经济情况给予了积极评价，并采取措施将部分资金用于经济复兴。但随着朝鲜战争的爆发，经济复兴的梦想再次搁浅。[22]

**海外援助与经济恢复**

1950年6月25日至1953年7月27日爆发的朝鲜战争给韩国经济带来了巨大的打击。根据政府的综合调查，战争的损失总额为4106亿圜（圜为大韩民国1953年至1962年的货币单位名称），折合约30亿美元，与1952年和1953年的国民收入之和4296亿圜几乎相同。据统计，各部门的损失比重分别为普通住宅39.3%、社会间接资本32.3%、政府设施10.3%、一般企业16.4%、家畜1.7%。员工5人以上的制造企业数量从1949年3月的5147家减少到1953年9月的2474家。政府为了筹集战争费用，通过韩国银行实施货币增发政策，受此影响，物价指数从1950年6月的284增长到1953年12月的10933，达38倍之多。韩国政府为了抑制通货膨胀，防止货币贬值，于1953年2月实施了货币改革，将货币单位暂由"圆"（원）改为"圜"（환），将100圆下调为1圜。[23]

朝鲜战争爆发后，联合国提供了韩国民事救济（Civil Relief in Korea，

| 韩国现代化之路——工业化和技术革命

图 2-1 援助物资供应相关海报（1954 年）
资料出处：韩国历史博物馆。

CRIK）援助，向韩国提供衣服、毛毯、急救箱、面粉、大米、焦糖等救助物资。1950 年 12 月，联合国借助成员国基金，成立了联合国韩国重建局（United Nations Korean Reconstruction Agency，UNKRA），开始为韩国经济的重建提供援助。UNKRA 委托美国的专业劳务公司内森协会（Nathan Association）对韩国经济现状进行调查，该协会于 1952 年 12 月提交了《韩国经济重建预备报告》。与此同时，在朝鲜战争之前美国政府提供的 ECA 援助被移交至联合国民事处（Supplies of Economic Cooperation，SEC）执行。1953 年 4 月，为掌握韩国经济的实际情况，以亨利·J. 塔斯卡（Henry J. Tasca）为团长的使节团被派遣到韩国，美国政府根据塔斯卡报告书，通过援外事务管理署（Foreign Operation Administration，FOA）向韩国提供了援助。FOA 援助于 1955 年由美国国务院设立的国际合作总署（International Cooperation Administration，ICA）继续进行。另外，为维持本国的农产品价格，美国政府于 1954 年向落后国家提供粮食援助，制定了农业出口振兴及援助法第 480 号公法（Public Law 480，PL480），依据本法，韩国从 1956 年开始接受美国的农产品援助。[24]

1945—1961 年向韩国提供的经济援助规模和明细如表 2-2 所示。在此期间，韩国共获得了 31.373 亿美元的援助，被认为是世界上受惠最多的国家。从援助明细来看，燃料及肥料最多，占比 25.9%，其次为设施材料 22.4%，最终消费品 19.3%，工业原料用农产品 16.8%，技术援助 1.2%。[25]

表2-2 经济援助年度、类别金额和明细（1945—1961年）

| 类别 | 年度 | 合计 | 美国政府 ||||  联合国 ||
|---|---|---|---|---|---|---|---|---|
| | | | GARIOA | ECA-SEC | FOA-ICA | PL480 | CRIK | UNKRA |
| 年度援助金额（百万美元） | 1945年 | 4.9 | 4.9 | | | | | |
| | 1946年 | 49.5 | 49.5 | | | | | |
| | 1947年 | 175.4 | 175.4 | | | | | |
| | 1948年 | 179.6 | 179.6 | | | | | |
| | 1949年 | 116.5 | 92.7 | 23.8 | | | | |
| | 1950年 | 58.7 | | 49.3 | | | 9.4 | |
| | 1951年 | 106.5 | | 32.0 | | | 74.4 | 0.1 |
| | 1952年 | 161.3 | | 3.8 | | | 155.5 | 2.0 |
| | 1953年 | 194.2 | | 0.2 | 5.6 | | 158.8 | 29.6 |
| | 1954年 | 153.8 | | | 82.4 | | 50.1 | 21.3 |
| | 1955年 | 236.8 | | | 205.8 | | 8.8 | 22.2 |
| | 1956年 | 326.7 | | | 271.0 | 33.0 | 0.3 | 22.4 |
| | 1957年 | 382.9 | | | 323.3 | 45.5 | | 14.1 |
| | 1958年 | 321.2 | | | 265.6 | 47.9 | | 7.7 |
| | 1959年 | 222.2 | | | 208.3 | 11.4 | | 25 |
| | 1960年 | 245.3 | | | 225.2 | 19.9 | | 0.2 |
| | 1961年 | 201.5 | | | 156.6 | 44.9 | | |
| | 总计 | 3137.3 | 502.1 | 109.1 | 1743.8 | 202.6 | 457.3 | 1221 |
| 明细（%） | 技术援助 | 1.2 | | | 1.7 | | | 6.0 |
| | 设施材料 | 22.4 | 10.0 | 13.0 | 30.0 | | 6.0 | 70.0 |
| | 工业原料用农产品 | 16.8 | 2.7 | 18.3 | 17.0 | 63.0 | 9.0 | 10.0 |
| | 其他原材料 | 9.7 | 2.0 | 5.0 | 16.0 | | 20 | |
| | 原料和肥料 | 25.9 | 30.0 | 52.2 | 29.0 | | 17.0 | |
| | 最终消费材料 | 19.3 | 50.0 | 10.0 | 2.0 | 37.0 | 57.0 | 9.0 |
| | 其他 | 4.7 | 5.3 | 1.5 | 4.3 | | 9.0 | 5.0 |
| | 总计 | 100.0 | 100.0 | 100.0 | 100.0 | 100.0 | 100.0 | 100.0 |

注：EROA援助包含在GARIOA援助内。

资料出处：李大根，《光复后20世纪50年代的经济》，第341页；李荣薰，《韩国经济史》，第333页。

随着1951年7月停战谈判的开始,韩国经济的恢复和复兴成了重要议题。当时,韩国政府把从美国获取更多资金援助作为促成停战谈判的前提条件,并通过企划处自行制定了经济复兴计划案。1952年5月,韩国与统一司令部签订了《韩美经济调整协定》(又称迈尔协定),根据该协定,同年7月成立了由韩美双方各一名代表组成的韩美联合经济委员会(Combined Economic Board,CEB)。[26] 韩国政府在提交塔斯卡报告书后的1953年8月也依据援助资金制定了经济重建计划基本方针,该方针将总计2.58亿美元的资金分配给基础产业、运输及其他设施、文化设施、原材料等部门。[27]

1953年8月,C. 泰勒·伍德(C. Tyler Wood)被任命为韩美联合经济委员会美方代表,与韩方代表国务总理白斗镇进行了交涉。在交涉过程中,两国的立场产生了分歧。韩国方面将生产资料与消费品的比率定为7∶3,重视基础产业的重建,但美国方面认为韩国经济的当前任务是财政稳定及民生问题的解决,主张生产资料与消费品的比率为3∶7。另外,美国方面要求将1美元兑换60圜的外汇牌价下调至180圜,而韩国政府为提高对联合国贷款的美元偿还额,更倾向于低汇率。经过4个月的争论,最终于1953年12月签订了《关于经济重建和财政稳定计划的联合经济委员会协定》(又名《白-伍德协定》),该协定以美国的立场为主。但韩国政府得到了自行决定援助物资购买处的权力,财政投资贷款以对等基金为资金来源,可以按照自己的意愿推进工业化政策。[28]

1953—1960年,韩国政府在贸易、外汇、财政投资贷款、金融等方面采取了多种政策。在此期间,工商部公布了半年贸易计划,其中在进口计划中规定了自动批准商品、限制进口商品、禁止进口商品,以谋求代替进口的工业化。禁止进口的商品是指国内生产的可以满足需求的商品,限制进口的商品指的是虽然在国内生产,但无法满足需求的商品,这些需要工商部提前审批。另外,依据1950年制定的关税法,根据国内生产与否和有成品与否，征收不同的关税，保证了税收收入和对进口替代型产业的保护。在外汇政策方面，通过多种分配方式，促进国内可生产商品的进口替代，引导对进口替代型产业生产活动所需原材料的引进。财政投资主要用于扩充灌溉设施和社会基础设施，财政贷款主要用于韩国产业银行的一般产业资金贷款。当时银行贷款的实际利率为负，韩国产业银行的贷款是以制造业为中心进行的。[29]

停战以后，韩国政府也多次制定了经济复兴和经济开发的相关计划。1954年7月由企划处主导制定了"韩国经济复兴五年计划"，1956年3月由复兴部主导制定了"经济复兴五年计划"。但这两个计划没有提出经济复兴的独立蓝图，主要依赖于援助物资项目。[30] 韩国政府正式的经济开发计划是从1956年9月韩美联合经济委员会决定立案7年复兴计划后开始制定的。1957年美国政府通过引进开发贷款基金（Development Loan Fund, DLF）代替减少无偿援助，系统管理宏观经济的必要性进一步加大。1958年4月，作为复兴部长官的咨询机构，产业开发委员会成立。同年7月，产业开发委员会要求李勉锡和安林制定长期开发计划方案。两名委员于1958年8月向委员会提交了7年经济开发计划方案，产业开发委员会经过多次讨论和审议，于1959年12月公布了相当于整个7年计划的《经济开发3年计划（1960—1962年）》。该计划将年均经济增长率定为5.2%，目标为第一产业3.8%、第二产业11.2%、第三产业3.7%，作为实现这一目标的手段，提出了粮食生产最大化、中小企业培育、进口替代型产业及出口产业培育、节约消费和民间资本积累、扩充社会基础设施、产业结构的现代化等方案。[31]

企划处和复兴部制定了有关整个经济的综合计划，工商部则制定了主要产业和政策计划。其中包括棉纺织工业长期复兴计划（1953—1957年）、第一次农业增产五年计划（1953—1957年）、第二次农业增产五年计划（1958—1962年）、电力开发3年计划（1954—1956年）、电力开发五年计划（1956—1960 年）、水产业复兴五年计划（1957—1961 年）、综合燃料供需计划（1956—1960 年）等。值得关注的是，工商部在 1956 年颁布了《中小企业培育对策纲要》，并制定了出口振兴五年计划（1957—1961 年）等，韩国政府还关注中小企业和出口产业的培育。《中小企业培育对策纲要》提出各行业合作社的设置、中小企业贷款资金的筹集、缓解中小企业的税收负担、扩大中小企业产品的销路等现阶段急需解决的课题。以出口振兴五年计划为例，在计划期间通过年均 28.6% 的出口增长率，以 1961 年实现 1 亿美元的出口为目标，预计矿产、农产品、水产品、工业产品的比重将从 1957 年的 43.4%、20.2%、16.4%、9.3% 调整到 1961 年的 32.7%、34.3%、9.8%、13.5%。[32]

1953—1960 年，韩国经济在美国的大规模援助和政府的多种政策基础上，以较快的速度恢复。据统计，矿工业产值从 1951 年的 586.06 亿韩元增加到 1956 年的 1817.01 亿韩元，增加了 3.2 倍。其中 1956 年的产值超过了 1941 年日本帝国主义强占时期达到顶峰的 1688.98 亿韩元。[33]另外，据韩国银行 1967 年国民收入推算结果显示，1954—1960 年的年均经济增长率为 4.9%。虽然无法与 20 世纪 60 年代以后相比，但考虑到战后的荒废情况，当属较高水平。制造业、矿业、建设业、电力、天然气、自来水业等第二产业 1954—1960 年的年均增长率高达 12.5%，为战后繁荣做出了主要贡献。最终，第二产业在整个产业中所占的比重从 1953 年的 11.2% 增加到 1960 年的 18.2%（参考表 2-3）。

制造业产值从 1953 年的 329.69 亿韩元增加到 1960 年的 805.93 亿韩元，在国民生产总值中所占的比重从 7.8% 上升到 13.7%。制造业工厂数量在 1953 年 9 月只有 2474 家，1955 年、1958 年和 1960 年分别达到 8628 家、12971 家和 15204 家。主导制作业增长的产业集中在食品、饮料、纤维、服装、鞋子、材料、家具、印刷等消费品工业，但 1958 年以后，消费品工业的相对比重下降，橡胶、化学、玻璃、钢铁等比重上升，煤炭、石油、电气、机械、纸张等紧随其后。在制造业产值中，消费品工业所占的比重分别为1953年63.8%、1957年79.2%、1960年68.9%，而生产材料工业所占的比重分别为10.8%、10.7%和13.5%。[34] 由此可见，20世纪50年代的产业化在主要消费品工业进口替代的情况下，出现生产材料工业进口替代的倾向。

表2-3 各部门国民生产总值趋势（1953—1961年）

单位：10亿韩元

| 年度 | 国民生产总值 | 第一产业 | 第二产业 | 第三产业 |
| --- | --- | --- | --- | --- |
| 1953年 | 421.93（100.0） | 203.38（48.2） | 47.20（11.2） | 171.15（40.6） |
| 1954年 | 447.36（100.0） | 219.10（49.0） | 55.05（12.3） | 173.21（38.7） |
| 1955年 | 474.54（100.0） | 224.06（47.2） | 64.92（13.7） | 185.56（39.1） |
| 1956年 | 480.47（100.0） | 212.23（44.2） | 73.59（15.3） | 194.65（40.5） |
| 1957年 | 522.73（100.0） | 230.57（441） | 84.46（16.2） | 207.70（39.7） |
| 1958年 | 551.69（100.0） | 246.26（44.6） | 90.48（16.4） | 214.95（39.0） |
| 1959年 | 575.84（100.0） | 243.66（42.3） | 100.13（17.4） | 232.05（40.3） |
| 1960年 | 589.07（100.0） | 243.97（41.4） | 107.44（18.2） | 237.66（40.4） |
| 1961年 | 613.61（100.0） | 268.53（43.8） | 112.03（18.2） | 233.05（38.0） |

注：以1965年不变市场价格为准。括号内数字为百分数。
资料出处：韩国银行，《韩国国民收入账户》（1967），第174-175页；李贤在，"韩国经济发展过程中国民收入结构变化研究"，《经济论集》7-1（1968），第13页。

## 2. 替代进口工业化进程

**消费品工业的发展**

20世纪50年代引领韩国工业化的产业是被称为"三白产业"的棉纺织工业、面粉工业、制糖工业。[35]朝鲜半岛的棉纺织工业早在20世纪10年代就已形成,当时的代表性企业有1911年由日本人设立的朝鲜纺织(粗纺)和1919年由民族资本设立的京城纺织(精纺)。光复后朝鲜半岛南北分治,但由于大部分设施都在朝鲜半岛南半部,棉纺织工业是初期韩国经济的重要组成部分。以1950年6月为基准,棉纺织工业拥有14家企业,其中16家工厂拥有纺锤316572锤,织机9705台。朝鲜战争导致棉纺织工业约70%的设施被破坏,幸免于难的只有朝鲜纺织大邱工厂和釜山工厂以及三湖纺织大邱工厂。1950年棉布产量降至前一年的1/3水平,国民服装状况极度恶化。[36]

韩国政府于1952年与联合国韩国重建局(UNKRA)一起为恢复棉纺织工业制定了紧急对策,并以此为基础于1953年制定了棉纺织工业长期复兴计划:到1957年为止,棉纺织工业的设备规模扩大到拥有纺锤39.8万锤和织机8522台。为此,1953年至1957年投入UNKRA资金886万美元和外汇(Korean Foreign Exchange, KFX)591万美元,而棉纺织企业的自有资金负债率仅为25%。另外,通过FOA-ICA援助和PL480援助实现了原棉供应,其规模在1954—1960年达到了1.8241亿美元。当时,大韩纺织协会受政府委托,将进口原棉的美元以各企业的设施规模为标准进行了分配。得到原棉进口美元本身就是很大的利益,棉纺织企业为了获得更多的美元,争先恐后地扩充设备。[37]在这种特惠支援下,韩国的棉纺织工业在1957年达到425084锤纺锤和9920台织机的规模,超过原计划。此后,韩国的棉纺设备逐渐增加,1960年纺锤达459390锤,织机达10136台。[38]

韩国的棉纺织企业一度因操作熟练的劳动力不足导致生产率低下,这种情况在20世纪50年代后期开始逐渐改善。1960年和1955年相比,员工人均棉纱产量从5857.6万封度增加到1.8475亿封度,增加了1.9倍,员工人均棉布产量从219.4179万匹增加到377.2071万匹,增加了1.7倍。另外,产品构成也逐渐高级化,棉布中粗布、细布、服地(西服料子)所占比重分别由97.3%、0.9%、1.8%变为82.3%、13%、4.7%。1957年以后,韩国的棉纺织工业跨越自给自足的阶段,开始出口海外,棉布的产量从1957年的347.01万匹增加到1960年的377.2071万匹,棉布的出口量同期由4.8850万匹增加到1960年的34.6005万匹。[39]

20世纪50年代后期,在积极推进棉纺织工业的技术普及和人才培养的背景下,韩国的棉纺织工业在扩大生产规模的同时,积极探索生产效率和品质的提高。1945年10月,京城工业专门学校组织成立大韩纤维工业研究会,推进技术人员培训和教科书撰写。另外,大韩纺织协会于1948年以韩国政府和ECA的支援为基础,成立了技术培训所,组织技术培训会,1953—1958年举行了8次棉纺织技术研究交流会。与此同时,首尔大学(1946年)、全南大学(1952年)、釜山大学(1953年)、忠南大学(1954年)、汉阳大学(1958年)等相继设立纤维工程专业,中央工业研究所通过染织专业对纺织和染织进行了持续研究。[40]

制粉业以日本帝国主义强占时期小麦主产地黄海道为中心发展,1940年前后年产量约达7000桶(1桶约为89千克)。光复后,朝鲜半岛南半部的部分制粉工厂勉强维持,朝鲜战争导致制粉业实际上处于解体状态。1954年4月,作为归属财产的朝鲜制粉永登浦工厂被拍卖给个人,使得原有的朝鲜制粉恢复生产,实现1000桶的产量。同年7月,大韩制粉借助FOA-ICA的援助,引进日本的最新设备,实现1954桶的生产能力。1956年受灾荒影响,粮食状况恶化,作为稻谷的替代品,小麦的重要性日益凸显,韩国政府继制粉设备之后,又提供资金支持引进原麦。在此背景下,出现制粉业热潮，制粉业的生产能力在 1955 年仅为 4892 桶，经过 1956 年的 11921 桶和 1957 年的 24656 桶，1959 年迅速增加到 42721 桶。但由于设备的过度扩充和中小企业的乱设，韩国的制粉业从 1957 年下半年开始进入不景气的局面。制粉业的工厂开工率从 1954 年的 79.3% 下降到 1957 年的 51.4%，1959 年更是下降到 23.3%。[41]

制糖业与制粉业发展路线相似。光复后的朝鲜半岛南半部没有制糖业，白糖完全依赖进口。1953 年三星物产进军制糖业，在釜山设立了第一制糖厂，1954—1956 年相继设立了东洋制糖、韩国精糖、金星制糖、三养社、海太制果、大东制糖。在这 7 家企业中，第一制糖和三养社受 FOA-ICA 的援助，其他企业利用外汇引进生产设备，韩国政府还提供资金援助引进原糖。1956 年 5 月，大韩制糖协会根据企业设备的生产能力提供援助，导致制糖企业没有考虑需求，全力扩充生产设备。结果，1956 年年末，制糖业的生产能力达到 15 万吨，相当于国内需求的 5 倍，1960 年只有第一制糖、三养社、大东制糖 3 家企业维持运转，其余 4 家企业处于停业状态。[42]

经历了 50 年代的工业发展过程，胶合板工业一跃成为韩国新兴产业。胶合板工业在光复前就已存在，但规模较小，停战后，随着各项复兴事业的开展，才开始实质性地发展。带动胶合板工业发展的企业有釜山的东明木材、成昌公司、光明木材，仁川的大成木材和群山的青丘木材。当时韩国政府用外汇进口菲律宾原木，以竞标的方式分配给胶合板企业。韩国的胶合板工业从 1956 年开始进入自给自足的阶段，胶合板产量从 1956 年的 8452 万平方尺（韩国 1 平方尺约等于 0.09 平方米）增加到 1958 年的 1.312 亿平方尺，1960 年增加到 1.869 亿平方尺。1957 年，大成木材开始向驻韩美军供应胶合板，在此过程中黏合剂的原料大豆被尿素树脂代替，胶合板的质量大幅提高。紧接着在 1959 年，以成昌企业进军美国市场为契机，胶合板工业开始发展为出口产业。韩国的胶合板企业通过军供和出口，在 1959—1961 年三年期间分别获得 46.2 万美元、65.2 万美元和 194.7 万美元的外汇。[43]

可以看出，棉纺织工业、制粉工业、制糖工业、胶合板工业的案例存在共同点和差异性。共同点是，通过20世纪50年代海外援助或政府外汇等外部支援，扩充设备或得到原料供应而得到发展。但相关产业的具体增长模式根据业界的应对方式和技术水平的不同出现了相当大的差异。制粉工业和制糖工业在盲目投资的情况下，企业之间缺乏合作，而棉纺织工业和胶合板工业在谋求扩大生产规模的同时，为提高生产效率和改善质量做出了很多努力。其结果，棉纺织工业和胶合板工业跨越自给自足的阶段，成长为出口产业，但制粉工业和制糖工业由于开工率下降出现不景气的局面。

**生产材料工业的建设**

20世纪50年代，除消费品工业，生产材料工业也呈增长势头。这意味着在1973年朴正熙政府发表重化工业化宣言之前，重化工业的基础已经开始奠定。[44] 在生产材料工业中，50年代形成的核心产业包括化肥、水泥、玻璃板三大产业，其发展都建立在UNKRA等海外援助基础上。[45]

1945年光复后南北分治，朝鲜半岛南半部的化肥工业面临严峻的形势。占朝鲜半岛化肥生产90%以上的洪南化肥厂位于半岛北半部，而位于半岛南半部的小规模化肥厂因原料、电力和技术人员不足等原因几乎处于停产状态。再加上1950年朝鲜战争爆发，化肥生产设备大部分被破坏，只有朝鲜化学化肥①的仁川工厂和北三化学的三陟工厂得以保留。因此，需使用受援美元在1952—1955年进口50万—60万吨的化肥，1956—1960年进口80万吨左右的化肥。以1956年为例，约25%的受援美元用于引进化肥，化肥不足给外汇带来了巨大的负担。[46]

---

① 此处为日本占据朝鲜半岛时期建立的"朝鲜化学化肥公司"。

图 2-2　忠州化肥厂生产的尿素化肥报告
资料出处：韩国历史博物馆。

为打破这种局面，韩国政府在停战后探索经济复兴的同时，优先考虑了化肥工厂的建设工作。[47]政府于1953年用300万美元的UNKRA资金进行了化肥工厂可行性调查，1954年拿出2300万美元的FOA资金用于化肥工厂建设。此后，经FOA的国际投标和美国国家研究理事会（National Research Council, NRC）讨论，于1955年1月选定麦克劳-碳氢公司（McGraw-Hydrocarbon）作为化肥工厂建设公司。同年5月，韩国政府与麦格劳氢碳公司签订合同，在忠清北道忠州建设年产8.5万吨规模的化肥厂。工厂建设合同的内容包括生产能力、建设公司的责任、施工期限、工程费、技术培训、试运行及初期运行等。[48]

忠州化肥厂建设工程于1955年9月动工，原计划于30个月后的1958年3月竣工。但由于建设合同不断修改，建设费用增加，建设周期延长。工程费用由1955万美元增加到3334万美元，工厂建设也比当初延长了21个月，直到1961年4月才结束。[49]忠州化肥厂在工厂竣工后也因频繁的故障困难重重，1962年5月与美国联合化学（Allied Chemical）公司签订技术顾问合同，由该公司针对工厂运营提供全面咨询。通过这些努力，忠州化肥厂的技术人员积累了工厂运营和设备维修养护的相关经验，工厂开工率由1961年的78.7%上升到1962年的95%，在1963年达到了100%。[50]由此，忠州化肥厂的建设和运营虽然走了很多弯路，但在这一过程中培养的人才后来成长为引领韩国化学工业发展的主力军。[51]

化肥是解决粮食短缺的手段，而水泥和玻璃板则是恢复设备所必需的材料。光复时，半岛北半部有5个水泥工厂，南半部只有一个小野田公司的三陟工厂。朝鲜半岛的水泥年生产总量为170万吨，其中8.5万吨由三陟工厂负责，占总生产量的5%。光复后，三陟工厂因归属财产的拍卖政策重组为三陟水泥，但随着日本技术人员回国，没有经验的管理者上任，工厂运行并不顺利。进入50年代，三陟水泥开始正式发展生产，但由于朝鲜战争导致电力和煤炭供应不足，几乎处于瘫痪状态。对此，政府于1953年拿出UNKRA援助资金63万美元用于三陟水泥的设备维护。1956年，三陟水泥被东洋制糖收购，重新诞生为东洋水泥。[52]

与此同时，韩国政府于1954年提供525万美元的UNKRA资金支持后，与美国F. L. 史密斯公司（F. L. Smith）签订合同，决定在庆北闻庆建设年产20万吨规模的水泥工厂。闻庆水泥厂建设工程于1955年11月开工，期间进展顺利，于1957年6月如期竣工。在建设过程中，于1956年2月移交至大韩水泥公司，随着闻庆水泥厂的竣工，满足了国内对水泥需求的半数。此后东洋水泥和大韩水泥持续扩充设备，1961年两家企业年生产量均达到36万吨。通过这些措施，韩国国内对水泥的现有需求得以满足，但由于新需求的持续增长，要求建设更多的水泥厂。[53]

玻璃板方面，光复后的朝鲜半岛南半部没有玻璃板工厂，无法满足持续增加的国内需求。1953—1955年，以战后重建的背景下，对玻璃板的需求剧增，每年要花费150万美元的外汇用于进口玻璃板。对此，韩国政府于1954年拿出362.9万美元的UNKRA资金，在仁川建设年产12万箱规模的玻璃板厂，并与巴拿马文耐尔国际公司（Vinnel）签订了建设合同。该工程于1956年2月开工，历时20个月，于1957年9月竣工，竣工后即被韩国玻璃工业收购。仁川玻璃板厂的开工率从1958年的82.9%，经过1960年的87.6%，1961年达到了128.6%。由此，韩国的玻璃板进口额年均减少到了50万美元。[54]

上述三大核心产业的工厂建设主要依赖海外援助，对钢铁业和造船业的扶持主要依靠韩国政府的国库支援。在钢铁业方面，是川制铁三陟工厂和朝鲜理研金属仁川工厂在光复前就开始运营，三陟工厂负责生铁生产，仁川工厂负责钢铁和轧制产品的生产。两个工厂在光复后一直按归属企业管理，1948年分别更名为三和制铁公社和大韩重工公社。[55]朝鲜战争导致钢铁业解体后，韩国政府开始积极为恢复设备提供支援。首先，政府在1952年至1953年投入3.4357亿圜维修三和制铁的三座小型高炉。但是，由于燃料依赖进口，三和制铁景况不佳，于是，政府于1957年又投入2.48亿韩元，换成可使用国产无烟煤的设备。三和制铁于1959年和1961年用自有资金进一步改进、维修设备，在1961年达到三座高炉年产2.1万吨生铁的产值。[56]

大韩重工受到李承晚总统的特别指示，得到外汇资金保障，于1953年4月开始建设以战争废铁为主要原料的炼钢工厂。对此，大韩金属学会的领导们主张，除炼钢工厂外，还要新设轧钢工厂，采取"交钥匙"承包制（turnkey base）。大韩重工从1954年6月开始从联邦德国的德马格公司（Demag）引进设备，依次推进炼钢厂、中型轧钢厂、薄板厂的建设工作。大韩重工于1956年11月竣工的炼钢工厂年产可达50万吨，中型轧钢厂和薄板厂也分别于1959年12月和1960年4月竣工。以1960年为基准，大韩重工可生产钢坯49166吨，轧制产品45451吨，分别相当于整个韩国钢铁业产值的98.2%和46.9%。[57]

炼钢厂竣工后，受轧钢厂建设的影响，大韩重工的最终产品从生产到销售要延长2—3年的时间。当时的外国钢铁厂一般先建轧钢厂，在炼钢厂建成之前，进口半成品保证轧钢厂的运转，但大韩重工因未能系统地考虑工厂建设顺序，遭受了相当大的经济损失。大韩重工的扩张工程由于对钢铁业缺乏了解而受挫，但在准备和启动工厂建设的过程中，培养了很多技术人才。大韩重工从1956年1月开始派遣本公司的技术人员到海外进行技术研修，同年9月聘用270名工作人员，在联邦德国技术团队的指导下进行了培训。与此同时，大韩重工的技术人员在工厂建设管理，炼钢厂和轧钢厂运行过程中，掌握了钢铁厂运营的基本知识。其中几名技术人员在之后规划、建设浦项制铁厂时也做出了巨大贡献。[58]

造船业以大韩造船公社为中心，为维修和扩张设备提供政策性支援。1937年由三菱重工和东洋拓殖出资在釜山成立的朝鲜重工株式会社在光复后被接收为归属企业，1950年变身为国营企业——大韩造船公社。大韩造船公社在20世纪50年代初期通过修理因朝鲜战争受损的船舶维持经营，1952年还设立了大韩造船高等技术学校，尝试培养技术人员。韩国政府从1955年开始通过设备扩充支援和民营化推进等措施促进了大韩造船公社的成长。大韩造船公社通过3年的设备扩建工程，于1958年拥有可以建造万吨级钢船和修理1.5万吨级船舶的现代设备。但是大韩造船公社在1957年转为股份公司后，将拨款全部用于处理负债，经历了严重的经营困难。另外，由于国内造船市场狭小，加上海外二手船的大量引进，大韩造船公社扩充的设施甚至都无法开工。对此，政府于1958年制定《造船奖励法》，补贴钢船建造支出的40%，但效果欠佳。最终，在20世纪50年代，韩国的造船业因需求量低、资金短缺，未能取得预期的成果。[59]

综上，在20世纪50年代，韩国为扶持生产材料工业和重化工业的发展，在部分领域不断进行尝试和努力。主要包括在化肥、水泥、玻璃板、钢铁、造船等领域新设工厂或扩充设备，其成果因产业不同而异。水泥和玻璃板在工厂建设相对顺利的情况下，达到了替代进口的效果。而造船业虽实现了设备扩充，但未能取得预期的成果。化肥和钢铁在工厂的建设和运营上受挫后，才取得了部分成果。其相同点是，20世纪50年代通过生产材料工业相关工作的开展，为韩国技术人员提供了了解、学习相关产业的机会。另外，正如在忠州化肥和大韩重工的事例中所提到的，当时参与生产材料工业建设的人员在以后相关工作的推进中起到了重要作用。

# 第三章
## 极速的经济开发和技术掌握

第三章论述了 20 世纪 60 年代和 20 世纪 70 年代的经济增长和技术发展。众所周知，20 世纪 60—70 年代，在政府的强力介入下，韩国的经济和产业化飞速发展。然而素称"朴正熙时代"或者"开发时代"的这一时期被解读的视角却存在相当大的差异，这也影响到了韩国现代史整体的解读问题。特别是 20 世纪 60—70 年代与其之前及之后的时期在哪些方面是连续的，在哪些方面是中断的，也是今后需要探索的问题。在考虑这些问题的基础上，第一节以经济开发计划的实施、出口导向的工业化推进、重化工业化的展开为中心，对 20 世纪 60—70 年代经济开发的主要过程和内容进行整理。在第二节和第三节中，以"技术掌握"为关键词分析在轻工业领域和重化工业领域中形成的技术发展的过程。轻工业领域的例子包括纤维和鞋，重化工业领域的例子包括石油化学、钢铁、造船、汽车、电子。这些例子是除去了 20 世纪 60—70 年代在韩国的主要工业制品中技术革新较小的胶合板和假发后得出的（参考表 1-1）。接下来在第四节中，将论述与朴正熙政权时期的经济成长和技术发展相关的几点特征和争议焦点。

# 1. 20世纪60—70年代的韩国经济

**经济开发计划的制定和完善**

朴正熙在1961年通过"5·16"军事政变掌握权力。[1]政变之后发表的军事革命委员会声明将反对国内共产主义作为治安国策，阐明"迫切解决在绝望和饥饿线上挣扎的民生之苦，将全力致力于国家自主经济重建"。紧接着，国家重建最高会议于5月31日发表的"革命政府的基本经济政策"中明确表示："确立在以自由经济活动为基础的同时，建立为克服经济的落后性、谋国民经济均衡性发展的政府，和强有力的计划性的经济体制。"如此这般朴正熙军事政府（本章以下简称"军事政府"）的"经济第一"主义在内部成为使非法执政合理化的理论根据，在外部则是考虑了与强调经济开发计划必要性的美国的关系。[2]

军事政府执政两个月，即1961年7月22日，经济企划院成立。经济企划院综合了当时建设部的综合规划局和物流计划局、内务部的统计局，以及财务部的预算局，其核心功能是开发计划的制定、政府预算的编制、外资及技术的引进和分配。特别是军事政府力压财务部的抗议，将预算编制权转移到经济企划院，经济企划院将预算编制权当作杠杆，统治和调整政府各部门。经济企划院自成立后便召开经济长官会议，1963年12月经济企划院院长成为副总理兼经济企划院长官。[3]

经济企划院在成立的同时，着手经济开发五年计划的准备工作。当时经济企划院制定计划主要参照的是被称作"建设部案"的《第一个经济开发五年计划（试行）》和被称作"最高会议案"的《5年综合经济重建计划（案）》。其中前者是军事政府的建设部发布的由第二共和国复兴部下属的产业开发委员会于1961年5月确定的内容，后者是在柳原植的主导下，由国家重建最高会议的综合经济重建企划委员会拟定并于1961年7月发布的内容。虽然建设部案和最高会议案都在强调进口替代的支柱产业建设和增加出口的国际收支改善,但与建设部案相比,最高会议案更表现出高估增长率和强调政府财政作用的特征。年均增长率从 5.6% 到 7.1%,资本形成中政府财政所占比重从 17.2% 到 29.6%,呈上升调整趋势。[4]

决定经济开发成败的关键在于选定负责工厂建设的主体,并筹措所需资金。特别是民营工厂,选谁为投资主体的问题非常重要。为了解决此类问题,军事政府关注的群体是被判为非法敛财者的企业家们。军事政府曾于 1961 年 5 月 28 日公布《非法敛财处理法》,将有非法敛财嫌疑的企业家们拘留或者处以罚金,然而在准备经济开发计划的过程中,政府提出让非法敛财者们为经济重建献身的条件,从而开始减轻对他们的处罚。为了响应政策,13 名非法敛财者于 7 月 17 日成立了经济重建促进会,决心要引领工业化,8 月 16 日成立了以李秉喆为会长的全国经济人协会(1968 年 8 月改为韩国经济人联合会)。全国经济人协会于 9 月 14 日起草"支柱产业第 1 次民间计划案"并向军事政府建议,11 月 1 日成立外资引进交涉团,向发达国家派遣人员等均是其积极参与朴正熙政权经济开发的行为。[5]

军事政府以 1961 年 7 月 18 日发表的经济紧急政策为契机,寻求促进外资引进的方案。关于外资引进的法律有 1958 年制定的《外资管理法》和 1960 年制定的《外资引进促进法》。《外资管理法》是政府为有效管理国外援助而制定的,缺少引进外国贷款、外国人直接投资、技术劳务引进等相关内容。《外资引进促进法》则存在其适用对象仅限于与韩国有正常外交关系国家的公民和在国外居住 10 年以上的韩国公民的问题。对此,军事政府虽然于 1961 年 8 月和 12 月分别对《外资引进促进法》和《外资管理法》进行了修订,但是仅限于制度性的完善,所需外资仍无法引进。特别是民营企业的对外信用度太低,个别企业几乎无法筹措到大规模外资。1961 年 10 月 18 日举行政府和民营企业家的座谈会,参会的企业家们主张在外资引进中政府的支付保证是必需的,并要求引入以将要完工的工厂做担保,保证支付外资引进额全额的"后取担保制度"。这些企业家们的要求随着1962年7月18日公布的"关于贷款支付保证的法律"得以实现，政府在履行对引进外资支付保证的过程中掌握了外资审查和分配的权力。[6]

军事政府于1962年1月13日发布了第一个经济开发五年计划（1962—1966年），该计划被评价为既继承了最高会议案的基本精神，又具备对细节稍作修订的性质。[7]第一个经济开发五年计划的基本目标是"构筑为纠正所有社会经济的恶性循环，达成自主经济的基础"。该计划中阐明的基本方针"接受指导的资本主义体制"也值得关注。"经济体制是尽量以尊重百姓自由和创意的自由企业的原则为基础，对于骨干部门和其他重要部门，政府或直接干预，或间接使用引导政策的接受指导的资本主义体制"。[8]当时军事政府通过接受指导的资本主义方针表达了要强力介入经济活动各项内容的想法。对于需要接受指导的资本主义的背景，朴正熙在1971年出版的《民族的潜力》中写道：

> 20世纪60年代初，我们的经济在向自主和高速成长的道路前进中一个很大的障碍，便是担任开发主角的民营企业基础很弱，不具备近代市场结构和新的企业家精神，这是事实。因此从长远来看，即使知道要依靠民营企业家的创意和首创精神，然由于首先构筑自主基础很急迫的现实不可避性，政府本身不得不担负作为开发先锋的工作。[9]

第一个经济开发五年计划将年均增长率由过去7年间的平均4.7%设定为相当高的7.1%。得出的年度经济增长率分别是1962年5.7%，1963年6.4%，1964年7.4%，1965年7.8%，1966年8.3%。为达成这些目标值，韩国政府按照当时的外汇牌价计划投资32145亿圜（相当于25亿美元）。资本形成方面，调配投资资金的72.2%为内资，27.8%为外资，政府负担

55.6%，民间负担44.4%，比起外资来，更重视内资的动员，比起民间来，更强调政府的主导。作为确保资本的方案，提出了"由于过去的政治腐败导致的资本节约"和"可用外部资源的增加"，而实际上，计划当局从未估算过可以多大程度上减少资本的浪费，或者探究过美国会提供多少援助。[10]

比这更有趣的可以从工业化战略中找寻。第一个经济开发五年计划将能源的开发、经济结构的均衡开发、社会间接资本的扩充、就业的增加、出口增加、技术的振兴作为工业化的目标，出口增加的重要程度并不高。事实上，这个计划最重要的地方在于建设化肥厂、炼油厂、钢铁厂等，推进进口替代的工业化。当然第一个经济开发五年计划也关注通过增加出口来改善国际收支，然而出口的主力产品并非工业制品，而是包括农水产品和矿产品在内的初级产品。1962年的目标出口额为6090万美元，其中农水产品2010万美元（占33%）、矿产品2580万美元（占42.2%）、工业制品580万美元（占9.5%）。1966年的情况，目标出口额为1.175亿美元，其构成为农水产品3580万美元（占30.5%）、矿产品5090万美元（占43.3%）、工业制品1000万美元（占8.5%）。在考虑到这些因素时，可以说，第一个经济开发五年计划呈现出出口主导型性质或追求出口导向工业化的观念不过就是个缺乏根据的神话。[11]

另外值得关注的是，1962年5月，经济企划院开始准备第一个技术振兴五年计划（1962—1966年）。这个计划是为了应对推进第一个经济开发五年计划时必要的"技术供求"问题而准备的。第一个问题是关于技术领域人力资源供求的不一致，第一个技术振兴五年计划强调比起理工类大学的毕业生来，要更注重现场技术人员的培养，并将工程师、技师、技工的构成比从1961年的1∶1.3∶33改善调整为1966年的1∶5∶25作为目标。第二个问题是关于技术水平的落后性，该计划要求通过引进外国技术确保技术能力，与此同时，希望通过为了科学技术振兴的法律、制度的改善，研究活动的扩充、整顿等谋求技术水平的提升。第一个技术振兴五年计划是韩国第一个综合处理科学技术的国家计划,这也成为今后每五年持续制定科学技术综合规划的契机。[12]

在第一个经济开发五年计划发布的同时,开始探求确保投资的方案。军事政府于1962年6月公布了紧急货币措施法,进行了建国后第三次货币改革。货币单位由"圜"变成了"圆／元",每10圜折算为1元。让老百姓将持有的旧货币存入金融机构,再让其和旧券的存款一样无法被提取,只限于一定程度的生活费和医疗费被允许换成新货币。被封存的存款年利率为15%,计划将其在6个月中用将要设立的产业开发公司的股票代替。产业开发公司打算利用这笔资金建设大规模的骨干产业。然而美国以该措施没有在事前达成一致,且侵害私有财产为由进行了强烈反对。而且对因腐败而隐藏的相当规模资金的期待也不过是幻想。最终存款封存的措施被解除,产业开发公司成立案也作废。[13]

随着军事政府货币改革的失败,韩国经济也迎来了严重的通货膨胀。雪上加霜的是,1962年发生的极其严重的干旱让大米的供给,甚至是电力的供给都出现了问题。结果1962年韩国的经济增长率停留在了2.8%,这不仅离其目标值5.7%有很大一段距离,甚至低于1961年的3.5%。美国对军事政府的经济政策进行了辛辣地批判,并施加压力,让经济专家取代朴正熙的心腹,国内也出现了应该对经济开发五年计划展开全面重新调整的舆论。特别是美国把援助当作武器,要求军事政府尽快移交民政,切实修订经济开发计划。最终,军事政府接受美国立场,于1963年7月成立韩美经济合作委员会(KOR-US, Economic Cooperation Committee, ECC),通过此,美国开始对韩国的宏观经济政策,甚至微观产业政策进行深入地干预。[14]

韩国政府于1963年4月开始着手修改第一个经济开发五年计划,进入第三共和国之后的1964年2月发布了"完善计划"。"完善计划"承认原计划引发的诸多问题,以财政稳定为基本原则,将年均经济增长率下调至5%。钢铁厂及综合机械制造厂的建设计划被取消,在投资计划制定基准中大幅强化了民营企业的作用。在投资资源的调整中,政府和民间的比重分别被调整至50.2%和49.8%,内资和外资的动员中也将外资的比重增加了0.4%。[15]该"完善计划"的内容虽然基本上是对美国立场的反应,但美国的意图并未通过"完善计划"得到全面贯彻。朴正熙政府仍然坚守进口替代型骨干产业的建设,以及以大企业为中心的经济政策的推进。[16]

"完善计划"比原计划更能体现出强调出口的特征。如表3-1所示,在原计划中设定的出口目标值分别是1964年8410万美元、1965年1.056亿美元、1966年1.175亿美元,而在"完善计划"中分别对应上调为1.2亿美元、1.7亿美元、2.5亿美元。这是因为1963年的出口实绩呈现出了比预想好很多的态势,超出了预期目标值7170万美元,达到了8380万美元。特别是工业制品的情况,1963年达到了2810万美元的出口实绩,远远超出了目标值640万美元,远在农水产品和矿产品的出口实绩之上。在此背景下,"完善计划"确定了比原计划高的工业制品出口目标值,将出口的重点产品由初级产品渐渐转向工业制品。

然而以"完善计划"的制定为契机还不能被认为是明确表达了出口导向工业化战略。[17]重新看表3-1会发现,"完善计划"在工业制品方面虽然没能达到目标值,却也依然侧重于农水产品和矿产品的出口。而且,如果综合来看初级产品农水产品和矿产品,在1964—1966年,初级产品的出口目标值还稍高于工业制品的目标值。与此相关,在完善计划中虽然表明"将偏重进口替代型产业的投资方向转换为以出口产业为主",却又记载着"计划1963年到1966年逐渐增加出口",即重点为渐进地增加出口,而非划时代的出口增长。[18]与此同时,完善计划中表明"威胁开发计划实行和经济稳定的重要因素之一便是外汇不足,为此,为积极地保障外汇,同时又保守地节约外汇,需要培养出口增加和进口替代效果大的企业"。这意味着增加出口并非经济开发的首要目标,而是为了应对解决外汇不足的情况而使用的一种手段。[19]

表 3-1　第一个经济开发五年计划期间的出口计划与实绩

单位：百万美元

| 年份 | 分类 | 食品原料及活的动物（农水产品） | 非食用原料（矿产品） | 各种原料产品（工业制品） | 机械类 | 杂货 | 合计 |
| --- | --- | --- | --- | --- | --- | --- | --- |
| 1962 年 | 原计划 | 20.1 | 25.8 | 5.8 | — | 4.6 | 60.9 |
|  | 实绩 | 21.9 | 19.8 | 6.2 | 1.4 | 2.0 | 54.8 |
| 1963 年 | 原计划 | 23.2 | 29.4 | 6.4 | — | 7.3 | 71.7 |
|  | 实绩 | 18.1 | 26.2 | 28.1 | 4.1 | 6.4 | 83.8 |
| 1964 年 | 原计划 | 27.6 | 32.2 | 8.3 | — | 9.1 | 84.1 |
|  | 完善计划 | 25.5 | 32.4 | 46.5 | 1.0 | 8.9 | 120.0 |
|  | 实绩 | 26.3 | 31.4 | 42.3 | 2.2 | 13.2 | 119.1 |
| 1965 年 | 原计划 | 31.6 | 46.9 | 9.2 | — | 9.9 | 105.6 |
|  | 完善计划 | 34.0 | 38.4 | 67.9 | 5.0 | 15.9 | 170.0 |
|  | 实绩 | 28.2 | 37.0 | 66.4 | 5.5 | 34.5 | 175.1 |
| 1966 年 | 原计划 | 35.8 | 50.9 | 10.0 | — | 12.0 | 117.5 |
|  | 完善计划 | 49.8 | 48.8 | 85.3 | 7.2 | 49.8 | 250.0 |
|  | 实绩 | 35.1 | 40.5 | 73.6 | 8.4 | 52.2 | 219.0 |

注：由于饮料、烟草、矿物燃料、化学制品等没有列入，因此列举出来的金额与合计不一致。
资料出处：李荣薰，《韩国经济史Ⅱ》，第 399 页。

**出口导向工业化的推进**

引发韩国经济开发战略由进口替代向出口导向转换的第一次契机可以从外汇不足中找寻。韩国的外汇储备额在 1956 年之后呈增加趋势，到 1962 年 3 月达到顶点后开始反转。特别是 1962 年 12 月外汇储备额比起 1 年前减少了 3900 万美元之多，记录下来的数字是 1.67 亿美元。对此，韩国政府感受到了一种危机意识，1963 年 1 月继既有的出口补贴制度又实施了大规模的进出口连锁制。进出口连锁制赋予出口商在进口时可以使用出口贷款全额的权力,这在1963年为韩国出口实绩的极速增加做出了巨大贡献。在韩币汇率被高估的情况下,比起向国外市场出口,进口原材料进行加工并在国内做生意则更为有利。[20]

然而由于进出口连锁制违反了关税与贸易总协定第16条第4项"需要中断给初级产品以外的出口提供任何形态补贴"的规定,因此很难继续实施。为此,韩国政府于1964年5月3日实施了汇率改革,将既有的固定汇率制转换为单一浮动汇率制,将基本汇率由130∶1提高到了255∶1。单一浮动汇率制实施以后,汇率于1965年5月上涨到1美元兑280韩元,由于韩国银行的介入,基本汇率保持在270∶1,这个基准一直持续到1967年。以汇率改革为契机,全面的进出口连锁制走上被废止的程序,在大力抑制进口的同时,出口显著增加。[21]

朴正熙于1964年5月11日进行内阁改组,形成了所谓"突击内阁"。[22]紧接着在1964年6月24日,工商部出台了出口振兴综合措施,宣传这是"为了摒弃无秩序的既有支援政策,展开培养出口能力、改善出口结构、强化国际竞争力等正式、积极的出口鼓励"。[23]其主要内容是将今后3—5年的出口目标定为3亿美元,为达成这一目标,要推进出口产业的特色、出口用设施及原材料的保障、出口工业园的开发、韩国外汇银行的创立等。对出口商则赋予其减免出口所得法人税及所得税的80%、减免为出口用引进的原材料关税及商品税、减免出口用国产原料的商品税、支付出口奖金、扩大出口贷款等史无前例的优惠。1964年6月发布的出口振兴综合措施被认为是韩国政府越过贸易政策,开始从产业政策层面对待出口的最初契机。[24]

1964年下半年,韩国全国各地开始悬挂"只有出口才是活路"的出口第一主义的标语,1964年韩国的出口实绩达到了几乎接近完善计划目标值的1.191亿美元。政府在1964年8月决定将出口实绩突破1亿美元的日子定为"出口之日"的纪念日,1964年12月5日由大韩贸易振兴公司主办举行了第一次出口之日纪念仪式。[25]之后在1965年1月,朴正熙通过国情咨文发布了"增产、出口、建设"的开发政策行动理论。调动一切可用资源,形成增加生产、促进出口、建设工厂的良性循环。特别是1965年的国情咨文中使用了"不出口便是死亡"的略为极端的号召,这与1964年国情咨文中"政府会尽最大努力进行出口振兴"的表述有很大差异。[26]进入1965年,出口振兴成为国家政策首要目标,1966年还出现了"输出立国"的口号。[27]见图3-1。

图3-1 朴正熙总统的"输出立国"手写稿(1966年12月)
资料出处:朴正熙总统电子图书馆。

当时主管鼓励出口和输出立国政策的机构是出口振兴扩大会议。朴正熙总统自1965年2月开始参加并主持出口振兴扩大会议。出口振兴扩大会议以工商部为中心,几乎每月举行一次,从1965年2月到1979年9月的176个月期间,共计举行了153次会议。最初是只有20—30名政府官员出席的小规模会议,渐渐地民营企业家和专家也参与其中,发展为170余人的大规模会议。出口振兴扩大会议负责决策,以推进出口成为政府政策的最重要任务，形成报告检查与进出口实绩相关政策的体制。[28]另外，除出口振兴扩大会议外，朴正熙总统还参加由经济企划院主管的月度经济动向报告。该会议始于1965年，到1979年共举办146次。月度经济动向报告中包括了从对国民经济宏观指标的检查到特定产业和企业结构调整的所有问题。[29]

在探索以出口为中心的经济开发战略的1964年年末，韩国政府开始制定第二个经济开发五年计划（1966—1971年）。当时的经济企划院在以1966—1981年为对象的"韩国经济的长期开发展望"都准备好后，拟定了其中的第一个中期计划，即第二个经济开发五年计划。1966年6月确定第二个经济开发五年计划，以进一步促进产业结构现代化和确立自主经济为基本目标，并将目标值上调，即通过计划期间年均7%的经济增长，使得1971年的经济规模比1965年扩大50%，人均国民生产总值增加31%。计划提出了：①粮食自给；②工业的提升和工业生产增倍；③达成7亿美元的出口额；④扩大就业及控制人口；⑤国民收入大幅度增加；⑥人力资源培养和技术提高等重点目标。值得关注的是重点目标的第三项，其表述为"达成7亿美元（商品出口：550百万美元）的出口额，促进进口替代，夯实划时代的国际收支基础。"在重点目标中提出具体的数值是非常罕见的，相当于出口7亿美元是必须要达成的目标。[30]

重点目标的第二项是培育制造业，其表述为："在建设化学、钢铁、机械工业，抓住工业提升基础的同时，使工业生产增倍。"在第二个经济开发五年计划期间，计划给制造业部门的投资占总投资额的26%，相当于2835亿韩元。投资事业在考虑投资收益率、就业效果、贸易收支改善效果、国民总生产贡献度等方面后选定，纤维、化学、钢铁、机械等4个部门的投资占全部投资额的10%。[31]当时工商部在将第二个经济开发五年计划具体化的同时，还制作出了有关工业培育过程的模型图和概念图。以纤维和化学为例，强调要阶段性培育服装织物工业、合成纤维工业、石油化学工业，不能错过时机。其思路是，服装织物工业发展的话，合成纤维的收益就会增加，因此需要培育合成纤维工业。合成纤维工业发展的话，就会要求石油化学制品的顺畅供给，因此需要培育石油化学工业。[32]

出口鼓励政策趋稳的 1964 年 12 月，朴正熙访问了联邦德国。此次访问的首要目的是获得贷款。幸运的是联邦德国对成立对韩贷款团等事宜表现出了积极的协助姿态，之后韩国从联邦德国得到 1350 万美元的财政贷款和 2625 万美元的商业贷款。当时朴正熙总统夫妇接见了韩国政府为获得外汇而外派的矿工和护士们。在 1962—1976 年护士被派遣出约 1 万名，在 1963—1978 年矿工被派遣出约 7800 名，他们经历了很多苦难，将所得薪水汇到国内。[33] 同时，朴正熙切实感受到联邦德国经济得以复兴的原因之一是高速公路。朴正熙在回国后，不顾担心和反对意见，执意推动京釜高速公路的建设。京釜高速公路建设项目未包含在第二个经济开发五年计划提案当中，是在 1967 年第六任总统选举的公约中被提出的。最终在 1968—1970 年投入 428 亿韩元，用于推动京釜高速公路的建设，而当时韩国政府一年的预算大约是 1500 亿韩元。[34]

1964—1965 年韩国社会中重要的政治热门事件之一可以说是韩日会谈。1962 年 11 月 12 日，韩国中央情报部长金钟泌和日本外相大平正芳就请求权名义和资金进行了秘密协商，二人于 1964 年 3 月 23 日再次会见，就韩日会谈日程进行了协商。金钟泌与大平正芳的协商记录和韩日会谈日程被公开后，在野党、舆论、各大学者评价此为密室买卖和屈辱外交，对此进行了强烈反对。1964 年 6 月 3 日发生了大规模示威，朴正熙政权甚至通过宣布首尔地区① 紧急戒严进行对抗。韩国不顾国民反对，继续推进韩日邦交正常化工作，在 1965 年 6 月 22 日，缔结"大韩民国和日本国基本

---

① 自 20 世纪 40 年代末，朝鲜半岛南半部便有用"서울"（读音：Soeul）来指代首都地区的说法，但由于没有相对应的汉字，则在汉语文化圈沿用其旧名"汉城"，2005 年后逐渐采用汉字"首尔"来对应韩国首都。本书统一使用"首尔"。

关系条约",12月18日获得了两国国会的批准。根据该条约,日本政府在10年间给韩国政府无偿提供3亿美元,公共贷款2亿美元,以及3亿美元的商业贷款。随后,对日请求权资金应用到推进浦项钢铁厂、昭阳江多用途水坝、京釜高速公路的建设等中,为推进韩国政府的经济开发作出了相当大的贡献。同时,以韩日邦交正常化为契机,韩国从日本进口中间产品和零部件,生产成品后出口美国,形成了三角贸易体制。[35]

在推进韩日邦交正常化期间,朴正熙政权还果断向越南派兵。1964年9月派遣了140人的医务班作为先遣队,1965年3月派遣了2000名工程兵和运输兵,同年10月派遣了2万名海军陆战队和陆军士兵前往越南。对越南派兵一事也有相当多的反对声音,虽然比起韩日邦交正常化来说,其反对程度稍低。到1973年为止,韩国政府共向越南派出35万人次的兵力,其中4624人战死,有些人还产生了"枯叶剂后遗症"等,造成了巨大损失。根据1966年3月制定的布朗协定,美国负担了韩国军队在越南驻军和参战的全部费用,而且为在越南进行建设和救护工作,物资和劳务的相当部分也是从韩国购买的。所谓"越南特需"包括国军官兵和劳动者的汇款、军供劳务和建设的收益、向越南的出口等合计达到10.22亿美元。此外,作为向越南派兵的酬劳,美国提出为经济开发提供贷款和成立应用科学研究所的支援。以此为契机,1966年2月韩国还成立了最早的政府出资研究机构韩国科学技术研究所。[36]

随着韩日邦交正常化和韩国出兵越南,外资引进预计将大幅增加,因此韩国政府开始制定调整有关外资引进的法律制度。1966年8月制定了外资引进法,该法律具备了外国人直接投资、商业贷款引进、引进贷款的支付保证等既有法律的综合特性。同时,由于外资引进法的制定,外国人投资金额的下限规定被取消,外国人投资的各种税金在5年内被免除,利润汇回本国的限制被废除,现金贷款的引进被合法化。特别是,外资引进法将政府支付保证的对象限制在骨干产业部门和农水产业部门,废除了之前大部分民间商业贷款的政府支付保证。据此，要引进商业贷款的企业无需政府的支付保证，只需得到普通银行的支付保证，这导致了在外资引进中行政部权限得到加强。因为取得政府支付保证需经过繁琐的程序得到国会同意，而与此相反，能否取得普通银行的支付保证取决于行政部。[37]

韩国政府在整顿促进出口的法律制度的同时，还积极寻求外部协助。朴正熙总统于1965年5月访问美国，提出能否协助成立支援韩国经济开发的经济协助团体的要求。对此美国和世界银行给予积极回应，1966年12月成立了9个发达国家参与的对韩国际经济磋商组织。[38]韩国于1967年4月加入关贸总协定，接受了美国、英国、欧洲经济共同体、日本等的最惠国待遇。以加入关贸总协定为契机，韩国政府废止了列举进口许可品种的肯定列表方式，引进了列举进口禁止品种的否定列表方式，进口开放品种由3760个大幅增加到47128个。韩国的贸易自由化率，即在进口总品种数中，进口自动批准的品种数所占比重由1965年的37%上升到1967年的60%。[39]

韩国政府在1967—1971年为支援和培育特定产业制定了一系列法律。这里包括与纤维工业设施相关的临时措施法（1967年）、机械工业振兴法（1967年）、造船工业振兴法（1967年）、电子工业振兴法（1969年）、石油化学工业培育法（1970年）、钢铁工业培育法（1970年）、有色金属冶炼事业法（1971年）。韩国政府在第二个经济开发五年计划期间提前选好特定产业进行集中培育，相当于开始正式准备"选择性产业政策"。[40]在上述法律提到的产业中，除纤维工业外，其余6个产业都被包含在内。这与韩国政府在1973—1979年推进重化工业化政策过程中提出的六大战略行业是相同的。由此可知，重化工业化政策的基础已经在第二个经济开发五年计划期间做好准备。[41]

韩国在1962—1971年实现的出口增长令人刮目。韩国的总出口额从1962年的5370万美元上升到1971年的13.5204亿美元，增长率达年均30%。当时韩国的主导出口品种是工业制品，在1962年仅占总出口的27%，1963年创下51.7%的纪录后，1971年增加到86%（参考表3-2）。在工业制品中，纤维、胶合板、假发、鞋子等轻工业制品的出口十分显著。在总出口量中，轻工业制品在1962年仅占比19.2%，经过1966年的51.6%之后，在1971年增加到69.3%。而重化工业制品所占比重为1962年7%，1966年9.5%，1971年13.6%。[42]

表3-2 GDP及出口的发展变化（1962—1971年）

单位：千美元，括号内数字单位为百分数（%）

| 年份 | GDP增长率（%） | 人均GDP（美元） | 总出口额 | 农产品 | 水产品 | 矿产品 | 工业制品 |
| --- | --- | --- | --- | --- | --- | --- | --- |
| 1962年 | 2.1 | 87 | 53702（100.0） | 13041（23.0） | 12474（22.0） | 15877（28.0） | 15310（27.0） |
| 1963年 | 9.1 | 99 | 84368（100.0） | 11222（13.3） | 13090（15.5） | 16446（19.5） | 43610（51.7） |
| 1964年 | 9.7 | 104 | 120851（100.0） | 12562（10.4） | 24050（19.9） | 21917（18.1） | 62322（51.6） |
| 1965年 | 5.7 | 105 | 180450（100.0） | 15695（8.7） | 24938（13.7） | 27646（15.3） | 112372（62.3） |
| 1966年 | 12.2 | 122 | 255751（100.0） | 24336（9.5） | 37536（14.7） | 34195（13.4） | 159684（624） |
| 1967年 | 5.9 | 139 | 358592（100.0） | 16921（4.7） | 52834（15.0） | 37612（10.3） | 251175（70.0） |
| 1968年 | 11.3 | 169 | 500408（100.0） | 21607（4.3） | 50856（10.2） | 41005（8.2） | 386940（77.3） |
| 1969年 | 13.8 | 206 | 702811（100.0） | 29748（4.2） | 66052（9.4） | 51995（7.4） | 555055（79.0） |
| 1970年 | 8.8 | 242 | 1003808（100.0） | 30056（3.0） | 82324（8.2） | 52059（8.2） | 839369（83.6） |
| 1971年 | 10.4 | 289 | 1352037（100.0） | 35992（2.9） | 103983（7.7） | 47207（3.4） | 1162855（86.0） |

资料出处：韩国贸易协会，《韩国贸易史》（2006），第171页；李璋圭，《总统的经济学》（耆婆郎，2012），第524页。

出口结构的变化引发了进口的增加。随着出口品种由初级产品转变为工业制品,原材料和资材的进口大幅增加。据统计,韩国的总进口额由1962年的4.22亿美元增加到1971年的23.94亿美元。进口商品的构成由1962年记录的生活资料13.9%、资材16.5%、原材料63.2%,到1972年分别转变为18.6%、29.9%、51.5%。[43]GDP和总出口比值从1962年的6%增加到1971年的16.6%,GDP和总进口比值在同一期间内由16.6%增加到26.7%。随着进出口的极速扩大,贸易依存度由1962—1964年的20%—23%上升到1971年的42.5%。[44]

1962—1971年,韩国的经济基于极速的出口增加,年均增长率达8.7%。在第一个经济开发五年计划期间年均达7.9%,在第二个经济开发五年计划期间年均达9.6%,超过了计划的目标值。GDP增长率在8%以下的年份为1962年(2.1%)、1965年(5.7%)、1967年(5.9%),其主要原因是农作物收成减少。人均GDP也快速增加,1962年才不过87美元,到1971年已达到289美元(参考表3-2)。[45]如此的经济成长伴随着产业结构的变化。在GDP中,农林渔业所占比重由1961年的39%下降到1970年的27%;与此相反,制造业的比重在同一时期则由14%增加到21%。在制造业中,重化工业所占比重在同一时期由26%上升到38%。[46]

如此极速的经济成长也带来了严重的副作用,代表性的例子便是经营不善企业的问题和全泰壹自焚事件。进入1967年,引进商业贷款的几家企业无法偿还贷款本息,做担保的金融机构开始担心需要代替企业支付的问题。时间越久,经营不善的企业问题越严重,经济企划院自1969年1月起展开了对54家政府支付担保贷款企业和29家银行管理企业的调查工作。同年3月,朴正熙总统指示整顿经营不善企业,5月,在总统秘书室成立了经营不善企业整顿班。经营不善企业整顿班在1969年6月27日发布经营不善企业的整顿标准后,到8月14日前共发布了8次,涉及30家经营不善企业的整顿方案。在经营不善企业的明细中还包括相当一部分当时规模较大的企业，如大韩塑料、国营化学、仁川制铁、韩国电冶、大成木材、天友社、三益船舶、亚洲汽车、韩国钢铁、三洋航海、兴韩化纤、大韩造船公社、独立产业、东洋化学等。[47]

1970年11月13日，在首尔清溪川和平市场发生了全泰壹自焚事件。他将汽油倒满全身，点火后大喊"遵守劳动标准法""周日休息"等口号，虽然被第一时间送往医院，但最终不治身亡。全泰壹曾于1969年6月组织"傻子会"，在调查和平市场劳动者的劳动状况后，于1970年10月将调查结果书提交到劳动厅。根据全泰壹的调查，劳动者一个月只有两天时间不工作，每天的劳动时间为13—15个小时，回答问卷的126人中有80%患有眼疾，76%患有支气管疾病。对此，全泰壹提出了日工作时间减少到10—12个小时、一周保证有一天休息日、流于形式的健康检查应真正实施起来、见习工工资提高50%等要求。全泰壹自焚事件表明，20世纪60年代韩国的经济成长是基于劳动者的牺牲而实现的，这成为之后劳动运动发展的导火索。[48]

韩国政府于1971年2月准备了第三个经济开发五年计划（1972—1976年）。该计划将年均经济增长率定为8.6%，强调解决在经济开发过程中发生的问题，并传达了三个基本精神：第一，在稳定的基础上实现增长，将开发成果广泛普及到全国人民，追求成长、稳定、均衡和谐。第二，实现产业结构的提高、国际收支的改善，以及主粮的自给，建立自主经济结构。第三，促进四大江流域开发、道路网的大幅扩充等国土的综合性开发，以求地域开发的均衡。提出了积极增加农渔民所得、扩充农渔村设施、达成出口35亿美元、建设重化工业、极速提升科学技术、均衡发展社会基础设施、有效开发国土资源、提高国民的福利和生活水平等重点目标。与之前的计划相比，第三个经济开发五年计划内容更详细，更加关注计划的有效实施，及其管理和执行。然而由于国内外条件的急剧变化，1973年在推进重化工业化政策时，该计划被大幅修订。[49]

## 重化工业化的开展

### 重化工业化宣言的背景

1968年之后，发生了一系列威胁国家安全的事件。1968年1月23日，美国情报收集舰普韦布洛号被朝鲜控制。朴正熙总统于2月7日宣布"今年之内要让250万退伍军人武装起来，所需的武器工厂也会在年内建设"的方针，4月1日打出"边工作边战斗"的口号，创建乡土预备军。1969年7月，美国总统尼克松在关岛发布了内容为希望亚洲诸国的安保问题首先由各国自己处理的基本政策，紧接着便发生了驻韩美军的撤兵问题，实际上1971年3月已经完成了1个师的撤离。[50]

为了应对安保危机，韩国政府开始着手培育国防产业。在1968年5月召开的第一次韩美国防长官会议上，就以韩美合作的方式将能够生产M16自动步枪的军需工厂引入韩国达成协议。对此交涉经历了重重困难，最终以1971年3月与美国柯尔特公司缔结了与建设M16步枪工厂相关的合同而告一段落。[51]此外，韩国政府于1970年6月成立了国防产业开发4人委员会，同年8月成立武器开发委员会，设立国防科学研究所。1971年11月起，国防科学研究所开始着手基本兵器开发工作（又称"闪电事业"），自1974年5月起开始推进被命名为"栗谷事业"的军备补充及现代化事业。[52]

另外，1969年11月朴正熙总统向金鹤烈副总理下达建设国防产业的指示，经济企划院以筹备机械工业培育方案的名义制定了四大核心工厂的建设计划。四大核心工厂包括重型机械综合工厂、特质钢材工厂、铸物铣工厂、大型造船所，经济企划院通过韩国科学技术研究院推进相关研究工作的开展。研究负责人是巴特尔纪念研究所（Battelle Memorial Institute）的首席研究员哈利崔（崔荣华），他向朴正熙总统报告"当本项工作都成功完成之时，我国就已构筑起国防产业的基础"。作为后续措施，经济企划院选定了作为负责四大核心工厂建设的实际需求者韩国机械（重型机械）、大韩重机（特质钢材）、江原产业（铸物铣）、现代建设（造船）。当时，经济企划院努力想从日本引进贷款，建设四大核心工厂，然而未能得到日本的协助，历时一年也无任何进展。最终，四大核心工厂建设计划于1971年11月被取消，留下了"培育国防产业不能只建设几个工厂，而要重组所有国民经济"的教训。[53]

明确认识到这一点的人是时任工商部矿工电部长助理的吴源哲。1971年11月9日，朴正熙总统在接到经济企划院关于四大核心工厂推进现状的报告后大为失望，回到青瓦台的秘书室室长金正濂与吴源哲见面并进行了现场会议。此时吴源哲表达了如下构想，"将培育国防产业作为重化工业化的一环进行推进，根据配件或团体分摊到有关工厂，将随着武器需要变动而出现的非经济性降到最低限度"。随后金正濂和吴源哲一起来到朴正熙的办公室，进行了所谓"青瓦台三人碰头会"。当时朴正熙虽然对建构国防产业体系需要大量时间这一点不满，但同意了同时建设重化工业和国防产业，以及非常时期可将民需部门转用到国防产业部门的新战略。次日，即1971年11月10日，吴源哲被擢升为总统秘书室经济第二首席秘书官。[54]

吴源哲的擢升预示了朴正熙政权经济政策的巨大变化。首先，出现了经济政策主导权由经济企划院转移到青瓦台秘书室的局面。之前朴正熙是通过经济企划院推进核心的经济政策，而以1971年11月为契机，经济案件开始依仗秘书室室长金正濂，工业化战略开始依仗经济第二首席吴源哲。[55]而且，朴正熙政府经济开发的行动从"经济官僚式"变为"技术官僚式"，凸显出技术官僚的重要性。主要隶属于经济企划院的经济官僚立足于"比较优势论"，认为需渐进式地培育重化工业，而与此相反，以吴源哲为中心的技术官僚则强调应当从一开始便将重化工业当作能享受规模经济效益的国际单位推进。[56]

1971年4月27日，韩国进行了第七届总统选举，民主共和党候选人朴正熙获得634万票，新民党候选人金大中获得540万票。5月25日第八届国会议员选举中，在总共204个席位中，民主共和党获得113个席位，新民党获得89个席位，形成在野党可以召开临时国会的局面。朴正熙和民主共和党虽然在两次选举中都获得了胜利，但并没有达到预期成绩。对此，朴正熙和民主共和党以朝鲜的威胁为借口，开始强化总统权力。朴正熙于1971年12月6日宣布国家进入紧急状态，27日民主共和党独自通过了与国家保卫相关的特别措施法（《国家保卫法》）。[57]

1972年7月4日，朝韩通过"南北共同声明"① 发布了共同声明的三大原则。第一，统一不依仗国外势力，也不接受国外势力的干涉，需要自主解决。第二，统一不依靠彼此的武力反对对方，需要通过和平的方法实现。第三，跨越思想、理念、制度的差异，首先作为一个民族，需要谋求民族的大团结。虽然作为南北共同声明的后续措施，成立了南北共同委员会，然而在实际会谈中，双方代表对对方的立场并未改变。[58]

1972年8月3日，韩国颁布了称为"8·3"措施的"关于经济稳定和增长的紧急命令"。1969年8月，经营不善的企业被初步整理，但仍有相当数量的企业长期处于被银行管理的状态，全国经济人联合会在1971年6月和7月两次向政府要求采取特别救助措施。1971年9月，成立以外资管理秘书官金龙焕为组长的事务班，在经过了大约1年的事前准备工作后，朴正熙决定冻结私债。"8·3"措施的核心在于将企业持有的私债调整为长期低息的贷款资金。通过"8·3"措施，超过3000亿韩元私债的本息被冻结，私债被调整为3年定期债务，月息1.35%，5年分期偿还。"8·3"措施是国家权力积极介入民间资本积累方式的空前举动，通过此措施的实施，韩国政府可以强烈地敦促民营企业共同参与到重化工业化政策中。[59]

---

① 又称"联合声明"。

最终，朴正熙于1972年10月17日宣布维新，同年12月23日通过统一主体国民会议当选为第8届总统。[60]值得关注的是，朴正熙将十月维新与100亿美元出口和1000美元国民收入的绚丽蓝图结合在一起。朴正熙在宣布十月维新的紧急国务会议上讲道："进入80年代，我们的经济也会壮大，出口将达到100亿美元，国民收入将达到1000美元。"[61]虽然并不清楚朴正熙是从何时开始将出口100亿美元作为目标的，但应该在1972年5月30日之前有了明确的认识。根据吴源哲的回忆，当天朴正熙在结束出口振兴扩大会议后，把他叫到了办公室，询问："如果想出口100亿美元的话，培育什么工业好？"对此，吴源哲回答："阁下！看来发展重化工业的时机到了。"同时，他听到了日本在1957年出口超出20亿美元后，转为重化工业化政策，10年后，即1967年达成出口100亿美元的例子。[62]综合这些情况可知，有了出口100亿美元的要求，为达成出口目标，形成了需要重化工业化政策的逻辑。

吴源哲的提议得到朴正熙的信任，开始以经济第二秘书室为中心，以重化工业化为基本方向展开工作，其结果是在1972年12月出台了名为"重化工业化和80年代展望"的总体规划。[63]该文件论述了工业化的类型、工业化发展阶段、经济开发计划的问题、领导力的重要性、韩国的展望等，其内容简介如下。第一，在工业化类型中，有按照最终产品、中间产品、基础材料顺序推进的金字塔型，和原料、中间产品、最终产品全包括在内的树型，金字塔型适合像韩国这种发展中国家的情况。第二，韩国的工业化发展阶段可以分成直接保护阶段、重点支援阶段、自主发展阶段、完整国际竞争阶段、世界一流化阶段等五个阶段，在每个阶段都需要适当的政府作用。第三，像韩国这样的发展中国家想要发展经济，政府主导的计划拟定和制度准备是必需的，需要着重考虑工厂规模的问题、垄断和竞争的问题、时机和节奏的问题等。第四，与发达国家需要运行既有经济的情况不同，对于发展中国家来说重要的是在毫无工业的情况下建设经济，越是发展中国家，越迫切需要优秀的领导者和强有力的领导能力。第五，重化工业建设是实现祖国现代化和民族中兴的唯一手段，重化工业建设的基础一旦完成，20世纪80年代初出口将达到100亿美元。[64]

基于这些事前准备，朴正熙总统于1973年1月12日通过新年记者招待会宣布了重化工业化政策。

> 我今天在此想向各位国民发表关于经济的重要宣言。我国工业现在正进入"重化工业时代"。因此政府宣布从现在开始进行"重化工业培育政策"的重点"重化工业政策"。此外，今天在此我向国民提议，从现在开始我们共同开展"全国民的科学化运动"。所有人都需要学习、熟悉、开发"科学技术"。只有这样我们的国力才能迅速提升。如果没有科学技术的发达，我们是绝对不可能成为发达国家的。为了进入80年代，我们能够达成100亿美元的出口，"重化工业"的培育等目标，需要集全力进行全民的"科学技术"开发。从小学生，到大学生、社会成人，不管男女老少，我们全部都需要学习技术。只有这样国力才会迅速增长。如果我们想在80年代初达成100亿美元的出口目标，那么在所有出口商品中，重化工产品需要占到50%以上。为此，政府从现在开始会快马加鞭地培育钢铁、造船、机械、石油化学等重化工业，强化推进该领域产品出口的目的。[65]

**重化工业化政策的计划和明细**

在朴正熙总统宣布重化工业化之后，以第二首席秘书官吴源哲和秘书官金光模为中心，推进了拟定重化工业建设基本计划的工作。1973年1月30日出台了《重化工业化政策宣言的工业结构改编论》（以下称《改编论》）。[66]《改编论》的主要特征概括如下。第一，宣传了制定为达成出口

100亿美元、人均GNP 1000美元目标的国家产业基本模式。第二，设定在10年期间进行工业结构的调整，同时提出集中培育重化工业的必要性。第三，提出重化工业化的主要行业包括：①产业机械；②造船及运输机械；③钢铁；④化学；⑤电子；等等。第四，计划让相关行业中的单位工厂在质量和价格方面从一开始就具备出口能力。第五，指出要摆脱以个别企业家为主的观点，只有从国家的角度出发建设各工厂，才能取得效果。第六，提议将延期付款出口的积极实行，科学技术提高的促进，质量监察制度的确立，通过综合国土计划的工业基地选定，以石油为代表的工业原料的稳定采购等作为支援重化工业培育的方案。最后，《改编论》中强调工业结构的调整是国家最重要的工作，需要官民协作的全力体制，将在短时间内实现、投资少、在综合的立场上采取合理的方法等作为推进的方向。[67]

《改编论》中值得关注的一点是主张从一开始便将重化工业进行出口型建设。之前主要是从进口替代的角度考虑重化工业的培育，1973年以后则强调将重化工业作为出口主导行业进行开发。考虑到当时轻工业产品的出口中并没有什么问题，可以说如此的方向转换并非在乎既有的工业化实绩才进行的。[68]因此，可以说《改编论》中包涵了通过正式的重化工业化将韩国经济调整为全面的出口主导型的强烈意志，朴正熙在1973年新年记者招待会中宣布"现在正"或是"从现在开始"进入重化工业时代的原因可以从此处找到。实际上，1973年以后，"提升产业结构""全产业出口化"的口号经常登场，这与既有的单纯的"输出立国"层次不同。对此，李荣薰在有关韩国经济史的专著中有如下论述。

> 重化工业化的直接目的是达成出口100亿美元的目标。虽然之前就高喊输出立国的口号，但现在与之前不同。之前是最大限度地活用送上门的比较优势，现在是动态摸索不可视的比较优势，更具冒险性。朴正熙打出"出口是国力的总和""全产业出口化"

的口号,事实上是构筑了战时的总动员体制。[69]

重化工业化政策预计会被打造成包括工厂建设、资金协调、园区建设、人力培养等复合型政策配套,要求管理各个政策的政府各部门之间有紧密的协作机制。1973年2月2日,经济长官会议表决通过了设立重化工业推进机构的议案。3月3日修改《政府组织法》,重化工业开发推进委员会成为中央行政机构。5月14日,被命名为重化工业推进委员会的特别组织正式成立。重化工业推进委员会委员长由国务总理担任,大部分会议由总统亲自主持。在重化工业推进委员会下设有事务机构企划团,企划团拥有通过多种事务委员会统合、调整各部门议案的地位。首任企划团团长任命的是经济特别助理金龙焕,任期到1974年2月。第二任团长由经济第二首席吴源哲担任。金龙焕实行了对重化工业化的计划调整和制度改革,吴源哲担当了实际推进重化工业化各种工作的角色。[70]

重化工业推进委员会企划团以《改编论》为基础,于1973年6月拟定了"重化工业培育计划"。该计划将在1981年达成出口100亿美元和人均国民收入1000美元作为基本目标,详细目标中提出在制造业附加值中将重化工业所占比重由1972年的35%提高到1981年的51%,在工业制品出口中将重化工产品所占比重由27%增加到65%。而且,选定了钢铁工业、有色金属工业、机械工业、造船工业、电子工业、化学工业作为六大战略行业,计划在洛东江河口或牙山湾建设第二制铁基地,在温山建设有色金属基地,在昌原建设综合机械工业基地,在巨济岛一带建设大规模造船基地,在龟尾建设电子工业基地,在丽水、光洋地区建设综合化学基地。紧接着,在估算出推进重化工业化政策所需资金为96亿美元后,策划确定外资和内资的比重为60∶40。重化工业培育计划在宣传"全产业的出口化"的同时,也考虑到不同产业的特性,区分出了出口主导行业和优先满足内需行业,这一点也值得关注。例如,造船工业和电子工业立足于优秀和丰富的劳动力，被划为集中出口的行业，而像钢铁工业和化学工业的情况，则被计划为优先满足内需的同时，出口并行的行业。[71]

随着重化工业化政策的提出，经济企划院着手进行修改第三个经济开发五年计划的工作，并于1973年8月出台了名为《我们经济的长期展望（1972—1981年）》的报告。与第三个经济开发五年计划将稳定、增长、均衡作为基本路线不同，《我们经济的长期展望》立足于政府调控，显现出分配生产的物资供需计划的性质。与"重化工业培育计划"类似，《我们经济的长期展望》提出了1981年的出口额达到109.7亿美元，人均国民收入达到983美元，重化工业的制造业附加值比重上升到51%，重化工业的工业制品出口比重增加到65%。而且与在第三个经济开发五年计划中没有明示战略产业不同，《我们经济的长期展望》指定了在"重化工业培育计划"中提出的六大行业作为战略产业。与此同时，《我们经济的长期展望》将第三个经济开发五年计划中提出的经济指标上调。将1976年出口额35亿美元上调至44.07亿美元，人均国民收入由389美元上调至488美元，在制造业附加值中重化工业所占比重由40.5%上调至41.8%，在工业制品出口中重化工产品所占比重由33.3%上调至44%。将1972—1976年的年均经济增长率由8.6%调整至9%，展望1977—1981年的年均经济增长率为11%。[72]

1973—1979年重化工业化期间实现的投资实绩如表3-3所示。以1979年为基准，总投资额达41358亿韩元（82.7亿美元），相当于当初计划96亿美元的大约86%。从资金来源的结构实绩来看，总投资额中自有资本占30.9%，剩余的借入额中61%为内资，取得了比当初计划更好的成绩。重化工业设施投资的相对比重分别为钢铁35.7%，有色金属5.6%，造船5.9%，化学30.8%，机械16.3%，电子5.7%，由此可知对钢铁产业和化学产业的投资规模很大。

表3-3 对重化工业化的投资实绩（1973—1979年）

| 明细 | | 内资（百万韩元） | 外资（千美元） | 合计（百万韩元） | 自有资金（百万韩元） | 自有资金的比率(%) |
|---|---|---|---|---|---|---|
| 设施投资 | | 2006648 | 3158672 | 3552804 | 1207043 | 34.0 |
| | 钢铁工业 | 601319 | 1374939 | 1268164 | 593910 | 46.8 |
| | 有色金属工业 | 112634 | 177866 | 199447 | 48149 | 24.1 |
| | 造船工业 | 150067 | 120698 | 208605 | 75979 | 36.4 |
| | 化学工业 | 492750 | 1211995 | 1095357 | 200829 | 18.3 |
| | 机械工业 | 452394 | 258120 | 577521 | 165175 | 28.6 |
| | 电子工业 | 196484 | 15054 | 203710 | 123001 | 60.4 |
| 基地构成 | | 154882 | — | 154882 | 72546 | 46.8 |
| 支援设施 | | 200737 | — | 200737 | — | — |
| 人力开发 | | 71214 | 56395 | 98565 | — | — |
| 研究开发 | | 89785 | 79823 | 128807 | — | — |
| 合计 | | 2523266 | 3294890 | 4135795 | 1279537 | 30.9 |

资料出处：金光模，《韩国的产业发展和重化工业政策》，第312页；金成南、朴基周，《重化工业化政策的建立、开展及调整》，第129页。

重化工业化投资的核心在于最大化调动国内资金，国民投资基金便是其强有力的手段。1974年1月1日实行的国民投资基金法将"为促进重化工业等重要产业的建设，扩大出口，立足国民的广泛储蓄和参与，筹措、供给投融资资金"作为目的。国民投资资金包括发行国民投资债券和各金融机构的托管，金融机构的资金损失由政府财政填补。1974—1981年共计筹集6734亿韩元的国民投资基金，其中通过债券筹集的资金占2/3，通过金融机构托管金筹集的资金占1/3左右。国民投资基金的贷款长期低息，利率比一般贷款低4.5%—6.5%。根据记录，1974—1981年国民投资基金的50%—60%投资到重化工业部门，在重化工业领域的总贷款资金中，国民投资基金所占的比重1974年为22.5%，1978年为67.2%，1981

年为65%。[73]

  税收也集中用于重化工业上。韩国政府通过税收减免管制法的修订，使隶属于重要产业的企业可以在特定期间从税收减免、投资税额扣除、特别折旧中选择一个得到支援。税收减免的情况是法人税最初3年是100%，之后2年减免50%。投资税额扣除的情况限定在机械类设备投资，扣除投资额的8%—10%。特别折旧是将根据法定使用年限计算出来的折旧金额增加100%，给予缩短折旧时间、延期纳税优惠的制度。而且，通过修订关税法，使得重要产业在引进国外高性能机械类和为在国内制造而进口必需零部件及原材料时，可减免70%—100%的关税。[74]

  立足重化工业培育计划，按照行业类别建设产业基地的工作也被推进。为此，在1973年12月24日制定了产业基地开发促进法，该法将"推进为重点培育重化工业的产业基地和水资源的开发，为国民经济的发展做出贡献"作为目的。虽然说为建设产业基地，根据城市规划法、港湾法、道路法、耕地营造法等，需要与相关的部门互相协作，但是产业基地开发促进法规定与此相关的事项均由建设部部长统批，简化了行政手续。此外，根据产业基地开发促进法，成立了扩大、调整韩国水资源开发公司的产业基地开发公司，承担产业基地建造业务，建成后的产业基地在转让给工商部管辖的工业园后，进入各工业园销售给企业的程序。政府给产业基地建造所需道路、港湾、用水等附属设施，为入驻产业基地的企业提供金融及税收优惠。[75]

  如表3-3所示，人力开发和研究开发也包含在重化工业化政策的主要内容当中。20世纪70年代，持续制定科学技术人员的供求展望，强调通过工业高中培养技师，通过工科大学培养工程师。[76]技师培养方面，实施将工业高中划分为机械工高、特性化工高、示范工高、一般工高进行培养的类型化政策。其中机械工高对应国防产业培育和机械产业精密化，特性化工高将电子、化工、建设、制铁、铁道等特定领域作为对象，示范工高主要培养进军海外的技师。截至 1979 年，共设立 19 所机械工高、10 所特性化工高、11 所示范工高，给相关工高的学生提供奖学金和宿舍优惠，在毕业时授予二级技师的资格。[77] 在工科大学的教育中，在强调以实习为主的教育、提高产学合作等的同时，引入在主要大学选择一个专业领域，集中培养相关领域人才的特性化政策。作为特性化工大，1973 年选定了釜山大学（机械工学）、庆北大学（电子工学）、全南大学（化学工学），1977 年选定了忠南大学（工业教育），1979 年选定了全北大学（金属精密机械）、忠北大学（土木建筑）等，到 1982 年为止，相关大学集中获得了设施费、实验实习费、研究费等支援。[78] 与此同时，1973 年 12 月制定了国家技术资格法，将当时一直零星实施的技术资格制度综合体系化。技术资格制度适用的领域大部分被选定为重化工业领域，等级划分被改编，像技术领域的情况，分为技师 2 级、技师 1 级、技术师 3 个等级，技能领域的情况分为技能补、技能师 2 级、技能师 1 级、技能长 4 个等级。国家技术资格法关于对博士、技术师、技能长同等待遇的政策，在 1974 年拟定实施令后于 1975 年开始实施。[79]

与重化工业化期间实现的研究开发相关的主要政策有专业研究机构的培育和大德研究园区的建造。[80] 韩国政府为了确保重化工业化政策所需的产业技术，推进了按照重化工业的主要行业设立专业研究机构的工作。1973 年 12 月制定了特定研究机构培育法，以此为基础，以韩国科学技术研究院为典范，接连成立政府出资研究所。其中包括韩国标准研究所（1975 年）、资源开发研究所、韩国化学研究所、韩国船舶研究所、韩国电子技术研究所、韩国机械金属实验研究所、韩国电器实验研究所、韩国核燃料开发工业园区（以上为 1976 年）、韩国热能管理实验研究所、韩国通信技术研究所（以上为 1977 年）、韩国烟草研究所、高丽人参研究所（以上为 1978 年）等。[81] 与此同时，从 1968 年起便开始构思的第二研究园区建造工作也通过重化工业化政策进入了状态。1973 年 5 月，园区位置被定在忠南大德，同年12月拟定了建设基本计划。大德研究园区建造工作从1974年开始被正式推进，以1979年12月为基准，已有12家研究所完成或正在计划入驻。[82]

**重化工业化的成果和争论焦点**

如上所述，虽然有序制定了重化工业化的配套政策，然而1973年年末发生的第一次石油危机，威胁到了韩国经济。特别是以第一次石油危机为契机，出现了要求调整重化工业化政策速度和进行全面复查的批判的声音。1974年1月14日发布了"为了国民生活安定的总统紧急措施"，其中包括了在物价稳定之前放慢重化工业推进计划的内容。然而四天之后，即1月18日，朴正熙总统主动要求召开记者招待会，公开发表将要继续推进重化工业化政策的想法。虽然应当有优先推进能源耗费低的造船、电子、机械工业等重化工业化工作中的部分调整，然而显然不会修订全盘的基本计划。[83]

对于朴正熙政权来说，幸运的是，1973—1974年与重化工业化相关的实绩开始显现出来。特别是钢铁工业和造船工业取得了超出预想的成果。浦项制铁公司一期工作于1973年6月完成，浦项制铁在制铁公司开工的第一年，即1973年便创出纯收益46亿韩元，次年1974年创出纯收益355亿韩元。[84]而且，现代在1974年6月蔚山造船所竣工前便接到了12艘船的订单，同年11月创下世界历史上第一个在造船所竣工的同时达成船舶出口的纪录。[85]实际上，1974年重化工业部门的生产增加率达到了23%，重化工业在制造业附加值中所占比重由上一个年度的40.9%上升到49.9%，重化工业产品在总出口中所占比重从23.8%增加至32.5%。[86]

进军中东的政策也起到了利好作用。1973—1975年由于原油价格上涨，外汇收入增加的中东国家集中推进了社会间接资本的建设。1973年三焕企业接到了沙特阿拉伯高速路工程的订单，以此为始，韩国的建筑公司表现出了进军中东的积极姿态。韩国的政府也多方面支援进军海外的建筑公司，1975年12月制定了海外建设促进法，提供了更为综合的支援体系。特别是当现代建设在1976年2月接了9.4亿美元规模的朱拜勒产业港工程后，在1979年2月成功完工。借现代建设的成功，其他的企业也都相继进军中东建设市场，通过20世纪70年代后半期和20世纪80年代初的"中东建设之春"赚回来的外汇给韩国的经济成长带来了很大的帮助。据记载，韩国的海外建设订单额在1977年、1979年、1981年、1983年分别为35.1亿美元、63.5亿美元、136.8亿美元、101.4亿美元，其中中东地区所占比重高达90%—95%。[87]

1976年6月拟定了第四个经济开发五年计划（1977—1981年）。该计划以增长、效率、平衡作为开发理念，提出了自主增长结构的实现、通过社会开发增进平衡、技术的革新和效率的提高等目标。此外，强调了计划的方针为：①运行联动计划；②拟定15年长期计划；③强化投资工作的事前审查；④为开放经济体制的行政复审；等等。以长期计划为例，1976年12月韩国开发研究院拟定了"长期经济社会发展展望（1977—1991年）"。第四个经济开发五年计划的特征在于以下几点，即民间的参与大幅扩大，既维持了扩大出口的主旨又强调了出口商品的多样化和高级化，提出了作为测定经济效率基准的国际竞争力，与过去相比，促进平衡的福利政策得到更多关注等。[88]

特别值得关注的是，与之前的计划不同，第四个经济开发五年计划将技术革新和效率提高设定为三大目标之一。之前关注的焦点是技术革新满足经济开发计划的需要，而第四个经济开发五年计划将技术革新本身看作重要的目标。关于当时技术革新和科学技术的讨论在作为第四个经济开发五年计划的一环制定出的科学技术部门计划（1977—1981年）中更为具体化。该计划通过前言阐明了"促进技术自立和技术革新，应当用科学技术引领经济的高速增长"，其中包含了科学技术超越辅助经济发展的手段，而是担当起引领作用的意思。[89]而且，当时的技术革新被看作是包括技术的引进、技术的消化和改良、自身技术开发等概念。与此相关，第四个科学技术部门计划的主要政策方向之一便是"促进合适的先进技术的大胆引进和引进技术的消化、改良，积极引导、促进企业的自身技术开发活动"。[90]

经历朴正熙政权期，有关科学技术的综合计划在继续被制定的同时，关于技术革新的主要论点发生变化这一点也很有趣。第一个技术振兴五年计划（1962—1966年）单纯地凸显了需要技术引进，第二个科学技术振兴五年计划（1967—1971年）则强调了控制资材引进，应当积极促进技术诀窍的引进，第三个科学技术开发五年计划（1972—1976年）重视对引进技术的消化、改良问题。再进一步，第四个科学技术部门计划提及作为技术引进的对象，相当于其增长期之前的技术，且关注继引进技术的消化、改良之后自身的技术开发。[91]如此论调的变化可以解释为反映出韩国的经济和科学技术持续发展，特别是在促进重化工业化的背景下增加了对自身技术开发的需求这一点。[92]

最终，重化工业化政策的目标基本上都提前完成计划。出口在1977年12月22日达成了100.16亿美元，人均国民收入在1978年达到了1330美元。等于说比1981年达到出口100亿美元和人均国民收入1000美元的当初的计划提早了3—4年达成了基本目标。[93]在制造业附加值中重化工业所占比重为1977年51.5%，1979年54.9%，超过1981年的目标值51%。[94]相反，在工业制品出口中重化工业产品所占比重为1979年44.4%，1981年49%，没能达成1981年的目标值65%。在重化工业化期间的1973—1979年，经济增长率的记录是年均9.4%，特别是制造业的增长率保持在了年均18.6%的高水平。[95]除此之外，韩国的世界市场占有率在1970年占0.3%，落后于中国台湾地区的0.5%，而到1977年增加到1.1%，开始超越中国台湾地区的1%。[96]

韩国取得如此的经济成就也受到了国外舆论的关注。1977年4月《欧洲货币》在出版名为《韩国：汉江的奇迹》的附刊时将韩国取得经济成功的原因归纳为以下三点：第一，经济计划准备得当，而且被想要努力工作的国民很好地接受；第二，韩国可以从邻近的日本引进技术，韩国企业正在以低廉的成本制造和日本企业几乎一样的产品；第三，韩国非常有效地激活了国内储蓄，也适时地得到了国外贷款。[97]此外，美国的《新闻周刊》在1977年6月的封面故事中刊载了名为"韩国人袭来"的专题报道。有报道称："韩国人为了拥有像美国和日本一样的工业结构和国民生活在努力地工作。韩国人是世界上唯一将日本人看作是懒人的国民。"[98]

然而对于重化工业化政策的批判也不容小觑。[99]作为极速经济开发的副作用，从20世纪60年代便讨论的贸易依存度的上升和劳动环境的恶化在20世纪70年代也并没有得到什么改善。虽然在1970—1979年间出口增长率达到37.5%，进口增长率达到27.3%，然而在总体规模中总进口额一直超过总出口额。贸易收支的赤字规模在1973年达到3.09亿美元，1979年达到41.51亿美元，分别相当于相关年份GDP的2.2%和6.3%。[100]20世纪70年代的工资提升和人均GDP增长几乎一样，然而由于工会的团体交涉权和团体行动权被极大地限制等，劳动运动被强烈地压制。在维新体制下的劳动运动在劳动集约型的轻工业领域时常发生，1979年8月女性劳动者们的静坐示威甚至成了朴正熙政权崩溃的导火索。[101]一般被称为"财阀"的大规模企业集团也在重化工业化背景下真正发展壮大。十大财阀的分公司在1972年才有75家，到1979年增至254家。1973—1978年的年均GDP增长率达9.9%，与此相反，五大财阀、十大财阀、二十大财阀的年均附加值增长率分别占30.1%、28%、25.9%。在GDP中五大财阀、十大财阀、二十大财阀占有的比重在1972年分别为3.5%、5.1%、7.1%，到1978年则增加至8.1%、10.9%、14%。[102]

在重化工业化政策中最有争议的是关于投资调整的问题。对于重化工业的集中支援引发了在几个领域中的过度竞争，接着出现了投资过剩或重复投资，对此的批判持续不断。不仅如此，1978年前后，随着通货膨胀、房地产投机、物价不稳定等问题的显露，开始出现了需要对韩国经济前进的方向进行综合性的再次研究的主张，这甚至在政府内部都形成了共鸣。特别是以企划部长助理姜庆植和经济计划局局长金在益为代表的经济企划院的官员们想将经济政策的方向从"成长优先政策"变更为"在稳定基础上巩固成长的政策"。这种倾向在1978年12月第10届大选失败后形成的内阁改组中，随着申铉碻被提升为副总理兼经济企划院长官后更为强化。以申铉碻的就任为契机，经济企划院提出了优先稳定物价的方针，提出了因为韩国经济取得巨大成功，所以需要稳定化政策的逻辑。在关于稳定化政策的赞成和反对两种主张相持不下的背景下，韩国政府于1979年4月17日颁布了"经济稳定化综合措施"。[103]"4·17"稳定化措施的主旨是：①生活必需品供求圆满化和价格稳定；②财政紧缩的坚持；③重化工投资的调整；④金融运营的改善；⑤房地产投机的抑制；⑥关于特别稳定生活必需品的集中管理；⑦贫民生活稳定。[104]

通过经济稳定化综合措施，韩国政府首次发表了关于重化工投资调整的官方立场。对于对外竞争力长期明显落后的事业、设施过剩或重复投资，亏损可能性大的事业、自有资金投入比例低的事业进行投资调整。针对该类事业，设立以副总理兼经济企划院长官为委员长的投资事业调整委员会，分析合理性，审议资金支援的方向。然而经济稳定化综合措施是从调整重化工投资速度的角度提出的，并不意味着对重化工业化政策的放弃。例如在同一措施中提出重化工业的支援方向通过：①重化工业发展条件的扩充；②重化工业的集中支援机制的建构；③重化工事业的选择性推进确保竞争力。这与直至当时一直推进的重化工业化政策的基调几乎一致。[105]

投资事业调整委员会于1979年5月25日发表了"重化工投资调整计划"，主要内容如下。第一，对高丽亚铅炼铅厂的投资延期一年，对现代综合商社的轮胎工厂、大宇实业的轮胎工厂、三星重工业的二期事业、晓星重工的产业机械工厂暂不投资。第二，对发电设备部门和建设重装备部门的投资终止，这是"5·25"调整案的核心。在发电设备部门中提出了合并现代洋行和现代重工业、统合大宇重工业和三星重工业的二元化方案，像建设重装备的情况，关于现代洋行的重装备发动机工厂的建设计划被取消。第三，在造船部门，抓住了继续像原来一样推进大宇收购的玉浦造船所建设工作的方向，在柴油机部门，则定下了对除现代发动机、双龙重机、大宇重工业以外的新设备投资不予认定的方针。[106]

如此，"5·25"调整案呈现出了实际上难以执行的性质。由于各企业选择的施工方法不同，企业间很难统合。不仅如此，相关企业已经与外国企业缔结技术合约或者正在推进。此外，与过去不同的是，政府不顾企业已经积累了相当多的资源和信息，在没有履行调整相关企业之间利害关系程序的情况下，摆出一副只强调自身立场的姿态。[107]这暗示着当时的韩国政府并没有赋予重化工投资调整多少深刻的意义。虽然政府认识到了重化工业化政策的问题，认识到了需要对此进行修正，然而却认为这不过是政策推进过程中可能会出现的部分问题。事实上，1979年的重化工投资调整只局限在机械工业的一部分，只是在计划中提出，进入到执行的阶段后并未立即进行下去。实际上的重化工投资调整是在朴正熙死后，由掌权的新军部完成的。[108]

## 2. 轻工业领域的技术掌握

**纤维**

20世纪60—70年代，引领韩国经济成长的产业是纤维产业。以制造业为基准，当时的纤维产业占从业人员数的30%左右，占附加值额的20%左右。特别是在第一个经济开发五年计划期间，纤维产业开始由内需产业转向出口产业，在第二个经济开发五年计划期间，成长为主导韩国出口的产业。根据记录，在韩国的总出口中，纤维产业所占比重分别为1963年20.7%，1970年46.5%，1975年36.8%，1980年29.1%（参考表3-4）。韩国在世界纤维市场上的地位也得到提高，在20世纪70年代与中国香港地区、中国台湾地区被合称世界纤维产业界的"三巨头"。[109]

表3-4　韩国经济中纤维产业的地位变化（1963—1980年）

| 分类 | | 1963年 | 1970年 | 1975年 | 1980年 | 年均增长率（%） 1963—1975年 | 年均增长率（%） 1970—1980年 |
|---|---|---|---|---|---|---|---|
| 从业人员（千名） | 制造业（A） | 402 | 861 | 1420 | 2015 | 14.4 | 8.9 |
| | 纤维（B） | 124 | 265 | 479 | 585 | 13.8 | 8.2 |
| | B/A（%） | 30.8 | 30.8 | 33.7 | 29.0 | — | — |
| 附加值（亿元） | 制造业（A） | 615 | 5498 | 28281 | 118566 | 55.0 | 35.9 |
| | 纤维（B） | 119 | 989 | 5961 | 22309 | 54.7 | 36.6 |
| | B/A（%） | 19.3 | 18.0 | 21.1 | 18.8 | — | — |
| 出口额（百万美元） | 总出口（A） | 87 | 835 | 5081 | 17505 | 55.6 | 35.6 |
| | 纤维（B） | 18 | 388 | 1870 | 5097 | 60.1 | 29.4 |
| | B/A（%） | 20.7 | 46.5 | 36.8 | 29.1 | — | — |

资料出处：李在德等，《韩国型ODA产业领域研究：纤维产业》（产业研究院，2014），第78页。

韩国的纤维企业为了进军世界市场，最需要确保的是产品的质量。在20世纪60年代初，韩国政府为了将纤维产业培育成出口战略产业，开始强化技术标准。以1962年将棉纱和棉制品指定为出口检验商品为始，在1965年，以韩国纤维实验检验所和韩国织物实验检验所为代表的纤维产品检验机构得到扩充。[110]其结果是，在20世纪60年代下半期，以缝制品和针织品为中心的纤维产业的出口呈现出极速增长的态势。缝制品的出口额从1963年的8.6万美元增加到1968年的5118万美元，针织品的出口额在同一时期从65万美元增加到6538万美元。特别是韩国产腈纶毛衣在1966年达到了瑞典人每两人中就有一人拥有的程度，获得了极大的人气。[111]

根据制作阶段，纤维产业可以分为化学纤维业、纺织业、纺织品制造业、染色加工业、服装缝纫业等。[112] 20世纪60年代韩国纤维产业的特征之一从化学纤维部门迎来了正式的增长势头中便可得知。韩国的化学纤维产业在1953年左右随着丝织品制造企业进口尼龙原纱制造织物的同时开始崭露头角。1959年韩国尼龙（现在的可隆，KOLON）启动了制造弹力尼龙丝的设施，开始实现尼龙丝的进口替代。[113]韩国尼龙将弹力尼龙丝供给袜子工厂，在掀起袜子热潮方面做出了巨大贡献。1962年韩国产弹力尼龙丝出口中国香港地区，化学纤维产业开始转变为出口产业。[114]

1963年韩国尼龙以日产2.5吨的规模开始了尼龙F纱的生产，1964年韩一尼龙启动了日产3吨、1968年东洋尼龙（现在的晓星）启动了日产7.5吨规模的尼龙F纱制造工厂。1966年弘韩化纤开始生产日产15吨规模的黏胶纤维，1967年韩一合纤和东洋合纤（现在的泰光产业）分别拥有了日产7.5吨和6吨规模的腈纶SF生产设备。[115]在接下来的1968年，大韩化纤日产6吨的涤纶SF工厂竣工，1969年鲜京合纤（现在的SK化学）启动了日产7吨，三养社启动了日产12吨的涤纶F纱制造工厂，鲜京合纤启动了日产7吨的乙酸纤维制造工厂。通过此，韩国在20世纪60年代结束之前，具备了能够生产尼龙、涤纶、腈纶三大化学纤维的基础。[116]

韩国国内企业化学纤维制造所需的设备全面依靠外国的先进企业。不仅如此，在设施设置和初期运行方面也接受了派遣到设备引进线的外国技术人员的帮助。尼龙F纱设备从美国的康泰斯（Chemtex）、日本的东丽、瑞士的伊文达（Inventa），联邦德国的维克-吉玛（Vickers-Zimmer）处引进，涤纶F纱和涤纶SF的设备引进线是日本的帝人、日本的尤尼吉可（UNITIKA）、美国的康泰斯。此外，韩国国内企业将公司自身的技术人员派遣到以设备引进线为代表的先进企业中去，让其学习工厂顺利运行中必需的基本技术。有些企业的情况是单靠设备引进的话很难让工厂正常运行，因此还从日本额外获取了制造技术。[117]

成立尼龙F纱制造工厂的东洋尼龙的事例如下。制造设备的招标与设置交于维克-吉玛的技术团队负责。工厂所需的各种零配件则采取了在维克-吉玛设计后由欧洲和日本的机器零部件企业制作的方式进行。维克-吉玛的技术团队于1967年12月到1968年7月留在工厂现场，负责设备的施工，指导并监督建设过程，部分技术人员在工厂竣工之后的大约1个月内还留下帮助工厂的顺利运行。与此同时，东洋尼龙在进入1967年后划分了两个小组，实施了为期3—4个月的海外研修。包括生产部部长裴基恩在内的5名技术人员前往联邦德国、意大利、瑞士、日本等地学习了有关尼龙生产的基本知识，包括公务科科长洪成范在内的6名技术人员考察了日本的主要企业，并在相关企业中接受了技术训练。东洋尼龙还采取了措施，将完成海外研修的技术人员投入到几个制造工厂的建设当中，以助竣工之后运行过程的顺利实现。[118]

关于当时的技术水平和技术引进，在韩国化纤协会于1993年发布的资料中如下写道。

初期，由于国内化纤企业缺少能够自我评价引进技术的优缺点或技术费用过多等的资料、信息、能力，也不能自主选择提供者，因此与其说经历了很多苦闷，倒不如说做好了冒险的准备，依靠单纯的信息和缘分决定引进线的成分更大。看初创期几年内的成果，可以发现最初以康泰斯、伊文达、维克-吉玛等工程公司为主，而后来转变为旭化成、东丽、可乐丽等日本化纤制造公司的技术。这可以解读为：引进生产公司的技术，可以学到包括自身生产过程中打磨出的工程技术，特别是由于日本的地理毗邻优势，不仅可以容易地获得售后服务，而且在语言沟通方面也没有什么障碍，因此才更倾向日本。[119]

韩国政府灵活运用了多种政策手段，表现出了积极介入包括化学纤维在内的纤维产业成长的姿态。1961年拟定了纤维部门工厂建设计划，明确了工厂建设所需的外资引进对象的选择标准，紧接着，整改了关于外国人投资者的税收支援、关于外资引进的政府支付保证、为了后取担保的资材引进等与外资引进相关的法律。1966年制定外资引进法，废除了对将要引进商业贷款的企业的政府支付保证，1967年修改关税法，提高了各种化学纤维制品的进口关税，保护了国货。此外，韩国政府还调查了引进机械的性能，研究引进贷款合同的条款等，对纤维企业的具体工作内容也进行了管理。[120]

20世纪60年代后半期，与纤维产业相关的大规模工业园区接连建成。1967年建成为招来日本侨胞企业和增加纤维制品出口的九老洞出口工业园区（九老工业园）。接着，1968年建成为了纤维产业集体化的大邱地方工业园区（第三工业园），1969年以家电产品和化学纤维为中心行业的龟尾国家产业园区（龟尾工业园）开门。[121]如果说当时的原纱或织物等纤维产业的上游部门集中在大企业主导下的大邱和龟尾的话，那么将此制作成服装的下游部门则由驻扎在主要消费者和出口基地首尔的中小规模的工厂负责。掌握纤维产业上游部门的大企业渐渐地也开始向下游部门进军，第一毛织、半岛商社、可隆等便属于此类情况。[122]

经过了20世纪60年代后半期，韩国的纤维产业在所有部门的生产设施都得到了很大程度上的扩充。[123]特别是化学纤维的生产能力从1965年不过日产5.1吨激增至1970年日产174.9吨。随之，在国内市场上外国生产的化学纤维渐渐地被国货替代，1969年，虽然量很少，但化学纤维开始作为出口用的原材料进行供给。然而由于持续的增设，化学纤维的供给能力超出国内需要，1968年以后化学纤维企业的启动率停留在80%的水平，化学纤维产品的价格呈下降趋势。因此，化学纤维产业开工没几年，便不可避免地从进口替代产业转换至出口产业。[124]

韩国政府从20世纪60年代后半期开始探求促进化学纤维产业出口的策略。最先考虑的是将国产化学纤维作为出口用原材料供给纤维类出口商的方案，理由是因为技术水平低等原因，向出口产业的极速转变并不容易。韩国政府于1967—1969年间完善了有关金融和税制等的一系列制度，让出口用原材料生产商享受和出口商一样的优惠待遇，还采取了措施，让出口商在使用国产原材料时不会产生不利。此外，在1971年，申请进口许可时需要将相关金额的一定比例作为担保积存起来已经义务化，在进口出口用原材料时需要得到工商部的事前批准。与此同时，1967年出台了"关于纤维工业设施的临时措施法"，在封锁新企业进入的情况下，引导既有企业的增设和陈旧设备的替换。基本是为了在化学纤维产业中实现规模经济，确保今后出口竞争力的性质。[125]

1970年，化学纤维制品的生产量开始超过进口量，自1971年开始出口用需求超出了内需用需求。[126]在20世纪70年代，韩国政府为将化学纤维产业极速转换为出口产业，进行了积极地介入。政府在实施有关纤维工业设施的临时措施法的同时，对既有的企业以出口用原材料的供给为前提批准设施引进，赋予了新的进入者直接出口的权利。强制化学纤维企业出口的最重要的政策手段是增加对外资引进企业的出口义务量，符合条件的企业需要将在国内生产产品的70%以上出口。韩国政府对未能达到出口义务量的企业追缴减免的税金，因此企业为了达成赋予自身的配额，付出了很多努力。与此同时，韩国政府在1973—1979年间高估了化学石油的内需价格，为挽回化学纤维企业在向海外出口时发生的损失采取了措施。[127]

如上所述，关于化学纤维产业的韩国政府政策在执行或实行过程中呈现出持续补充、完善的倾向。随着新进入或希望增设设备的企业的贷款引进申请涌现，政府提出将生产制品全部出口的条件，批准了贷款引进。此外，政府鉴于已经批准贷款引进的企业相当多且规模小，因此在新企业进入时，要求其具备可能进行国际竞争的规模。与此同时，随着工业制品成为出口的主力商品，原材料进口增加，政府实施了对出口用原材料进口的事前批准制，在向外资引进企业分配出口义务量的同时，对未达成的情况还追缴减免的税金。[128] 如此可知，在化学纤维产业中，韩国政府的政策发展过程是韩国政府随着化学纤维产业的发展阶段在持续推进与之相适应的具体政策。

随着化学纤维产业转换为出口产业，韩国国内企业开始关注生产效率提高和技术改良。首先，化学纤维企业从技术引进线的日本企业那里获得技术指导，引入了日本的质量管理任务小组（QC 小组）活动。韩国尼龙早在1969年已经开始运行质量管理任务小组，泰光产业于1971年，东洋尼龙于1972年紧随其后。韩国政府于1974年开始指定质量管理实施对象企业的工作，以此为契机，鲜京合纤、韩一合纤、三养社等也陆续汇集到质量管理的队伍中。虽然，这些企业的质量管理活动与其说像日本一样着眼于职工的自主性，不如说没能脱离开自管理层为顶点的等级体制，但是在吸收和改良化学纤维制品制造技术方面成为一个重要的契机。[129]

20 世纪 70 年代，化学纤维企业的技术吸收和改良的成果在生产成本的变化趋势中很好地体现了出来。例如，可隆在大邱和龟尾运营尼龙 F 纱工厂，在龟尾运营涤纶 F 纱工厂，1974—1980 年间，由于劳动生产率和能源生产率显著提高，生产成本持续减少。像龟尾工厂的情况，在同一时期生产成本减少 45% 之多，大邱工厂的情况虽不及此，但生产成本也显示下降了 32%。[130] 由于这些事例是将制造设施极速增设的时期作为调查的对象，因此还有必要回顾维持既有设备规模的事例。鲜京合纤运营着生产涤纶 F 纱的水原工厂和生产涤纶 SF 纱的蔚山工厂，虽然水原工厂在 1974—1979 年间，蔚山工厂在 1974—1980 年间没有增设任何设备，但是在相应的期间内，水原工厂生产成本下降51%，蔚山工厂生产成本下降62%。考虑到上述事例，大体可以得出如下评价，即1974年以后，韩国的化学纤维企业通过技术吸收和改良提高了生产效率。[131]

此外，韩国的化学纤维企业还在早期成立了企业附属研究所。东洋尼龙为了提高产品质量、不断开发新产品，1971年作为民营企业最早成立了技术研究所。[132]韩国尼龙、三养社、鲜京合纤、第一合纤、韩一合纤等采取了首先设立如技术开发部、技术管理部、开发室、实验室等专门组织后成立独立技术研究所的方式。韩国尼龙技术研究所于1978年，三养综合研究所和鲜京合纤研究所于1979年，第一合纤技术研究所于1980年，韩一合纤技术研究所于1982年成立。1977年以后企业附属研究所正式增加，同年随着技术开发促进法的修订，韩国政府鼓励民营企业的研究设施建设作为重要的背景起了作用。[133]

在构建这些研究开发体制的同时，韩国的化学纤维企业开始强调自身的技术开发。例如，在鲜京合纤的官方资料中记载："在能够支撑企业真正的世界性发展的推进力只有技术开发的观点之下，决定于1975年4月成立技术开发部，将全年总销售额的2%以上投入到研究开发费用中。"[134]但当时韩国国内企业的实际技术开发的主要内容是吸收和改良附加值高的化学纤维制品生产中所需的技术。与此相关，鲜京合纤在1975—1976年间实现的自身技术开发的事例有高敏感性复丝纱纺纱喷丝板的开发、阳离子染料纱的开发、废纱清除方法的开发等，其内容分别对应着纺纱喷嘴的三角形穿孔、染色过程上的不良改善、拉伸机绞线的顺利交换等。[135]

在韩国的化学纤维产业构建研究开发体制的时期，技术引进非但没有受阻，反而得以加强，这一点也值得关注。关于三大化学纤维的技术引进数量从1962—1966年的2个和1967—1971年的2个大幅增加到1972—1976年的11个和1977—1981年的13个。技术引进的内容进入到高级纤维制造技术的先进化，技术引进的方式也脱开了既有的统包方式，而是选择性地引进必要的技术。韩国的化学纤维企业认识到只靠既有的标准化生产设备不能适应海外的需求,积极引进特殊规格的化学纤维或具有附加特性的化学纤维生产中所需的技术。韩国的化学纤维企业对新引进技术的理解深化,为了提高产品质量和改善生产工序不断地付出努力。[136]

进入20世纪70年代后半期,几家化学纤维企业还开始收获了开发新产品或新工序的成果。例如,鲜京合纤于1977年开发出了作为户外服装原料使用的八角单面纱和六角单面纱,并成功将涤纶的主原料由对苯二甲酸二甲酯(DMT)转换为了对苯二甲酸(TPA)。[137]接着,鲜京合纤于1978年开发出了阻燃性涤纶纤维,不仅在韩国,甚至在日本也获得了专利。同年开发出了燃烧过滤用醋酸纤维泥,还向专卖厅交了货。[138]这样的新产品或新工序已经在美国或日本被充分利用,在韩国呈现出国内最早开发,或者比之前质量改进的性质。

值得一提的是,鲜京合纤通过与外部机构的合作积极地推进技术开发。鲜京合纤通过与韩国科学院(KAIS)崔三权博士团队超过2年的共同研究,于1977年11月成功开发出制电性涤纶纤维,在韩国和美国获得了专利。如果使用既有的药品处理方式,存在洗涤之后其效果就会消失的缺点,而韩国科学院和鲜京合纤开发出了能够起到防止静电效果的新催化剂。对此,在鲜京合纤的官方记录上记载道:"鲜京的技术团队像这样通过和科学院研究团队的协同研究展开工作,即使没从研究生院毕业也可以领会新的技术理论,不仅如此,还可以得到对仪器(实验器材)的掌握、所需文献信息的检索,甚至对实验方式的熟悉等副产品。"[139]

此外,在鲜京合纤与韩国科学技术研究院合作的基础上,产品的多样化也得以实现,PET聚酯薄膜的国产化便属于其中一例。1975年春天,鲜京合纤与韩国科学技术研究院的崔湳锡博士团队签订了开发PET聚酯薄膜的劳资合同,崔湳锡博士团队对聚酯薄膜制造技术的各种信息进行了收集、分析。1976年12月,鲜京化学(鲜京合纤的分公司)和韩国科学技术研究院共同成立了研究开发组织，共同研究团队在1977年夏天制出了最初的样品，在日本接受了质量测试后，于同年12月成功开发出韩国国内最早、世界第四早的聚酯薄膜。[140] 随着韩国科学技术研究院和鲜京化学的共同研究逐渐明朗，之前避讳技术转移的日本帝人集团于1977年12月与第一合纤缔结了技术供给合同。以此为契机，引发了围绕国产新技术的保护和技术引进的认可进行的长达10个月的论争，最终韩国政府作出了保护国内开发出的技术的决定。[141]

对20世纪60—70年代化学纤维产业的开展过程进行详细分析的李相哲就20世纪70年代中后期鲜京合纤的事例做了如下总结。

> 通过鲜京的事例，可以确定，与过去用统包方式从发达国家引进资材，接受滞留在设备上的发达国家的技术，通过设备的运行进行实践学习不同，我们在20世纪70年代中后期，已经开始实现用与过去完全不同的新方式确保企业的技术能力。这样的企业技术能力确保努力若是全都依靠企业内部资源是不会有结果的，只有得到确保优秀的研究开发人才、开发出合同研究制度的韩国科学技术研究所的技术支持才有可能。在20世纪70年代中期以后，韩国化学纤维产业所需的技术从过去的标准化大量生产技术转变到更加高级的新产品制造及与工艺改良相关的技术上。这反映出，在这些技术中，也包括在发达国家的企业之间也防止泄露的最尖端技术。[142]

20世纪80年代初期，韩国的纤维产业已达到积累了相当一部分与纤维制造相关技术能力的水平。这点通过表3-5中出现的与劳动生产率有关的比较可以间接得到确认。20世纪80年代初期，韩国纤维产业的劳动生产率在棉纺部门的水平为发达国家的50%—60%，在化学纤维部分为70%的水平。

表 3-5 20世纪80年代初期纤维产业的生产率比较

| 分类 | 韩国 | 日本 | 联邦德国 |
| --- | --- | --- | --- |
| 棉纱的设备生产率（g/sp, hr） | 25.4（1981年）<br>25.0（1983年） | 28.0（1981年）<br>27.6（1983年） | 25.4（1981年）<br>25.4（1983年） |
| 棉纱的劳动生产率（mh/100kg） | 15.92（1981年）<br>14.50（1983年） | 8.99（1981年）<br>8.47（1983年） | 9.02（1981年）<br>8.68（1983年） |
| 化学纤维的劳动生产率（吨/人） | 43.5（1983年） | 60.0（1983年） | — |

资料出处：韩国纤维产业联合会，《纤维产业再腾飞之路：纤维白皮书》（1985），第101页。

## 鞋子

韩国制鞋业的先声可以追溯到1919年成立的大陆橡胶工业公司。大陆橡胶以韩日合资企业的形态成立于朝鲜半岛的京城地区，大陆橡胶的大将军标橡胶鞋得到了直到当时都依靠草鞋的韩国人的响应。此后在京城、平壤、釜山等地陆续成立橡胶鞋公司，以1933年为基准，整个朝鲜半岛共有72家橡胶鞋工厂开工。然而由于1936年中日战争的爆发，日本实施了物资控制政策，自此橡胶鞋原料获取变难，最终导致相当多的橡胶鞋工厂倒闭。[143]

1945年光复以后，朝鲜半岛南半部以釜山为中心的橡胶鞋工厂重新成立。比起其他地区，釜山拥有原料购买容易、劳动力丰富、气候也温和的入驻条件。虽然1950—1953年的韩国战争给韩国的产业基础以致命性的打击，但是釜山的鞋业却属例外。这不仅是因为逃难者的原因增加了对鞋子的需求，而且出现了对军用训练鞋的大量订购。以1959年为基准，在庆尚南道注册的釜山的鞋厂达到了71家。[144]

经过20世纪60年代，在韩国的鞋业中形成了由釜山所在的几家企业作为代表性的内需品牌扎根的结构。当时三和橡胶、宝生橡胶、太和橡胶工业、国际化学、东洋橡胶工业、晋阳化学工业被评为六大鞋业公司。三和打出虎标，宝生打出轮胎标，太和打出马标，国际打出王子标，东洋打出火车标，晋阳打出晋阳标的商标。这些企业在进入到20世纪70年代以

| 韩国现代化之路——工业化和技术革命

后，具备了大量生产的体制，因此釜山地区形成了世界最大的鞋子生产基地。[145] 见图 3-2。

20 世纪 60 年代还实现了韩国鞋业的产品多样化。到 20 世纪 50 年代为止，橡胶鞋是鞋业的主要产品，而与此相反，在 20 世纪 60 年代，布靴和化学鞋（或称"塑胶鞋"）成了主流。像布靴的情况，使用了布面鞋帮加硫化橡胶鞋底，而化学鞋则使用了像 PVC 一样的化学材料做鞋帮。此外，在 1962 年，有价值 11.9 万美元的橡胶鞋出口美国，虽然规模很小，但也实现了韩国国产鞋的出口。特别是随着 1967 年越南战争中军用丛林靴的开始交货，韩国的鞋子出口额甚至增加到 1968 年的 1100 万美元。[146]

20 世纪 60 年代，在韩国鞋业公司的制造技术积累中，日本的帮助很大。随着 1965 年韩日邦交正常化的实现，集中在釜山的鞋业公司开始积极地学习日本的制造技术。[147]

图 3-2　设置在釜山广域市釜山镇区釜岩洞晋阳交叉路的鞋子造型，高 2.7 米
资料出处："记忆晋阳橡胶的一双鞋"，《国际新闻》，2015.3.4。

当时鞋业的核心技术是与橡胶的调配相关的技术诀窍，其默识的性质很强。韩国的鞋业公司或者向日本派遣技术人员，让其进行技术研修，或者将日本的技术团队邀请到韩国，接受技术指导。通过这个过程，不仅学习了橡胶的调配，还奠定了与鞋子制作流程相关的基本技术基础。[148]

20世纪70年代，韩国的鞋业呈现出了设备数量、雇佣人数、出口额极速增加的最好的成长势头。当时主要的发达国家在鞋业进入衰退期时，开始将生产设备转移到发展中国家。以此为契机，韩国上升为鞋业的国际分工体制中重要的生产基地。特别是在日本展开了对鞋业的大规模结构调整，多亏于此，韩国的鞋业公司得以并不困难地引进生产设备和制造技术。韩国的鞋业在1972年首次以单品的形式达成了出口实绩1亿美元，1975年出口规模首次超过内需规模。20世纪80年代，鞋子的生产规模达到3亿双，鞋子出口额突破了9亿美元。[149]

进入20世纪70年代，韩国的鞋业大部分依靠为外国著名品牌代加工（OEM）的方式扩大生意。有趣的是，在韩国开始成为世界性OEM出口国的20世纪70年代，世界鞋业的走势转向了重视功能性运动鞋的方向。特别是耐克公司于1973年上市了一款叫作"Waffle Trainer"的尼龙慢跑鞋，正巧在刚兴起的慢跑热潮的背景下，成长为世界性的鞋业公司。耐克公司于1974年与三化橡胶签订了OEM出口合同，进军韩国，之后耐克的慢跑鞋在相当长的时间内雄踞韩国最大鞋类出口商品。[150]

1969—1972年间，国际商社建设沙上工厂的事情也值得关注。沙上工厂在经过了几次扩充之后，保留了115—130个生产线，作为单一工厂，这相当于世界最大规模的设施。一般一个生产线年生产量大约在60万双，当时沙上工厂的年生产能力算是超过了7000万双。而且，沙上工厂自早期就持续设置冷轧生产线，这成为能够生产出优质运动鞋的重要契机。原来该工程是为生产化学鞋而设计的，然而在20世纪70年代中期以后，也应用在尼龙慢跑鞋和革制运动鞋的生产当中。[151]当时国际商社建构了每条冷轧生产线生产2500双鞋的体制，这在日后被评价为"韩国型鞋子制造线"，成为了世界标准。[152]

通过这种方式，韩国的鞋业接连引进最新设备，确保能够顺利启动设备的能力便成为重要的课题。与此相关，在1979年出版的《国际商社三十年史》中，强调以沙上工厂开工的1969年为契机，国际商社正式关注海外市场的开拓和全公司层面的技术开发。

> 本公司（国际商社）开拓海外市场，为了达成经营目标，最有效的手段是积极支援全公司的技术开发业务，让相关负责人拥有使命感，方向是从之前的模仿性开发形态中脱离出来，转换为积极的自主开发。由于当时出口产品的收益性也较好，因此依据"经济型生产质量好的产品，并以低价在最佳时机供给"的基本政策，积极地进行开发业务。[153]

经过20世纪70年代，韩国的鞋业在与发达国家签订的OEM合同中呈现出学习高难度的制造技术，开发新产品的状态。[154] 为了配合外国客户要求水准的设计结构和缴纳期限，在拼命努力的同时，经过了无数的试误，积累了自主的生产技术诀窍。从这些方面来看，OEM体制虽然首先具备了提高出口额手段的意义；但与此同时，也可以看作是广泛地领悟和积累制鞋技术的通道。[155] 正如分析鞋业技术革新模式的金锡宽适当指出的一样，韩国的鞋业是通过"实践学习"才得以学到发达国家的制鞋技术的。

并非通过发出生产订单的外国企业直接进行某种具体的技术传授或转让的方式实现技术学习的。通过对从20世纪60年代至今在现场工作过，或者正在工作的技术团队的采访，可以确认的是，美国和欧洲的品牌企业通过部分选择原材料和设备，或者提供技术顾问等的方式提供技术支援是事实，然而比起这些，韩国的企业在为满足客户提出的产品规格努力的过程中，积累自主生产技术诀窍的一面更多。可以说，实践学习是技术学习的主要过程。[156]

## 3. 重化工业领域的技术学习

**石油化学**

在第一个经济开发五年计划期间，实现投资最多的产业是化学产业。制造业部门的总投资额是225亿韩元，其中化学产业占34%左右。在这样的投资基础上，炼油工厂、肥料工厂、水泥工厂、苏打灰工厂、PVC工厂等纷纷建成。[157]当时韩国政府将炼油工厂建设工作定为了首选课题，1962年1月制定出在蔚山建设炼油工厂的计划之后，于同年10月成立大韩石油公司。韩国最早的精油工厂建设工作在美国海湾石油（Gulf）公司的合作投资、与环球油品（UOP）公司的技术劳资合约，以及与福陆（Fluor）公司的建设合约的基础上推进。蔚山炼油工厂于1963年3月开工，同年12月竣工，在经过了45天的试运行后从1964年1月开始生产石油产品。蔚山炼油工厂的原油精炼能力从1天3.5万桶起步，但实际的原油处理量分别为1964年1.7万桶、1965年3万桶、1965年3.8万桶。蔚山炼油工厂的设施能力不断扩充，在经历了1967年的5.5万桶后，于1968年增加至11.5万桶。[158]

韩国政府在1966年6月准备第二个经济开发五年计划的同时，将石油化学工业园区建造工作和综合钢铁厂建设工作选定为核心工作。[159]像石油化学产业的情况，1964年进口额达1.78亿美元，如果不新设工厂的话，1971年预计的进口额将会达到7.39亿美元。在此之前，经济企划院于1966年2月委托ADL（Arthur D. Little）公司进行了有关韩国石油化学产业化合理性的调查工作。在同年9月提交的结果报告书中显示虽然韩国有开发石油化学产业的必要性，但对此的需求尚显不足，因此推荐建造小规模工业园区。ADL推荐的规模是以石脑油为标准的年产32000吨，然而这不过是年产30万吨的国际规模的1/10。[160]

在 ADL 正在进行合理性调查的 1966 年 7 月，在工商部内部新成立了石油化学科。在工业第一局局长吴源哲的主导下，工商部拟定了与石油化学工业相关的计划，收集了决定建设年产 10 吨规模的工厂的意见。围绕着政府推进工作的主导权，经济企划院和工商部之间展开了激烈的论争，最终以石油化学建设工作由工商部负责、综合钢铁建设工作由经济企划院负责的方式实现了调解。在 1966 年 11 月的经济长官会议上确定了韩国最初的"石油化学工业开发计划"将纳普塔分解中心（Naphtha Cracking Center, NCC）的规模扩大到 6 万吨，并建设与此相关的 8 个系列工厂的内容。[161]

随着石油化学工业开发计划被确定，韩国政府开始着手进行建设选址和实际需要者选定的工作。建设部把蔚山、丽水、庇仁、仁川等作为建设选址的候选地后，于 1967 年 7 月选定蔚山为最终选址。在蔚山已经有生产石脑油的炼油工厂，这一点起了非常有利的作用。虽然选定用户的工作在 1967 年 7 月几乎完成，但是被选定的民营企业由于资本筹措能力不足等原因放弃事业的事例接连发生。对此，韩国政府于 1968 年 3 月修订了既有的开发计划，规模大的工厂建设让国营企业主管，NCC 也由 10 万吨出发，扩大到 15 万吨。最终决定工作方向为 NCC 的建设由大韩石油公司，4 个主要工厂和园区建设由忠州肥料，其他的工厂由民营企业建设的方式进行。[162] 与此同时，考虑到资金能力的不足和技术水平的欠妥，在同一园区内实行一个衍生物只由一个公司制造的"一公司一工厂"或者"一公司一品种"的原则。[163]

韩国政府最初计划通过外国企业建设石油化学工业园区，但最终由忠州肥料负责，对此当时园区建设的负责人李正尚作了如下的回顾。

> 我负责了蔚山石油化学园区的建设。石油化学园区是我国首次尝试的事情，我自身对石油化学工厂不可能有深知。因此汇报了由美国公司 Bachtel 提供服务的决定。但是那个公司要太多的钱。

于是考虑是否能通过我们自己的技术进行工业园区建设或部署工作（让10余家工厂入驻，由于工厂彼此有连带关系，因此需要在部署方面有技术性的考虑）。因此前往日本石油化学园区参观学习。在看过日本代表性的大分和鹿岛园区后，由于大分园区和蔚山的条件很相似，所以决定以此为参考。得到了一些技术资料回国后，设计了蔚山园区。设计完成后，认为和大分方面协议的结果很好，但是比较担心，便去鹿岛园区也进行了商议。这里也说好，所以该方案确定了下来。[164]

韩国政府还主导推进了选定参与蔚山石油化学工业园区建设的外国企业的工作。寻找合作投资伙伴的工作从外国企业自发与韩国政府接触，或者通过韩国政府的邀请，外国企业予以回应的方式开展。在交涉过程中，随着韩国政府的要求条件越来越严格，外国企业一个个被淘汰，最后剩下的企业接受了最严格的条件。[165]韩国政府于1970年1月制定了石油化学工业培育法，还为石油化学工业的管理和支援做了制度性基础的准备，将石油化学工业培育基本计划的拟定、政府对公司注册及产品价格的许可、研究及技术开发的支援等作为要点。[166]

蔚山石油化学工业园区建设工作的联合开工仪式于1968年3月举行，联合竣工仪式于1972年10月举行。[167]蔚山石油化学工业园区建设中投入资金约2.4亿美元，发达国家建设类似规模的石油化学工业园区需要4亿美元以上。[168]表3-6是蔚山石油化学工业园区的概要。看建设主体和事业主体可知蔚山石油化学工业园区大部分是通过国营企业或其下属公司建成的。忠州肥料和大韩石油公司是国营企业，韩国己内酰胺和石油化学支援工业园区是忠州肥料全额投资的企业。此外，汉阳化学是依靠忠州肥料和陶氏化学（Dow Chemical）合资成立的，东西石油化学是依靠忠州肥料和斯克利石油（Skelly Oil）合资成立的。[169]以NCC为代表的石油化学工厂大部分是依据被称作"交钥匙方式"的统包合同建设起来的。[170]虽然韩国国内技术团队也被派遣到合作投资伙伴外国企业并接受现场训练，然而工程选择、工厂设计、器材购买、试运转等几乎由外国企业全权负责。

表3-6 初期蔚山石油化学工业园区概要

| 生产设施 | 建设主体 | 事业主体 | 生产量（吨/年） | 技术引进处 | 完工时间 | 用途 |
| --- | --- | --- | --- | --- | --- | --- |
| 石脑油分解设备（NCC） | 大韩石油公司 | 大韩石油公司 | 100000 | Kellog | 1972年7月 | 基础馏分 |
| 氯乙烯（VCM） | 忠州肥料 | 汉阳化学 | 60000 | Dow | 1972年10月 | 中间原料 |
| 低密度聚乙烯（LDPE） | 忠州肥料 | 汉阳化学 | 50000 | Dow | 1972年10月 | 合成树脂 |
| 聚丙烯（PP） | 大韩油化 | 大韩油化 | 30000 | Chisso | 1972年6月 | 合成树脂 |
| 丙烯腈（AN） | 忠州肥料 | 东西石油化学 | 27000 | Skelly | 1972年7月 | 合纤原料 |
| 己内酰胺 | 忠州肥料 | 韩国己内酰胺 | 33000 | Stamicarbon | 1974年4月 | 合纤原料 |
| 丁苯橡胶（SBR） | 三阳轮胎 | 韩国合成橡胶 | 25000 | Mitsui | 1973年5月 | 合成橡胶 |
| 烷基苯 | 梨树化学 | 梨树化学 | 13000 | UOP | 1973年2月 | 合成洗涤剂 |
| 酞酐 | 三庆化星 | 三庆化星 | 8400 | UOP | 1972年9月 | 可塑剂 |
| 公用维修中心 | 忠州肥料 | 石油化学支援工业园区 | 工业用水：4万吨/日 电力：3.5万千瓦 水蒸气：8730吨/日 | | | 公共事业供应和工厂维护 |

资料出处：南长根，《韩国型ODA产业领域研究：石油化学产业》（产业研究院，2015），第68页。

借对石油化学产品国内需求的增加和世界经济繁荣之势，蔚山的石油化学工厂从初期便呈现出高开工率。朴正熙总统于1973年1月宣传重化工业化政策，提出将石油化学列为五大战略行业之一，韩国政府于同年7月拟定了以扩大蔚山石油化学工业园区设备,将丽川建设成为第二石油化学工业园区为核心的"石油化学工业培育基本计划"。但是在 1973 年年末,由于受第一次石油危机的影响,出现了原油价格暴涨,一部分石油化学工厂的开工率低下的问题。该状况通过政府对石脑油和基础馏分的价格调整和各种支援措施得以克服,1976 年达到供小于求的程度,石油化学产业开始红火。[171]

1976—1979 年,在蔚山石油化学工业园区中实现了设备的新增设。例如,大韩石油公司的 NCC 生产规模由 10 万吨增加到 15 万吨,生产丙烯腈(AN)的东西石油化学追加了规模 5 万吨的第二工厂,三星石油化学新设了规模 10 万吨的对苯二甲酸(TPA)工厂。以政府投资机构韩国综合化学工业为中心的丽川石油化学工业园区(现在的丽水石油化学工业园区)建成,1976 年 11 月动工后于 1979 年 12 月竣工。湖南乙烯(现在的大林产业)建设了年产 35 万吨规模的 NCC,湖南石油化学(现在的乐天化学)具备了年产 7 万吨高密度聚乙烯(HDPE)、年产 8 万吨聚丙烯(PP)、年产 7 万吨乙二醇的生产能力。而且,汉阳化学(现在的韩华化学)具备了年产 10 万吨规模的低密度聚乙烯(LDPE)的生产设备,韩国陶氏化学能够生产氯 22 万吨、氢氧化钠 22.7 万吨等的电解工厂竣工。[172]丽川石油化学工业园区也和蔚山石油化学工业园区一样,大部分是依靠国营企业或者其下属公司建成的。如前所述,汉阳化学是忠州肥料和陶氏化学的合资公司,湖南乙烯是韩国综合化学工业单独出资,湖南石油化学是韩国综合化学工业和三井合作成立的。[173]

在丽川石油化学工业园区建设工作中也呈现出与过去不同的几个倾向。像 NCC 的情况,世界最新的工艺鲁姆斯(Lummus)工艺在东方首次被引进,从而可以一起使用石脑油和粗柴油。[174]此外,湖南石油化学不是采用传统的"交钥匙"方式,而是采用了实报实销方式,参与到了石油化学工厂的详细设计,通过包括精馏塔和计装材在内的仪表装置的国产化,节省了相当于相关经费的 21%,92 亿韩元外汇。[175]像这样,丽川园区的建设工作以蔚山园区运行的经验作基础，韩国国内企业付出了如引进最新工艺、参与详细设计、设备和器材的国产化等努力。

通过蔚山石油化学工业园区的扩大工作和丽川石油化学工业园区的建设工作，韩国石油化学产业的生产能力大幅扩大。以乙烯为例，1972—1976年是年产10万吨，在经过了1978年的15.5万吨后，到1981年增加到了50.5万吨。其结果是1974年之后严重的石油化学制品供给不足现象到了1981年相当部分已经得到了解决。像合成树脂的情况，在进入完全自给阶段的同时，为海外出口奠定了基础，连停留在最低水平的合纤原料的自给度也达到了50%左右（参考表3-7）。

表3-7 石油化学制品的供求趋势（1972—1981年）

单位：千吨

| 品种 | 分类 | 1972年 | 1974年 | 1976年 | 1978年 | 1981年 |
| --- | --- | --- | --- | --- | --- | --- |
| 乙烯 | 生产能力 | 100 | 100 | 100 | 155 | 505 |
| 合成树脂 | 生产能力 | 148 | 229 | 271 | 448 | 922 |
|  | 生产 | 83.2 | 196.6 | 277.5 | 425.9 | 715 |
|  | 进口 | 85.0 | 36.0 | 54.5 | 205.9 | 59 |
|  | 出口 | 15.9 | 6.9 | 4.4 | 7.3 | 135 |
|  | 内需 | 152.3 | 225.7 | 327.6 | 624.5 | 639 |
| 合纤原料 | 生产能力 | 18 | 41 | 60 | 98 | 293 |
|  | 生产 | 3.6 | 43.4 | 68.3 | 87.9 | 325 |
|  | 进口 | 101.1 | 158.9 | 295.2 | 410.8 | 369 |
|  | 出口 | — | 0.7 | — | — | — |
|  | 内需 | 104.7 | 201.6 | 363.5 | 498.7 | 694 |
| 合成橡胶 | 生产能力 | — | 25 | 25 | 45 | 101 |
|  | 生产 | — | 16.4 | 35.7 | 59.5 | 79 |
|  | 进口 | 16.8 | 9.1 | 11.6 | 26.9 | 16 |
|  | 出口 | — | — | — | — | 3 |
|  | 内需 | 16.8 | 25.5 | 47.3 | 86.4 | 93 |

资料出处：韩国石油化学工业协会，《通过统计看石油化学产业40年史》（2010），第30页。

20世纪60—70年代，韩国石油化学企业的技术活动是从发达国家引进技术开始的。1962—1978年引进的与石油化学相关的技术共计49项，按照国家来分，其顺序为日本17项，美国13项，荷兰8项，英国5项。[176] 技术引进合同的内容包括生产工艺的引进、技术资料的提供、韩国技术人员的训练、外国技术人员的派遣等。例如，1968年忠州肥料和陶氏化学合作成立汉阳化学，其缔结的技术引进合同实现了生产低密度聚乙烯（LDPE）和氯乙烯（VCM）的工艺和陶氏化学工厂的一致，陶氏化学将所有的技术资料和信息提供给汉阳化学，陶氏化学在训练韩国的技术人员后让其可以自己使用技术，在韩国技术人员掌握技术之前陶氏化学持续向韩国派遣技术人员等。[177]

　　韩国的石油化学企业通过在生产现场运用设备的过程得以积累了与石油化学相关的技术和知识，这可以归为"实践学习"。韩国国内企业以较快的速度吸收从发达国家引进的技术，据此逐步减少了对发达国家企业的依存程度。例如，汉阳化学为了运营蔚山工厂，让6名技术人员在陶氏化学接受了训练，然而在丽川工厂其数量却减少到了1人。此外，蔚山工厂的基本设计和详细设计全都依托给了外国技术人员，然而丽川工厂的基本设计是由4名韩国人和4名外国人，详细设计是由1名韩国人和2名外国人完成的。蔚山工厂和丽川工厂的建设中有42名韩国技术人员和4名外国技术人员参与，蔚山工厂的外国技术人员由派遣1年的2人和派遣4年的2人构成，与此相反，丽川工厂的外国技术人员由派遣6个月或1年的3人和负责联系业务的1人构成。[178]

　　韩国的石油化学企业在生产现场不仅习得了技术，在改良方面也取得了相当大的成果。例如，汉阳化学通过20世纪70年代推进了乙烯气的再使用、压缩装置生产工艺的改良、二氯化乙烯（EDC）再生装置的开发、附加物的损失防止、依据运转条件维护的新产品开发、通过液化管修理的最佳温度决定、从蒸馏塔中减少漏水率、依据净化塔的启动条件的改善等。通过这些，汉阳化学有效地启动了工厂，取得了提高生产率的效果。然而这些技术改良拥有着并非从核心技术，而是从周边技术领域中实现的特征。[179]

## 钢铁

### 综合制铁事业的推进

以经济开发五年计划的推进为背景，韩国的钢铁产业开始极速成长。钢铁材料生产量在1962年还不过14.2万吨，到1972年增加到180.7万吨，10年间呈现出超过13倍的增长势头。按照工艺分类，其生产能力在1962—1972年间制铣部门增加了4.6倍，制钢部门增加了6.3倍，压延部门增加了4.4倍，到1972年分别达到20.3万吨、93.1万吨、249.3万吨。虽然有如此这般量的增长，韩国的钢铁产业也暴露出工艺间的不平衡、流水线工程的缺乏、设施规模的小型、设施的老化、技术水平偏弱等结构性问题。[180]

在韩国，综合制铁事业很早就被提出，但是其现实化需要了超过10年的岁月。韩国的综合制铁事业计划在1958—1969年的11年期间经历了7次变化（参考表3-8）。[181]

1961年之前的综合制铁事业计划是停滞在文件上的计划，自开始推进经济开发五年计划的1962年起，进入到实际的合同阶段。1966年成立了由5个国家的8家公司组成的联合体大韩国际制铁借款团（KISA），到1968年完成了预备协定、基本协定、追加协定三个阶段的协商，然而在筹措贷款时失败，最终成为泡影。[182]在和KISA进行协商的1967年7月，浦项被定为钢铁厂的选址，1968年4月在大韩重石的基础上创立了浦项综合制铁。[183]

随着与KISA的协商遭遇困难，韩国开始探索以日本为伙伴推进综合制铁事业的方案。幸运的是，日本不属于KISA的成员国，而且正在向韩国支付赠款资金。1969年6—7月,由KIST和浦项制铁公司的相关人员成立了综合制铁事业计划研究委员会,拟定了第一阶段生产规模达103万吨的"新事业计划"。[184] 以新事业计划为基础,韩国政府的官员和浦项制铁公司的要员们于1969年8月通过第三次韩日阁僚会谈得到了日本的协助。1969年12月,缔结了《与浦项综合制铁建设相关的韩日间协议书》,浦项钢铁厂建设工作得以被正式推进。

表3-8　综合制铁事业计划的推进经过

| 分类 | 时间 | 规模（万吨） | 位置 | 公司主体 | 外资筹措线 | 需要资金总额（外资） | 备注 |
|---|---|---|---|---|---|---|---|
| 1 | 1958年8月 | 20 | 襄阳 | 大韩重工 | 美国 | 6000（3000） | 不过是纸上谈兵 |
| | 1961年3月 | 25 | 东海岸 | 大韩重工 | 联邦德国 | 5508（3200） | 由于政权短命而落空 |
| 2 | 1962年4月 | 37 | 蔚山 | 韩国综合制铁 | 联邦德国 | 16500（13575） | 由于和美国的竞争而落空 |
| | 1962年11月 | 31 | 蔚山 | 韩国综合制铁 | 美国 | 15560（11780） | 由于资金筹措失败导致设立主体解散 |
| 3 | 1967年10月 | 60 | 浦项 | 大韩重石 | 美国等5个国家 | 13070（9570） | 和KISA的基本协定（规模扩大：50万吨→60万吨） |
| | 1968年12月 | 60 | 浦项 | 大韩重石 | 美国等5个国家 | 13070（9570） | 和KISA的追加协定（由于资金筹措失败而落空） |
| 4 | 1969年12月 | 103 | 浦项 | 浦项综合制铁 | 日本 | 20060（12370） | 日本赠款基金专用,1970年4月建设公司开始着手 |

注:1的情况是停滞在文件上的计划,2的情况是停滞在一次性合约,3的情况是通过协商发展合约,4的情况是延续为实际的工作。资金单位为万美元。

资料出处:宋成守,"韩国综合制铁事业计划的变迁过程,1958—1969",《韩国科学史学会杂志》24-1(2002),第37-38页。

由此，在综合制铁事业计划变迁的过程中，钢铁厂的规模在经历了20万吨、30万吨、60万吨后达到了100万吨，取得了规模的经济效果。更进一步讲，1970年左右，选择最早具备世界最强竞争力的日本作为合作伙伴的决定也成为韩国钢铁产业能够快速成长的重要契机。因此，若是初期的综合制铁事业计划立即现实化的话，那么就不可能充分地享受到所期待的效果。从这一点上来看，可以说综合制铁事业计划经历了多次挫折，继而转祸为福了。

浦项钢铁厂建设工作经过1期（1970—1973年）、2期（1973—1976年）、3期（1976—1978年）、4期（1979—1981年）、4期第2次（1981—1983年）持续展开，通过此，浦项制铁公司成长为年度钢铁生产能力910万吨的大型钢铁企业（见表3-9）。以浦项钢铁厂建设工作为背景，韩国的钢铁生产量从1973年的283万吨增加到1983年的1258万吨，制铣、制钢、压延的相对比重也在同一时期从23∶43∶100进展到了61∶97∶100。像这样，钢铁产业的成长超出了最初的预测值，主要缘于重化工业化政策背景下对钢铁材料的需求迅速增加这一点。[185]

"无条件支援浦项制铁"的发言非常恰当，韩国政府全面支援浦项钢铁厂建设工作。[186]事实上，1970年1月公布的钢铁工业培育法也是符合重点支援浦项制铁公司的制度。例如，钢铁工业培育法第7条修订为"作为能够年产100万吨以上的综合钢铁厂，当资金的1/2由政府或者政府指定者出资的情况，政府可以支援长期低息的外资引进、原料购买、器材供给、港湾设施、用水设施、电力设施、道路、铁路铺设等"，符合这条的钢铁企业只有浦项制铁公司。[187]钢铁工业培育法的制定背景是政府在积极支援浦项制铁公司的同时，对其进行监督。实际上韩国政府通过事业计划的拟定和钢铁材料内需价格的决定等持续介入了浦项制铁公司的经营。

表3-9　浦项钢铁厂建设工作概要

| 分类 | 1期 | 2期 | 3期 | 4期 | 4期第2次 |
| --- | --- | --- | --- | --- | --- |
| 生产能力（累计） | 103万吨 | 157万吨（260万吨） | 290万吨（550万吨） | 300万吨（850万吨） | 60万吨（910万吨） |
| 开工日 | 1970.4.1 | 1973.12.1 | 1976.8.2 | 1979.21 | 1981.9.1 |
| 预计竣工日 | 1973.7.31 | 1976.6.30 | 1979.4.30 | 1981.6.20 | 1983.6.15 |
| 竣工日 | 1973.7.3 | 1976.5.31 | 1978.12.8 | 1981.2.18 | 1983.5.25 |
| 建设工期 | 39个月 | 29个月 | 28个月 | 25个月 | 21个月 |
| 工期缩短 | 28天 | 30天 | 143天 | 122天 | 20天 |

资料出处：宋成守，"韩国钢铁产业的技术能力发展过程"，第100页。

浦项制铁公司在购买钢铁厂运营所需的设备时经历了相当多的困难。日本赠款资金在购买协商、合同署名、购买执行等方面有着非常复杂的手续，如果想要进行商业贷款的话，在与合同当事人达成协议后还要得到政府的批准。不仅如此，当时政界的实权人物在提出让特定公司做设备供应商的同时，还对浦项制铁公司施加了在购买设备时需提供一定比例的回扣当作政治资金的压力。面对这些问题，朴泰俊于1970年2月去面见朴正熙总统，提出了以赠款资金使用手续的简化、设备供给公司选定的自由裁量权认定、对多方外包合同（"随意契约"）的政府的保证等为核心内容的建议。朴正熙指示"与浦项制铁有关的事情，朴社长根据独立的判断处理"，并在朴泰俊拟定的建议书上亲笔签名。被称为所谓"书面马牌"①的该文件在浦项制铁公司购买设备的过程中行使自由裁量权、排除政权压力方面被派上用场，在朴正熙死亡后的1979年12月，随着《浦项制铁10年史》的编纂而被公开。[188]

像这样，浦项制铁公司确保了对设备购买合同的自由裁量权，得以从蔓延于发展中国家大规模项目中的回扣惯例中脱离出来。在浦项制铁公司

---

① 朝鲜时代，官员用于在驿站换马的凭证。

图 3-3　又被称作"书面马牌"的设备购买裁量权赋予文书
资料出处：浦项制铁，《浦项制铁 10 年史》(1979)，第 213 页。

购买设备的过程中，如果不能排除政界的压力，那么浦项钢铁厂建设工作就很难成功进行。更进一步讲，购买的设备性能得不到保障，浦项钢铁厂就达不到高生产率。[189]

象征浦项钢铁厂建设工作的单词有"制铁报国"和"向右精神"。[190]浦项制铁公司的创业理念是制铁报国，其主要内容是在短期内建设世界水平的钢铁厂，价格低廉地大量供应质量好的钢铁材料，为国民经济发展做贡献，以及只要是身兼这种国家使命的浦项制铁的职员，便应当具备能够牺牲个人生活、完成所负责工作的工人的责任意识。[191]特别是，朴泰俊强调浦项钢铁厂建设工作是依靠"祖先鲜血的代价"——日本赠款资金推进的，叮嘱要"倾尽所有努力致力于建设工程"。与这样的最高经营者的想法相符，浦项钢铁公司的职员之间出现了"向右精神"这种说法，并迅速扩散开来，其意是带着投身于建设现场右边的迎日湾的觉悟进行钢铁厂建设。[192]

第三章 极速的经济开发和技术掌握

在浦项钢铁厂建设工程中，运用了先建轧钢厂，再建制铣，制钢厂的逆向施工法。作为发达国家已经灵活运用的方式，由于在制铣或制钢的设施完工之前也可以进口半成品，在轧钢厂生产成品，因此拥有投资效益在早期就显现出来的优势。而且，浦项制铁公司比原计划提早完成浦项钢铁厂的建设工作，在节约建设费用方面做出了巨大贡献。从1期工作到4期第2次工作，每次分别缩短了28天、30天、143天、122天、20天的建设工期，每吨的建设费用不过是外国钢铁厂的1/2—2/3。与此同时，在进行浦项钢铁厂建设工作期间，与策划及建设相关的技术被快速吸收，劳资合同的范围大幅缩小。在1期工作中，除了工作计划之外全都依靠外国，然而4期第2次的情况是从技术策划到工厂建设的全部过程都依靠韩国国内技术团队实现（参考表3-10）。

表3-10 浦项钢铁厂建设工作的技术劳资合同发展

| 分类 | 1期 | 2期 | 3期 | 4期第1次 | 4期第2次 |
| --- | --- | --- | --- | --- | --- |
| 拟定工作计划 | ○ | ○ | ○ | ○ | ○ |
| 拟定综合技术计划 | × | × | × | ○ | ○ |
| 检查综合技术计划 | × | × | × | × | ○ |
| 拟定购货单 | × | ○ | ○ | ○ | ○ |
| 检查购货单 | △ | △ | ○ | ○ | ○ |
| 检查设计图纸 | × | △ | ○ | ○ | ○ |
| 指导工厂建设 | × | ○ | ○ | ○ | ○ |
| 指导工厂作业 | × | ○ | ○ | ○ | ○ |
| 劳务费（千美元） | 6200 | 5880 | 1770 | 428 | — |

注：×＝海外劳务，△＝部分劳务，○＝自力更生。
资料出处：边衡尹，"韩国钢铁工业的技术积累：以浦项制铁为中心"，《经济论集》19-2（1980），第130页；"浦项制铁"，《浦项制铁20年史》（1989），第365页。

当时，韩国科学技术研究院（KIST）积极帮助浦项钢铁厂建设工作这一点也值得关注。作为组织改革的一环，韩国科学技术研究院在1970年9月9日新设了重工业研究室，在东京设置了分室，让其担任从日本业界引进技术的窗口角色。对此，当时韩国科学技术研究院的所长崔亨燮评价重工业研究室事实上是作为"制铁技术顾问团"集中进行对浦项制铁公司的咨询工作。[193]特别是，在1971—1976年间，韩国科学技术研究院通过雇佣从日本钢铁产业退休的现场技术人员为1—2年委托责任研究员的方法，为浦项制铁公司提供了技术上的顾问。当时韩国国内的情况是虽然具备全面规划综合制铁事业计划的能力，但是拟定购货单或检查设计图纸的能力不足。在这种情况下，日本的退休技术人员以其丰富的现场经验，在支援浦项钢铁厂建设工作方面起了重要的作用。[194]

**在日本的海外研修**

虽然浦项制铁公司通过大规模的投资进入到钢铁产业，却不具备运营综合钢铁厂所需的知识基础。这样的情况在仁川制铁（现在的现代制铁）和东国制钢等既有的钢铁企业中也同样存在。当时在韩国国内钢铁业界积累的技术局限于在特定的工程中运转小规模设备。在这样的背景下，浦项制铁公司只能依靠外国来获取钢铁厂运营所需的技术，浦项制铁公司获取技术的最重要的源泉是海外研修。这在"工厂的成功建设与正常作业最重要的可以说是海外委托教育的结果"的记录中显露无遗。[195]

当然，浦项制铁公司在初创期不断从仁川制铁和东国制钢等既有钢铁企业中补充有经验的员工。他们有曾经运转钢铁设备的经验，在此基础上，理解钢铁产业的技术特性，特别是认识到现场技术诀窍的重要性。但是拥有大规模综合钢铁厂的浦项制铁公司需要与既有钢铁企业不同层次的技术。与此相关，仁川制铁企划科科长出身的浦项制铁公司创立人员白德贤曾经指出，"既有的钢铁厂和综合钢铁厂在难易度上约有10倍的差异"。[196]考虑到这点，可判断出浦项制铁公司的有经验员工所拥有的知识基础并不能直接适用于综合钢铁厂，需要通过增加训练和经验，经过完善的过程之后才能实际地灵活运用。

根据浦项制铁公司的官方资料，为进行1期建设和作业，浦项钢铁厂中接受海外研修的员工数量达到587人。[197]浦项制铁公司的海外研修在1969年12月15日由八幡制铁、富士制铁[198]、日本钢管的技术人员组成日本技术团队（以下简称为JG）正式实施，JG根据两个阶段的技术劳资合同，分别给予浦项制铁公司员工第一阶段85人、第二阶段353人的海外研修机会。其他的进修机构有参与过浦项钢铁厂1期工作的澳大利亚的布罗肯希尔公司（BHP, Broken Hill Proprietary）、奥地利的沃埃斯特（Vöest）、日本的设备供给企业、日本的设备制作企业等。海外研修的对象最初是大学毕业的公司员工，主要局限在负责企划和管理的骨干岗位，从1971年开始高中毕业的公司员工、负责实际作业和维护的技能岗位也包含在内。海外研修的时间和内容也从15—30天以视察为主的研修变更为2—6个月的以现场训练（OJT）为中心的研修。[199]

海外研修的开展经过了准备教育、正式教育、事后管理的阶段。浦项制铁公司在选定海外研修候选人数的2倍人员之后，根据准备教育的结果淘汰一半，严选海外研修的对象。准备教育以有关日常会话及钢铁用语的外国语教育、关于钢铁产业的基础知识、在外国的教育方法及态度、有关外国历史及地理的常识、相关领域的专业知识等为中心，用时3—6个月。特别是一旦海外研修人员被选拔出来，会按照领域成立团队，在具体设定海外研修的目标后，集中实施有关训练重点事项的教育。[200]与此同时，浦项制铁公司在派遣海外研修人员前，实施对"现在自己负责的事情是为了公司和国家的多么重要的事情"的精神教育[201]，在要求"不要受与研修机构的协议教学课程或日程表的束缚，要以人对人的作战措施，将对方的技术一点不落地学回来"的同时，警告"对于研修人员中成绩不好的人会采取强制措施"。[202]

在浦项制铁公司的海外研修中占有最大比重的集团是JG。综合关于浦项制铁公司初创期 JG 研修的回顾，可以判断出当时日本在传授技术方面进行了积极的协助。[203] 例如，据 1969 年在新日本制铁的室兰钢铁厂进行研修的金基洪回忆说"日本钢铁业界的巨头们亲自前来进行了有名的讲演""托日本人特有的缜密和亲切之福，在 3 个月之后我很好地理解了钢铁原来是这样的概念"。[204] 此外，根据浦项制铁公司初创期作为专务活动的高俊植回忆，"神井诠正作为室兰钢铁厂的副社长，尽心尽力地帮助了我们这些年轻的进修生们""当时，在室兰钢铁厂中最新的热轧技术刚刚被引进运用，他们花着自己的钱，尽全力传授给我们"。[205]

JG 的相关人员不仅给浦项制铁公司的研修生们指导技术，在提供资料方面也展现出积极的姿态。例如，前面提及的金基洪回忆说日本技术人员实心实意地制作了规范、规格、指南等各种资料，并评价说"毫无疑问，研修经验和各种资料成为能够顺利完成综合钢铁厂开工准备的基础"。[206] 不仅如此，新日本制铁和日本钢管在帮助浦项制铁公司的海外研修方面似乎带有一种竞争意识。这从 1972 年在日本钢管进修的炼钢部科长洪相福的回忆中很好地体现了出来。"日本钢管为了不落后于兄长辈的新日本制铁，在更诚心诚意地指导技术的同时，对于进修生要求的事宜几乎都答应了下来"。[207] 如此这般的竞争意识成为浦项制铁公司能够在日本，在非常好的环境下接受海外研修的基础。

那么日本积极协助浦项制铁公司海外研修的理由是什么呢？最重要的理由要属由浦项钢铁厂建设工作带来的经济利益。浦项钢铁厂 1 期工作要求相当于当时日本成套设备出口额的约 1/5 的 1 亿美元以上的设备。不仅如此，浦项钢铁厂建设工作并不是一次就结束的事情，考虑到今后的扩建，日本如果在 1 期工作中积极协助的话，那么参与之后工作的可能性也很高。与此同时，日本协助浦项钢铁厂建设工作，是想构建之后也能主导参与其他发展中国家的钢铁厂建设的基础。[208] 而且，也应该考虑到当时日本污染问题严重，劳务费持续上升，很难追加建设综合钢铁厂。[209] 除此之外，浦项制铁公司落后于日本的心理优越感也成为重要的背景在起作用。[210]

与日本协助同样重要的是，浦项制铁公司海外研修人员在教育训练中表现出了积极主动的态度。他们详细地记录下了教育内容，并不断地向讲师们提出问题，即使这样也不理解的内容，会抱着"有朝一日会帮上大忙"的想法背诵下来。[211] 而且他们在搜集钢铁厂运营所需的资料时付出了巨大的努力，甚至有某个研究团队到了"往浦项邮寄了12箱子的资料，花了很多钱，之后缺少研究费用，很伤脑筋"的程度。[212] 与此相关，JG的技术人员回忆说"他们在来日本之前应该是得到了从公司中获得很多资料的命令"，或者"在他们的立场上，似乎有拥有的资料厚度与研修实绩成比例的公式"。[213]

更进一步讲，浦项制铁公司的海外研修人员为了补充现场实习不足的部分，还灵活运用了与JG的负责技术人员建立个人情分的非正式方法。对此，在浦项制铁公司初创期带领热轧领域研修团队的金钟振做了如下回顾。

> 朴（泰俊）会长说，去日本不能只学他们教的技术回来，连没有教的技术也全部要"装进眼睛里"带回来。用眼睛装回来的说法不就是让不择手段偷来吗？但是当时怎么会知道什么重要，什么贵重？小偷如果想要成为大偷，也应该达到鉴定宝石的程度，不是只有知道才能区分真的和假的吗？拼尽全力了。给日本技术人员花了不少酒钱。也不知道设计图在哪里……结果后来那些人故意打开文件柜后避开了。……不知有多么感激……但是让人吃惊的是被派遣的我们的技术人员。即使喝酒喝得一片狼藉，只要一看到设计图，便会立刻打起精神，塞进口袋，装进眼睛里。真是小偷之王……也是令我感动的事情。[214]

海外研究团队在正规教育结束之后，在限制个人时间的同时，持续推进整理和记录教育内容和资料，就当天教育的成果举行讨论会，发掘问题，并对此提出对策的工作。同时他们每周检查一次个人的研修笔记，通过给诚实的人员发奖，对不诚实的人罚款的方法营造努力学习的氛围。[215]

浦项制铁公司系统地管理和灵活运用海外研修人员，想要将教育训练的效果最大化。与海外研修的管理相关，义务上报到达报告和结果报告是当然的，2个月以上长期研修的情况，则需追加每月2次的中期报告和回国预定报告。而且，海外研修人员在自己的专业领域任职后有义务在浦项制铁公司工作2年。比起这种人事上的措施更重要的是，浦项制铁公司还将研修资料的积累和教育传播的实施也包含到海外研修人员的义务当中，构建积极地灵活运用海外研修结果的制度性机制。海外研修人员带回的各种资料几乎都是用微缩胶卷制作而成，在实施员工教育和制定技术计划时使用，海外研修人员在通过传播教育转达自身的具体经验和新鲜的想法方面作出了很多努力。[216]浦项制铁公司通过实施传播教育的方法，得以在工厂完工前组成1天三班倒所需的作业人员。[217]

**技术转移的性质**

浦项制铁公司通过海外研修获得的大部分技术与工厂作业相关，相当于在发达国家已经标准化的成熟技术。像日本及欧美国家的情况，在1960年前后引入了大型高炉、LD转炉、连续式轧钢机，在20世纪60年代中期充分确立了对此的作业技术。像这样，由于浦项制铁公司的海外研修以成熟技术为对象，因此技术的获得相对容易，可以尽快呈现出可视性成果。然而像钢铁产业的情况，如果不通过实际的设备运转，就积累不了作业技术，特别是20世纪70年代前期，由于生产工程处于没有充分数字信息化的状态，现场训练便具备了更重要的意义。[218]不仅如此，在没有运营综合钢铁厂经验的当时，在韩国的立场上，大规模制铁设备的作业技术并非低级技术，而是相当于高级技术。

鉴于此，可以判断出日本对浦项制铁公司的技术转移是在以成熟技术为主要对象的事实基础上缩减技术合作,这一评价是不合理的。与此相关,边衡尹在指出浦项制铁公司的技术引进局限在设备运营及作业技术等低级技术的同时,主张"不挖掘与设备滞留技术相关的秘密的技术转移并非真正的技术转移,不过是生产地点的转移"。[219]这说明浦项制铁公司非常明确通过初创期的海外研修获得的技术特性,然而却没有充分考虑设备滞留技术的性质。由于设备滞留技术相当于在实际运转钢铁厂的同时渐进式积累的技术,因此通过技术转移获得设备滞留技术几乎不可能,实际上,浦项制铁公司也没有向日本要求设备滞留技术的转移。如果按照要求了技术转移而实际上转移了的情况,虽然要求了技术转移却回避了转移的情况,没有要求技术转移的情况来划分技术转移的形态的话,作业技术属于第一种情况,设备滞留技术属于第三种情况。

日本的技术转移存在的问题可以从相当于第二种情况的数字化及质量等高级技术转移的方面找寻,日方对此相对回避。JG 在缔结技术劳资合同时注明"与数字信息化相关的协助除外",[220]"与质量相关的一句话都未曾提及"。[221]像这样,JG 虽然正式拒绝了与数字化及质量相关的技术协作,然而部分接受海外研修,在浦项现场指导相关技术,起到了间接支援与数字化及质量相关的技术掌握的作用。例如,虽然在 1971 年局限于手工作业工程管理,然而实施了生产管理人员的 JG 研修计划,在 1972 年,作为 JG 研修的一环,3 名质量管理人员被派遣,通过此确保的资料成为浦项制铁公司构筑生产管理及质量管理体系的出发点。[222]

而且,日本并非在所有时期都积极协助技术转移。日本在浦项钢铁厂 1—2 期工作时在传授技术方面付出了很多努力,然而在 3 期工作前后,就开始呈现出在技术转移方面的消极姿态。即,随着浦项制铁公司快速提升规模和生产效率,跃升为潜在的竞争者,日本表现出了压制浦项制铁公司的态度。这点通过比较浦项钢铁厂 2 期工作和 3 期工作结束后《朝鲜日报》的许文道记者进行的与日本相关人员的采访内容可以得知。1976 年新日本制铁的技术协力事业部长有贺敏彦曾评价"像浦项制铁这种两国技术团队之间实现完全意义上协作的情况是没有的"[223]，而与此相反，1978年新日本制铁的齐藤英四郎社长提及"浦项制铁的技术吸收力太强，也有人担心其与日本竞争"。[224]日本对技术协力的态度变化在1972年大学毕业的新员工，在制铣部工作的李一玉如下的回忆中也可以得到确认。

> 最初虽然我们得不到人性化待遇，技术却是能好好学到的。但是在工厂运营后3—5年，日本的态度完全变了。人性化待遇变好了，但得不到技术传授，对于深入的技术诀窍不开口了。这是因为浦项制铁的成绩好，很快追赶上来了。我在想我们的水平已经这么好了吗，有种微妙的感觉。[225]

在浦项制铁公司生产的产品自1970年后期正式进入日本市场后，日本的压制更加严重了。特别是在1981年，韩国钢铁材料的对日出口量达到1百万吨，在日本的钢铁材料进口量中，韩国所占比重增加至80%，日本的钢铁业界议论着"飞镖效应"，正式压制浦项制铁公司。[226]在这样的背景下，1980年初期推进光阳钢铁厂1期工作的时候，日本呈现出拒绝与浦项制铁公司正式技术合作的姿态。

**作业技术的积累**

浦项制铁公司在通过海外研修获得作业技术的同时，系统地准备工厂运转，想要早日达成正常开工率。为此，并非在建设工程结束后额外构成作业及维护组织，而是从一开始便组建了作业人员和维护人员，构筑了由作业人员主管建设工程、维护人员负责工程监督的体制。其结果是作业及维护人员在工厂建设阶段已经熟知相关设备的内容，这成为能够顺利实施工厂作业和设备管理的基础。[227]

而且，浦项制铁公司在工厂完工之前实验性地运行过设备，将由于设备缺陷引发的问题在事前排除。例如，像制铣工厂的情况，在完工6个月之前的1972年12月，在将作业准备业务分类后，推进开始和结束各项业务时间的计划工作。以这些计划为基础，1973年2—5月对56名作业人员实施了包括专业教育、实技及团队合作训练、综合训练3个阶段在内的作业准备训练。专业教育以海外研修人员为中心，组建了7个班级，从2月26日到3月31日就371个教育项目展开。实技及团队合作训练与设备试运行期间联动，以设备操作和模拟作业为主，从4月1日到5月15日就实施了140个训练项目。综合训练灵活运用高炉干燥期间，用高压条件下的试运行方式在5月18—21日完成。训练结束后，开展了最终检查设备，对不完整的要素事前进行完善的工作。[228]

该类设备的实验运转在浦项制铁公司早期达成正常开工率方面做出了很大的贡献。对此，朴泰俊在与夏威夷大学徐甲敬教授的采访中做了如下回忆。

> 我们（早期）能获得利益的另一个原因是事先实验运转设备的方法。钢铁厂一旦完工，在运转之前势必要经过检测，进行微调。但是正常的话一般需要6个月。由于我们一边设置一边进行设备整体的检测，才使得时间可以缩减到3个月。[229]

相关设备运行后的作业根据各个工程的不同由接受海外研修的大学毕业工程师负责，其他技术人员和技能工负责助手的工作，日本的技术人员提供咨询的方式进行。[230]像这样，浦项制铁公司运用了将大学毕业工程师安排做钢铁厂现场的班长，让其直接负责工厂运转的战略。当时在韩国社会普遍不允许大学毕业工程师这样的优秀职员做一般管理职，而让其做生产领域的班长是很特别的事情。实际上，他们不仅能在现场有效地运用通过教育训练获得的知识，还将在工厂作业过程中积累的技术制定为公司内部标准，通过创意提议为改善技术做出了很大贡献。[231] 同时，大学毕业的工程师们经历了负责实际工厂运行的过程，可以系统积累现场技术诀窍的知识，这也可以成为其有效管理技能工的基础。[232]

但是相关设备运行后，进入正常作业阶段并非易事。例如，在制铣工厂中，自1973年6月8日开始排出熔铁，但6月11—14日由于漏水发生了高炉内部形成固体状态，作业中断的冷入事故。浦项制铁公司的职员们判断问题出在出铣口上，在短暂断水后，实施了"颜料实验"，在供水中注入加了颜料的水，却没有找到漏水点。为打破这个局面，新日本制铁的退休技术人员、制铣工厂的技术顾问服部发挥了重要作用。当时很多人都认为漏水现象发生在出铣口，但是服部在用压力计检验过排水点后确定问题并非在出铣口，而是在送风口。此外，为了降低高炉的温度，有使用海水的建议，但是服部提出了直接使用淡水也无妨的意见。在服部恰当的建议基础上，浦项制铁公司的职员们得以顺利地解决了冷入事故，在这样的过程中得以培养现场问题解决的能力。[233]

这些事例展示了在浦项钢铁厂初期运转阶段，日本技术人员起了重要的作用。但是也要关注日本技术人员实际做出贡献的领域或程度是有很大差异的。当时，派遣到浦项制铁公司的日本技术人员类型有韩国科学技术研究院的委托责任研究员、浦项制铁公司技术顾问、JG技术人员。韩国科学技术研究院作为委托责任研究员的日本退休技术人员在浦项钢铁厂企划1—2期工作的过程中提供技术性问题的咨询，并非指导工厂作业。与此相反，浦项制铁公司让之前雇佣做1—2年技术顾问的日本退休技术人员负责作业指导，他们凭借丰富的现场经验，在传授作业技术方面做出了很大贡献。作为JG技术劳资合同的一环，其派遣3—6个月的技术人员也负责了作业指导，但是他们的实际贡献度相对少一些。JG技术人员的停留时间短，没有形成实质性的技术传授，主要承担了监督作业状况的作用。[234]

浦项制铁公司的职员们在学习钢铁厂现场所需的知识和经验方面表现

出了非常积极的姿态。他们在换班时间也不下班，一天常驻现场16个小时以上，为保证工厂顺利运转，自己研究作业上的问题和对策，并将结果与同事共享。而且浦项制铁公司的职员们在作业现场也用和海外研修类似的方式，为从日本技术人员处得到技术传授作出了积极努力。他们为获得更多的知识，对日本技术人员的"发言内容全部记录"，下班后也和日本技术人员接触，搜集很多的信息。特别是，当时在作业现场，由于日本技术人员和浦项制铁公司职员之间形成了伙伴关系，从个人情分出发的非官方技术学习得以促进。[235]

像这样，浦项制铁公司通过在生产现场运行设备并解决问题的过程积累了与钢铁制造相关的技术和知识，这可以说是"实践学习"。在此类学习的基础上，浦项制铁公司员工得以在熟悉工厂作业的同时，快速提高浦项制铁公司的作业技术水平。例如，像制铣工厂的情况，JG考虑到和浦项钢铁厂1号高炉规模类似的日本钢铁厂的开工率，建议将1日出铣量达到设计容量的时间定在设备完工后12个月，但浦项制铁公司却将目标定为6个月内实现正常开工率，实际上时间缩短到了107天。[236]随着工厂的正常运转，其对外国技术人员的依赖度明显减少，在积累了4—5个月的作业经验后，可以充分地掌握活动现场技术诀窍。对外国技术人员的依赖度减少，可以从浦项钢铁厂自2期工作开始在与JG签署的技术劳务合同中不包括作业指导、从JG派遣来的人员明显减少这一点中得到确认。[237]

20世纪70年代以后，浦项制铁公司经过不仅在生产规模上，在生产效率方面也取得了令人刮目相看的成绩。如表3-11所示，以1978年为基准，浦项制铁公司在综合实收率和能源强度方面领先于除日本之外的主要发达国家。以1980年为基准，劳动投入时间是除英国之外的主要发达国家的平均值。考虑到当时美国、日本、联邦德国、法国、英国是世界五大钢铁国这一点，可以说浦项制铁公司在1980年前后开始拥有高于除日本之外的其他发达国家的生产效率。

表3-11　1980年左右主要国家钢铁产业的生产效率比较

| 分类 | 基准年份 | 美国 | 日本 | 联邦德国 | 法国 | 英国 | 浦项制铁 |
| --- | --- | --- | --- | --- | --- | --- | --- |
| 综合实收率（%） | 1978年 | 72 | 85 | 75 | 77（EC全部） | | 81 |
| 能源强度（万kcal/吨） | 1978年 | 765.0 | 514.1 | 630.0 | 627.5（EC全部） | | 583.5 |
| 劳动投入时间（mh/吨） | 1980年 | 9.6 | 9.2 | 11.0 | 11.2 | 41.2 | 10.4 |

资料出处：南钟显等，"钢铁工业发展模式的国际比较分析"，《钢铁报》9-4（1983），第19-20页。

浦项制铁公司在运转浦项钢铁厂的过程中不仅学习了技术，在改善技术方面也付出了很多努力。20世纪70年代浦项制铁公司的技术改善事例有出铣口开孔工作的改善、3号高炉设备的部分改造、制钢工厂的喷枪喷嘴改造、热轧工厂气割台的结构变更、冷轧工厂立式卷轴的追加设置等。像这样，20世纪70年代，浦项制铁公司的技术改善主要为了降低成本，显示出了简单地改造相关设备，或者追加设置几个装置，以谋求有效的工作方式的性质。只靠这样部分的技术改善也能够取得有效运转工厂、提高生产效率的成果，在20世纪70年代，几乎没有尝试充分理解设备滞留技术，或从根本上改善相关设备的工作。[238]

到20世纪70年代中期，生产基础进入到稳定的阶段，浦项制铁公司开始整顿技术开发体制。1977年新设了技术研究所，构成了在钢铁厂现场和技术研究所同时谋求技术革新的体制。技术研究所的设立目的是"通过专业的研究人员和设备解决现场技术问题，通过质量改善和技术开发强化国际竞争力"。[239]当时技术研究所的研究活动分类为质量研究、工程研究、开发研究、基础研究。质量研究和工程研究以质量的改善和统一化、产品的加工及利用技术的高度化、不良原因及对策的查明、工程的改良及独创等为目标。开发研究和基础研究则经历了浦项制铁公司在将从国外先进企业引进的技术理论性的解读和实验后，将相关技术国产化，应用于生产现场的过程。[240]

浦项制铁公司在成立技术研究所前后，也开始着手进行开发高级钢的工作，并于1976—1980年间开发出了高张力钢、轻钢线材、耐候性钢、运送石油用钢管、电气钢板、软质冷轧钢板等。其中相当多的高级钢是浦项制铁公司自行开发出来的，而与此相反，电气钢板和冷轧钢铁是灵活运用技术引进被开发出来的。像电气钢板的情况，1976年，在阿勒格尼钢铁公司（Allegheny Ludlum Steel Company）技术指导的基础上，17种新钢材被开发出来。为了冷轧钢板的开发，在1977年从沃埃斯特引进了制造除去铝成分钢材所需的技术。[241]

像这样，虽然开发新型钢种的工作被持续推进，其成果却未及日本的一半。以1981年为基准，浦项钢铁公司的钢种开发数量为254种，而当时在日本开发出了546种钢种。而且浦项制铁公司的实际产品生产在20世纪80年代初期还呈现出几乎依靠普通钢的结构。这从高级钢生产比率在1980年占4.5%，1983年占8.6%这一点上明显地体现出来。结果，到20世纪80年代初期，浦项制铁公司的企业活动拥有了在批量生产体制的构筑和作业技术的提高的基础上，低价生产销售普通钢的结构。[242]

**造船**

20世纪60年代中期，在经济规模扩大，对船舶的需求增加的背景下，韩国政府开始正式推进造船产业的培育。1964—1966年间推进了"船质改良3年计划"，既有的热球机被柴油机替代，大韩造船公社（现在的韩进重工业）的设施大幅扩大。紧接着，在1967年制定了造船工业振兴法，1969年制定了机械工业培育法，制定了与造船产业相关的各种支援政策。通过此，1969年船舶建造能力增至1962年水平的4倍，即15.7万吨。1967年大韩造船公社还向美国出口了30艘平底船。但是当时政府推进的造船产业培育政策只停留在扩大小型船舶的建造能力上，由于大型船舶继续依靠进口，所以船舶的自给率停留在 10%—20% 的水平。[243]

随着 20 世纪 70 年代现代集团在蔚山建设大型造船厂，韩国的造船产业开始迅速成长。[244]在韩国建设大型造船厂的工作被正式推进是以 1970 年 6 月四大核心工厂计划被确定，现代被选定为实际用户为契机的。但是在此之前，现代为了进军造船产业也持续地尝试与外国的合作投资。1969 年夏，现代与加拿大阿克斯（Ackers）建设公司接触，1969 年 10 月，推进了与以色列海运公司潘船运公司（Pan-Maritime）的协商。20 世纪 70 年代初期，现代尝试与日本的三菱重工再次合作投资，但时逢 1970 年 4 月日本同中国周恩来总理发表的"周四原则"。[245] 1970 年 7 月造船厂建设被列入第四次韩日定期阁僚会谈的正式议案，但由于日本将韩国的造船产业局限于内需为主，要求经营权，导致韩日协商无果而终。

表 3-12  有关现代进军造船产业的协商概要

| 序号 | 时间 | 对象国家 | 对象机构 | 结果 | 备注 |
| --- | --- | --- | --- | --- | --- |
| 1 | 1969 年夏 | 加拿大 | 阿克斯 | 合作破裂 | 对于韩国造船产业的悲观见解 |
| 2 | 1969 年 10 月 | 以色列 | 潘船运公司 | 合作破裂 | 要求酬金，试图掌握经营权 |
| 3 | 1970 年 4 月 | 日本 | 三菱重工 | 合作破裂 | 三菱对"周四原则"的接受 |
| 4 | 1970 年 7 月 | 日本 | 日本造船协会 | 合作破裂 | 局限于小型造船厂，要求经营权 |
| 5 | 1971 年 3 月 | 德国 | 韦塞（A. G. Wesse）造船厂 | 合作破裂 | 对船舶销售要求过多的手续费 |
| 6 | 1971 年 10 月 | 希腊 | 利瓦诺斯（Livanos） | 贷款筹措成功 | 和阿普多尔船厂（A&P Appledore）及利思戈船厂缔结了协作合同（1971 年 9 月） |

资料出处：金周焕，"在开发国家中的国家—企业关系的研究：对韩国的造船产业发展和'支援—管束'命题的批判性研究"（首尔大学博士学位论文，1999），第 98 页的部分补充。

随着与日本的合作变得困难，现代选择了灵活的欧洲，用引入贷款代替合作投资，独自建设造船厂的方针。在1971年初，现代曾与联邦德国的韦塞造船厂接触过，然而由于对船舶销售过分的手续费要求导致协商破裂。1971年9月，现代以英国的阿普多尔船厂（A&P Appledore）和利思戈船厂（Scott Lithgow）为对象展开了协商，缔结了技术合作及船舶销售协作合同。同年10月，成功从希腊海运公司利瓦诺斯处接到两艘25.9万吨级超大型油轮（VLCC）的订单，以此为基础，现代得以从英国、西班牙、法国、联邦德国、瑞典等五个国家筹措到贷款。[246]

韩国政府和韩国科学技术研究院为现代进军造船产业提供指导原则这一点也值得关注。韩国科学技术研究院在1969年受经济企划院的邀请进行与机械工业培育方案相关的调查研究，在此包含为了培育以重型机械综合工厂、特质钢材工厂、铸物铣工厂、大型造船厂等四大核心工厂建设为中心的机械工业而拟定的各领域详细计划。特别是其报告书不是停留在问题诊断或培育领域的提出，而是连工厂建设所需的具体实行计划也包括在内。例如，像大型造船厂的情况，造船厂建设准备的主体、临海造船工业园地的建设、设施及生产规模的策划确定、建设所需资金的筹措等都被提出讨论。[247]

1972年3月，现代在蔚山举行了造船厂建设开工仪式，4月10日与利瓦诺斯缔结了26万吨级超大型油轮1号线和2号线的建造合同。在准备和开展蔚山造船厂工程的过程中，现代的造船事业计划也经历了几次修订。以年度建造能力举例来说，1971年7月是50万吨级别，1972年3月扩大到70万吨级别，1973年1月扩大到100万吨级别。[248]考虑到当时韩国代表性造船厂大韩造船公社的年度建造能力才不过10.03万吨这一点，可以评价说现代的挑战野心勃勃。

现代于1974年6月完工第一船坞和第二船坞，完成蔚山造船厂1阶段工作，1975年5月追加了第三船坞。发达国家建设类似规模的造船厂需要花费4—5年的时间，而现代用了2年3个月建成了蔚山造船厂。现代同时进行造船厂建设和船舶建造这一点也值得关注。现代在举行蔚山造船厂开工仪式后约1年,即1973年3月,着手建造超大型油轮1号线,同年8月又推进了2号线建造。现代并非在造船厂完工后接受船舶订单生产,而是采用了在建设造船厂的过程中,同时建造船舶的方式。该方式是现代在世界造船产业历史上的首次尝试,也被称为"郑周永公法"。对此郑周永做了如下回顾。

> 我们造船厂在建造船坞和造船方面都创下了世界纪录……1972年3月开始在光秃秃的地上打梁,1974年6月便让第一艘船下水了。还是重26万吨的巨大的船。用2年制作并建造船坞是不可想象的事情。那么,是怎么做到的呢?这也是换了想法。用一句话说,是倒着造的船。也没有船坞,也没有切割铁板的工厂,如果要等到船坞完工,时间早就过去了,什么时候造船呢?本来需要先建造船坞,然后根据设计组装船头和船尾,但是行吗?因此先从船屁股开始往里推,配合着船坞建造的进度,组装船头,再把船身放进去,用这种方式进行的……如果不是这样,根本不可能按期做出利瓦诺斯的船。[249]

在蔚山造船厂建设的过程中,超大型油轮的订单也持续着。1973年4月,现代从日本的川崎汽船和日本线(Japan Line)处分别接到2艘23万吨级超大型油轮的订单,同年9月与中国香港地区的环球航运公司(World Wide Shipping)缔结了4艘26万吨级超大型油轮的合同,1974年3月从日本线处接到2艘26万吨级超大型油轮的订单。因此现代在1974年6月蔚山造船厂竣工之前,取得了共有12艘超大型油轮订单的成果。[250]

1973年是韩国的造船业同时面对机会和危机的一年。作为重化工业化政策的一环,韩国政府于1973年4月拟定了"长期造船工业振兴计划",

树立了到1980年实现国内需求自给，出口320万吨船舶的目标。同年10月，大韩造船公社在巨济岛玉浦着手建设规模100万吨的造船厂，1978年12月高丽远洋等在巨济岛竹岛开始建设规模10万吨的造船厂。[251]但是由于1973年10月开始的第一次石油波动的余波，世界经济迅速停滞，造船业也遭遇巨大的危机。实际上现代在1974年3月接到2艘的订单后，到1976年连一艘超大型油轮的订单也没有接到。现代成功登上世界造船市场后立刻遭遇了经营危机。[252]

韩国政府为拯救造船产业，实施了计划造船和延期付款出口融资制度。所谓计划造船是指，海运公司如果只支付船价的10%—15%，剩下的全部由政府通过长期低息的方式进行融资的制度。延期付款出口融资是指以长期低息贷款给海外船主，在让其购买船舶后陆续偿还的制度。如果说计划造船是扩大国内市场的手段的话，那么延期付款出口融资则相当于扩大海外市场的措施。[253]现代也通过积极的危机管理自寻出路。现代将方向由超大型油轮转换为小型特殊船，在1974—1976年间接到了24艘多目的货物船的订单，在1975年接到了11艘滚装船（集装箱挂车兼用船）的订单。比这更重要的对策是现代建设向订货的中东建设公司交付铁制品。在现代造船的销售额中，铁制品所占比重从1976年的7.7%大幅增加到1978年的31.6%。与此同时，现代造船推进多样化经营，1975年4月成立了水利造船专业公司现代尾浦造船，1977年2月设置了负责发展设备制作的重型电机事业部，1977年3月成立了船舶用发动机生产企业现代发动机。[254]

20世纪70年代末，韩国造船业的结构也产生了相当大的变化。大韩造船公社虽于1978年8月建成玉浦造船厂第一船坞，但在同年12月转移到大宇集团，大宇造船在1981年建成附属设备。高丽远洋等正在建设中的竹岛造船厂在1977年3月被宇进造船收购，同年4月被三星集团收购，三星造船在1979年建成第一船坞。现代持续扩大造船厂，在1977—1979年间追加了4个船坞，确保了总共7个船坞。以现代、大宇、三星的设备扩大为基础，韩国的造船设备规模从 1970 年的不过 18.7 万吨，在经历了 1974 年的 110 万吨后增加到 1979 年的 280 万吨。[255] 像这样，在大宇造船和三星重工业确保造船厂的同时，韩国的造船产业通过大企业之间的竞争开始呈现出成长的模式，继蔚山之后，巨济上升为造船产业的中心地。

经过 20 世纪 70 年代，在持续扩大生产规模的同时，以现代为代表的韩国造船企业在确保技术人员和技能人员方面也作出了很大的努力。现代虽然招募了在大韩造船公社和大东造船等韩国国内造船企业工作过的技术人员，但是仅凭这个很难充分确保技术人员。因此，还使用了让在像现代建设或现代汽车这样隶属于现代集团的企业中工作过的技术人员转入蔚山造船厂的方法。[256] 像这样，现代充分利用企业集团的优势进行蔚山造船厂项目，对此阿姆斯登在《亚洲的下一个巨人》中如下写道：

> 现代重工业虽然在造船领域没有任何专业经验，但是现代集团对技术上的相关领域，特别是在建设方面是有经验的，工程师们为了转让他们的技术诀窍被派遣到现代重工业。现代重工业的最高管理层是之前现代建设的高层管理者。当现代重工业处于很难按时完成任务的困难中时，现代建设的工程师们便即刻被动员。不仅如此，现代建设向现代重工业提供了很多的现场管理者，管理了尾浦造船厂建设，也指挥了合理性调查。现代汽车为了减少作业处理时间派遣了工程师，在组装生产线上提供技术支援和训练技法。现代水泥派遣了生产管理职务的公司员工……正因为能够动员这些人员，现代重工业才能得以迅速地行动，才能避开使用市场上新来的人员而带来的拖延。[257]

此外，现代在 1972 年 9 月聘请阿普多尔船厂的威尔森做所长，开设公司内部训练所，开始自主培养技能人员。教育训练课程是 6 个月，包括气割、管道、钣金、电气、机床、制度、管理等 11 个科。通过这样的方式，到 1975 年年末为止，现代培养出了包括 2172 名正规训练生在内的共 3636 人，通过此，为顺利推进造船厂建设和船舶生产提供了人才基础。以 1973 年 7 月为基准，蔚山造船厂雇佣的人员数为技术职务 580 名，技能职务 4800 名，事务职务 280 名等，总共超过了 5600 人。[258]

但是靠现代确保的国内人员直接建造超大型油轮还是力量不足。与此相关，在 1992 年出版的《现代重工业史》中记录着"当时（20 世纪 70 年代初）国内技术团队的水平除去熔接等基本建造技术领域之外，连能读懂从外国进来的设计图纸的人都没有"。[259]像这样，由于韩国国内技术团队的水平不高，船舶建造所需的全部技术，现代不得不依靠外国。1971 年 9 月，现代通过阿普多尔船厂的中介，与英国的利思戈船厂和丹麦的欧登塞船厂（Odense）缔结了有关技术引进的合同。购买了利思戈船厂的 26 万吨级超大型油轮的设计图，从欧登塞船厂处获得了以 J. W. 舒（J. W. Schou）为代表的技术人员派遣。1972 年 12 月，与日本的川崎重工业缔结了包括提供 23 万吨级超大型油轮设计图、船舶订单的代办、器材购买的斡旋等在内的基本协定。像造船厂建设的情况，在 1972 年 3 月举行开工仪式之后，现代的技术团队被派往日本综合建设公司鹿岛建设，学习了相关的技术。[260]

在技术引进的明细中也包含技术研修。从 1972 年 3 月到 8 月，现代采取了将 60 名大学毕业的技术人员分两批在利思戈船厂的金斯顿造船厂分别接受 3 个月技术研修的措施。[261]由于利思戈船厂正在建造与现代订单具有同一设计结构的船舶，因此，在技术研修生们理解造船的基本概念和 26 万吨级超大型油轮细节方面给予了很大的帮助。当时参与利思戈船厂技术研修的黄成赫回忆说，"在那个造船厂，26 万吨级超大型油轮的建造已经进行了相当多的工程"，"穿行在造船厂和船的各个角落，我们像干透的海绵吸收水分一样，将看到的、听到的全部吸收进来"。[262]而且，现代的技术团队在结束了正式课程之后，会撰写报告书，在积累与船舶建造相关资料方面干劲十足。

> 到了晚上写了报告书。放上复写纸印出两张复印件，原版寄到（蔚山的）造船厂。不是形式上的报告书，真是殚精竭虑。那天看到的、学习到的，全部详细、易懂地写出，附上了相关资料和简述。那些报告书被正在着手准备作业的造船厂各部门派上了用场。当然，造船厂对报告书的回应也很认真。关于报告书的问题和与此相关的追加资料要求很多。据此，报告书有时也有相当的厚度。报告书成为蔚山的造船厂建设和船舶建造准备的重要向导。[263]

但是在利思戈船厂中的研修也暴露出很大的局限性。利思戈船厂采用的并非模块化建造方式，而是船台建造方式，熟练工们只拿着基本设计，根据积累的经验制造船舶。与此相反，包括川崎重工业在内的日本造船业一般采用的是模块化建造方式，将现场工作细分化、单纯化、标准化，反应在设计图上的生产设计很发达。从1972年12月到1973年10月，现代共提供了9次向川崎派遣技术职务41人、技能职务56人等共97人全面学习生产设计和生产管理的契机。[264] 与此相关，当时现代的技术理事白忠基曾评价在利思戈船厂的研修虽然"将我们要建造的船舶的轮廓或造船厂是这样工作的概念植于初学者是事实"，但是"之后在川崎重工业接受的追加研修对我们技术团队获得生产管理技法提供了很大的帮助"。[265]

在大多数日本造船企业忌讳对韩国的技术转让的背景下，川崎重工业积极的协助现代这一点值得关注。川崎重工业为现代提供了很多服务，据说这在日本国内也有很多责难的声音。[266] 其背景是川崎重工业作为中介让川崎轮船和日本线向现代订购船舶。川崎重工业向日本海运公司保证现代建造的船舶的质量，并强调现代只是拿着川崎的设计图，通过川崎技术

图 3-4 揭开大型船建造新篇章的"大西洋男爵"号生产线
资料出处：金孝哲等，《韩国的船》（知性社，2006），第113页。

团队的指导在建造船舶。结果相当于川崎重工业为了自身宣称的质量保证而负责任地对现代进行技术提供和人员训练。[267]

虽然现代通过技术引进或技术研修确保了发达国家的技术，但是要将其在生产现场再现并非易事。根据相关人员的话，在1号线和2号线建成之前，发生了104个大大小小的失误。例如，由于过分依赖外国的图纸和统计，产生了无数的误差，在纠正的过程中追加了比预想多60%的资材。此外，焊接工也适当地修补了眼睛看不到的地方，在组装船舶的过程中也有落下重要零部件的情况。[268]在这样的反复曲折中，解决生产现场问题的工作反复进行，通过此现代得以获得船舶建造所需的技术诀窍。

1974年6月，蔚山造船厂举行竣工仪式。现代将建造的超大型油轮1号线被命名为"大西洋男爵"（Atlantic Baron），2号线命名为"大西洋男爵夫人"（Atlantic Baroness）。"大西洋男爵"长345米，宽52米，高27米，超过当时韩国国内最大的大楼三一大厦的规模。现代于1974年11月将"大西洋男爵"移交，创下世界历史上最初与造船厂竣工一起完成船舶出口的纪录。[269]

随着建造超大型油轮经验的积累，现代的生产技术持续提升。例如，现代的船舶检验合格率在1973年不过38.1%，但到1976年提高到接近发达国家的84.1%，1983年现代从劳埃德船级社（LR：Lloyd's Register of Shipping）和挪威船级社（DNV：Det Norske Veritas）处得到船舶部门的质量水平认证。特别是，虽然现代最初将利思戈船厂的26万吨级或川崎重工业的23万吨级作为典范，但是从第七个超大型油轮开始，采用了将两个典范混合起来的方式，这一点值得关注。即，船体以利思戈船厂的26万吨级为基础，机舱以川崎的23万吨级为基础，外观设计采取了将利思戈船厂式和川崎式混合起来的形态。[270]像这样，现代适当搭配多种船舶的技术规格，树立了自身独特的建造技术，通过此，得以提升对川崎等外国企业的协商能力。[271]

虽然建造技术得以提升，但是获取设计技术并非易事。现代成立造船厂已超过5年，却没有自己设计船舶的经验，所有的设计图纸都是从外国造船厂或顾问那里引进的。1978年现代新成立了名为基本设计室的独立组织，开始正式确保设计能力。树立起对船型设计的概念，以外国船社之前的船为基础，着手与船体构造相关的详细设计。自1979年起从德国、丹麦、加拿大等国追加引进设计技术，并超越详细设计，挑战基本设计，这在20世纪80年代继而发展为由现代自主设计、开发标准船型。[272]

大宇和三星也和现代类似，经过了通过技术引进和海外研修获得发达国家造船技术的过程。在这里特别值得一提的是，韩国的造船企业主要引进欧洲国家的技术。像玉浦造船厂的情况，在处于大韩造船公社时代的1977年，从英国的阿普多尔船厂和伯恩斯公司（T. F. Burns）引进技术，像竹岛造船厂的情况，三星在1978年从丹麦的B&W（Bumeister & Wain）处引进技术。[273]日本一直有支配世界造船市场的意图，由于担心韩国造船产业带来的"飞镖效应"，在向韩国进行技术转移时采取了消极的立场。与此相反，欧洲的造船产业已经进入夕阳期，在技术转移方面展现出较为善意的姿态。[274]

## 汽车

战争在汽车产业的历史上拥有双重意义。光复之后慢慢成长起来的汽车产业虽然由于战争的余波成了废墟，但是与此同时，却赋予了其能灵活运用军用车辆积累技术的契机。当时的技术人员从美军处承领的军用报废车中取出发动机，用锤子打开油桶肢解车体，进行再生汽车的制作。其中代表性的例子被评价为韩国的国产组装汽车的"始发"，据说这是1955年崔茂盛兄弟聘请船舶发动机专家金永三制作出来的。始发在同年为纪念光复10周年召开的产业博览会上获得了总统奖，即使一辆价格约30万韩元，收到的预订款高达1亿韩元，可见其受欢迎程度。但是20世纪50年代韩国的汽车产业没有摆脱组装美军的拆卸部件的水平，整装车主要由进口补充。[275]

图3-5 始发汽车幸运抽签大会的光景（1958年）
资料出处：国家记录院。

韩国的汽车产业随着1962年汽车工业培育五年计划的发布和汽车工业保护法的制定，开始正式成长。同年新国家汽车在与尼桑汽车的技术合作下，依据KD（knockdown）组装方式生产出了名为"新国家"的汽车，[276]有评价说通过此，在韩国开始了近代意义上的汽车产业。1962年起亚产业和新进工业也进军汽车产业，1965年亚细亚汽车紧随其后。1965年新国家汽车被新进工业合并，重生为新进汽车，1966年新进汽车与丰田缔结技术引进合同，组装生产轿车。[277]以当时韩国汽车业的技术水平，不仅零部件，连组装技术都不得不依靠外国的先进企业。这点从政府在1967年4月拟定汽车制造工厂许可基准时规定"与汽车制造和组装相关，作为与发达外国进行技术合作的企业，只限于具备合作线能保障产品性能条件的企业，准许成为汽车制造工厂"中很好地体现了出来。[278]

1967年12月成立的现代汽车在与美国福特缔结"装配方合同及技术引进合同"后，从1968年11月起开始组装生产科蒂纳牌汽车。当时国产化率不过20%左右，国产化品种也是局限于像电池、轮胎、保险杠、脚踏板、防雨罩等比较简单的零部件。[279]这种情况在新进、起亚、亚细亚等企业中也是一样。例如，像当时韩国汽车业的前沿新进汽车，虽然从1966年到1969年汽车生产量增加了6倍以上，但是国产化率只从21%上升至38%，汽车零部件进口额增加了13倍之多。[280]

1970年，为了韩国汽车产业划时代性的振兴，应当推进固有型小型车生产的意见被提出。韩国科学技术研究院任命金在官博士为研究负责人，发行了名为《重工业发展的基础》的报告书，其中在汽车工业篇章中，倡导对国民标准车或固有代表车型的开发。该报告书中指出"在国产化计划或零部件工业培育中，其根本是汽车的大批量生产问题"，为解决这个问题，在主张应当"计划生产符合韩国实际国情而设计出来的国民标准车，持续生产单一车型"的同时，补充了"政府应当将韩国的固有代表车型开发和对此的重点培育作为公益事业主导进行"。[281]

有了这些问题意识,韩国政府在 1973 年 12 月拟定了"长期汽车工业振兴计划",1974 年 1 月最终确定。长期汽车工业振兴计划为:1980 年生产完全国产化的汽车 50 万辆,并达成汽车出口 1.5 亿美元的目标。具体措施为:①大批量生产没在外国生产、销售的发动机排气量 1500 cc 以下的小型汽车(年产 5 万辆以上);② 1975 年开始生产;③ 1976 年以后,将满足达成 95% 以上的国产化率方针的小型车指定为国民车,在税制和行政方面首先提供全面支援为精髓。即,组装、生产外国产中型车的既有方式由于高价,不可避免地遭遇到需求疲软、能量的过度消费、低国产化率,因此,这是通过大批量生产和出口低价国产小型车的方向对汽车产业政策基调的转换。[282]

当时韩国国内三大公司汽车的起亚、现代、韩国通用汽车(GM 韩国)按照政府的方针提交了事业计划书,而亚细亚于 1976 年被起亚合并。长期汽车工业振兴计划成为韩国国内汽车企业的技术能力从"单纯组装阶段"过渡到"制造阶段"的契机。在这里,所谓单纯组装阶段是指整装车制造商在进口大部分的配件或零部件后单纯进行组装的意思,与此相反,制造阶段是指虽然整装车制造商进口了图纸和配件,但亲自制造和生产车体和发动机等的阶段。随着从单纯组装阶段到制造阶段的过渡,韩国的汽车业才得以获得全面学习生产技术的机会。不仅如此,由于引进的图纸并不能展现制造所需的所有技术诀窍,因此触发了对其进行完善的技术活动。[283]

由于现代已经在为生产自主车型小型车做准备,因此可以提交出最能满足政府指示的事业方针的事业计划书。[284]特别是与起亚决定引进帕米利亚车型、GM 韩国决定引进卡黛特,之后改造为东方样式的车型在国内销售的策略不同,现代推进自主车型"小马"(Pony)型汽车的开发和出口。从这点来看,可以说现代追求韩国国内汽车企业中最具攻击性的技术战略,这种战略上的差异引发了韩国汽车企业成长和技术能力发展方面很大的差异。

据说,在现代尽管有更简单的合作方法,依然推进自主车型的开发方面，最高管理层的决心作为重要的背景起了作用。[285]事实上，现代在1970年12月与福特签订了成立合作公司的合同，但是由于福特想将现代打造成配件生产的转包基地的立场，使得合同在1973年1月落空。以此为契机，现代的郑周永会长和郑世永社长作出外国企业并不具备想要帮助韩国汽车产业意思的判断，果断地作出了选择自主车型开发的决断。对此，不仅现代外部，就连其内部也不断有批判的意见出现。意见是以当时的技术水平，自主车型的生产几乎是不可能的，即使生产了自主车型，其质量也得不到保证，销售不出去。[286]

但是现代的最高管理层抱着想要构筑自身的技术基础，成长为真正的汽车制造商的决心，强力推进自主车型的开发。对此，时任现代汽车代表理事的郑世永做过如下回顾。

> 当然，且不谈有没有造车的技术，从短期来看，拿来合作企业的配件组装销售更加容易，收入也好……但是如果满足于借助先进汽车公司的技术提升那么点不错的收入，从长期来看，在汽车制造商的成长方面是有局限性的。且不说什么企业精神，结果跟代销店没什么区别。如果连做梦都没想过自主车型，从配件到躯干都是从外国进口的公司，那么只有牌子是汽车公司的，并不能说是真正的汽车制造商。独立的汽车制造商的标准就在于其是否有自主车型。[287]

政府当局也给这样的决策以支持。特别在1973—1974年间任工商部重工业部长助理的金在官对自主车型的开发表现出强烈的愿望。一天，郑世永到金在官的办公室访问，金在官走到窗边后往世宗路俯瞰，并作出了如下的要求："看看那条路，那些不都是日本车吗？该把那些车全拿掉，让我们的车跑起来，这事应该交给郑社长来做！"紧接着，郑周永会长亲自访问金在官部长助理，金在官再次明确了主管部门工商部会积极支援现代自主车型开发的立场。[288]

现代选择将韩国最初的自主车型汽车命名为"小马"（Pony）。"小马"型汽车开发所需的核心技术的大部分是从外国引进的。为了制造柴油机，现代与英国的珀金斯（Perkins）公司缔结了技术合作合同，为了造型和车体设计，依托了意大利设计（Italdesign）的技术劳务，发动机、变速器、后车轴等动力发生及动力传输装置、平台的设计图纸（底盘布局）、为制造发动机的铸物制造技术是从日本的三菱汽车引进的。此外，悬架装置、转向器、制动装置、发动机支架、冷却及排气系统等主要底盘配件是由现代拆分三菱的蓝瑟车型或一一测定引进配件，通过图纸制作出来的。虽然应用了既有的科蒂纳、新科蒂纳等的福特设计结构，但考虑到韩国国内的技术水平，以稍加修改的方式弥补了不足的技术资料。[289]

自主车型的开发中成为最大绊脚石的问题是确保设计技术。为解决这个问题，现代在与意大利设计合同的基础上，派遣了被称为所谓"5人特工队"的技术人员。1973年10月郑周化次长去了都灵，同年11月追加了李承福、朴光南科长、李忠九、金东宇代理，3个月之后李承福科长被许名来代理替换。赋予现代特工队的官方任务是以"联络官"的名义参观意大利设计的工作。在合同书上写着共同进行设计工作，并非意大利设计官方教授设计技术之意。但是现代派遣特工队的真正目的是不论怎样，要学习到自主车型的设计过程和方法。现代的特工队在1年多的时间中，在参与意大利设计相关人员的设计工作的同时，偷着熟悉设计技术。白天记住当地技术人员工作的模样，晚上记录并讨论他们的工作。[290]

当时主要是李忠九负责整理和记录在意大利设计中完成的技术研修内容。他撰写的笔记后来被称为"李代理笔记"或者"李代理技术笔记"，在现代开发以"小马"型汽车为代表的自主车型汽车时被派上了用场。[291]对此，李忠九做了如下的回顾。

彼此间没有具备的东西很多，有些东西我们要完全理解快则3个月，慢则1年的情况也有。当然，没能完全理解的也不在少数。因此我们将他们绘出的东西原封不动地模仿并保管起来。出于以后可能会用的着的想法。而且，所有的东西是通过每天讨论，以日志的形态整理出来的。全面理解并整理工作内容的事情由我负责，因此也经历了全过程。当然，那些东西成为日后写出差报告的重要资料。收集起来的，认为应该保留的资料在日后推进我们自主做事时提供了很大的帮助。那些资料并不止于撰写报告书用，还成为日后追加分配到我们组职员的教育资料。[292]

关于车体和发动机的技术可以灵活地从提供相关设备的外国企业获取。现代将技术人员派遣到海外，让其学习与车体和发动机相关的技术，并购买必要的机械和设备。参与装备订货和购买协商的技术人员的大部分之后被安排在生产技术室，负责并落实机械的引进和设置，甚至包括职员的海外研修。[293] 在进入正式生产"小马"型汽车的阶段之后，底盘、车体、实验、模具、压力机、发动机等各个部门与7位外国人专家缔结了3年的雇佣合同，以接受技术性咨询。当时现代的技术团队在自行学习自身负责的业务之后，还表现出通过全体讨论会共享知识的热情。[294]

如前所述，现代在开发自主车型"小马"型汽车时，包括设计技术和生产技术在内的主要技术全都依靠外国企业。但是将这些因素结合起来，制作出一个新车型的一系列工作是通过自身的努力实现的。由于不是引进性能得到确认的整装车，因此伴随着在发动机的车身搭载、车体和底盘的协调等所有层面运用和连接相关技术的活动。[295] 像这样，现代引进多国技术，创出新技术学习的源泉，通过所谓"拼凑技术组合"开发出自己的自主车型。这可以比喻成以从外部引进的异质技术为基础，在经历了无数的探索和试错的同时，完成自身图画的"拼图"。[296]

现代在开发"小马"型汽车的同时，也推进了在蔚山地区建设综合汽车工厂的工作。全部的配置设计和各工厂的设计委托给了三菱汽车，设计工作结束后的所有施工由韩国国内技术团队实行。现代于1974年9月开始敷地整地工作，从敷地整地结束的地方开始进行正式的建设工程。现代的综合汽车工厂在历时一年零三个月后于1975年1月完工，共花费了包括外资7081万美元和内资2614万美元在内的总共9695万美元。以综合汽车工厂的竣工为契机，现代确保了年产汽车5.6万辆、卡车及公共汽车2.4万辆等8万辆规模车辆的生产能力。[297]蔚山继石油化学工业园区和造船厂后拥有了综合汽车工厂，上升为象征韩国的重化工业化的城市。

以自主车型的开发为契机，配件国产化率大幅上升这一点也值得关注。在现代最初制作"小马"型汽车的1975年达成85%的国产化率，紧接着从1976年开始配件国产化率便保持在90%以上。与此相反，以外国车型为基本的起亚布里萨（Brisa）或GM韩国的双子星（Gemini）在生产初期，其配件国产化率停留在70%左右。[298]引进外国车型的其他企业不可避免地使用进口配件，而与此相反，开发自主车型的现代可以采用积极运用国产配件的方式。这样的现代的战略对韩国汽车零部件行业的发展，及改善其他整装车企业的国产化率方面也起到了积极的影响。

因"小马"型汽车的开发和生产，韩国成为继日本之后亚洲第二、全世界第九个拥有自主车型的国家。"小马"型汽车在1974年10月意大利都灵举办的世界汽车博览会上也得到了世界瞩目。[299]"小马"型汽车自1976年2月开始销售，第一年销售10726辆，在韩国国内汽车市场上超过起亚的Brisa，上升为第一。[300]而且，"小马"型汽车作为韩国国内的单一车型，首次创下在1978年2月生产5万辆，同年12月突破10万辆的纪录。[301]更进一步说，"小马"型汽车作为国产汽车首次出口到南美和中东等世界各国。"小马"型汽车的出口辆数从1976年的1019辆增加到1979年的19204辆，出口额在同一时期从257万美元增加到5655万美元。[302]

现代通过"小马"型汽车取得了巨大的成长。随着 1974 年 Brisa 的上市，起亚在 1975 年占据韩国国内汽车生产量的 55.5%。但是以"小马"型汽车的上市为契机，现代开始抓住韩国国内汽车业的主导权。现代的生产比重在开始正式生产"小马"型汽车的 1976 年增加至 55.5%，1977—1979 年持续保持在 60% 以上。与此相反，曾经一度独步天下的 GM 韩国在 1977 年生产比重甚至减少到 9.7%，沦落为韩国国内汽车三公司中生产汽车最少的企业。[303]

**电子**

韩国的电子产业是从 1959 年金星社（现在的 LG 电子）成功将收音机国产化开始的。[304] 具仁会以通过乐喜化学（现在的 LG 化学）赚来的钱为基础，在 1958 年成立金星社，挑战收音机国产化。[305] 在以企划部长尹煜铉为中心拟定出的电子机器生产工厂建立方案的基础上，开始推进收音机国产化计划。为了引进收音机生产的设施，策划确定了 85195 美元的预算，技术顾问兼工厂厂长选拔任用了德国人技术人员 W. H. 亨克（H. W. Henke）。但是由于亨克和韩国技术团队的意见相左，从金星社辞职，收音机开发的主导权转到了金星社公开招聘的第一期人员金海洙的手中。

金星社的技术团队在设计国产收音机的过程中作为参考模型使用的是日本的三洋收音机。他们通过拆分、解释三洋收音机的过程，熟悉收音机的技术，必要时和日本的技术人员接触，获取信息和知识。像这样，后来者将先来者的成品作为出发点学习和开发技术的方法被称为"逆向工程技术"。最早的国产收音机型号是 A-501，A 是取自交流（Alternating Current）的第一个字母，5 是 5 灯电子管收音机的意思，01 意为产品 1 号。A-501 的价格为 2 万圜，相当于金星社大学毕业公司职员 3 个月的工资。金星社在继 A-501 之后间隔 2—4 个月接连上市 7 种后续型号。分别是 A-401，A-502，A-503，TP-601，T-701，T-702 等。其中 A-401

图 3-6　最早的国产收音机 A-501 的广告（1959 年），单词"收音机"与现在不同，写为"激光收音机"（라듸오），后面写着有"终见"之意的汉字"遂出现"，独具特色
资料出处：LG 网络历史馆。

是 A-501 的简化款，TP 意为晶体管手提式，T 意为晶体管。[306]

20 世纪 60 年代，电风扇（1960 年）、电话机（1961 年）、交换机（1962 年）、扩音器（1963 年）、冷凝器（1964 年）、电冰箱（1965 年）、电饭锅（1965 年）、黑白电视机（1966 年）、空调（1968 年）、洗衣机（1969 年）等接连国产化，在此背景下，韩国电子产业的生产和出口也不断增加。朴正熙总统在 1967 年国情咨文中表明了开发电子工业之意，韩国政府于 1969 年公布电子工业振兴法，拟定了电子工业振兴 8 年计划（1969—1976 年），开始积极支援电子业的投资和生产。[307]

随着 1970 年马山出口自由地区被指定，1971 年龟尾电子工业园区动工，韩国的电子产业确保了出口中心的发展基础。1973 年重化工业化政策被推进，电子产业被囊括为六大战略行业之一，开始正式培育。1976 年工商部选定 25 个战略开发品种，并公布了"韩国电子年"等具体的培养措施。在这样的政府支援政策基础上，韩国的电子产业在 1976 年突破出口 10 亿美元，1978 年生产额超过了 20 亿美元。[308]

虽然很难严格规定电子产业的范围，但是在业界，将电子产业根据其用途大致划分为三种类型，即电视机、电冰箱、洗衣机等家用电子（家电），包括电脑和通信机器的产业用电子（产电），以半导体为代表的电子配件等。如表 3-13 所示，20 世纪 60—70 年代主导韩国电子产业的部门是家用电子和电子配件，特别是电视机和半导体的作用很大。以 1977 年为基准，韩国电子产品的生产额比重为家用电子产品占 36.9%，产业用电子产品占 9%，电子配件占 54.1%。[309]

表 3-13 韩国电子产品的生产发展（1968—1978 年）

单位：千美元

| 分类 | | 1968 年 | 1975 年 | 1977 年 | 1978 年 |
|---|---|---|---|---|---|
| 家用电器 | | 12900<br>(29.4) | 270023<br>(31.4) | 631372<br>(36.9) | 936162<br>(41.2) |
| | 收音机 | 6044<br>(13.8) | 49416<br>(5.8) | 66688<br>(3.9) | 61151<br>(2.7) |
| | 黑白电视 | 6537<br>(14.9) | 82474<br>(9.6) | 207770<br>(11.9) | 292850<br>(12.9) |
| 产业用电子 | | 6700<br>(15.3) | 93641<br>(10.9) | 154895<br>(9.0) | 210207<br>(9.3) |
| 电子配件 | | 24300<br>(55.4) | 496593<br>(57.7) | 926733<br>(54.1) | 1124750<br>(49.5) |
| | 晶体管 | 5469<br>(12.5) | 81026<br>(9.4) | 89273<br>(5.2) | 102188<br>(4.5) |
| | 集成电路 | 9439<br>(21.5) | 128533<br>(15.0) | 210005<br>(12.3) | 235835<br>(10.4) |
| 合计 | | 43900<br>(100.0) | 860257<br>(100.0) | 1713000<br>(100.0) | 2271119<br>(100.0) |

资料出处：韩国产业银行，《韩国的产业（上）》(1979)，第 401 页。括号内数字为所占百分数 (%)。

**电视机的国产化**

随着收音机的国产化，开始萌发的韩国电子产业在生产电视机的同时，迎来了正式的成长期。在韩国，随着 1961 年 12 月 KBS-TV（韩国广播电视台）的开播，电视广播开始，但当时的广播设施或电视机全部都是从外国进口的。积极进行电视机国产化的企业是金星社。金星社于1961年年末与日本的日立制作厂缔结了技术合作合同,自1962年1月起向日本派遣了为时3个月的6名技术人员。金星社的研究团队由时任生产科长的金海洙、安祥镇、郭炳周、赵东麟、金均、金世翰构成。[310] 金星社虽然积累了数年的收音机生产经验,但由于电视机要比收音机有更高的技术要求,所以想通过海外研修事先获取关于电视机的全面知识。金海洙对1962年海外研修的内容和氛围作了如下回顾。

> 根据日立总公司的计划,我们的技术实习按照生产技术、工程管理、信号发生装置调节、配件等各领域教育训练安排进行。日立甚至为不会日语的我们几个实习生配备了翻译人员,表现出了很大的诚意。……在进行技术教育期间,我和日立的技术人员就选定将要在金星社生产的电视机机种和进口配件,拟定配件国产化计划等公事进行了协商。而且还就今后日立的技术指导人员派遣到金星社时他们的待遇进行了协商。[311]

金星社在1963年初釜山的温泉洞工厂中安装了电视机生产设备,虽然进行了试运行,但关于电视机的国内生产舆论是负面的。当时的舆论主张电视机生产会强化对贷款的依赖,会使不好的电力情况更加恶化,附带说在韩国电视机还不过是个奢侈品。自此的2年后,即1965年初,金星社向政府当局提交了"与电视接收机国产化计划及电器产品出口对策相关的建议书",强调"现在只剩下和报纸、收音机一样的在社会生活中必需的大众传播媒介电视接收机是未开拓领域的实情"。最终韩国政府在同年12月在限制的范围内准许了金星社的电视机生产。准许的条件是电视机国产化率需要超过50%,配件进口只能限于收音机等其他电器电子产品出口赚来的外汇。[312]

金星社于 1965 年 9 月为电视机等的生产与日立缔结了技术引进合同。技术引进内容包括技术资料的提供、技术指导及训练、技术人员的派遣等，合同时间为 10 年。[313]根据此技术引进合同，金星社向日立派遣了 7 名熟练的技术人员，他们的任务是充分理解和掌握电视机生产技术。金星社的海外研修人员一起住在公寓里，每天傍晚通过彼此商议和复习自己搜集的信息和受教育内容的集体讨论，快速熟悉相关技术。而且，金星社在构筑和启动电视机生产设备的过程中，从日本派遣来的技术人员处得到了很多帮助。他们不仅帮忙消化技术规格书和说明书等明示的知识，而且在传授自身拥有的潜在知识时也表现出积极的姿态。通过这样的过程，韩国国内技术人员的知识和经验得到积累，1 年之后，使用的日本技术人员明显减少。[314]

金星社于 1966 年 8 月生产出韩国国内最初的 500 台电视接收机。型号是 VD-191，这里的 V 是真空管（vacuum）之意，D 是台式（desk type）之意，19 是 19 英寸之意，1 是第一个产品之意。最初的国产电视机有相当高的人气。当时一台电视机的价格相当于 25 袋大米，是 6 万多韩元，即使如此，还达到了通过公开抽签，只销售给中奖的人的程度。截至 1969 年，金星社共开发出 9 个电视型号，生产了 3.3 万多台电视机。[315]紧接着在 1970 年开发了 VS-66S，1974 年开发了 VS-66IC，这分别具有开启晶体管时代和集成电路时代的意义。[316]

金星社的电视机国产化对电子产业的成长和技术发展带来了相当大的影响。金星社内部以电视机国产化为契机，构筑了在没有外国支援的情况下也能生产出卡带式录音机或音响系统等后续电子产品的基础。此外，后起的企业还挖走金星社有能力的技术人员等，金星社成了韩国电子业界人力资源的重要供给源。[317]与此同时，电视机的生产引发了对冷凝器、电阻器、显像管、半导体等超过 300 种电子配件的需求，成为韩国电子配件产业快速成长的催化剂。[318]

继金星社之后正式进入电视机事业的企业是三星电子。三星电子在

1969年成立之后与日本欧丽安（Orion）电气签订了包销合同，委托其生产了19英寸真空管电视机"王子科洛内特"（Prince Coronet）。1973年1月在三菱技术支援的基础上开发出了真空管式电视机SW-V310，同年4月开发出了晶体管电视机SW-T506L。其中贴有"摩诃"商标的SW-T506L享有了相当的人气，以此为契机，三星电子灵活运用了包括三星电管和三星康宁在内的配件分公司，挑战了电视机的自我开发。其结果是1975年4月上市了名为"伊科诺"（Econo）的新型号，采用了只要接上电源，就立刻会出现画面的瞬间接收方式。因为取消了预热时间，电视机的寿命可以延长2倍以上，以一天收看5个小时为基准，能带来约20%的省电效果。在对伊科诺大力宣传的基础上，三星电子在1978年12月电视机内需市场占有率达到40.1%，超过了占34.2%的金星社。[319]

继黑白电视机之后，彩色电视机的竞争也在持续。由于当时在韩国国内没有彩色电视广播，因此彩色电视机生产企业开始时只能出口。在韩国首先生产彩色电视机的企业是由亚南产业和日本国际电器合作成立的韩国国际。韩国国际在1974—1976年间从日本国际处将配件全部拿来，生产出2.9万余台彩色电视机。继韩国国际之后，韩国皇冠电子也在与日本皇冠进行技术合作的基础上着手彩色电视机的组装，然而在1976年生产中断。[320]

领先彩色电视机国产化的企业是金星社和三星电子。当时两个企业为了调查技术动向，试探技术开发的可能性，也与韩国科学技术研究院的电子回路研究室进行过共同研究。[321]金星社和三星电子在得出美国的国家电视系统委员会（NTSC）方式是有利的结论后，于1974年与保有相关专利的美国无线电公司（RCA）缔结了专利使用合同。两个企业的开发团队在黑白电视机国产化经验的基础上，通过逆行工程挑战彩色电视机的开发。根据彩色电视机的线路图和机构图纸按照模块完成，并坚韧不拔地反复进行将此进行综合的工作。其结果是三星电子在1976年6月，金星社在同年7月成功生产出彩色电视机的试制品。两个企业各在1977年4月和8月进入彩色电视机的大量生产。[322]

**半导体产业的萌芽**

韩国的半导体产业是随着 1965 年美国的科米（Komy）公司为了晶体管的组装成立名为科米电子产业的合作公司而开始的。1966 年作为外国人投资招商政策的一环，制定了外资引进法，以此为契机，仙童半导体、西格尼蒂克斯、摩托罗拉、东芝等进军韩国，构筑了组装晶体管和 IC 的生产基地。外国人投资公司采用的最早的运营形态是进口半导体元件等所有资材，在单纯组装后将其全部出口的方式。之后，自 1971 年起以增加海外出口、吸引合作投资为目的，根据相关产品的出口规模赋予国内销售优惠的有条件内需销售被允许。

外国人投资公司的半导体国内生产不仅打开了韩国可以参与半导体产业之路，还起到了唤起韩国国内企业对半导体产业兴趣的刺激作用。例如，金星社引进相关技术，在将生产的半导体全部出口的条件下，于 1969 年 5 月独立出资成立了金星电子。亚南产业于同年 8 月在公司章程中追加了电子配件制造业，进军 IC 组装事业。但是无论是外国人投资企业还是韩国国内企业都只停留在半导体生产的最后工艺单纯组装上，无法谋求对回路设计、晶片加工、检验等半导体产业全部工艺的理解。不仅如此，在半导体组装所需的原料和机器从外国的某公司进口，成品几乎出口的结构中，没有能够谋求技术能力发展的特别诱因。[323]

像这样，当时的半导体产业只局限于经常被称为"包装"的单纯组装，韩国国内企业在半导体包装中也取得了相当好的成绩。对此，韩国半导体产业的第一代人物，1987—1989 年任首尔大学半导体共同研究所所长的李钟德作了如下回顾。

> 韩国的半导体产业初创期 100% 全部是从包装开始的。当时半导体发达国家美国对韩国期待的事情是将自己制作的半导体芯

片好好地包装，在规定的时间内准确无误地交货。那个时期，即使说美国产半导体的包装事实上几乎由韩国企业负责大部分组装工作也不为过，是韩国的单独舞台……亚南在1985年之前靠半导体包装最多赚了30亿美元。由此占有过世界半导体包装市场的40%。[324]

韩国的半导体产业在1974年1月成立了关注晶片加工的韩国半导体，迎来了转折。这为超越单纯组装生产，可以获得半导体生产前工艺晶片加工工艺的相关技术提供了契机。韩国半导体是由当时有名的中介商萨德斯（Joseph F. Sudduth）和精通互补金属氧化物半导体（CMOS）的在美科学家姜基栋博士各投资50万美元建成的。这两个人具备利用CMOS生产大规模集成（LSI）制品的雄心壮志。他们拟定了开发很快可以替代机械表的预想的电子表的计划，通过任用西格尼蒂克斯和亚南产业的有经验的职员的方法，事先确保了负责电子表开发的核心人员。

于1974年10月竣工的韩国半导体金浦工厂拥有价值20万美元的离子注入器等最尖端的3英寸晶片加工设备，也得到了拥有2英寸设备的发达国家企业的关注。但是由于韩国半导体不具备生产经验，事业计划未能顺利进展，随着研究开发和工程稳定化的持续投资要求，财务状态迅速恶化。不仅如此，因第一次石油危机和经济萧条的影响，连海外资本的引进也变得难以实现，因此韩国半导体在成立公司不到1年，到了放弃经营权的地步。[325]

1969年进军电子产业，生产黑白电视机、洗衣机、冰箱等民生用电器的三星电子在石油危机后，随着核心电子配件的国产化成为重要问题，积极地探索向半导体产业的进军。三星电子的姜晋求社长在1974年年末会见了萨德斯，就韩国半导体股份的买进问题进行了讨论，萨德斯提议让三星电子用50万美元买进自己持有的韩国半导体的股份。三星电子在"没有半导体的电子公司就像没有发动机的汽车公司"的判断之下，于 1974 年 12 月 6 日买进韩国半导体股份的 50%，向半导体产业迈出了第一步。[326]

韩国半导体被三星电子收购后，决定将发光二极管（LED）电子手表用 CMOS/LSI 芯片作为最初的批量生产产品。韩国半导体在姜基栋社长为代表的技术团队不懈的努力下，于 1975 年 9 月开发出 KS-5001，成功地进行了韩国国内最初的晶片加工生产。韩国半导体在将 KS-5001 稍微变形为 KS-5004 后开始了正式的经营活动。自 1976 年 1 月起，月度收益转成了盈余。而且根据世界市场的模型在从 LED 表向液晶电子显示器（LCD）表变化的趋势，韩国半导体在 1976 年 6 月成功开发出 LCD 电子手表用芯片，同年 7 月成功开发出石英模拟器手表用芯片。如此这般，新产品接连上市，由于生产能力的局限，韩国半导体在同年 12 月大幅增设生产线，将 1 日的晶片处理能力从原先的 300 枚增加到 900 枚。[327]

自 1976 年年末起，由于电子手表世界市场萎缩，韩国半导体国内市场的需求虽大，但尚处在倾全力开发还未国产化的晶体管开发上。由于当时晶体管主要停留在依靠外国人合作公司的组装生产阶段，因此韩国国内半导体业界不能确保回路设计和晶片加工的技术。韩国半导体组成晶体管开发团队，得到对晶体管的技术资料，理解其原理，拆分发达国家企业的产品，坚持不懈地进行熟悉回路结构和制作工程的工作。其结果是韩国半导体在着手 6 个月后的 1977 年 6 月成功开发出 10 种使用于黑白电视机和音响的晶体管。晶体管的开发依靠韩国国内技术团队，自回路设计到组装全部工程都是自行实现的这一点是非常划时代的事件。特别是开发晶体管的同时可以接触到半导体制作工程的许多问题，这为事先掌握今后在尖端半导体技术的开发过程中可能会出现的问题提供了契机。[328]

三星电子在 1977 年 12 月接管了姜基栋社长拥有的韩国半导体剩余的 50% 的股份后，于 1978 年 3 月将商号变更为三星半导体。三星半导体为了成长为综合的半导体企业，加速新产品开发，第一个课题选择了线性 IC（集成电路）的开发，但是既有的设备并非生产线性IC用，由于三星半导体处于尚未拥有组装生产设备的状况，IC开发团队经历了相当大的困难。不仅如此，IC的开发与晶体管的情况不同，不是按照工程类别进行的，而是需要按照阶段一个工程一个工程地逐个完成，在为了提高信赖度的检验程序的开发上也需要付出很大的努力。三星半导体的技术团队在逐一解决这些问题的同时，于着手10个月后的1978年7月成功开发出电视音频中间频率放大和检波系统用线性IC，即KA-2101。[329]

以晶体管和线性IC的开发为契机，三星半导体也开始关注确保组装生产设施。这是因为单纯只销售芯片的话不会获得很多收益，外部组装企业的质量管理不足，无法保障信任度。恰巧韩国国内半导体企业的先行者仙童半导体因为劳资矛盾的问题几乎中断生产，决定出售在首尔大方洞的整个工厂。三星半导体在1978年6月接管后着手进行工厂建筑物和组装线的改造工作，并于同年9月拥有了自晶片加工到组装生产的一揽子生产体制。当时三星半导体从美国爱法金属（Alpha Metals）处引进半导体制作的主要原材料引线框架（lead frame）生产设备，与半导体的组装一起，也开始了引线框架的生产。[330]

1980年1月，三星集团以构筑电子产品和半导体产品的有机开发体系的名义将三星半导体统合进三星电子。紧接着三星电子值彩色电视放映之际，选择了将预估需求会极速增加的彩色信号IC作为技术开发课题。三星电子自1980年2月开始投入了包括11名海外技术人员的95名技术人员、3.5亿韩元的研究开发费、高达7亿韩元的最近设备，在着手21个月后的1981年11月成功开发出彩色信号IC。与之前开发出的产品不同，开发时间长达2年的事实说明了彩色信号IC的开发是一项多么不容易的工作。特别是三星电子的研究团队在确保将3个一般IC和3个晶体管聚集成1个IC的复杂技术上经历了很大的困难。他们通过寻求国内外的技术人员，获得各种技术信息，将设计和检验设备信息化，解决了所有的问题。在这个过程当中，三星的研究团队将线路宽度由既有的8微米大幅改善至4微米，在日本3年前开发的双重布线方式也被韩国国内最初使用。[331]

像这样，三星在1974年进军半导体产业后成功开发出电子手表用芯片、晶体管、线性IC、色彩信号IC等产品，在不到10年的时间里，一点点掌握了大规模集成（LSI）级半导体开发和生产所需的技术。但是从半导体产品的耐用年数来看，晶体管和IC在发达国家已经是10—20年前开发出来的东西，20世纪70年代三星实现的技术掌握对象相当于成熟期技术。在半导体产业中，三星与发达国家正式开始竞争的契机是通过进军下一章中要谈的DRAM领域实现的。

## 4. 综合考察

1961—1979年执掌韩国的势力越过单纯的经济"成长"，宣传的是经济"建设"或经济"重建"等用语。例如，"5·16"军事政变之后发布的军事革命委员会声明打出了"经济重建"的旗帜，20世纪60—70年代历任与产业政策相关要职的吴源哲的著作使用了《韩国型经济建设》这个题目。朴正熙也在1963年发行的《国家、革命和我》的第8章中多次使用了经济建设或经济重建的概念。[332]这样的语法表达在强调当时韩国面临的课题并非让在某种程度上站稳脚跟的经济进一步增长或发展，而是让荒芜状态的经济新建或者让坍塌的经济重建。事实上，韩国的近代经济成长在20世纪60年代初期便开始的传统解释也可以看作对朴正熙政府当局这种见解的反映。但是如第二章中所述，20世纪60—70年代的韩国经济并非在完全没有基础的状态下出发的，光复后的20世纪50年代也有实现消费资料工业的进口替代和准备好生产资料工业基础的成果。如果借用沃尔特·W.罗斯托（Walt W. Rostow）写的《经济成长的阶段》中的说法，可以说通过20世纪60—70年代韩国经济算是开始起飞，进入飞跃的阶段,[333]可以说,通过之前的时期,跑道在一定程度上被修建好,这才成为可能。

象征朴正熙时代经济政策的是经济开发五年计划,与此类似的计划在之前也有拟定。1959年12月拟定的"经济开发3年计划(1960—1962年)"和1961年5月准备的"第一个经济开发五年计划(试行方案)"便是属于此的例子。考虑到这一点,朴正熙政权期间经济开发五年计划具有的意义,比起计划拟定自身来说,更应当从计划实行的层面去寻找。而且,朴正熙时代拟定的经济开发五年计划没有按照原计划在五年间持续执行的情况,这一点也有关注的必要。第一个经济开发五年计划(1962—1966年)、第二个经济开发五年计划(1967—1971年)、第三个经济开发五年计划(1972—1976年)分别在1963年、1968年和1973年进行了修订或完善,第四个经济开发五年计划(1977—1981年)随着1979年朴正熙政权的没落而被废止。因此朴正熙政权自始至终在推进经济开发五年计划,引领经济成长的传统观念应当被重新思考。反而朴正熙政权呈现出在拟定和推进经济开发五年计划的过程中,一旦遇到外部环境或国家战略的重要变化,便会在修订或完善相关计划之后重新推进的面貌。[334]

20世纪60—70年代作为韩国的工业化战略经常被讨论的是"面向出口的工业化"。但是如本文所述,朴正熙政权从一开始关注的就不是出口。韩国政府到1962年聚焦的还是进口替代,从1964年下半年才开始正式推进扩大出口,20世纪60年代主导韩国出口的是轻工业产品。接下来,在1973年以"重化工业化宣言"为契机,正式进行对重化工业的投资,正式谋求重化工产品的出口扩大。如果说1964年阐明了"出口鼓励"政策,那么1973年则强调了"全部产业的出口化"。

关注通过朴正熙时代同时实现面向出口和进口替代的这一点,也有研究有想将其概念化为"复线工业化"或"复合工业化"的打算。[335]当然,在20世纪60—70年代,与扩大出口一起,进口替代也取得进展,这是无可争辩的事实。特别是与生产纤维、鞋子、造船、汽车等最终产品的产业不同,生产石油化学或钢铁等中间产品产业的情况是在产业化的初期阶段,比起扩大出口来,更表现出聚焦进口替代的倾向。但是这些事实能否成为在面向出口工业化中将工业化战略名称变更为复合工业化的理由还有疑问。因为面向出口工业化这种语言表达仅拥有采用"面向"出口的路线之意,并不代表完全只致力于出口之意。

更进一步讲,在生产中间产品的钢铁产业的情况中,进口替代自不必说,考虑到海外出口这一点也有关注的必要。在迅速的产业化过程中,由于对钢铁材料内需的大幅增加,即使将钢铁产业培育成进口替代产业也不会有什么问题。但是韩国政府和浦项制铁公司并未停留在进口替代的视角上,而是从规模的经济效果观点上进行钢铁产业的培育,事实上浦项钢铁厂建设事业是在考虑到内需和出口的同时,通过确保与此相应的生产能力的方式推进的。在此背景下,浦项制铁公司的出口比重每年保持在20%—30%左右,这成为促进外债偿还和确保竞争力的基础。[336]像这样,对于进口替代性质强的产业也积极推进扩大出口,朴正熙政权的工业化战略算是面向出口。

关于20世纪60—70年代的出口或是面向出口工业化具有的意义,李济民在概览韩国现代经济史的论文中做了恰当的总结。[337]首先,向面向出口的工业化的转换成为高速成长的契机。通过出口获得的外汇可以顺利引进资材、中间材料、技术等,持续保持经济增长。而且在出口中有强力的学习乃至技术转让的效果。为了出口,需要满足发达国家顾客要求的标准,为此韩国企业积极地推进技术引进、技术学习、提高生产效率等。[338]另外,出口还引发了生活习惯和态度近代化的效果。以出口为媒介,面对外国企业时所谓"韩国时间"等韩国人的习惯开始改变,这在国内交易方面也呈扩散趋势。

20世纪60—70年代韩国的产业化在政府强力的介入下得以实现。特别是1973—1979年间推进的重化工业化的情况，韩国政府对相关产业进行了包括设施投资、基地建设、支援设施、人力开发、研究开发等在内的全面的支援（参照表3-3）。在这里需要关注的一个事实是政府介入的程度根据产业的不同是有差异的。政府介入程度非常强的产业有石油化学产业和钢铁产业。在这些产业中不仅设施投资的规模大，除之前谈及的支援政策之外，在计划拟定或价格决定方面政府也积极地介入。与此相反，像电子产业的情况，政府介入的程度则相对弱一些。在电子产业的设施投资中政府所占的比重还不及40%，政府虽然提出了战略开发品种，但是计划拟定或价格测定都是企业的任务。[339] 汽车产业和造船产业可以说是政府介入中等程度的产业。韩国政府虽然积极地支援汽车产业和造船产业，并为相关产业的发展提供指导方针，但是并不直接介入企业经营。

韩国政府在推进重化工业化的同时，表现出将民营企业作为事业主体的倾向，这成为形成被称为"财阀"的大规模企业集团中心的经济结构的契机。这点被认为是与其他发展中国家差别化的特征。还被评价为"韩国型发展战略"或"韩国型模型"。与此相关，中国台湾地区在和韩国差不多的时期实施了对石油化学、钢铁、造船等的大规模投资，但是应用的并非民营企业，而是额外成立国营企业，推进重化工业化。[340] 但是此类讨论也有必要更精细化。虽然韩国政府最大限度地在灵活运用民营企业是明确的事实，但石油化学和钢铁的情况是通过国营企业实现工厂建设和作业的。此外，在推进重化工业化的时期，由于民营企业也很大程度上依靠政府的支援和控制，因此不像现在能充分地保障企业的自律性。只有在附加上这样的几条线索之后，韩国的重化工业化才让以民间为主体进行推进的命题拥有其真正的意义。

政府和企业的关系是不亚于事业主体形态的重要问题。在这里值得关注的一个事实是韩国政府积极考虑或培育的并非已经进军相关产业的企业，而是有意向地向相关产业进行新的挑战的企业。例如，像钢铁、造船、汽车的情况，作为重化工业化的事业主体被选定的并非仁川制铁、大韩造船公社、新进汽车等首发企业，而是像浦项制铁、现代重工业、现代汽车等后发企业。即使是当时代表韩国的企业，若有经营上的问题或者不能满足政府方针的情况，也得不到政府的选择。与此同时，韩国政府在积极支援选定企业的同时，也向其要求相应的实绩。相关企业达成符合政府支援的成果，呈现出持续成长态势。如阿姆斯登曾恰当地指出，韩国政府以补助金的代价赋予了企业成果的基准，相当于补助金并不是一方给予的，而是根据"互惠主义的原则"分配的。[341]

在韩国的产业化和技术发展方面，邻国日本的贡献很大，这一般被称为是"邻里效应"。上述化学纤维、钢铁、造船、汽车、电子等都是日本首先达到世界水平的产业。根据产业的不同肯定会有差异，但在这些产业当中，日本被韩国看作应当学习的榜样，日本的相关企业在设备构筑、技术转让、海外研修等方面表现出了积极协助的倾向。当然，日本对韩国的协助基本上是从经济利益的角度考虑的，但是地理上的接壤和文化上的类似也让其效果得以提高。[342] 20世纪60—70年代经济大国、技术强国的日本邻国的事实成为韩国的产业化和技术发展迅速实现的重要背景。对此，李荣薰在韩国经济史的专著中提出了"地缘比较优势"这一概念。

> 某国的经济被其所属的地域经济的动向所紧密规定。某国实行的革新最先传播到最近的国家。邻近的国家享有远处国家享受不到的特别利益。我把像这样，某国缘于地理环境，差别享受经济开发的有利之处叫作地缘比较优势的优势地位。[343]

在韩国的产业化和技术发展方面，韩国科学技术研究院所担当的角色也应当被强调一下。韩国科学技术研究院作为1966年成立的韩国最早的政府出资研究机构，与发达国家的公共研究机构发挥着不同的作用。在研究活动中，比起基础研究，更注重应用研究或开发研究，在研究活动之外，也负责国家政策的企划和对企业的技术支援等。[344]特别是韩国科学技术研究院坚持不懈地实施着与韩国重化工业发展相关的调查研究，为综合钢铁厂建设计划的拟定做出了贡献，为造船产业和汽车产业的发展提供了指导方针。而且，韩国科学技术研究院积极地支援浦项钢铁厂建设事业，以涤纶薄膜开发、彩色电视机的国产化等为媒介，与相关企业进行共同研究。[345]此外，韩国科学技术研究院的研究室与研究人员在1973年特定研究机构培育法制定后，成为按照专业领域的不同，独立政府出资机构接连成立的基础。

韩国的主要产业通过持续的大规模投资迅速成长，这样的大规模投资成为发展技术能力的重要源泉这一点也有必要关注。[346]在大规模投资之后，若启动新设备，肯定会发生各种技术性问题，为解决这些问题会付出无数的技术性努力。与此同时，为了最大限度地活用大规模设备，需要找到多种对策，根据这些需要，研究开发的投资也会增加。内森·罗森伯格（Nathan Rosenberg）曾恰当地指出，这种现象可以解读为为了减少技术性的不均衡而加速技术革新的过程。[347]技术已经确保，与其增加投资，倒不如在大幅增加投资后，在减少由此产生的设备和技术之间不均衡的过程中，快速实现技术革新。这可以说是与在已经具备一定程度的技术水平的状态下对新设备投资的发达国家不同的一点。像韩国的情况，可以说是在进行大规模投资后，在寻找合适的生存方案的过程中，表现出技术能力发展的面貌。

20世纪60—70年代，韩国企业想确保的技术大部分是在发达国家已经广泛使用的成熟期技术。虽然根据产业的性质，叫作制造技术、作业技术、组装技术等，但是基本上可以看作相当于生产技术。当时韩国企业原封不动地接受在发达国家已经标准化的技术体系和其构成因素，并想在名为韩国的另一个空间中再现，由此，相关产品的生产或相关设备的开启所需的基本技术可以确保。像这样，在 20 世纪 60—70 年代的技术活动由于以成熟期技术为对象，因此技术的确保相对容易，可很快引发可视成果。

进入成熟期技术的障碍虽相对较低，韩国企业确保相关技术却并不容易。20 世纪 60—70 年代，韩国企业拥有着引进并掌握工厂开工或产品生产所需的发达国家技术的态势。有效的技术掌握所需的要素有既有的知识水平和努力的强度，这两个要素结合后出现的能力也被称为"吸收能力"。[348] 由于当时韩国企业并不具备特别的知识基础，因此需要通过发达国家的技术引进或技术训练。以此为基础，韩国企业付出了巨大的努力，得以累积自身的经验和知识，在此过程中也伴随着大大小小的失误。

综上所述，20 世纪 60—70 年代韩国企业实行的技术活动的主要特征可以说是成熟期技术的掌握。但是需要指出的是，在实现技术掌握的具体形态上，根据产业的不同，有相当大的差异。如本文所述，可以说鞋业、纤维产业、石油化学产业、钢铁产业根据实践学习、造船产业和汽车产业根据拼凑技术组合，电子产业根据逆行工程实现了技术掌握。[349] 从这点来看，20 世纪 60—70 年代韩国的产业化或技术发展的核心特征被认为是通过组装型工业化、逆向工程、设备启动的技术掌握等，是在不知不觉间将特定的几个产业作为榜样，将其仓促普及的结果。[350]

20 世纪 70 年代中期以后，几家企业在其积累的经验和知识的基础上也开始尝试自我开发，鲜京合纤和浦项制铁公司便属于这种情况。这两个企业在整顿成立企业附属研究所等技术开发体系的同时，越过对生产技术的掌握，推进了对高级产品的研究开发。鲜京合纤在与韩国科学技术研究院或韩国科学院进行共同研究的基础上，开发出来新的涤纶纤维或将涤纶薄膜国产化，浦项制铁公司通过技术引进或自我开发开始在包括冷轧钢板和电气钢板在内的高级钢领域确保新的钢种。像鲜京合纤和浦项制铁公司这样的例子虽然可以被评价为不止步于技术掌握，而进行了更进一步的技术追击，但是从 20 世纪 70 年代韩国企业的整体倾向来看是很难普及的。

# 第四章
## 第二次高速增长期与技术追赶

韩国经济在1979—1980年遭遇严重危机后再度步入经济增长期，经济年均增长率在1980年至1997年期间为8.5%，1961年至1979年期间接近9.1%。据此，朴正熙任期内被誉为韩国经济的第一次高度增长期，1980—1997年则被誉为第二次高度增长期。[1]第四章将讨论第二次高度增长期内韩国经济技术的发展情况。第1节大致从1980—1986年、1986—1992年、1992—1997年这三个时期简要考察韩国经济的发展进程。第2节和第3节以技术追赶为关键词，考察第二次高度增长期内的技术发展情况。为此，第2节介绍纤维、制鞋、石化、钢铁、造船、汽车等现有产业的事例，第3节介绍半导体、计算机、通信、手机等尖端产业的事例。第4节讨论1980—1997年期间韩国经济增长和技术发展方面的一些问题。

### 1. 1980—1997年的韩国经济

**推进经济稳定化**

1979年，韩国社会深陷政治经济泥潭。受第二次石油危机影响全球油价暴涨，全球经济遇冷停滞；10月26日韩国发生了朴正熙总统遇害事件，扰乱了韩国政坛。在此情况下，以全斗焕保安司令官为核心的新军部通过"12·12"事变和"5·17"政变窃国篡权，随后武力镇压"5·18"光州民主化抗争。接着，新军部于1980年5月31日成立韩国国家保卫非常对策委员会（简称国保委），完全控制立法权、行政权与司法权。政治混乱进一步恶化韩国的经济状况，祸不单行，1980年夏天异常低温现象席卷朝鲜半岛，导致水稻大量减产。消费者物价在1979年达到18.5%，1980年上涨到28.7%，韩国经济增长率从1979年的8.4%下降到1980年的-1.9%。[2]

随着新军部的登场，经济企划院重获经济政策的主导权，其官员认为经济混乱的症结在于重化工业化推进不合理。为此，国保委首先解散了重化工业化推进委员会和企划团队，并于1980年8月20日和10月17日针对重化领域先后进行两轮投资调整。其核心是整合发电设备、柴油发动机、汽车、重电机器、电子交换机、冶铜等主要企业或调整组织工作。但是，协调相关企业的利害关系并非易事，1980年重化领域的投资调整只取得了部分成果，1981年2月28日和1983年8月18日又再次对重化领域进行投资调整。[3]

投资调整遭遇困难的部门是发电设备、柴油发动机和汽车。发电设备方面，现代、大宇、三星的相关企业合并为韩国重工业，在这一过程中，现代洋行的主人历经了三次更换。柴油发动机方面，各企业调整了制造领域，构建分工体制，分为现代发动机、双龙重工业和大宇重工业，但是后来再次允许韩国重工业参与其中，因此通过合并缩小企业规模变得毫无意义。汽车方面制定的方针是，在轿车领域合并现代汽车和新韩汽车，起亚汽车专门负责生产商用车，但是新韩的合作公司通用表示反对，1987年起亚再次开始生产轿车，恢复了原来的3家公司体制。[4]

通过重化投资调整，现有的投资计划缩小，经营合理化也部分实现。但是，随着企业的大规模化及垄断化，经济力量集中现象进一步深化，部分企业即使在投资调整后也未能改善财务结构。[5]另外，政府在推进重化投资调整的同时，向相关企业提供优惠，延期债务偿还或金融支援等，消耗了大量资金，虽然接二连三对重化工业进行投资调整，但制造业的开工率并未得到改善。[6]事实上，全斗焕政权将重化投资调整视为重大业绩，但不断有人批评，这只不过是人为干涉下的对策，反而带来很多负面影响。[7]

如果说重化投资调整是针对产业界的，那么科学技术界则是推进合并政府出资研究所。1980年11月，国保委为提高研究开发投资的效率，使研究组织的效率最大化，将16个科学技术界政府出资研究所合并为9个。对于政府出资研究所的合并，也有许多争议，特别是韩国科学技术研究所（KIST）和韩国科学院（KAIST）的韩国科学技术院（Korea Advanced Institute of Science and Technology，KAIST）的合并引发了相当尖锐的矛盾。尽管其宗旨是使研究和教育相关联，但合并后韩国科学技术院的人事和运营以韩国科学院为主，这令韩国科学技术研究所出身的研究员非常不满。最终，1989年韩国科学技术研究所从韩国科学技术院分离出来，回到了1980年之前的状态。[8]

伴随着一系列的整合措施，全斗焕政权打出了"经济稳定化"的旗号。全斗焕政权虽然将"经济稳定化"与朴正熙政权的"经济开发"相提并论，事实上，经济稳定化政策是从1979年4月17日发表的《经济稳定化综合政策》开始的。当然，当时的经济稳定化是从完善经济开发的角度进行的部分尝试，相反，20世纪80年代，经济稳定化成为国家政策的核心，被赋予了强有力的执行力，具有特殊性。1980年9月，金在益被提拔为首席经济秘书，全斗焕政权的经济稳定化政策正式推进。[9]经济稳定化虽然被视为与稳定物价相同，但从更加积极的角度来看，不仅是稳定物价，还包括改善不均衡和提高效率。在这方面，关于经济企划院历史的文件记录如下：

80年代推行经济发展计划后首次出现"负增长",在国际收支不平衡和物价波动加剧的情况下,失业率也在增大,我国经济面临巨大考验。对此,我国经济在80年代前半期积极推进了"稳定化政策",比起表面上的增长,重点解决经济各领域的不均衡问题和提高经济效率,其结果是在实现内涵型增长的同时,物价也得到了大幅稳定。[10]

全斗焕就任总统后,就把稳定物价作为经济政策的首要任务。他认为,只有尽快消除朴正熙时期经济的副作用,才能赢得民众的支持,为此他确信必须解决慢性通货膨胀问题。为稳定物价,全斗焕政府采取了各种手段,包括冻结政府部门的财政和公务员的工资,紧缩货币,降低利率等。他甚至不顾各界反对,大幅降低秋粮收购价涨幅,强迫企业控制工资,不惜采取措施压制工人的基本权利。全斗焕政府的目标是把物价上涨率降低到一位数,而且实现的速度快于预期。以消费者物价为基准,1981年的物价上涨率为21.3%,经过1982年的7.1%和1983年的3.4%,到1984年下降到了2.2%。物价稳定被评价为全斗焕政府的最大政绩。[11]

1980年12月,制定颁布了关于限制垄断和公平交易的法律(《公平交易法》)。[12]该法律第1条规定:"防止经营者滥用市场支配地位和经济力量过度集中,其目的是限制不正当的共同行为及不公平交易行为,促进公平自由的竞争,从而鼓励创意性的企业活动,保护消费者,以谋求国民经济的均衡发展"。1981年5月,为了审议和表决违反《公平交易法》的事项,在经济企划院下属成立了公平交易委员会。制定《公平交易法》的意义是将经济运营方式转换为以市场经济原理为基础的自律运营,但是不包括能够积极限制财阀的措施。事实上,通过整个80年代,财阀的经济力量集中更加严重,五大财阀在制造业部门的出货额中所占的比重从1980年的16.9%增加到1985年的23%。[13]

1981年7月制定了第五个五年经济发展计划（1982年至1986年）。和之前的计划相比，增加了"社会"一词，"发展"代替了"开发"。该计划明确指出，不再侧重于经济的开发，而是面向整个经济社会的发展。第五个五年经济发展计划提出了"稳定、效率、均衡"的基本理念，这与全斗焕政府经济稳定化政策所考虑的关键词相呼应。该计划提出的发展战略包括：物价稳定在10%以内、持续增长7%—8%、激活市场活力、继续实施出口导向战略、促进对外开放、培育比较优势产业、均衡开发国土、保护环境和提高国民生活质量等。值得注意的是，第五个五年经济发展计划强调"把物价稳定放在政策的最优先位置，使物价稳定在10%以内"，同时还非常重视经济增长的相关战略，如7%—8%的持续增长、出口导向战略的继续、比较优势产业的培育等。虽然该计划的基本理念中不包括"增长"，但经济增长与政权更迭无关，是必须继续推进的重要课题。[14]

进入20世纪80年代后，韩国政府开始强调科技或技术革新是经济增长的核心动力。这一点充分体现在推行"技术驱动政策"和召开"技术振兴扩大会议"上。在制定科技部门计划（1982年至1986年）的过程中酝酿了技术驱动政策，这也是第五个五年经济发展计划的一环。[15]技术驱动政策也是意识转变问题，即"今后的科学技术要比以往更进一步支撑经济增长，通过开发技术和技术创新，引领经济增长，发挥能动性作用"。[16]进一步来讲，技术驱动政策具有的含义是"以国家统治者为强大后盾，最大限度地投资可用资源，使我们的技术水平提升到发达国家水平，从而实现经济社会的发展"。[17]推行技术驱动政策的关键载体包括技术振兴扩大会议。技术振兴扩大会议虽然没有法律依据，但是得益于全斗焕总统的强烈个人意志，得以持续举行。技术振兴扩大会议在1982年至1987年举办了12届，共涉及27个政策课题。技术振兴扩大会议为政府所有部门提供了契机，提高其对科学技术的关心程度和参与度，为激发民间企业的技术革新活力做出了巨大贡献。[18]

1982年，科技处依据《技术开发促进法》出台专项研究开发工作。专项研究开发项目是第一个国家目标导向性研究开发项目，为使科学技术和产业技术的高度化，政府直接资助大规模研究经费，根据中长期科学技术发展规划和战略，短时间内缩短与发达国家的技术差距。[19]过去，研究机关在获得直接预算后，自行选定研究课题进行研究，但专项研究开发项目的推进方式为首先选定国家层面上重要性高的研究课题，然后公开征集研究执行机关。由此，专项研发工作能够带来研发主体之间的竞争，提高研发的任务导向性。此外，随着开展专项研发工作，用于研发的人力、物力资源大幅增加，不仅是政府出资的研究所，企业和大学的研发能力也开始大幅提升。[20]

20世纪80年代以来，韩国的研究开发投资呈现出急速增长的趋势。1980年的研究开发投资为2117亿韩元，1985年为12371亿韩元，到1990年增加到33499亿韩元。研发费用占GDP的比重从1980年的0.56%，到1985年的1.41%，再到1990年的1.72%。主导研发投资增长的是私营部门。在总研究开发经费中，私营所占的比重在1980年为36.1%，1982年为50%，1985年为75.2%，1988年为78.7%，1990年达到80.6%。[21]企业附属研究所从1981年的53个增加到1985年的183个、1988年的604个，到1991年4月突破1000个，拥有研究所的企业的技术开发投资与销售额之比从1982年的0.97%上升到1990年的2.08%。[22]这种现象被评价为"私营主导的技术革新体制"开始确立，韩国与其他发达国家不同，立足于政府的强力干预和支援。事实上，韩国的技术革新支援制度大部分是在20世纪80年代开始整顿，其中包括国家研究开发事业、减免税收、金融支援、政府购买、兵役特权等。尤其在1981年，韩国政府制定了承认企业附属研究所的标准，并对研究开发人员实行兵役特权制度，这是在其他发达国家没有的独特措施。[23]

值得注意的是，1982年前后开始完善有关中小企业的法制。第五个五年经济发展计划将中小企业视为产业基础，强调加大对中小企业的扶持力度，为中小企业自身发展创造条件。在此基础上，1982年12月修改了《中小企业基本法》《中小企业系列化促进法》《中小企业事业调整法》，1986年5月制定了《中小企业创业支援法》。依据上述法律，为中小企业指定固有行业，加大对有潜力中小企业的扶持力度，促进大企业与中小企业的合作，扶持中小企业国际化和技术开发，鼓励新中小企业创业等。[24]韩国中小制造企业数量从1979年的2.8万家增加到1987年的4.8万家，与大企业建立生产关系的中小企业比例从1979年的25%扩大到1987年的48%。[25]

在第五个五年经济发展计划期间的1982年至1986年，韩国经济表现超出预期（见表4-1）。1982年，消费者物价上涨率为一位数，1984年至1986年降至2%左右。1982年GDP增长率为8.3%，1983年和1986年为12.2%。贸易收支也逐渐好转，1986年韩国历史上首次实现贸易顺差。特别是1986年，实现2%左右的物价涨幅、两位数的经济增长率和30亿美元的贸易顺差。至此，全斗焕政府同时实现物价稳定、经济增长、贸易顺差。

当时的经济增长主要依靠出口，带动出口增长的部门是重化工业。1981年至1982年出口额为210亿美元，从1983年开始增长，到1985年超过300亿美元。[26]在总出口中，轻工业产品自治的比重在1980年为48.4%，1982年为43%，1983年为41.3%，1985年为37.7%，而重化工业产品所占比重分别为43.9%、49%、51.8%、57.1%。1982年，出口重化工业产品开始超过轻工业产品出口，1983年重化工业产品占总出口的比重首次超过50%。[27]有趣的是，截至1985年，没有采取特殊的产业培育政策或进行大规模投资。[28]考虑到这一点，可以理解为1973年至1979年的重化工业投资在20世纪80年代前期带动了重化工业产品的出口增加。

表4-1 韩国经济主要指标（1980—1997年）

| 年度 | GDP增长率（%） | 人均GDP（美元） | 消费者物价上涨率（%） | 经济收支（百万美元） | 贸易收支（百万美元） |
| --- | --- | --- | --- | --- | --- |
| 1980年 | -1.9 | 1687 | 28.7 | -5071 | -5284 |
| 1981年 | 7.4 | 1870 | 21.3 | -3927 | -4787 |
| 1982年 | 8.3 | 1971 | 71 | -2134 | -2398 |
| 1983年 | 12.2 | 2152 | 3.4 | -1428 | -1747 |
| 1984年 | 9.9 | 2349 | 2.2 | -386 | -1386 |
| 1985年 | 7.5 | 2411 | 2.3 | -1513 | -853 |
| 1986年 | 12.2 | 2759 | 2.8 | 4492 | 3130 |
| 1987年 | 12.3 | 3445 | 3.1 | 10779 | 6261 |
| 1988年 | 11.7 | 4575 | 7.1 | 14838 | 8885 |
| 1989年 | 6.8 | 5567 | 5.7 | 5267 | 912 |
| 1990年 | 9.3 | 6305 | 8.5 | -1390 | -4828 |
| 1991年 | 9.7 | 7287 | 9.3 | -7511 | -9655 |
| 1992年 | 5.8 | 7728 | 6.3 | -2240 | -5143 |
| 1993年 | 6.3 | 8422 | 4.8 | 2973 | -1564 |
| 1994年 | 8.8 | 9755 | 6.2 | -3508 | -6335 |
| 1995年 | 8.9 | 11782 | 4.5 | -8012 | -10061 |
| 1996年 | 7.2 | 12582 | 4.9 | -22953 | -20624 |
| 1997年 | 5.8 | 11583 | 4.5 | -8183 | -8452 |

资料出处：李长奎，《总统经济学》，第524-525页。

**"三低繁荣"与民主化**

1986年1月，韩国政府颁布《工业发展法》，预示着产业政策转型。[29]以制定《工业发展法》为契机，废除了朴正熙政权时期制定的《机械工业振兴法》（1967年）、《造船工业振兴法》（1967年）、《电子工业振兴法》（1969年）、《石油化学工业培育法》（1970年）、《钢铁工业培育法》（1970

年)、《有色金属冶炼事业法》(1971年)、《纤维工业近代化促进法》(1979年)。根据以上七条法律,政府首先公布特定产业的培育计划,让有意参与的企业先报名,随后通过选拔来支援少数企业。与之相反,制定《工业发展法》旨在促进自律和竞争,落实市场经济原理。该法第3条明确规定:"工业发展以个人创意为基础,以自律和竞争为原则。"当然,政府干预和管控并没有消失,但《工业发展法》明确规定了政府干预标准,干预对象也仅限于产业合理化行业。如果特定行业被指定为产业合理化的对象,政府可以听取民间机构——工业发展审议会的意见,采取一些措施,比如防止过度竞争、限制新进入、税收减免及金融支持等。[30]

同时,《工业发展法》标榜"功能型扶持政策",取代了以往的"选择性产业政策"或"产业型扶持政策"。其宗旨是,政府对产业界的主要活动或功能提供一定的支援,比如技术开发、人才培养、中小企业培育等,而不是由政府挑选特定的产业进行培育。[31]以《工业发展法》为基础,推进的代表性项目有1987年工商部出台的工业基础技术开发项目(现在的产业技术创新项目)。工业基础技术开发项目的重点是满足产业界的技术需求,因此通过工业技术需求调查,得知需要优先解决技术开发问题。因开发急需,产业界面临着共同技术障碍,民营企业仅靠自身努力很难提高技术水平,这两者成为该项目的对象。对于这些技术领域,政府向企业支援所需资金的三分之二,如果技术开发的结果成功实现商业化,将偿还部分支援资金。[32]

1986年6月制定了第六个五年经济发展计划(1987年至1991年)。在筹备这项计划的过程中,与以往不同的是,民间人士被选拔为工作组的共同主席。第六个五年经济发展计划的基本目标是"以效率和公平为基础的经济先进化和增进人民福祉"。在第五个五年经济发展计划的基本理念中,"稳定"被排除在外,使得1984年至1985年物价上涨率在2%左右,稳定物价取得了一定的成果。第六个五年经济发展计划的主要政策方向包括：继续保持适度增长以扩大就业机会、保持物价水平稳定、保持国际收支顺差、缓解外债负担、促进产业结构调整、实现技术立国、助推区域均衡发展、助力农渔村综合开发、增进人民福祉、提高公平、维护市场经济秩序和重新定位政府职能等。计划期间的总量指标是年均经济增长7.2%，经常项目收支顺差每年50亿美元左右，物价稳定在3%左右等。值得注意的是，该计划强调扩大中央统计机构的职能，系统编制国家基本统计体系，同时为实现计划目标，提前阐明制定和修改必要法律的相关事项。[33]

1986年至1988年，韩国经济迎来了罕见的繁荣，被称为"三低繁荣"（或称"三低好况"）。1985年9月，美国、英国、法国、德国和日本的财政部长达成《广场协议》（Plaza Accord），以"低利率、低油价、低汇率"为标志的"三低"现象以此为契机开始出现。《广场协议》之后，货币重新洗牌，美元贬值，而德国马克和日元升值，这使与日本产品相抗衡的韩国产品在海外市场上迅速提高了价格竞争力。同时，国际利率也在1986年以后保持稳定的低利率，对韩国这样外债较多的发展中国家大有裨益。此外，1985年国际原油价格为28美元，到1986年下降至15美元，在节省进口石油资金的情况下，以石油为原料或中间材料的工业品的竞争力得到加强。[34]

得益于"三低繁荣"，韩国总出口额于1985年突破300亿美元，1986年为347亿美元，1987年为473亿美元，1988年为607亿美元。1986年首次实现经常项目顺差，到1987年和1988年顺差占GDP的比重达到8%至9%的水平。1986年至1988年的年增长率达到了前所未有的12.1%，失业率从1985年的40%降至1988年的2.5%。[35]在"三低繁荣"的背景下，韩国成功举办了1986年的亚运会和1988年的奥运会。特别是第24届奥运会有160个国家参加，被评价为"东西交流场"，成为向全世界宣传韩国的重要契机。[36]

企业融资模式也发生了翻天覆地的变化。1980年至1983年，韩国企业从企业内部筹集所需资金的比重为26.3%，1986年至1989年增加到

44.4%。这并非投资率的下降，而是因为"三低繁荣"使企业内部保有的资金增加。此外，1986年至1989年，股票占企业筹集的外部资金的23.9%，金融机构借款所占比重逐渐下降。事实上，当时韩国社会正迎来股票投资热潮。1989年股票交易金额为81万亿韩元，比1985年增长了22倍，股票投资人数也从1985年的77万余人增加到1989年的1900万人以上。1989年，韩国人口为4250万，相当于约45%的民众进行股票投资。[37]

韩国经济正在逐渐好转，但政治局势持续处于黑暗之中。全斗焕政权执政期间一直压制在野党人士，并大力镇压学生运动和工人运动。进入1987年，全斗焕政权遭遇6月民主抗争。6月民主抗争的导火线是1月14日朴钟哲刑讯致死事件。民众谴责全斗焕政权的道德性，并要求通过直接选举制修改宪法，但全斗焕发表了"4·13护宪措施"，坚持根据当时的宪法选举总统。在全国范围的抗议活动蔓延之际，6月9日，李韩烈被催泪弹击中头部死亡。6月10日上午10时，民主正义党通过全国代表大会推选新军部出身的卢泰愚为总统候选人，但同日下午6时，高喊"废除护宪"等口号的全民抗争正式展开。最终全斗焕政权通过卢泰愚候选人发表了"6·29宣言"，主要内容包括以直选制改宪、释放良心犯等。见图4-1。[38]

1987年"6·29宣言"之后，韩国社会曾被压抑的不满情绪被大肆宣泄。特别是1987年7月至9月，工人运动风起云涌，被称为"工人大斗争"。以蔚山的现代发动机组建工会为开端，全国发生了3400多起劳动争议或劳资纠纷。1987年的工人大斗争是韩国近代工薪劳动者形成后发生的最大规模的集体抗争运动。最终，于1987年11月修改了《劳动法》，在"工人大斗争"过程中成立的工会被认定为正式机构，韩国劳动界成立了"韩国劳动组合总联盟"（韩国劳总）和"全国民主劳动组合总联盟"（民主劳总）两大组织。当时的企业正处于"三低繁荣"时期，因此通过大幅加薪来维持劳资关系的稳定。制造业的实际工资增长率从1987年的8.3%猛增至1989年的18.3%，1987年至1996年平均增长了91%。[39]

图 4-1　1987 年成为民主抗争圣地的明洞圣堂。在"废除护宪……"的横幅下聚集了大量市民
资料出处：韩国历史博物馆。

"6·29 宣言"之后，国会通过朝野协议制定了第 9 次宪法修正案，主要内容为总统直选制和 5 年单任制。1987 年 10 月 27 日通过全民投票确认，并在两天之后公布了宪法修正案。16 年来首次以直选制举行的总统选举中，民主正义党的卢泰愚、统一民主党的金泳三、和平民主党的金大中、新民主共和党的金钟泌等人作为候选人参选。第 13 届总统选举于 1987 年 12 月 16 日举行，以"普通人的伟大时代"为口号的卢泰愚以 36.6% 的选票当选，也或是由于金泳三和金大中的单一化。1987 年的总统选举虽然与许多民众的愿望有一定的距离，但这是韩国历史上第一次和平的政权交替，具有重要意义。随后，在 1988 年 4 月 26 日举行的第 13 届国会议员选举中，执政党未能获得过半数议席，从而无法像之前一样运营国政。[40]

值得注意的是，为迎接 1987 年总统选举，执政党和政府推进了整改福利制度工作，此前这项工作一直停留在构想层面上。1986 年 12 月，开始实施《最低工资法》，下一年的最低工资定为时薪463—487韩元。1986年12月制定了《国民年金法》，根据该法，雇佣300人以上的企业，劳动者有义务加入国民年金，雇主必须缴纳分担金。接着1987年12月修改了《医疗保险法》，农渔民也可以参加医疗保险。第13届总统选举后的1988年1月，开始实施《国民退休金法》和修订后的《医疗保险法》。[41]

1987年也是韩国经济增长机制迎来某种拐点的一年。1987年以后的约10年间，韩国经济呈现的特点是内需增长势头强劲、出口增长相对放缓（见表4-2）。1987年至1996年，内需部门的年均增长率为9.6%，相比1970年至1986年的7.8%，同比上升1.8%。相反，同期出口增长率从17.5%降至10.9%，下降了6.6%。从内需和出口对经济增长的贡献看，内需贡献率同期上升2.2%，出口贡献率增长0.6%。1987年以后的经济增长中，不仅要重视出口，还要重视内需。

表4-2 消费、投资和出口的增长率和经济增长贡献度（1970—1996年）

| 分类 | | | 1970—1986年 | 1987—1996年 |
| --- | --- | --- | --- | --- |
| 经济增长率 | | | 7.6% | 8.1% |
| 内需 | | | 7.8%（6.7%） | 9.6%（8.9%） |
| | 消费 | | 6.7%（4.3%） | 8.2%（4.7%） |
| | 投资 | | 11.5%（2.4%） | 12.2%（4.2%） |
| | | 设备投资 | 15.6%（1.0%） | 12.4%（1.6%） |
| | | 建设投资 | 9.7%（1.4%） | 11.9%（2.4%） |
| 出口（货物和服务） | | | 17.5%（1.8%） | 10.9%（2.4%） |
| | 出口（服务） | | 19.5%（1.5%） | 10.4%（1.8%） |

注：括号内为各项经济增长的贡献率。
资料出处：洪顺英、张在哲等，《重新审视韩国经济20年：以1987年体制危机和外汇危机为中心》（三星经济研究所，2006），第58页。

民众消费规模扩大的同时，消费模式也开始发生改变。随着温饱问题得到一定程度的解决，以富裕阶层和中产阶层为中心，他们倾向于追求相对安乐和悠闲的生活。买房、买车、出国旅游等就是其中的典型。截止到 1986 年，住宅建设量每年保持 25 万户，从 1989 年的 46 万户，增长到 1990 年的 75 万户。也就是说，在四五年的时间里，建设了韩国住宅总数的 1/3。[42] 汽车内需从 1980 年的 10 万辆增加到 1984 年的 21 万辆，1990 年增加到 95 万辆，特别是 1987 年和 1989 年创下了 45.7% 的爆炸性增长。[43] 出境游从 1987 年限制在 45 岁以上，1988 年限制在 30 岁以上，到 1989 年实现完全自由化，随后出境游客数量逐年迅猛增加。[44] 1988 年奥运会前后，休闲产业如娱乐文化产业、餐饮住宿业、旅游产业、体育产业等也进入了全面增长的阶段。[45]

梦想拥有一套属于自己的房子导致房地产价格上涨。1980 年至 1987 年，韩国地价年均上涨率为 10.5%，而 1988 年和 1989 年分别为 27% 和 30.7%。1988 年至 1991 年，公寓价格上涨了 2.6 倍，导致首尔 1 亿韩元可购买的公寓面积从 40 坪缩小至 15 坪。为此，1989 年卢泰愚总统发表计划，预计建设 200 万套住宅，其中包括 25 万套永久租赁住宅，并在盆唐、一山、坪村、山本、中洞等首都圈开发 5 大新城市。卢泰愚政府计划在任期内完成 200 万套住宅建设，最终于 1991 年得以实现，比计划提前一年。一方面扩大住房供应，另一方面在需求上，加快推进出台抑制房地产投机的政策。韩国政府提出"土地公有化"，即考虑到土地的公益性，政府可以干预。1990 年，施行宅基地拥有上限制、开发负担金制度、土地增益税等作为后续措施。房地产相关政策也开始成为韩国政府的重要经济政策。[46]

自 1986 年韩国实现贸易收支顺差，发达国家要求其经济开放的压力也越来越大。为此，韩国政府分阶段推进进口自由化，1985 年进口自由化比率为 85%，1988 年提高到 94.7%。1990 年 1 月，韩国从关税及贸易总协定（GATT）第 18B 条的国家过渡到第 11 条的国家后，不能以减少国际收支逆差为目的而事先限制进口。比起贸易，发达国家对金融领域的自由化呼声更为高涨。为强制韩国政府着手进行金融自由化谈判，美国政府于 1988

年10月将韩国列入汇率操纵国。1988年12月,韩国政府发布了《逐步扩大资本市场国际化计划》,在此基础上逐步开放金融市场,包括简化外商投资程序、引入申报制等。1988年,外商投资和证券投资合计金额仅为4亿美元,1989年为11亿美元,1990年为15亿美元,1991年增至41亿美元。但在1992年的经济合作与发展组织(OECD)章程中,韩国有89%的关于资本账户自由化项目被限制,远高于OECD国家17%的平均水平。[47]

当时的对外条件对韩国并非只有不利因素。随着苏联解体,社会主义阵营的国家引进市场经济体制,打开机遇之窗。社会主义阵营的国家大部分都集中在韩国以北,因此与他们打交道被称为"北方政策"或"北方外交"。1989年2月,卢泰愚政府与匈牙利建交,1990年10月与苏联、1992年8月与中国建交,积极推行北方政策。卢泰愚总统在任期间建交的北方国家多达37个,1991年9月还促成了韩国和朝鲜同时加入联合国。与北方国家的经济交往迅速升温,1991年占总贸易额的5.3%,投资规模也扩大到总投资额的5.1%。特别是中韩贸易自1988年年均增长30%,1992年达到82亿美元,中国开始成为韩国经济的新出路。[48]

"三低繁荣"使韩国经济的上升势头并未持续太久。自1989年,经济增长率放缓至个位数,1990年后,经常项目收支出现逆差,物价也再次波动(见表4-1)。已经进入中等发达国家的韩国很难继续保持两位数的增长,经济增长率自然下降。问题在于经济增长率的下降导致经常项目收支逆差和物价波动。据分析,物价上升率再次升高的重要背景是,"三低繁荣"时期,经常项目收支顺差导致货币增发,以及1987年民主化以后,随着工会活跃,实际工资上涨。经常项目收支出现逆差的首要原因是汇率下调。由于韩国政府迫于美国施压,迅速下调汇率。1986年,1美元可兑换881.3韩元,到1989年跌至671.4韩元。[49]

参照表4-1,可以发现经常项目逆差源于贸易逆差。1990年至1992年,贸易逆差的规模远远大于经常项目逆差的规模。虽然工资上涨和汇率下调导致韩国出口低迷,但是值得深思的是韩国产品的技术竞争力不如其他国家。这一点暗示了韩国在"三低繁荣"时期是技术密集型产业,但产业结构不够先进。换句话说,20世纪90年代初的出口低迷是工资上涨、汇率下调、产业结构调整迟缓等综合作用的结果。虽然在"三低繁荣"和民主化时期不可避免的上调工资,但政府应该更加积极地处理汇率问题和产业结构问题。从政策层面来看,韩国经济进入1990年后转为赤字经济的原因在于,20世纪80年代后期对产业结构和汇率问题的应对不力。

加强技术竞争力迫在眉睫,在此背景下,1991年4月11日,科学技术处在第6届综合科学技术审议会上报告了《21世纪加快进入七大科技强国的基本方向》。即选定胜算较大的少数战略技术,到2000年为止实现发达国家的开发水平。[50] 4月30日,卢泰愚总统在韩国科学记者俱乐部主持的座谈会上阐明了面向21世纪的科技政策方向。卢泰愚总统通过"4·30科学技术政策宣言"表示,为成为发达国家,实现这一梦想,将在2000年之前把韩国的科学技术发展到七大科技强国的水平,并划时代地扩大科学技术投资,到2001年将其提高到国民生产总值的5%。同时,政府主导推进核心技术开发,培养世界级科技人才,加强科技政策综合协调。并于1991年5月设立国家科学技术咨询会议,1992年1月实施先导技术开发工作等作为后续措施。[51]

先导技术开发工作是国家研究开发工作,旨在为进入七大科技强国行列,有计划地开发所需的核心技术,又被称为"G7项目"。特定研究开发工作和工业基础技术开发工作由特定部门主导,集中于3年左右的研究开发课题,而先导技术开发工作的特点是跨部门管理,对象为5—10年的中长期课题。1992年至2001年,先导技术开发工作分别推进产品技术开发和基础技术开发。产品技术开发旨在开发出能够确保21世纪国际竞争力的尖端产品的核心要素技术,细分为宽带综合信息通信网、新一代汽车、订购型半导体、新一代平板显示器、医疗工学、超小型精密机械、高速地铁、新医药-新农药、高清电视等9个部门。基础技术开发是指在2001年之前不能开发出尖端产品，但开发出重要的国家原创基础技术，分为信息-电子-能源尖端材料、尖端生产系统、新功能生物材料、环境科学、新能源、新一代原子反应堆、新一代超导托卡马克装置、感性工程、新一代半导体基础技术等9个部门。[52]

**探索新经济和谋求世界化**

韩国第14届总统选举于1992年12月18日举行，民主自由党候选人金泳三击败民主党候选人金大中和统一国民党候选人郑周永，最终赢得大选。1990年2月，民主正义党、统一民主党和新民主共和党合并成为民主自由党，金泳三的当选可以说是三党合并的结果。金泳三政府于1993年2月组建成立，被称为"文人政府"，是指朴正熙、全斗焕和卢泰愚等军人统治的时代已经过去。与此同时，金泳三打出竞选口号，要"通过变化和改革来创造新韩国"，并于就任后提出了四大国政指标，即：廉洁的政府、坚实的经济、健康的社会、统一的祖国。[53]金泳三政府在经济上也试图与过去告别。执政初年便施行"新经济五年计划"来代替"经济开发五年计划"或"经济社会发展五年计划"，翌年将经济企划院和财务部合并，组建为财政经济院。进入金泳三执政周期，被称为开发年代的标志的经济开发计划和经济企划院也宣告废除。[54]

金泳三政府成立时，韩国经济状况异常艰难。李经植曾是金泳三政府的首任经济副总理，在1993年4月的一次特别演讲中曾这样评价韩国经济的状况。

> 20世纪80年代后期以来，与竞争力减弱一同，我国经济增长活力也大幅下降。首先，内在因素如下：①未能重新确立与政治民主化相适应的经济伦理；②房地产投机等非劳动所得加剧了各

阶层间的矛盾；③政府主导下的开发过程中累积起来的各种限制严重影响了企业的积极性；④失去了以往强烈的积极性和自信心。其次，外在因素包括：①随着经济战争时代、技术保护主义时代的到来，模仿和引进先进技术日益困难；②不断要求对金融、流通、资本流动等所有领域开放并实现国际化，同时区域一体化不断加强；③特别是中国和东南亚等国家跃升为强有力的竞争对手。更深刻的问题在于，去年下半年以来的增速放缓由结构性因素诱发，而非短期的、周期性因素。[55]

为解决这些问题，金泳三政府提出"新经济建设"构想。该构想于1992年6月便开始酝酿，即金泳三当选第14届总统候选人后不久。1993年2月发表了名为《新经济论》的报告，主持该报告的是首尔大学的朴在润教授。朴在润曾任金泳三经济特别助理，还担任过金泳三政府的首任经济首席秘书官。1993年4月开始推进以《新经济论》为基础的正式规划工作，同年7月2日公布《新经济五年计划（1993年至1997年）》。此前，五年计划由政府主导制定，而新经济五年计划则先由私营部门制定总体框架，再由政府完成具体计划。随着新经济五年计划的出台，1991年11月制定的第七个经济社会发展五年计划（1992年至1996年）成为白纸。[56]值得一提的是，早在1993年3月22日，即新经济五年计划公布之前，就制定了《新经济百日计划》，并于6月30日前实施。《新经济百日计划》包含下调公共利率、扩大设备资金供给、新增货币供给、扩大出口用原材料延期支付允许期限、提前执行公共事业预算等典型的经济扶持政策。[57]

新经济五年计划提出的目标是，通过变化和改革来创造经济发展新的原动力，使韩国经济进入发达经济圈，并成为能够实现国家统一的坚实经济体。由于新经济五年计划的目标模糊不清，新经济常被表现为多种方式，如"与过去不同的经济""指向变化和改革的经济""企业活动自由的经济""国民参与和创意发挥的经济""全体国民共同参与的经济"等。[58]新经济五年计划主要由改革和经济施策两部分组成。该计划与以往不同,以改革为主,改革几乎涵盖了财政改革、金融改革、行政监管改革和经济意识改革等所有方面。经济政策部门提出了强化增长潜力、扩充国际市场基础、改善国民生活条件等主要课题,与第七个经济社会发展五年计划所包含的内容大同小异。[59]

金泳三政府对推进包括引入各年度重点推进战略的新经济五年计划意志强烈。制定具体日程,计划1993年开启国内部门制度改革、对外部门制度改革培育基础、开始公民意识改革,1994年完成国内部门制度改革,正式推进对外部门制度改革。继而于1995年至1996年完成对外部门的制度改革,在完善制度改革不足之处的同时,制定了将政策重心转移到提高国民生活质量上的方针。[60]金泳三政府在制定新经济五年计划的同时,成立了以国务总理为委员长的"新经济推进委员会",金泳三总统在任期前两年每个月都倾注热情,亲自检查新经济五年计划的推进情况。然而,在1994年10月经济首席秘书官换人、同年11月国家政策关键词变为"世界化"的背景下,新经济五年计划实际上踏入被废弃的程序。[61]

新经济五年计划虽然半途而废,但该计划所提出的一些政策也颇有成效。金融实名制就是其中的一个典型案例。全斗焕政府和卢泰愚政府也曾提出过金融实名制,但由于政界反对和担心对经济产生副作用,10多年来一直搁浅。金泳三政府于1993年8月12日通过《总统紧急财政经济命令》第16号,全面实施金融实名制。其内容是,对5000万韩元以上的资金进行追查,对提取3000万韩元以上的资金要通报国税厅。此后,金融实名制在韩国社会迅速落实,1997年3月,402.7万亿韩元得到实名确认,相当于欲确认对象总额的99.3%。但是,金泳三政府的金融实名制也被指责未考虑到改善金融制度或施行减税等补偿措施。[62]

在经济行政规制缓解和国营企业民营化方面也取得了预期的成果。金泳三政府于1993年3月设立了以经济副总理为委员长的官民联合的"经济行政规制缓和委员会"。制定了从政府部门及经济界收集的各种限制措施目录，对所管部门不能证明限制正当性的事项，启动补充或废除程序。因此，经济行政规制缓和委员会在4年内共处理了2492件课题，在1993年、1994年、1995年、1996年分别各处理了1128件、341件、501件、522件。[63]国有企业私有化政策经过约一年的准备，于1993年12月出台《国有企业私有化和职能调整方案》。内容是1994年至1998年对58家国有企业实行民营化改革，对10家国有企业实行合并。公共企业民营化计划因证券市场停滞不前和利害关系者的反对等原因经历了相当大的阵痛，但以1996年6月为基准，大韩中石、高速公路设施公团等7家公司完成了民营化改革，联合TV新闻、韩国经济新闻等9家公司出售了政府持有的股份。[64]

1993年6月，为签订乌拉圭回合协议（Uruguay Round，UR），又颁布了《第三阶段金融自主化和市场开放计划》。对境外金融机构发行外汇证券实行自由化措施，如转换申报制、放宽发行条件、取消发行限额等。与此同时，也为国内金融机构走向海外开拓业务敞开大门。1994年至1996年，韩国国内银行开设了28家境外分行，24家金融投资公司转型为综合金融公司。特别是1994年，随着经济进入上升阶段，企业的投资需求增加，金融机构通过增加短期外汇借款来应对这一需求。当时，政府放松了对外汇贷款用途的管制，对长期外汇贷款维持数量管制，为国内金融机构增加短期外汇贷款提供了有利条件。通过这一过程，到1996年年末，大量外资进入韩国股市和银行市场。[65]

在乌拉圭回合谈判达成协议后，1994年11月，韩国总统金泳三宣布新的国政方向：全球化。在亚太经合组织（Asia Pacific Economic Cooperation，APEC）峰会结束后巡访周边国家时，金泳三总统在澳大利亚悉尼突然发表了关于全球化的长期构想。金泳三强调："世界需要我们的力量，我们也应该在世界中寻找机会"，"为了在国际社会中突破激烈的竞争，为了下一代的光明未来，需要进行新的准备"。接着，他提出全球化的5大方向：①发展成为世界经营中心国家；②开发协调国家间竞争与合作的政策和人力；③推进针对全球化的制度和认识改革；④建设具有创意性的社会；⑤建设与物质繁荣相一致的精神社会和重视人的社会。为落实金泳三的悉尼构想，韩国政府于1995年1月发起成立官民联合机构——全球化推进委员会。世界化推进委员会推出12大重点课题，包括教育制度改革、劳资关系先进化、改善宏观经济及产业政策、培育产业人才、促进信息化、地区均衡发展、21世纪环境安全和推进方向、市民政治意识的世界化、提升舆论作用、扩大女性的社会参与、加强外语教育、提升韩国人形象等。[66]

金泳三政府一边推广全球化言论，一边急于加入有"发达国家俱乐部"之名的国际合作与发展组织（OECD）。加入OECD的好处包括：可以有效地应对世界经济环境的变化，可以提高韩国经济政策的透明性，可以按照OECD的标准推进韩国经济社会制度的先进化，可以提高外国投资者和企业家对韩国的认识，可以迅速得到并灵活运用OECD的各种资料和信息等。[67]韩国政府于1995年2月申请加入经合组织，为提高入选可能性，一方面加快对外开放步伐，一方面希望早日实现人均国民收入1万美元的目标。特别是，政府不顾贸易收支逆差的担忧，继续保持了美元对韩元的坚挺，得益于此，人均国民收入在1995年年末达到了11782美元。最终，韩国于1996年12月成为经合组织第29个成员国，是仅位于日本后的亚洲第二个成员国。[68]

值得关注的是，金泳三政府时期，信息通信政策的地位得到大幅加强。金泳三在作为总统候选人时期，就把制定"信息产业培育特别法"纳入竞选纲领。当时，美国政府正在强调构建包括超高速信息通信网在内的国家信息基础结构（National Information Infrastructure, NII）。1993年7月，韩国邮电部推动了关于《促进信息化和发展信息通信产业特别法》的立法，但没有得到包括工商部和科技处在内的有关部门的配合。1994年11月，有人提出为实践全球化构想,制定《信息化促进基本法》非常重要。同年12月,政府组织法被修改,邮电部扩编为信息通信部。此后,在信息通信部的主持下履行了一系列程序,1995年8月制定了《信息化促进基本法》。当时的《信息化促进基本法》包含制定信息化促进基本计划、建立信息通信产业基础、提高超高速信息通信网、运用信息化促进基金等相关事项。以信息通信部的成立和信息化促进基本法的制定为契机,此前分散在多个部门的信息通信政策有了可以更系统推进的体制。[69]

1993年至1995年期间,经济增长率、人均国民收入和物价涨幅等经济指标良好。国内生产总值增长率在1993年恢复到6%左右后,在1994年和1995年增加到8%至9%。人均GDP以每年超过1000美元的速度增长,1995年超过了1万美元。1993年至1995年居民消费价格涨幅在5%左右,比1990年至1992年稳定(见表4-1)。特别是1995年实现了出口1000亿美元、人均国民收入1万美元、综合股指突破1000大关的成果。开始有人认为韩国已经成为发达国家。[70]

然而,与表面的一些统计指标不同,韩国经济一直患有"高费用低效率"的严重疾病。以前,以低廉的成本实现高生产率是韩国经济的优势,但从20世纪80年代末开始,成本大幅增加,而生产率却倾向于持续下降。在全球市场上腹背受敌,高端产品不敌日本,低端产品不敌中国和东南亚。虽然以电子和汽车等大企业为中心的产业竞争力减弱程度较小,但纤维产业和制鞋产业中的中小企业不得不将生产基地转移到东南亚。在出口低迷的情况下,消费品进口剧增,再加上海外旅游热潮,最终在1996年创下了接近230亿美元的经常收支逆差。[71]

当然,经常项目赤字规模在GDP中占比不大,故经常项目赤字并不是经济增长不可持续的条件。问题不在于长期难以偿还外债,而是短期内可能出现流动性不足。从表4-3来看,尽管1993年以前有关短期外债的统计数据可信度有所下降,但1990年至1993年间外汇储备和一年内偿还的短期外债有趋同的趋势。继而在1994年至1997年，韩国短期外债远超外汇储备。在此情况下，如果流入国内的外国资本骤然流出，就很有可能发生外汇危机。但是，不熟悉国际金融经验和技术的韩国金融机构并不了解其危险性。此外，即使在大量海外借款和贷款盛行的情况下，韩国政府也没有做好准备掌握其数量和监管其健全性。[72]

表4-3 韩国外债和外汇储备趋势（1990—2002年）

单位：百万美元

| 年度 | 总外债 | 外债总额与国民生产总值之比（%） | 短期外债 | 外汇储备 | 外汇储备与短期外债之比（%） |
| --- | --- | --- | --- | --- | --- |
| 1990年 | 47777 | 18.1 | （14341） | 14822 | （97） |
| 1991年 | 55657 | 18.1 | （17237） | 13733 | （126） |
| 1992年 | 60262 | 18.3 | （18511） | 17154 | （108） |
| 1993年 | 67330 | 18.6 | （19165） | 20262 | （95） |
| 1994年 | 89830 | 21.2 | 38451 | 25673 | 150 |
| 1995年 | 119799 | 23.2 | 54856 | 32712 | 168 |
| 1996年 | 157363 | 28.2 | 75886 | 33237 | 228 |
| 1997年 | 174231 | 33.7 | 63757 | 20405 | 312 |
| 1998年 | 163807 | 47.3 | 39580 | 52401 | 76 |
| 1999年 | 152936 | 34.4 | 43058 | 74055 | 58 |
| 2000年 | 148119 | 28.9 | 49657 | 96198 | 52 |
| 2001年 | 128687 | 26.7 | 40293 | 102821 | 39 |
| 2002年 | 141471 | 25.9 | 48179 | 121413 | 40 |

注：1993年及以前短期外债统计，即括号内数据的可信度有所下降。
资料出处：韩国经济60年史编纂委员会，《韩国经济60年史》，第211页，李济民，"韩国的经济增长：成功与曲折过程"，第78页。

1997年，韩国经济危机显现出来。从韩宝钢铁破产开始，三美、真露、大农、韩信国营、起亚汽车、双铃、海太、优客（Newcore）、汉拿接连倒闭。都是属于韩国前 30 的大企业。企业盈利状况恶化，1997 年制造业负债率达到 396%。[73] 特别是韩宝钢铁和起亚汽车的处理被称为"韩宝事态"和"起亚事态"，成为韩国社会的巨大话题。韩宝集团的破产演变成权力型腐败事件，导致现任总统儿子被拘留。1997 年 7 月，韩国政府没有立即对起亚汽车进行破产处理，而是以破产缓期协议来弥补，在野党和市民团体表示"要把起亚作为国民企业来拯救"，并组织了"拯救起亚泛国民运动联合"。虽然 1997 年 10 月对起亚实行了破产处理，但在此期间，韩国的国际信任度大幅下降。[74]

大企业的连锁倒闭牵扯到金融机构的坏账问题。外国投资者开始回笼资金，金融市场信贷紧缩的现象已经发生。再加上泰国、印度尼西亚、马来西亚等东南亚地区爆发的外汇危机传染，韩国的金融状况进一步恶化。在外国投资者的资金回收急剧增加的情况下，他们在 1997 年 10 月一个月内出售的股票金额超过了 1 万亿韩元。国内金融机关向韩国银行请求支援，但韩国银行的外汇储备也即将见底。以 1997 年 11 月为例，韩国金融机构或企业向国外借贷 1569 亿美元，其中短期外债 922 亿美元。[75]

最终，韩国政府于 1997 年 11 月 22 日宣布，由于外汇储备不足，韩国陷入无法对外支付的危机，将向国际货币基金组织（International Monetary Fund，IMF）申请救助资金以收拾残局。IMF 在与韩国政府协商后，于 12 月 3 日制定了一项规模为 350 亿美元的援助计划。随后，美国政府暂缓偿还韩国对外国银行的债务，规模达 230 亿美元。韩国的国家信用等级从"稳定"降至"积极"，1997 年 12 月又降至"不适合投资"。汇率大幅上升，由 1997 年 8 月的 1 美元兑换 896 韩元，到 1998 年 1 月已高达 1701 韩元。在此背景下，1997 年 12 月至 1998 年 2 月，超过 1 万家企业倒闭，失业人数超过 68 万人。韩国不得不被此前称颂"汉江奇迹"的海外媒体嘲讽为"高兴得太早了"。[76]

## 2. 现有产业的技术追赶

**纤维**

20世纪70年代末80年代初，韩国纺织业经历了相当困难的时期。一方面，发达国家以多边纤维协定（Multi-Fiber Agreements，MFA）为中心加强对纤维进口的限制；另一方面，具有后发优势的中国、泰国、印度尼西亚等发展中国家也全面展开追赶。尤其，化纤行业虽然在1960—1970年发展势头强劲，但在第二次石油危机后遭遇了大幅萎缩。[77]为此，韩国政府于1979年制定纤维工业近代化促进法，以推进允许新增生产设备、改造老旧设施、促进技术开发和人力培养等措施。并于同年成立了韩国纤维产业联合会，试图共同应对纤维产业当前面临的课题。

韩国纤维产业从1983年开始复苏。例如，纤维产业设备投资在1977—1979年为7176亿韩元，在1980—1982年下降到3951亿韩元，然后在1983—1985年又恢复到7436亿韩元。[78]韩国政府1986年制定工业发展法，实施产业合理化行业认定制度，推动相应行业调整结构。在纤维产业中，认为纺织业和染色加工业丧失竞争力，在禁止新企业进入的同时，在替换老旧设施、研发新技术和新材料、强化时装及设计教育等方面提供支援。在推进产业合理化的过程中，恰逢"三低繁荣"来临，韩国纤维产业在1987年首次实现了单一产品出口100亿美元的目标。[79]

20世纪80年代，引领韩国纤维产业结构升级的部门可以说是化学纤维。与其他部门相比，化学纤维陈旧设备相对较少，通过不断新增设备，生产设备规模与世界水平接轨，可以享受到规模经济效应。1983年，韩国化纤产业生产设备规模位居世界第六，其产量达到世界总产量的11.6%。[80]此外，经过20世纪80年代的发展，韩国化纤行业结构中心由尼龙和腈纶转向了性能优良的涤纶。对比 1980 年和 1990 年来看，尼龙 F 从 11.8 万吨增长到 19.8 万吨，腈纶 SF 从 13.9 万吨增长到 18.4 万吨，增速缓慢；而涤纶 F 从 13.7 万吨大幅增长到 47.4 万吨，涤纶 SF 从 14 万吨迅速增长到 40.8 万吨。[81] 与此同时，化纤企业也全面进军研发领域。20 世纪 80 年代，随着韩国政府研发扶持制度的完善，出现了设立企业附属研究所的热潮。从化学纤维产业的情况看，到 80 年代中期，几乎所有企业都建立了自己的研发机构。[82]

对于化纤产业的类似变化，韩国化纤协会于 1993 年在出版的资料中写道：

> 在 20 世纪 80 年代之前，韩国化纤工厂的规模小于国际上认可的能带来效率的最小单位。最初，韩国化纤产业的规模并不一定能保证效率，后来扩大规模，引进并掌握不成熟的技术，这一过程堪称学习过程中的典范。特别是 20 世纪 80 年代，多家化纤企业建立了自己的研究所，取得了自主研发技术的成果。从初期以许可等方式引进个别设施或单位工厂来进行简单组装或简单加工的阶段，发展到现在体系完备，可自主开发并调配不完善的技术，可谓华丽转身。[83]

表 4-4 展示了 20 世纪 80 年代韩国主要化纤企业开展技术革新活动的一些趋势，其特点可概括如下。第一，20 世纪 80 年代，化纤企业自主研发活动得到加强，专利登记次数大幅增加。特别是东洋尼龙、可隆（KOLON）、三养社、鲜京合纤、第一合纤等企业在 20 世纪 70 年代设立了独立的研发机构，专利登记次数较多。第二，加强自主研发活动并不意味着大幅减少技术引进次数。随着化纤企业技术能力的不断增强，对高端技术的需求也随之增加，其中部分可以实现自我满足，但仍有很大部分需

要依靠技术引进。第三，1980年代中期前后，较之纤维领域，专利登记次数和技术引进次数在非纤维领域的比重开始大幅提升。这意味着化纤企业以附加值更高的产品来推进多种经营，在技术引进和自主研发上双管齐下，从而在非纤维领域积累技术能力。[84]

表4-4 化纤企业专利登记和技术引进趋势（1982—1991年）

| 行业 | 企业名 | 专利登记次数（1982—1986年） || 专利登记次数（1987—1991年） || 技术引进次数（1982—1986年） || 技术引进次数（1987—1991年） ||
|---|---|---|---|---|---|---|---|---|---|
| | | 纤维 | 非纤维 | 纤维 | 非纤维 | 纤维 | 非纤维 | 纤维 | 非纤维 |
| 尼龙 | 可隆 | 18 | 1 | 164 | 138 | 1 | 1 | 3 | 7 |
| | 东洋尼龙 | 11 | 19 | 31 | 15 | 3 | 7 | 6 | 11 |
| 涤纶 | 东洋涤纶 | 2 | 0 | 7 | 3 | 2 | 0 | 0 | 1 |
| | 鲜京合纤 | 7 | 1 | 25 | 4 | 3 | 0 | 0 | 1 |
| | 三养社 | 3 | 2 | 24 | 3 | 1 | 3 | 1 | 4 |
| | 第一合纤 | 11 | 3 | 16 | 27 | 6 | 0 | 3 | 1 |
| 腈纶 | 韩一合纤 | 2 | 0 | 3 | 0 | 0 | 0 | 1 | 3 |
| | 泰光产业 | — | — | — | — | 0 | 2 | 0 | 2 |

注：鲜京合纤于1988年变更为鲜京工业。
资料出处：李相哲，《化纤产业的技术创新与技术能力发展》；李根等，《韩国产业的技术能力和竞争力》，（景文社，1997），整编自第240-241页。

20世纪80年代化纤产业的技术革新是以用于服装的功能性纤维产品为中心进行的。可隆于1982年推出了国内最早的异收缩混纤纱（将收缩率不同的两种类型的纤维混合加工而成的纱线）（Sillod-3），1985年开发出了利用超细纤维（micro fiber，每股粗细在1旦尼尔[①]以下的纤维）的非织造布型绒面人工皮革。东洋尼龙公司于1987年开发出挑战性纤维Akron-S，并用于制作特殊用途的工作服。1988年泰光产业开始启动碳纤

---

① 尼龙、丝的纤度单位。

工厂，韩国由此跻身碳纤生产国行列。此外，鲜京合纤于1987年竣工建成涤纶原料工厂，从此拥有了从石油到纤维的所有工序。[85]在非服装用纤维制品方面，可隆从1979年通过与KIST尹韩植博士团队的共同研究，于1984年成功开发出高强度芳纶纤维，成为全球第三个掌握该技术的企业，被誉为是具有代表性的研究开发成果。[86]

1990年前后，韩国政府探求方案，思考如何将韩国的纤维产业转换成技术密集型产业。韩国纤维产业结构改善委员会在此背景下成立，集结政产学研各界专家，于1989年制定了纤维产业结构改善七年计划（1990—1996年），当属其典型案例。该计划设定基本目标，计划韩国到2000年时跃升为世界第一大纤维出口国，随后又提出纤维产业调整的基本方向，将产业结构从劳动密集型产业调整为技术密集型产业，实现由"量的增长"到"质的增长"的转变。改善纤维产业结构的对策有：建立多品种、小批量生产体制、技术革新和对接国际化时尚、扩充自动化最新设备、提升自主产品的出口、提高原纱和纺织等上游部门的出口比重等。该计划特别提到了韩国纤维业的夙愿项目——设立综合纤维技术研究所，其后，1994年大邱纤维技术振兴院扩编为韩国纤维开发研究院（Korea Textile Development Institute）。[87]

进入20世纪90年代后，韩国纤维产业出现了下滑趋势。对比1990年和1997年来看，虽然附加值从77840亿韩元增加到159850亿韩元，出口额从147.66亿美元增加到187.38亿美元，但附加值占制造业总量的比重从11%下降到8.8%，出口额从22.7%下降到13.8%。从业人数不仅相对比重从20.1%降至15.3%，在绝对规模上也从60.7145万人降至41.3073万人。[88]尤其是，在1988至1995年期间，韩国纤维产业的工资尽管增长了约3倍，但由于被视为"3D"（dirty，difficult，dangerous）行业，在确保技能人才方面面临巨大困难。从事中低端产品生产的工厂开始寻求产业转移，向劳动力成本低廉且具有后发优势的发展中国家转移。韩国纤维产业在20世纪90年代处于腹背受敌的境地,在高价产品市场上落后于发达国家的名牌产品,在中低价产品市场上则落后于发展中国家。[89]

在这种情况下,韩国纤维业只有努力通过技术革新来提高产品附加值。在生产技术方面,已经推广可同时纺纱和延伸的"旋转延伸法"(spin draw)方式,利用分割纱和海岛纱制成的超细纤维产品也正式投入生产。在纺织领域不断推出具有全新感觉和功能的新产品,例如:可隆在1992年设立人工皮革生产工厂,并销售商标为"샤무드"(samid)的人造皮革产品。可隆也不断研发新材料,于1991年开发出了超防水纤维材料X2O;东洋尼龙于1992年通过独立技术研发开始进军氨纶纤维项目。[90]

以这些技术创新为基础,韩国纺织业的技术水平逐渐提高。据1995年通商产业部的调查显示,韩国纤维产业的技术水平与发达国家相比,化学纤维约为发达国家的85%,棉纺为70%,纺织为65%,染色加工为60%左右。[91] 20世纪80年代初期,韩国纤维产业的劳动生产率在棉纺领域达到发达国家50%—60%的水平,在化纤领域达到70%。从这一点来看,20世纪90年代中期,纤维技术各领域的技术水平比20世纪80年代初期提高了10%—15%。另外,据韩国产业银行以2002年为基准进行的调查显示,化学纤维、棉纺、染色加工的技术水平分别为发达国家水平的90%、80%和65%。考虑到相关技术属性,技术水平按生产技术、产品质量、材料及配件、新产品开发、生产设备这一顺序逐渐降低(见表4-5)。

表4-5　韩国纤维产业的技术竞争力指数(2002年)

| 分类 | 研发新产品 | 原材料·零部件 | 生产技术 | 生产设备 | 产品品质 | 平均 |
| --- | --- | --- | --- | --- | --- | --- |
| 化学纤维（服装原料） | 90 | 90 | 95 | 85 | 90 | 90 |
| 棉纺 | 70 | 70 | 90 | 70 | 85 | 80 |
| 染色加工 | 50 | 70 | 70 | 70 | 60 | 65 |

注：发达国家为100。
资料出处：韩国产业银行,《国内主要战略产业的技术竞争力分析及发展方案》,《产业技术信息》25(2002),第14页。

韩国纤维产业中技术水平薄弱的领域是设计技术和产业用纤维。以1998年为准，设计技术方面总体约为发达国家70%的水平，其中产品开发为70%，样品制作为85%，策划为70%，设计师素质为50%。韩国时装产品的水平仅限于通过意大利、日本等的展示会或杂志获取的信息进行模仿或改良。以2002年为准，产业用纤维方面整体不过发达国家60%的水平，其中原料生产为50%，纤维化技术为70%，集合化技术为75%，再加工为45%。[92]因此，2000年初，美国、日本等发达国家非服装用产品在纤维产业所占比重约为70%，相反韩国仅为20%。[93]

韩国产业技术振兴协会2009年出版的资料对20世纪80—90年代韩国纤维产业的技术革新活动和成果有如下评价。

> 从20世纪80年代开始，随着技术开发的重要性日益凸显，以大企业研究所为中心的研发活动极为活跃，每年都能取得重要的技术开发业绩。特别是在服装用化纤领域缩小了与日本的差距，虽然在创意新产品上仍落后日本，但在一般纤维产品上却几乎能与日本产品的质量持平。但韩国产业用纤维占比较低，无法确保核心产业用纤维材料的供给，因此在持续创收方面遭遇瓶颈。[94]

**制鞋**

20世纪70年代后期，韩国制鞋产业快速增长的趋势开始放缓，直到80年代中期一直保持10%左右相对较低的增速。制鞋产业增势放缓的重要背景是包括美国在内的进口国对韩国的制鞋产品实施限制。特别是，美国占韩国鞋类出口额的60%以上，通过《市场秩序维持协定》（orderly market agreement，OMA）颁布措施，规定在1977年7月至1981年6月期间，韩国对美国鞋类出口量不得继续增加。对此，韩国政府实施政策，筛选制鞋企业，并分配出口量。国际、三和、金阳、泰和四大鞋企承担政府配额总出口量的80%，获得了巨大的收益。

随着美国解除进口限制措施，众多中小企业进入制鞋产业，为争夺出口订单展开激烈竞争。结果，在1982年一年期间，甚至有20多家工厂倒闭、60多条生产线停产。经历了这样的混乱，韩国制鞋业重回稳定，鞋类出口额从1980年的9.04亿美元增长到1985年的15.712亿美元。[95]

20世纪80年代前期，韩国制鞋业虽然没能达到以往的高速增长，但也经历了一些重要变化。首先，继耐克（Nike）之后，锐步（Reebok）、匡威（Converse）等世界著名品牌也陆续进军韩国。特别是1982年锐步的健美操鞋在韩国市场大获成功，此后3年，更一度取代尼龙慢跑运动鞋，成了韩国市场的主力产品。韩国的制鞋产业保持革制运动鞋的特色，与以女性革鞋为特色的巴西和意大利等国家一起，成为引领世界制鞋产业的核心。[96]

更重要的是，1981年韩国第一个固有品牌"步乐斯"（Prospecs）由国际商社推出上市。国际商社认为韩国通过OEM已经充分积累了生产技术，因此为提高附加值，并减少对海外客户的依赖，研发固有品牌。也就是说，没有经过从代工生产（OEM）到自主设计生产（ODM, own-design manufacturing）这一过程，直接挑战了自主品牌生产（OBM, own-brand manufacturing）。步乐斯在国内市场反响良好之初，国际商社便于1983年进军美国市场。最终，国际商社在分销渠道方面败北，最终损失3000万美元，并从美国市场撤出。[97]此后，国际商社因与政治圈的矛盾，流动资金遭遇不畅，在1985年难逃厄运，走向解散，当时国际集团位列全球第七。[98]

步乐斯进军美国市场受挂，表面原因是未能获取分销渠道，但根本原因在于其产品缺少功能差异。这一点从金锡宽1999年对国际商社社长河英珠的采访中可明显看出。

图 4-2　2017 年由 LS Networks 恢复的步乐斯原创广告
资料出处："步乐斯推出再现 1981 年感性的原创生产线",《非常经济》,2017.5.25。

产品落后是最主要的原因。只要我们能够研发出一款在人体工程学方面远超现有产品,且有创新功能的鞋,即便是没有名称的品牌,美国知名的营销人员也会蜂拥而至。这样就可以和他们一起开拓市场。说缺乏营销能力而未能打入世界市场,这话连一半都不可信。其他鞋类不清楚,如果在人体工程学方面没有突出的功能,至少运动鞋是不能进入市场的。产品第一,营销在后。耐克和锐步也是因有功能突出的产品,再有市场营销加持才成功的。如果他们的鞋和其他公司相似,他们也永远不可能成功。[99]

韩国固有品牌未能打入美国市场,可归结于缺乏设计能力,无法设计出具有创新功能的鞋子。由于当时韩国的鞋企缺乏概念设计(concept design)能力,很难开发出具有新功能的创新产品,只能侧重于模仿国外主要知名品牌产品的潮流设计（trend design）。因此，国际商社虽然推出与知名品牌相似的产品进军美国市场，但在完全没有品牌认可度的情况下，很难以没有差异性的产品吸引美国消费者的关注。[100]

实际上，在OEM体制下，很难获得设计能力。因为在OEM体制下，设计和生产是分开进行的。因此，要想尝试好的固有品牌，只能具备自主设计能力。为此，不仅在设计领域，也必须在生物动力学和材料领域展开全面研究。但韩国制鞋企业大部分满足于OEM体制，尝试固有品牌的企业也对投资研发新产品不甚热切。事实上，主要OEM企业都致力于向综合商社转型，倾向于将制鞋OEM中获得的巨额收益都用于扩建其他业务部门。国际商社在1983年就计划要设立体育产品科学研究中心，但由于后来企业破产和集团解体而计划落空。[101]

1986至1990年，韩国制鞋产业恢复了以往的增长态势，在生产和出口方面迎来鼎盛时期（见表4-6）。出口增长率到1985年为止仍停留在10%左右，但从1986年开始恢复到20%—30%的水平，1990年创下历史最高纪录，总额达43.1516亿美元。然而，韩国的鞋类出口在1990年达到顶峰后便转为下降趋势。1990年出口额达43亿美元，1998年迅速下降

表4-6 韩国制鞋产业供需趋势（1963—2002年）

单位：百万美元

| 分类 | | 1963年 | 1970年 | 1975年 | 1980年 | 1985年 | 1990年 | 1995年 | 2002年 |
|---|---|---|---|---|---|---|---|---|---|
| 供给 | 生产 | 59 | 68 | 306 | 1238 | 2057 | 6069 | 3318 | 1963 |
| | 收入 | 0 | 0 | 0 | 1 | 13 | 91 | 352 | 404 |
| 需求 | 内需 | 58 | 51 | 115 | 335 | 497 | 1853 | 2164 | 1790 |
| | 出口 | 1 | 17 | 191 | 904 | 1573 | 4307 | 1506 | 577 |
| 出口比率（%） | | 1.7 | 25.0 | 62.4 | 73.0 | 76.5 | 71.0 | 45.4 | 29.4 |
| 进口比率（%） | | 0 | 0 | 0 | 0.3 | 2.6 | 4.9 | 16.3 | 22.6 |

资料出处：金基元、金清秀、宋正焕，《了解韩国产业》修订版（韩国放送通信大学出版社，2006），第187页。

至8亿美元左右，低于1980年的水平。这是工资上涨导致价格竞争力的减弱、海外客户转包生产基地的转移、包括中国在内的制鞋新兴出口国的崛起等综合作用的结果。为克服这一危机，韩国政府还在1992年2月至1995年2月对制鞋产业实施了产业合理化措施，推动抑制新增设备、减少老旧设备、向自动化设备转型、提高生产效率和质量等举措。[102]

随着韩国制鞋产业价格竞争力的下降，鞋厂也加速向海外转移。鞋厂外迁始于1987年，以1995年为基准，当时已有50多家鞋企转移了生产基地，其中包括印度尼西亚10家、泰国2家、菲律宾3家、中国25家、越南5家。有趣的是，美国企业并未直接进入这些国家，而是韩国或中国台湾地区的企业进入了这些国家。被物色为新生产基地的国家和地区，虽然具备低工资、弱工会、低关税等良好条件，但与韩国和中国台湾地区不同，缺乏生产鞋类的产业基础和技术基础。因此，发达国家的大客户采取灵活方法，促请韩国经营者在相关国家设立当地法人以从事工厂运营。利用从韩国运来的设备、原材料、零部件，在韩国经营团队和技术团队的指导下，雇佣当地工人进行另一种形式的国际分工。[103]

随着生产设备的海外转移和国内生产基础共同化的迅速进行，国内制鞋产业的格局也发生了很大变化。最重要的是，韩国鞋业的OEM生产大幅减少。如表4-6所示，出口额在鞋类生产总额中所占比重在1990年为71%，1995年为45.4%，2002年降至29.4%。随着OEM规模缩减，主导OEM的企业也发生了更替。以前引领鞋类出口的5大OEM企业在20世纪80年代和90年代因经营恶化倒闭或退出出口竞争，泰光实业、世元、大信交易、三养通商等中坚企业跃升为OEM的主力。这些企业的大部分订单均由其海外工厂承担，国内工厂只负责研发试制品或生产部分高价产品。[104]

20世纪90年代以后，韩国制鞋产业呈现出又一特征，开始攻占缝隙市场或擅长零部件的中小企业间的奋战。[105]鹤山推出自主品牌维特罗（Vitro），专门生产网球鞋等运动鞋；"Kika"在球鞋领域崭露头角；星昊实业（原 Kika，今 Trekstar）通过自主品牌"特锐思达"（Trekstar）攻占轻盈登山鞋市场后成长为专业户外运动企业；雨燕作为循环化专门企业，以 ODM 形式向日本品牌禧玛诺（Shimano）供货；诚信新材料以注塑方式代替冲压方式生产优质中底；永昌产业（今永昌生态）以生产轻型和具有卓越减震性能的鞋垫为特色，这都是其中的典型案例。[106] 这些企业的共同点是大都成立于 20 世纪 80 年代末，即韩国制鞋产业刚开始呈现颓势时，且首席执行官都在现有的 OEM 企业积聚经验。

特锐思达社长权东七在 2016 年发行的书中对于自主品牌的意义，曾有如下论述。

> 在户外行业拥有一个自我品牌绝非易事。创立一个品牌不是简单地确定一个标志，注册一个商标就能实现的。最重要的是品牌必须有区别于其他商标的故事。要通过消费者希望的产品和价格、消费者想要的流通和促销活动来记录品牌所固有的故事。当然，拥有自主品牌的前提是过硬的技术能力和商品性能。品牌价值来自其与第三方产品明显的差异性。这种差异性离不开不懈的努力与研发。[107]

值得注意的是，为提高制鞋产业的技术能力，1987 年韩国制鞋研究所在釜山成立。[108] 韩国制鞋研究所一直从事材料及零部件开发、生产自动化研究、设计研究、分析试验和技术指导等工作。以 1999 年年末为准，该研究所完成课题 204 项，执行中的课题有 52 项；到了 2001 年，完成的课题增加到 363 项，执行中的课题增加到 204 项。研究所近半数的运营费用由中央政府或釜山市支援，另一半由企业的代理研究来支付。前面提到的 Kika、诚信新材料、永昌产业等企业都曾利用韩国制鞋研究所来推进设计或新材料研发。[109]

1998年韩国制鞋皮革研究所对韩国制鞋产业的技术水平进行了调查，结果如表4-7所示。据评估，当时韩国制鞋产业虽然在组装加工方面达到发达国家95%的水平，但依靠自主设计的生产依然不足。而且与发达国家相比，材料属性为90%，工艺设计为80%，新材料开发为75%，金属铸型为70%，自动化和设计仅为60%左右。韩国与竞争对手中国台湾地区相比，除组装加工和材料属性以外，其他领域的技术水平都处于落后状态。20世纪90年代以后，虽然一些中小企业以优秀的技术实力攻占世界市场，但大多局限于特殊鞋或零配件等夹缝市场。韩国企业在属于制鞋产业主流的成品运动鞋上，一直无法避免苦战。

表4-7 韩国制鞋产业的技术水平（1998年）

| 分类 | 发达国家 | 竞争地区 | 韩国 | 技术差距内容 |
| --- | --- | --- | --- | --- |
| 新材料研发 | 100 | 85 | 75 | 材料多样性与质量劣势 |
| 原材料属性 | 100 | 85 | 90 | 材料形态稳定与性能 |
| 自动化 | 100 | 70 | 60 | 机械制造能力不足 |
| 金属铸型 | 100 | 90 | 70 | 精密设计技术与可操作性 |
| 工程设计 | 100 | 90 | 80 | 系统开发能力不足 |
| 组装加工 | 100 | 90 | 95 | 自主设计制造生产 |
| 设计 | 100 | 70 | 60 | 设计创造能力和人才 |

注：发达国家指日本和意大利，竞争地区是中国台湾地区。
资料出处：李在德等，《纤维与生活产业的发展战略》（产业研究院，1999），第77页。

**石油化学**

韩国石化产业在1979年至1982年期间经历了相当严峻的考验。1979年爆发的第二轮石油危机导致国际油价飙升3倍多，70年代曾保持20%—30%的高速增长态势的内需市场也急剧萎缩，世界石化产品供给过剩导致外国产品普遍倾销出口。因此，韩国石化企业在 1980—1982 年出现了经营收支赤字，额度高达 2000 亿韩元，陷入了严重的经营困境。在这一背景下，韩国政府废除了从 1978 年开始推进的第三石油化学工业园区建设计划，并引入了石脑油国产价格与国际价格挂钩的制度。[110]

得益于国际油价稳定和国内经济复苏，对石化产品的需求步入 1983 年以来又开始增加。特别是，美国、欧洲、日本等发达国家的石化企业缩减生产设施，甚至出现了供给不足的迹象。在此背景下，1984 年 11 月韩国政府颁布计划，将在蔚山园区和丽川园区新增设设备，乙烯标准年产量也将从 50.5 万吨扩大到 100 万吨。但是，国内企业并没有欣然投入到新增设的倡议中来，而是观察国内外市场供求趋势，采取慎重态度。[111]

步入 20 世纪 80 年代中期以来，受所谓"三低繁荣"的影响，对石化产品的需求开始剧增，价格也随之攀升，供求条件得到了很大改善。当时，韩国政府开始调整政策基调，从直接介入石化项目管理转变为给业界松绑，允许自主判断。1985 年颁布措施，允许外商投资进入石化产品制造业；1988 年又对石化相关的所有 45 个产品施行进口自由化措施。特别是以 1986 年废除石油化学工业培育法和制定工业发展法为契机，对石油化学产业的投资走向自由化，预示着大规模设备投资的到来。[112]

1987 年 10 月，韩国政府决定除扩建柳工（前身为大韩石油公司）和大林产业（前身为湖南乙烯）的石脑油裂解设备（NCC）以外，还将新建年产 35 万吨规模的工厂。同年 12 月，Lucky 石化（今 LG 化学）被选定为新项目的实际需求者。当时，石化行业被喻为最赚钱的行业，出现投资过热迹象。在众多企业提交新增设备项目计划书的情况下，韩国政府于 1988 年 5 月召开石油化学工业发展民间协议会，要求协商投资指导方案。但同年 10 月发布的报告书仅停留在原则性层面，内容包括阶段性推进设施扩建、改善基础油分供求不平衡的状况、保障民间投资的自主性等。1988 年 11 月，韩国政府又制定了石油化学工业的投资指导方针，其中包括 1989 年前通过行政指导防止过度投资、自 1990 年起新投资开始完全自由化、尽快选定对 NCC 的投资企业等。根据政府的方针，蔚山园区的大韩油化和丽川园区的湖南石化被选定为 NCC 的投资企业。大韩油化和湖南石化分别向韩国政府提交了建设年产 25 万吨和年产 35 万吨规模 NCC 的技术引进计划。[113]

当时，三星综合化学（今韩华综合化学）和现代石化对进军石化产业表现热切。在现有企业和新进企业矛盾激化的背景下，1990 年政府以生产量 50% 以上用于出口为条件，允许三星和现代进入石化企业。[114]实际上，三星和现代已经从 1988 年开始在忠南瑞山郡大山面展开了大规模建设石化园区的工作。1991 年竣工的大山第三石化园区由三个工业园区组成，第一工业园区是三星综合化学，第二工业园区是现代石化，第三工业园区是极东炼油（今现代石油炼油公司）。通过大山园区的建设项目，三星综合化学和现代石化分别开始启动年产 35 万吨规模的 NCC 建设，以 1992 年为基准，全韩国乙烯生产能力大幅增长至 325.5 万吨，生产规模位列世界第五。[115]

金承锡仔细研究了韩国石化产业的发展过程，认为大山园区的特征可以概括为以下四点。首先，大山园区克服现有石化行业的反对，由三星和现代主导建造。第二，虽然在建设蔚山园区和丽川园区时政府提供了基础设施，但在建设大山园区时，除入境道路以外，所有基础设施都由三星和现代自行解决。第三，蔚山园区和丽川园区分别由 18 家公司和 9 家公司组成联合工厂，而大山园区则由三星和现代两家公司分别组成独立的综合生产体系。第四，蔚山园区和丽川园区的建设目标是替代进口，实现石化产品自给自足；而大山园区在很大程度上是旨在出口。[116]

进入 20 世纪 90 年代，韩国石化产业几经沉浮。1991 年，一度担忧的供给过剩问题渐成现实，政府于 1992 年发布石化工业投资合理化方案，在 1995 年之前控制新增主要石化产品。1993 年韩国石化产业首次出现贸易顺差，那是因为 1992 年 8 月中韩建交后对华出口大幅增加。1994 年随着国际油价趋稳，世界经济迅速复苏，世界石化产品供求关系由供过于求转为供不应求。韩国国内石化行业从 1993 年的亏损转 1 万亿韩元转为 1994 年的盈利 3000 亿韩元，1995 年又着手进行新的设备投资。然而，受 1996 年国际油价上涨和发展中国家开工设厂的影响，韩国石化行业的利润再度下降。[117]

表 4-8　石化产品供需趋势（1982—1996 年）

单位：千吨

| 品类 | 分类 | 1982 年 | 1986 年 | 1992 年 | 1994 年 | 1998 年 |
| --- | --- | --- | --- | --- | --- | --- |
| 乙烯 | 生产能力 | 505 | 505 | 3255 | 3570 | 5000 |
| 合成树脂 | 生产能力 | 985 | 1389 | 4932 | 6068 | 8153 |
|  | 生产 | 796 | 1476 | 4792 | 5855 | 7921 |
|  | 进口 | 77 | 151 | 128 | 130 | 65 |
|  | 出口 | 206 | 244 | 1912 | 2306 | 5161 |
|  | 内需 | 667 | 1039 | 3008 | 3679 | 2825 |
| 合成原料 | 生产能力 | 335 | 365 | 1880 | 2005 | 5665 |
|  | 生产 | 316 | 354 | 2005 | 786 | 3850 |
|  | 进口 | 410 | 869 | 3291 | 158 | 5073 |
|  | 出口 | — | 2 | 5665 | 2427 | 866 |
|  | 内需 | 726 | 1221 | 6215 | 2128 | 1238 |
| 合成橡胶 | 生产能力 | 101 | 125 | 245 | 245 | 458 |
|  | 生产 | 64 | 114 | 207 | 263 | 420 |
|  | 进口 | 13 | 19 | 48 | 41 | 21 |
|  | 出口 | 4 | 19 | 83 | 112 | 272 |
|  | 内需 | 73 | 114 | 172 | 192 | 169 |

资料出处：韩国石油化学工业协会，《从统计看韩国石化产业 40 年历史》(2010)，第 33-34 页。

韩国石化产业进入 20 世纪 90 年代后经历了很大的结构性变化。首先，韩国石化产业通过 20 世纪 90 年代的发展，已从内需产业转变为出口产业。特别是，韩国石化产业在 1992 年前一直保持贸易赤字，但 1993 年创下了 1543 万美元的贸易顺差，此后每年的顺差幅度都在增加，1996 年贸易顺差高达 5.7 亿美元。[118] 并且，韩国石化产业在 20 世纪 80 年代之前整体维持着"一公司一工厂"或"一公司一品种"的原则，但进入 90 年代后，在该园区生产同一产品的企业达到 2 至 3 家。特别是上游部门企业和下游部门企业相互交叉进军，三星和现代从一开始就构筑了综合性的生产体系等，曾分做多个阶段的生产体系变成了加强各阶段联系的连续性的生产体系。

随着韩国石化产业达到世界规模，韩国企业也开始进一步加强技术研发。20 世纪 80 年代中期以后新增设备大都引自外国企业的技术。虽然在基本设计上仍然依赖外国企业，但与此前相比，韩国企业在详细设计和设备施工上的技术水平逐步提高。[119] 另外，通过新增设备可生产出多种派生品，因此韩国企业也不断尝试掌握相关制造技术或研发新产品。例如，大林产业从 1984 年开始推动与韩国化学研究所白行南博士团队的共同研究，于 1990 年掌握聚乙丁烯的制造技术后，从 1993 年开始步入商业生产。[120] 20 世纪 90 年代以来，以高分子新材料为中心的技术开发十分活跃。如：研发出可承受氯氟烃（CFC）替代物的 ABS 树脂、含有抗冲击的高分子合金（polymer alloy）和多功能高品性的热塑弹性体等。[121]

尽管取得了一些技术成果，但除生产技术和通用产品质量外，韩国石化产业的整体技术水平仍然不高。以 1996 年为例，虽然工程运营技术约为发达国家的 95%，通用产品质量水平约为 90%，但工程设计技术和工程开发技术仅为发达国家 50%—60% 的水平，关键材料技术为 30%—60%，催化技术仅为 30%—50%。[122] 以 2002 年为基准，在通用产品方面与发达国家相比，生产设备约为发达国家 85% 的水平，生产技术为 85%，产品质量为 85%，材料配件自给程度为 80%，新产品开发能力为 70%，综合水平为 80%。相反，在功能产品方面，生产设备约为发达国家 45% 的水平，生产技术为40%，产品质量为50%，材料配件自给程度为50%，新产品开发能力为50%，综合水平仅为50%。[123]

实际上，20世纪80—90年代韩国石化产业最重要的争论焦点是新增设备。虽然与以前相比设备日益先进且部分实现了国产化，但仍依赖外国企业。80—90年代的新增设备的模式为：以外国企业提供的基本设计为基础，国内企业完成详细设计后再投入生产现场。对此，三星经济研究所在2002年的手册中对韩国石化产业的技术引进有如下论述。

> 国内企业在可创造高附加值的先进行业的基础研究领域能力不足，因此相关技术完全依赖从发达国家引进。换言之，国内石化行业的生产设备完全依靠引进技术来进行设计，更由于引进技术被积压在成套设备上，因此缺乏离开现有成套设备确保技术独立的能力。其结果是被动应对技术变化，在推进新项目时继续重复引进通用技术的模式。[124]

**钢铁**

进入20世纪80年代后，浦项制铁公司（POSCO）推进了光阳钢铁厂建设项目和浦项钢铁厂设备合理化项目。[125]光阳钢铁厂建设项目分一期（1985—1987年）、二期（1986—1988年）、三期（1988—1990年）、四期（1991—1992年）持续开展，浦项钢铁厂设备合理化项目分1984—1986年、1987—1988年、1989—1992年三个阶段实施。[126]由此，包括浦项钢铁厂的940万吨和光阳钢铁厂的1140万吨在内，浦项制铁的总生产能力达到了2080万吨。1990—1992年，浦项制铁成为继日本的新日本制铁公司和法国的于齐诺尔-萨西洛尔钢铁公司（Usinor-Sacilor）之后的世界第三大钢铁企业。另外，当综合钢厂的产量达到500万—600

万吨时，生产成本会显著降低，而产量达到1000万吨左右时成本最低，考虑到这点，可以认为浦项制铁公司拥有的两家钢铁厂能够充分享受规模经济效应。[127]

浦项制铁自主制定了光阳钢铁厂建设项目的技术规划，该技术规划的原则是保障设备之间的兼容性和引进最先进的设备。浦项制铁通过光阳钢铁厂四期建设项目，选择了设计相同的高炉和转炉，反复进行高水准的技术学习，为进一步发展技术能力提供了契机。光阳钢铁厂四期项目年产能从270万吨提升到330万吨便直接体现了这一点。经过一段时间的反复学习，投产技术不断提高，浦项制铁便将3号高炉的生产能力提升至30万吨，4号高炉的生产能力提升至300万吨，从而得以在四期项目中建设出330万吨规模的钢铁厂。[128]

表4-9 光阳钢铁厂建设项目概要

| 项目 | 一期 | 二期 | 三期 | 四期 |
| --- | --- | --- | --- | --- |
| 生产能力（累计） | 270万吨 | 270万吨（540万吨） | 270万吨（810万吨） | 330万吨（1140万吨） |
| 开工日期 | 1985.3.5 | 1986.9.30 | 1988.11.1 | 1991.1.5 |
| 预计竣工日期 | 1987.6.30 | 1988.10.15 | 1991.1.31 | 1992.10.31 |
| 实际竣工日期 | 1987.5.7 | 1988.7.12 | 1990.12.4 | 1992.10.2 |
| 建设工期 | 26个月 | 21个月 | 25个月 | 21个月 |
| 工期缩短 | 54天 | 95天 | 57天 | 29天 |

资料出处：宋成守，《韩国钢铁产业技术能力的发展过程》，第184页。

另外，浦项制铁通过光阳钢铁厂建设项目，正式安装了当时试验开发的新设备。典型例子有：炼铁部门的煤粉喷吹法（pulverized coal injection，一种将廉价普通煤直接吹入高炉的方法）、热轧部门的连铸-直接热轧法（hot direct rolling，一种将连铸和热轧之间的中间工序全部省略的方法）、冷轧部门的冷连轧法（tandem cold rolling，一种将酸洗处理后的钢卷连续轧制的方法）等。与此同时，在光阳钢铁厂的建设项目中，100%引进了连铸设备，韩国因此从1990年开始创下了世界最高的连铸率纪录。在大规模引进这些优秀设备的基础上，光阳钢铁厂在设备新锐度方面一跃成为世界顶级钢铁厂。[129]

浦项制铁为了有效运营光阳钢铁厂，努力获取使用尖端设备所需的技术。然而，这些技术不是发达国家不愿转让，就是国外先进钢铁厂也才开始应用。因此，很难再像过去那样一股脑儿从别处获取，而是需要自行开发相关技术，以便尽早追赶先进技术。在这样的背景下，20世纪80年代以后，浦项制铁经常引进部分相关技术再将其完善成适合浦项制铁的形式，或直接进行自主开发，不从国外正式引进技术。

浦项制铁还进一步对1977年设立的技术研究所进行大规模重组，推进构建新的研究开发体制，[130]并在1986年创建了浦项工科大学（Pohang Institute of Science and Technology，POSTECH），1987年创建了产业科学技术研究所（Research Institute of Industrial Science and Technology，RIST，1996年变更为浦项产业科学研究院）。它也因此成为韩国国内最早建立连接企业、研究所和大学的"三角研究开发合作体制"的企业。另外，浦项工大和RIST虽然是由企业主导创建，但依据的是研究中心大学或独立法人研究所这样的新概念。特别是浦项制铁、RIST、浦项工大地理位置相近，具有进行实质性产学研合作的条件。[131]

与此同时，浦项制铁在20世纪80年代以后推进了重点发展技术能力的全面经营战略，战略内容包含企业素质强化计划和中长期技术发展规划。企业素质强化计划分成1981—1984年和1984—1987年两个阶段开展，从减少生产费用（如：节约资源、节约能源、提高劳动生产率、提高建设工程等）和提升竞争力（如：强化技术开发、设备管理效率化、人力整顿与开发、电子系统改善等）两方面来推进。中长期技术发展规划于1982—

1993年分三次制定，目的在于集中力量确保各制程重要技术、战略性开发高级钢、解决当前技术难题等。浦项制铁通过这样的规划，对生产效率和技术水平的指标进行了系统的管理，到了20世纪80年代中期，浦项制铁的相应指标开始显著提高。[132]

浦项制铁对当时世界顶级钢铁技术国日本的追赶，在其20世纪80年代开展技术活动的过程中作用重大。当时，浦项制铁只要通过正式文献或非正式接触得知日本取得的技术成就，就会倾尽全力追赶。日本从20世纪80年代开始回避正式的技术转让，这点虽然没能对浦项制铁技术水平的提高做出直接贡献，但是其取得的技术成就对浦项制铁的技术活动提供了很多刺激和危机，因此起到了间接作用。对此，曾在20世纪80年代历任浦项制铁设备技术部长和负责技术的副社长等职务的白德贤曾回忆说：

> 日本这一世界头号钢铁技术强国的存在让我们受到了很多刺激，超越它被看作是不得不解决的难题。特别是日本所取得的技术成就或生产率指标只以结果著称，我们为达到相应的技术水平付出了无数努力。通过这种方式与日本展开的竞争便是浦项制铁努力提升技术的最重要的推动力。[133]

进入20世纪80年代后，浦项制铁为了获得技术追赶所必需的先进技术信息，正式展开了调查、分析各种文献和资料的工作。浦项制铁和RIST以对技术信息的收集和分析为基础，在炼铁、炼钢、控制、能源、钢材、特殊钢、焊接、表面处理等所有部门持续收集研发活动所需的参考资料。文献调查不能涵盖的部分，则通过出国进修和技术交流进行补充。20世纪80年代以后，随着浦项制铁技术水平的提高，出国进修的重要性逐渐减少，而为掌握先进企业技术动向和经营实况的海外体验培训的比重大幅增加。

浦项制铁的海外进修人员回国后完成并提交了进修报告书,该报告书被用作探讨先进企业的技术活动和成果的资料。此外,从1979年开始,浦项制铁在与外国钢铁企业签订业务协议的基础上,建立了技术交流的正式制度。在该制度下各相关领域交换技术人员、召开技术座谈会,浦项制铁将其变成了自己获取新的技术信息的渠道。[134]

20世纪80年代,先进钢铁企业开始牵制浦项制铁,吝啬于向其提供技术信息。因此,浦项制铁在获取实质性技术信息的过程中,经常使用通过个人关系的非正式方法。[135]例如,从1983年开始作为设备规划二部部长,负责对浦项二冷轧厂和光阳三冷轧厂进行技术规划的申璋燮回忆说:"1982年,我通过私人关系参观了广田钢铁厂的冷轧厂,这对浦项制铁设计最新工厂有很大的帮助。"[136]另外,从1981年开始在技术研究所工作的申永吉评价说:"我到日本出差时,通过非正式的方法掌握了连铸作业相关数据和连铸设备的设计结构,这在提高浦项制铁的连铸技术方面起到了重要作用。"[137]不过,正是因为浦项制铁已经拥有了相当高的知识基础,才能够有效利用这种资料收集能力和设备观察能力。

浦项制铁为了有效推进技术开发,围绕核心技术难题,组成专责小组(task force team,TFT),运用集中管理方法。TFT小组为了缩短技术开发时间和市场准入时间,没有依次进行研发、试制品开发、量产技术开发,而是三者并行推进。另外,TFT小组不仅包括浦项制铁,很多时候还包括了RIST、浦项工大、需求企业,因此可以从更综合的角度解决问题,并形成了相关集团推进共同研发的氛围。浦项制铁在运营TFT小组的过程中,对短期内完成相关目标的团体给予惊人的奖金,并积极进行宣传,引发团体间的竞争,从而加快了技术开发速度。因此,虽然相关成员的劳动强度大大提高,但这对浦项制铁在短时间内追赶先进技术做出了巨大贡献。[138]

特别是对于跨多个领域的技术难题，采用了相关团队全部参与的方法。例如1985—1987年，炼钢、连铸、热轧和冷轧部门对汽车用超深冲钢（extra deep drawing steel）生产所需的重要技术进行了同步开发。首先，炼钢部门完善脱气设备，建立吹炼及脱碳模式，确保了制造超深冲钢材料，即无间隙原子钢（IF钢，interstitial element free steel）所需的基本技术。热轧部门增加了轧钢机的马达能力，调整了线路和速度，防止了轧制温度的下降；冷轧部门安装了连续退火炉炉辊（continuous annealing line）后，得出并采用了相应的热处理模式，从而缩小了材料偏差，减少了不良发生率。因此，1987年年末，浦项制铁在完全掌握了前后工序间的重要技术，做好了生产超深冲钢的准备后，便与汽车行业组成钢种开发委员会，正式推进超深冲钢的开发工作，一年之后，其加工质量就已接近外国产品。[139]

浦项制铁在20世纪80年代开展的技术活动可具体分为以下三种类型。第一种是从国外引进并进一步发展的技术，比如煤粉喷吹技术和板坯质量提高技术。第二种是因发达国家规避技术转让，自行开发的技术，前文提到的超深冲钢和加速冷却法（thermo mechanical control process，TMCP）就属于第二类。第三种是国内技术团队开发出的适合浦项制铁的技术，高炉作业的计算机化便是典型案例。[140]

20世纪80年代的技术活动虽然形式多样，但从整体上看，技术创新的范围几乎已经涵盖钢铁技术的所有领域。对浦项制铁1981年和1993年发布的官方资料中提出的技术改善明细进行比较后就可以明确这一点。具体来讲，1981年的数据只是零星地提到了一些技术改进的案例，而1993年的资料则全面系统地讨论了钢铁行业各主要部门所涉及的技术（见表4-10）。

表4-10 浦项制铁技术革新明细：20世纪70年代和20世纪80年代的对比

| 分类 | 造船 | 制钢 | 热轧 |
| --- | --- | --- | --- |
| 20世纪<br>70年代 | 计量与控制技术<br>运营指标管理<br>延寿措施<br>重油吹入量减少 | 确立高碳钢吹炼模式<br>出钢后防止残渣进入<br>遏制大型延期的发生<br>稳定残块率 | 安装加热炉高压管道<br>防止粗轧制钢转向器<br>（固定器）防脱落<br>改造冷却水生产线 |
| 20世纪<br>80年代 | 辅助燃料吹填技术<br>装料分布控制技术<br>高炉作业数字信息化<br>高炉炉壁维修技术<br>高炉翻修技术 | 熔炉预备处理技术<br>换炉作业技术<br>炉外精炼技术<br>煤粉喷吹技术<br>熔钢升温技术 | 加热炉燃烧控制技术<br>尺寸精度提升技术<br>形状控制技术<br>在线滚动磨削技术<br>材质预测技术 |

资料出处：《浦项制铁850万吨竣工史》（1981），第189-190页，第213-214页，第230-231页；《浦项制铁25年史：技术发展史》（1993），第46-54页，第73-78页，第101-106页。

浦项制铁继浦项钢铁厂之后，通过有效运营光阳钢铁厂，开始成长为具备世界级技术的钢铁企业。钢铁厂设备正常投产时间也进一步缩短，并保持了新的世界纪录。例如，大部分高炉从点火到正常作业需要30天左右，但光阳1—4号高炉的时间缩短到了23天、18天、18天、7天，不断刷新世界新纪录。炼钢部门通过新建光阳1号炼钢、扩建1号炼钢、新建2号炼钢，让正常投产的完成时间变为25天、15天、16天，光阳1号炼钢的扩建也相当于新的世界纪录。另外，进入20世纪80年代后，浦项制铁的工厂开工率为100%—110%，生产的产品已然超过了设备的设计容量。[141]

我们可以通过与生产效率相关的主要指标来考察浦项制铁拥有的作业技术的整体水平。20世纪70年代，浦项制铁的综合实收率停滞在80%左右，1987年超过了90%，1992年达到94.4%，与日本的94.8%基本持平。1992年人均产品生产量为880吨，仅次于日本的1102吨，居世界第二位。单位GDP能耗为529万千卡，比日本的589万千卡更有成效。[142]综合考虑之后可认为浦项制铁在20世纪90年代初期拥有与日本旗鼓相当的世界顶级生产率。

在设备及工序革新方面,虽然20世纪70年代只取得了部分成果,但在80年代中期以后,开始向更根本的改善方向发展。浦项制铁通过浦项钢铁厂设备合理化项目和光阳钢铁厂建设项目,开始频繁更换现有设备和安装新设备,此举促进了其对设备构造及工作原理的理解。浦项制铁在对各种器材进行系统管理的同时,还促进了炉材质地的提高和设备构造的变更,并根据自己的想法重组生产工序,建立了特有的生产系统。浦项制铁甚至还改进和自行设计主要设备,例如,1988年设立高炉改造室后,就开始由国内技术团队负责高炉改造,并且从光阳钢铁厂二期项目开始,就采用了国内技术团队设计的连铸机。正是这一过程中积累的技术使得浦项制铁从20世纪90年代初期开始能够自行改进、设计主要工序及设备。[143]

进入20世纪80年代,浦项制铁开始正式推进新产品开发活动。因此,虽然1981年浦项制铁的新钢种开发数量还不及日本的一半,但1992年,其拥有的钢种数量就已超过日本的90%。而且,浦项制铁的高级钢生产比率从1983年的8.6%增加到1990年的20%,1991年开始超过25%。不过,20世纪90年代初期,浦项制铁在产品技术方面的水平仍然落后于日本。它虽然在热轧产品方面拥有世界最高的技术水平,但冷轧产品和镀金产品的技术水平仅为日本的70%左右。另外,以1992年为基准,日本的高级钢生产比率为35%,浦项制铁为26.2%,仅仅是日本的3/4。[144]

**造船**

20世纪70年代,现代、大宇、三星等财阀企业纷纷推进大型造船厂的建设,韩国造船业因此得到快速发展。1981年,韩国在生产规模方面跃升为世界第二大造船国,1983年,现代重工业承揽了全球造船市场10.3%的订单量,业绩创下世界纪录。但进入20世纪80年代后,随着世界经济下滑,全球造船业新造订单量出现下降趋势。于是,韩国造船企业为了提高固定费用高昂的大型设备的稼动率，不得不展开低价接单等进攻型经营活动。1980—1986年，韩国造船业每年平均接单250万吨，确保了约60%的产能，但因销售价格仅与成本持平，其财务状况大幅恶化。

20世纪80年代中后期，韩国造船产业几经沉浮。1985年，全球造船市场跌落谷底，之后开始缓慢复苏，1986年受日元升值影响，日本造船的价格竞争力下降，新船订单开始涌向韩国。因此，日本在全球订单量中所占比重从1983年的56.5%大幅减少至1987年的34.7%，而韩国的比重在同一时期却从19.2%增长到了30.2%。但1987年以后工资上涨，还发生了停工和交期延误，因此韩国造船业的经营状况再次恶化。幸运的是，1989年开始，全球造船市场步入繁荣局面，20世纪90年代韩国造船业的前景也大好。[145]

韩国造船企业的雇佣人数在1984年增至约7.57万人后，1988年减至约4.8万人，年均减幅10.2%。[146]有趣的是，在造船企业的雇佣人员中，比起事务岗或技能岗，技术岗的相对比重却呈现增加趋势。[147]特别是20世纪80年代中期经济不景气时，日本为降低生产单价，推进船舶标准化，大幅裁减设计人员，而韩国则持续大力拨款培养设计人员。结果日本的设计能力大幅减弱，开始偏重标准化船舶的订单，而韩国则凭借优秀的设计人才，开始接单建造各种各样功能多样化的船舶。基于此，韩国在20世纪90年代以后，能够比其他国家更快地对应对并满足船主的要求。[148]

进入20世纪80年代以后，韩国造船企业为提高技术能力做出了多方面的努力。1971—1979年从国外引进技术的案例有32件，1980—1986年增加到了130件，引进内容也从造船厂运营和船舶建造升级成设计技术和器材等。[149]与现代重工业不同，大宇造船和三星重工业，进入造船产业较晚，所以很重视海外进修。特别是三星，1986年与日本Sanoyas造船公司签订技术合作合同后，1987—1989年共派遣288名人员，十分积极。[150]与此同时，韩国造船业的技术人员还利用海外出差，开展用非正式手段获取资料的活动。[151]

值得关注的是，1980年前后，韩国造船企业还将日本退休技术人员聘用为技术顾问。当时，日本造船产业正面临大幅缩减的局面，韩国造船企业积极引进日本退休技术人员。三星重工业从1979年开始聘请日本退休技术人员，在运行系统、解决造船过程中的问题、掌握各种先进指标等方面都得到了帮助。特别是1986年以后，技术顾问的工作范围还扩大到了提高产品性能、开发固有型号、推进新项目等方面。大宇公司也很早就开始使用日本技术顾问，现代在1988年也效仿了这一做法。日本顾问们分析韩国造船厂现场存在的问题，提出解决方法，为韩国早期掌握并在现场应用相关技术提供了很多帮助。[152]

韩国的造船产业要想达到发达国家的水平，最重要的就是具备独立开发更高级别技术的能力。这种问题意识让20世纪80年代的韩国造船企业纷纷整改研发体制。这一时期，韩国政府为促进民间企业的研发活动，大幅加强了对金融、税制、劳动力等方面的支援政策。在这样的背景下，现代重工业1983年设立了焊接技术研究所，1984年设立了船舶海洋研究所，大宇造船1984年设立了船舶海洋技术研究所，三星重工业1984年在综合技术研究所内设立了船舶研究室，并在1986年将其扩大改编为船舶海洋研究所。[153]

尤其值得注意的是，现代在1984年成立船舶海洋研究所后，建造了船模拖曳水池（towing tank）和两个小水槽。我们知道，为了建造最佳船型，必须用按适当比例缩小的模型船在与实际海上条件相似的水槽中进行各种试验。过去，这种模型试验是委托国外研究所进行的，不仅损失物质和时间，而且技术机密外流严重。但现代从1984年开始自行进行模型试验，既节省了各种试验费用，还能及时将试验结果反映到设计中，积累相关资料。此类数据的积累为开发类似船型和新船型提供了很大的帮助，也成了提高对外可信度的重要基础。[154]

基于这种研发体制的整改,韩国造船企业开始以设计技术和生产技术为重心,正式追赶发达国家。在设计技术方面,他们通过逐步改进欧式基本设计和日式生产设计,开始能够自行设计油船和散货船等普通商船。虽然当时还没有掌握包括液化天然气(LNG)运输船在内的高附加值船舶的设计技术,但韩国造船企业引进了LNG运输船的技术,试制了主要部分的实物模型,并得到了国际认证,为进军高附加值船舶市场做了扎实的准备。[155]现代重工业以那段时间积累的设计技术为基础,开发出了用当时船价的1/2甚至2/3就可以建造的标准型船舶;韩国塔科马造船公司开发出了将压缩空气用力喷向水面,使船体浮起来的气垫船(surface effect ship, ESE),这些都是20世纪80年代的重要成果。[156]

在生产技术方面,20世纪80年代后,韩国运用多种设备和技术,提高了船舶生产效率。应用计算机辅助设计/制造(CAD/CAM)技术后,韩国开始用计算机进行船舶的设计和生产;采用激光切割设备后,大大提高了切割作业的精度和速度;二氧化碳焊接技术和药芯焊丝(flux cored wire)焊接技术得到普及后,焊接效率大幅度提高。与此同时,韩国还安装了可以一边移动平面分段(panel block),一边组装船体的生产线,并采用船体分段装配完成后,在工厂内进行分段整体涂装的方法。另外,韩国还实现了在船体分段上船坞之前就可以完成包括管道和仪器安装在内的大部分舾装工作。[157]

在生产管理方面,韩国邀请了日本的专家,引进理论计划管理技术后,将其计算机化,再根据各造船厂的实际情况进行改进和完善。比如现代重工业在1978—1989年,连续12年开展了提升生产管理的工作。[158]现代重工业考虑到分段的搭载顺序,以编制搭载网络(load network)为开始,推进了日程表和单位估价表(estimating standards)的标准化、各空间作业工程表的编制、设计图纸代码和作业单元代码的连接、各工序在线系统的开发等。1989年,现代重工业在上述成果的基础上建立了综合生产管理系统，工程的计划与管理、材料管理、图纸管理、预算管理、作业指令、业绩管理等几乎所有的生产管理都可以在网上进行。[159]

韩国造船工业协会2005年公开的资料整理了20世纪80年代韩国造船企业进行的技术革新活动，内容如下：

> 20世纪70年代建设大型造船厂后，随着正常运营体系的形成，韩国具备了一定的技术基础，从80年代开始，在数量和质量方面，逐渐缩小了与世界造船产业领头羊日本之间的差距。当时韩国的造船技术与日本相比，设计技术和生产技术方面都略逊一筹，管理技术方面则相当落后，因此在现场造船技术的开发和推广上投入了大量的精力。此外，大型造船厂为确保自主开发造船技术的能力，建立了企业研究所，配备新型试验设施、焊接研究装备等，建立了研发体制。[160]

1989年8月，韩国政府为了促进造船业的经营正常化，并为其今后的成长做好准备，果断采取了造船业合理化措施。[161]政府认为造船业的经营不善是设施投资过剩造成的，因此到1993年为止禁止新资金、新公司入场，禁止扩建设施，并将大宇造船、仁川造船、大韩造船公社指定为合理化的对象企业。大韩造船公社1990年被韩进集团收购后改组为韩进重工业，韩进重工业相继合并了东海造船、釜山水利造船、韩国塔科马。仁川造船被汉拿集团收购后，商号变更为汉拿重工业（现为现代三湖重工业）。韩进重工业和汉拿重工业收购了亏损企业，作为回报，政府给予了税收优惠。针对大宇造船，政府推迟还贷日期并提供新贷款，前提条件是其必须通过合并部分子公司等方式努力自救。[162]

20世纪90年代初期，随着以替代需求为中心的全球造船景气好转，设备的新增工作被积极推进。特别是此前因造船产业合理化措施，设备新增暂时被抑制，1993年，随着该措施的解除，以三星重工业为首，现代重工业、汉拿重工业、大同造船（现在的STX造船）等相继推进了船坞的新建工程。这种设备扩张源于他们相信从20世纪90年代后半期开始，全球造船需求会扩大，韩国造船产业可以在其中确保较高的国际竞争力。1993年，在日元价值被高估的背景下，韩国承揽了950万吨的船舶订单，远超之前的500—600万吨水准，超越日本成为世界第一大订单国。[163] 1988年与1995年比较，船舶建造量由337.7万吨增至566.3万吨，船舶出口量由292.8万吨增至464.7万吨（见表4-11）。

表4-11 韩国造船产业的供需趋势（1975—1995年）

单位：千吨

| 分类 | | 1975年 | 1982年 | 1988年 | 1995年 |
|---|---|---|---|---|---|
| 需求 | 内需 | 508 | 1259 | 505 | 1416 |
| | 出口 | 416 | 1216 | 2928 | 4647 |
| 合计 | | 924 | 2475 | 3433 | 6063 |
| 供给 | 生产 | 612 | 1790 | 3377 | 5663 |
| | 收入 | 312 | 68.5 | 56 | 40.0 |
| 内需的收入比率（%） | | 61.4 | 54.5 | 11.1 | 28.2 |
| 生产中出口比率（%） | | 68.0 | 67.9 | 86.7 | 82.1 |
| 在全球所处位置 | | 第14名 | 第2名 | 第2名 | 第2名 |
| 在国内产业的比重（%） | 生产 | 2.0 | 3.8 | 1.6 | 1.5 |
| | 出口 | 2.4 | 13.0 | 2.9 | 3.1 |

资料出处：产业研究院，《韩国产业：发展历史与未来展望》（1997），第381页。

船舶建造量增加的同时，韩国造船业对造船器材的需求也随之扩大。韩国造船器材生产量从1985年的6.38亿美元，增加到1990年的10.82亿美元，再大幅增加到1995年的21.122亿美元。与此同时，造船器材的国产化也在被积极推进，造船器材的进口依赖度从1985年的400%逐渐减少到1990年的31.2%、1995年的24.2%。因此，造船器材企业的专业度也从 1986 年的 20.5% 上升到了 1996 年的 32.3%，呈现出持续上升的趋势。由此，韩国造船产业摆脱了过去船舶建造量和造船器材的进口比重成正比的倾向。[164]

1994 年 5 月，在现代重工业、大宇造船、三星重工业、韩进重工业、汉拿重工业等 5 大造船企业和韩国机械研究所船舶海洋工学研究中心的参与下，成立了韩国造船技术研究组织。该组织旨在构建产学研研发合作体系，攻克造船产业领域的共同技术难关和相关尖端技术的技术难题。同时，1996 年 10 月，为提高中小造船企业的结构升级和技术竞争力，韩国中小造船技术研究所（现为中小造船研究院）在釜山成立。过去，各造船企业是通过设立公司内部研究所来加强技术竞争力，但 20 世纪 90 年代中期以后，它们开始通过研究组织或专业研究所来推进共同的技术开发。[165]

将信息技术嫁接到造船产业的工作也如火如荼地展开，以韩国造船技术研究组织为中心，大型造船企业组成财团，推进造船 CIMS（computer integrated manufacturing system）开发工作。在生产技术方面，组装制程和焊接制程开始广泛使用机器人，可精确测量三维大型分段的技术被开发出来后，即使加工时不留有余量，也可以实现组装。韩国造船业还进一步促进了船体分段的大型化，并建立了重量 2500 吨级的超大型分段生产体制。与此同时，从设计、生产、检验、交付到后期管理的全过程都取得了 ISO 9000 认证，提高了国际信赖度。[166]

以这种技术革新活动为基础，韩国造船企业快速缩小了与世界造船产业领头羊日本的技术差距。有评价称，韩国造船产业的技术水平在 20 世纪 80 年代初期仅为日本的 40% 左右，但 90 年代初期提升到 70% 左右，2000 年提升到 90% 以上。工商资源部 1992 年进行的调查结果显示，韩国的设计技术、生产技术、管理技术分别是日本的 71%、75%、68%。[167] 而产业研究院于 2000 年实施的调查结果显示，韩国的设计技术、生产技术、管理技术分别为日本的 92%、97%、90%，中国的设计、生产、管理技术则分别是日本的60%，65%，60%。[168]

**汽车**

现代汽车公司通过"小马"汽车（Pony）项目，在20世纪70年代后期掌握了韩国国内汽车市场的主导权，享受了经济繁荣带来的实惠。但从1979年开始，受第二次石油危机和政治混乱等因素影响，韩国国内经济进入萧条期，尤其是受石油价格影响较大的汽车产业受到了严重打击。这导致1978年之前一度致力于增设设备的韩国国内汽车行业的开工率大幅下降，就连情况最好的现代公司，其开工率也跌至50%以下，创历史最低。结果，1980—1981年短短两年间，韩国国内三家汽车公司足足亏损了1438亿韩元。[169]

对此，作为重化工业投资调整中的一环，韩国政府推进了汽车产业结构调整，其核心内容是"通过车种专业化抑制国内企业间的过度竞争和提高开工率"。1980年施行的"8·20措施"主要内容如下：①现代和新韩联手生产小轿车，但禁止生产1—5吨级的商用车；②起亚禁止生产小轿车，但要垄断生产1—5吨级的商用车；③5吨以上的卡车和公交车所有企业均可生产。其中最重要的就是现代和新韩的联手，但联手计划因现代和通用汽车公司围绕韩国汽车产业产生的矛盾告吹，最终轿车生产由现代和新韩分开进行。另外，政府在1981年采取措施，让起亚和东亚汽车公司联手生产1—5吨公交车和卡车，并让东亚汽车公司垄断生产部分特装车，但到1982年这些措施就全部被撤销。[170]

随着关于汽车产业重组的讨论告一段落，现代汽车公司正式推进从1978年开始摸索的"X汽车项目"。1981年10月发布的"X汽车项目"的主要内容是：通过与三菱的技术合作及合资，1985年之前建成可年产30万辆"卓越"牌（Excel）前轮驱动型小轿车的工厂，并将生产的小轿车大量出口到发达国家。[171]考虑到当时韩国轿车保有量仅为26万辆，30万辆规模的"X汽车项目"可谓雄心勃勃。

现代汽车公司之所以采取这样的进攻型策略，是源于以"小马"汽车为代表的早期固有车型的局限。以"小马"汽车为例，从一开始就无法以正常价格出口，只能按照政策设定的赔本价格才能出口。这是因为"小马"汽车的年生产规模在5万—10万辆，远未达到30万辆这一可以享受规模经济效应的年产数量。从这点来看，像"小马"汽车这样的早期固有车型，虽是面向出口，但正常情况下很难进入出口市场，这一时期可以说是"以出口为导向的，替代进口的阶段"。[172]

现代汽车公司的竞争对手起亚和大宇也推动了前轮驱动型小轿车量产体制的确立和对美出口，比如起亚的"普莱特"汽车（Pride）和大宇的"勒芒"汽车（Le Mans）。值得注意的是，虽然同是前轮驱动型小轿车，但现代和其他企业之间也存在着明显的差异。首先，普莱特汽车和勒芒汽车只不过是分别采用了马自达和通用欧宝开发的"福特嘉年华"（Ford Festiva）和"士官生"（Kadett）的成品图纸，然后在韩国国内制造。像这种引进已完成开发的车种在国内生产的情况，产品技术领域几乎没有国内技术人员可以参与的余地。其次，在出口策略方面，现代是利用自己的固有商标，而起亚和大宇分别选择了用福特和通用的商标出口。普莱特和勒芒汽车的技术、制造、销售各领域分别是由马自达/起亚/福特和欧宝/大宇/通用负责，是以3国分工体制为基础进行的。因此，起亚和大宇的职责仅限于与制造有关的事项，但现代汽车公司不同，不仅是制造，产品设计上的质量保障和满足排气及安全规定等所有问题都必须自己解决。[173]

现代汽车公司在推进"X汽车项目"的同时，也展现出了积极应对新技术变革趋势的姿态。卓越汽车放弃了"小马"汽车采用的后轮驱动方式，采用了前轮驱动这一新汽车平台，并用一体成型车门代替了传统的框架门，整个门不加焊接变成一个平面。[174]更重要的问题是，想要进军美国市场，必须满足严格的尾气排放限制，而该问题仅靠在现有的化油器式发动机上安装外部净化装置是无法解决的，因此现代向三菱支付特别技术费用，引进了FBC（feed-back carburetor）发动机，即电子喷射式发动机的早期雏形。[175]此外，现代为实现设计部门的计算机化于1982年构建了计算机辅助／制造（CAD/CAM）系统。1984年，为了使试验生产过程系统化，建设了综合汽车试验场。[176]

1985年2月，"X汽车项目"圆满完成。现代汽车公司通过了美国的尾气排放测试，并举行了年产30万辆工厂的竣工仪式。1986年，卓越汽车对美出口量为16.3万辆，1987年为26.3万辆，1988年为26万辆，[177]美国经济杂志《财富》1986年甚至将卓越汽车评为"十佳热销商品"。但由于其量产是在核心技术依赖外国的情况下进行的，技术引进带来的财政负担大幅增加。现代向三菱支付了6.5亿日元的预付款和相当于维修配件纯售价3%的技术费，并且根据协议，现代每推出一台卓越汽车，就需要向三菱支付发动机5000日元、变速驱动桥（trans axle）2000日元、底盘（chassis）2500日元、排气控制装置5000日元等共计14500日元的专利使用费。[178]对此，现代从20世纪80年代初期开始大幅增加研发投资，同时大幅扩充企业内部的研发组织，以此构筑可以代替技术引进的自主开发的基础。

1984年11月，现代汽车公司在京畿道龙仁新设了麻北里研究所，并开始大幅整编研发体制。设立麻北里研究所是希望研究员可以相对不受量产日程限制的同时独立开发汽车的核心部件——发动机和变速器，即动力系统（power train）。蔚山的产品开发研究所习惯于以被动的方式模仿和适用进口的技术，因此被认为不适合承担自主开发发动机的新任务。现代为了确保发动机自主开发所需的高级人才，将"麻北里研究所"设立在首尔近郊，除极少数人员外，大部分研究人员都是新招聘的职员。[179]

另外，卓越牌汽车进军美国市场后，随着新车型的发布，越来越需要进行当地认证、开发排气及安全规定相关技术、收集竞争公司技术开发动向相关信息，因此现代汽车公司于1986年5月在美国设立了当地研究所HATCI（Hyundai American Technical Center Inc.）。紧接着，1987年1月，产品开发研究所拆分为乘用产品开发研究所和商用产品开发研究所，由此，现代形成了麻北里研究所、乘用产品开发研究所、商用产品开发研究所、HATCI研究所这一四元研发体制。[180]

现代汽车公司在20世纪80年代持续建立研发体制的过程中取得的第一个成果是具备了固有车型全流程生产线（full line-up）体制。此前，现代小轿车的固有车型就只有"小马"，但在1983年、1985年、1988年和1992年又分别生产了明星（Stellar）、卓越、索纳塔（Sonata）和新君爵（New Grandeur）等固有车型，自此现代拥有的固有车型涵盖了小型车、中型车和大型车在内的所有车种。一款车型的平均寿命在5年，因此，只有具备一年开发至少一款新车型的能力，才可能同时生产5款固有车型。从这一点来看，可以认为现代在1990年前后具备了自行完成车型变更的能力。

与此同时，现代汽车公司在20世纪80年代逐渐减少了对技术引进的依赖（见表4-12）。直到20世纪80年代初期，现代还仅仅只是在车身设计和底盘设计等领域取消了技术引进，但以1988年索纳塔的开发为契机，造型方面也开始取消技术引进。当然，从索纳塔（Y-2）到新卓越后续车型（X-3），其中除了新卓越，其他所有车型现代都委托了意大利设计公司（Italdesign）进行造型设计。索纳塔最初以后轮驱动的方式推进开发，并按照意大利设计公司的造型进行了车身设计，但为了出口海外，现代将开发方向变成了前轮驱动，因此放弃了意大利设计公司的造型，自行重新进行了设计。虽然后续车型斯库普（Scoupe）和伊兰特（Elantra）也有购买技术服务，但只是为了参考欧洲的流行和设计概念，实际的造型由现代独立完成。[181]

表4-12 现代独有轿车车型技术引进依存度趋势

| 车种 | 小马 | 明星 | X-1 | Y-2 | X-2 | SLC | J-1 | SLCα | L-2 | Y-3 | X-3 | J-2 |
|---|---|---|---|---|---|---|---|---|---|---|---|---|
| 研发年份 | 1976 | 1983 | 1985 | 1988 | 1989 | 1990 | 1990 | 1991 | 1992 | 1993 | 1994 | 1994 |
| 造型 | × | × | × | ○ | ○ | ○ | ○ | ○ | ○ | ○ | ○ | ○ |
| 车体设计 | × | ○ | ○ | ○ | ○ | ○ | ○ | ○ | ○ | ○ | ○ | ○ |
| 发动机和变速器 | × | × | × | × | × | × | × | ○ | × | △ | ○ | ○ |
| 底盘设计 | × | △ | △ | △ | △ | △ | △ | ○ | × | △ | ○ | ○ |

注：1. ×指依靠技术引进，△指以技术引进为主，以自主研发为辅，○指独立研发。
2. X、Y、SLC、J、L分别是卓越、索纳塔、斯库普、伊兰特、君爵的代号。
资料出处：金坚，《20世纪80年代韩国技术能力发展过程研究》，第218页。

凭借这些技术能力，现代汽车公司在韩国国内汽车产业中继续保持领先者的地位，并不断提升着自己的技术水平、生产业绩、出口业绩等。以1990年为准，现代的产品技术水平相当于发达国家的80%，而起亚和大宇则远不及这一水平，仅分别为25%和20%。[182]另外，韩国的汽车生产量及出口量以1988年为契机分别突破100万辆和50万辆，韩国也因此跃升为世界第10大汽车生产国。20世纪80年代，现代轿车产量一直占韩国国内轿车产量的60%以上；在汽车出口量方面，1984—1986年甚至实现了占韩国国内出口量90%以上的创纪录成果。[183]

1991年，现代汽车公司自主研发了"阿尔法"（Alpha）发动机，由此，韩国作为发展中国家首次步入了自主车型阶段。[184]现代的阿尔法项目于1984年6月—1991年1月期间进行，投入的研发费用超过了1000亿韩元。[185]为了推进阿尔法项目，现代成立了一个由副总裁统筹的TFT小组，它分为几个研究小组，负责以下内容的研究。第一，流体力学、热力学、燃料工程、排气操纵和润滑等方面的研究；第二，发动机动力学、汽车设计、CAD方面的研究；第三，振动和噪声方面的研究；第四，新材料方面的研究；第五，电子学和控制装置方面的研究；第六，生产管理和CAM方面的研究。[186]

为了进行阿尔法项目，首要任务就是确保优秀的人才。为此，现代汽车公司于1984年4月聘请了在通用公司研究发动机的李贤淳博士，同年11月聘请了在克莱斯勒（Chrysler）公司担任研究员的李大云博士。与此同时，现代为了获取韩国国内的高级人才，在向几所大学提供研究经费的同时，也花了很多精力招聘有实力的研究生。有趣的是，投入阿尔法项目的研究人员平均年龄只有31岁。这是因为现代有意避免了对有经验员工的选拔或安排，研究人员大多是刚从研究生院毕业的新员工。当时现代的管理层认为，阿尔法项目与之前的项目在技术概念差异巨大，对于有经验的人来说，他们往往会模仿现有的东西，排斥新的东西。[187]

阿尔法项目的目标是多点喷射（multi-point injection，MPI）型的1.5升发动机。现代汽车公司认为致力于小型轿车使用的发动机并不困难，因此选择了1.5升的发动机。对于发动机燃料供给方式，现代没有选择化油器式，而是选择了燃油喷射（fuel injection）方式的一种，即多点喷射式（MPI）。当时，化油器式发动机占主导地位，只有少数高级轿车采用燃油喷射方式，但现代汽车公司的研发团队预测今后小型发动机也将采用燃油喷射方式，因此决定跳过化油器方式，挑战燃油喷射方式。在当时，很难预测自主开发发动机需要多长时间，因此，现代为了在开发完成时具备竞争力，挑战新型发动机的做法是明智的。[188]

不过，即便是自主型号，也并非完全没有技术引进。现代汽车公司于1984年6月与英国技术服务企业里卡多工程公司（Ricardo Engineering）签订了技术服务合同，其内容是里卡多公司一次性负责包括概念设计、详细设计、试制、性能试验在内的发动机开发全过程。现代为了有效学习技术，向里卡多公司派遣了科长卢日贤，代理朴成贤，职员朴正国、韩起福、赵成浩等。他们在里卡多公司学习概念设计和结构强度计算，在里卡多公司的培训下还有机会亲自进行详细设计和性能测试。此外，被派往里卡多公司的技术团队还把自己掌握的内容进行整理，并持续发给麻北里实验室，韩国国内研究人员对内容展开讨论，并回复自己有疑义的部分。通过这些过程积累的技术能力成了阿尔法发动机成功开发的最重要基础。[189]

但在里卡多公司协助下研发的第一阶段发动机与最终研发出来的"阿尔法"发动机大相径庭。里卡多公司不是发动机生产企业，而是技术服务企业，所以其设计的发动机没有反映成本概念，非常重，生产效率也很低。事实上，现代汽车公司曾经量产的"阿尔法"发动机是经过三次全面设计变更和无数次反复试验才得以开发出来的。诚然，在这个过程中，现代雇用的来自里卡多公司的科林·R. 米尔斯（Collin R. Mears）提供了很多启示，但设计试验的具体内容和步骤，实际进行试验，分析试验结果，找出改进方案，这些所有的活动都是由韩国国内技术团队主导。[190]

毕竟，在"阿尔法"发动机的开发过程中，现代汽车公司想要并真正从里卡多公司那里得到的，并不是完成的设计图纸，而是国内技术团队通过实践获得的技术诀窍。正式的技术引进合同在现代收到设计好的图纸和第一次试制品后宣告终止。如果现代的目标是开发一款自主型号的发动机，那么整个开发过程委托外部进行会更加划算。从这点来看，可以认为现代从一开始就将技术引进视为积极学习技术的机会，采取了直接参与开发过程的战略，而不是获取现成图纸的方法。[191]

现代汽车公司研发的"阿尔法"发动机有自然吸气式（N/A）和涡轮增压式（T/C）两种类型。自然吸气式发动机由于技术难度相对不高，所以进展相对顺利，但研发涡轮增压发动机时，在耐久性试验中出现了发动机损坏的情况，遇到了相当大的困难。[192]根据现代公司的官方记录，这两款发动机的性能都优于日本的竞争型号。在最大加速、启动加速、定速燃油效率等方面，自然吸气式"阿尔法"发动机的表现略微超过了本田的 CRX 3V，涡轮增压式"阿尔法"发动机的表现略微超过了三菱的 Mirage16。[193]当然，这样的评价会有夸张的成分，但可以确定的是，"阿尔法"发动机的性能并不输于日本的竞争车型。

现代汽车公司通过阿尔法项目，不仅进行了发动机开发，还进行了变速器的自主开发。手动变速器的研发始于1984年11月，自动变速器的研发始于1987年9月。没有变速器开发经验的现代研究人员只能亲自摸索，自行完成对变速器的学习。现代公司直接拆卸了"小马"汽车和丰田汽车的手动变速器，进行分析，以此来设计自己的手动变速器。此外，还参考了先进企业的几台样品变速器，以及从三菱带来的变速器图纸。而自动变速器由于难度较大，有人建议购买其他企业的技术，但最终现代为了实现技术自立还是决定自行设计。当时，三菱使用的是三轴式变速器，现代的研究人员鉴于全球趋势，向两轴式变速器发起了挑战。他们决定将三菱的自动变速器改造为双轴使用。在此期间，研究人员通过无数次的设计，制造试制品，进行试验，然后分析试验结果，再重新进行设计，这个过程反复进行。[194]

《从模仿到创新》一书的作者金仁秀对现代在推进阿尔法项目过程中经历的试错进行了如下分析。

> 现代的工程师们在14个月的时间里重复了无数次尝试和失败，直到制造出第一个样品。发动机缸体的第一次测试失败了。虽然几乎每周都有制作新型发动机样品，但都未能通过测试，在通过测试的发动机出现之前，开发团队不得不再毁掉11个样品。发动机设计总共修改了288次，仅1986年这一年就修改了156次。现代公司在制造出原本想要的涡轮增压发动机之前，制造了97个测试用发动机。另外，现代为了改善耐久性，制造了53个试验发动机，为了开发车型，制造了26个试验发动机，为了其他检查，制造了60个试验发动机，共制造了324个试验发动机。同时，在更改了200多个变速箱和150个试验车之后，开发工作终于在1991

年完成。[195]

现代汽车公司自主研发的"阿尔法"发动机和变速器于1991年5月搭载在斯库普车型上，投放市场。[196]现代以阿尔法项目为媒介，正式走向了技术自立的阶段。一直以来，由于现代生产的汽车的发动机及变速器都是日本产品，因此有人批评说"那些车不是固有的韩国车，和半个日本车没什么两样"，而现代通过成功完成阿尔法项目彻底消除了这种批评。[197]特别是继生产技术、车身设计、造型之后，现代积累了包括发动机和变速器在内的动力系统相关技术能力，几乎在汽车技术的所有领域追赶先进企业。

借助阿尔法项目，现代汽车公司之后得以培养自主设计开发其他自主发动机的技术能力。"伽马"（Gamma）发动机（1993年）、"新阿尔法"（New Alpha）发动机（1994年）和"贝塔"（Beta）发动机（1995年）等后续项目中技术引进的范围逐渐缩小便可以充分体现这一点。开发"阿尔法"发动机时，一整套开发流程都是技术引进的对象，而研发"伽马"发

图 4-3　被评价为韩国汽车技术独立宣言的"阿尔法"发动机
资料出处：维基百科（现代"阿尔法"发动机）。

动机时，就只有概念设计是由奥地利AVL公司完成。"新阿尔法"发动机和贝塔发动机的开发则完全由现代自己的研发人员完成，没有引进外部技术。[198]现代于1994年推出了搭载"新阿尔法"发动机的雅绅特（Accent）汽车，1995年推出了搭载贝塔发动机的朗动（Avante）汽车。[199]

现代技术能力发展在其专利活动的趋势上也有很好的体现。如表4-13所示，截止到1988年，现代的年度专利申请件数仅为10件左右，但从1989年开始迅速增加，1991年为124件，1992年为348件，1993年达到了659件。鉴于这点，可以说现代研发活动的水平以20世纪90年代前期为契机有了质的提高。现代的专利申请件数是国内竞争公司无法比拟的，有分析认为，这是因为现代走在其他企业前面，采取了进入自主车型阶段的进攻型战略。

表4-13 韩国汽车三大公司专利申请状况

单位：件

| | 1979—1982年 | 1983—1985年 | 1986年 | 1987年 | 1988年 | 1989年 | 1990年 | 1991年 | 1992年 | 1993年 |
|---|---|---|---|---|---|---|---|---|---|---|
| 现代 | 0 | 1 | 3 | 15 | 11 | 40 | 90 | 124 | 348 | 659 |
| 起亚 | 1 | 3 | 1 | 1 | 0 | 19 | 24 | 40 | 74 | 158 |
| 大宇 | 0 | 0 | 0 | 0 | 0 | 0 | 5 | 27 | 34 | 118 |

资料出处：金成勋，《政府的产业政策与企业的技术创新战略》，第109页。

得益于上述技术革新，现代汽车公司在1995年生产了121万辆汽车，以生产量为准，跃居世界第13位。而韩国在1995年总共生产了250万辆汽车，成为继美国、日本、德国、法国之后的世界第5大汽车生产国。此外，韩国1996年出口了121万辆整车，跻身世界第6大汽车出口国行列。至此，韩国汽车产业自1976年出口1000辆小马汽车后，时隔20年出口业绩足足增长了1000倍。[200]而其他新兴工业国的汽车企业大部分未能发展成整车制造商，沦为了国际零部件供应窗口，即使生产整车也无法确保国际竞争力，只能生产内需产品，与韩国的情况形成了鲜明的对比。

## 3. 挑战尖端技术

**半导体**

韩国半导体产业的发展历程极具戏剧化，常被描述为神话。[201]韩国的半导体产业起步于20世纪60年代中期，80年代后发展中心转向动态随机存取存储器（dynamic random access memory，DRAM），产业成长迅速。特别是三星自推出世界首款64M DRAM产品后，迅速赶超发达国家，随之跃升为主导全球的半导体企业（参照表4-14）。三星自1992年开始在DRAM存储芯片领域，继而于1993年又在存储器半导体领域稳居世界第一。从韩国整体来看，自1998年和2000年之后，韩国分别在DRAM领域和存储器半导体领域位至世界第一。[202]

表4-14 三星的DRAM研发史

| 分类 | 64K | 256K | 1M | 4M | 16M | 64M | 256M | 1G |
| --- | --- | --- | --- | --- | --- | --- | --- | --- |
| 研发时期 | 1983年11月 | 1984年10月 | 1986年7月 | 1988年2月 | 1990年8月 | 1992年9月 | 1994年8月 | 1996年10月 |
| 所需时间 | 6个月 | 8个月 | 11个月 | 20个月 | 26个月 | 26个月 | 30个月 | 29个月 |
| 研发费用 | 7.3亿韩元 | 11.3亿韩元 | 235亿韩元 | 508亿韩元 | 617亿韩元 | 1200亿韩元 | 1200亿韩元 | 2200亿韩元 |
| 与发达国家的差距 | 5.5年 | 4.5年 | 2年 | 6个月 | 同步 | 领先 | 领先 | 领先 |
| 线宽 | 2.4μm | 1.1μm | 0.7μm | 0.5μm | 0.4μm | 0.35μm | 0.25μm | 0.18μm |

资料出处：三星秘书室，《三星60年》（1998），391页。

**研发 64K DRAM 产品**

进入 20 世纪 80 年代后，三星、现代、金星（今 LG）等韩国财阀集团纷纷投身半导体领域。当时财团为使电子产业走出低迷，将目光投向半导体领域，并计划进行大规模的投资。韩国政府也于 1981 年 9 月制定了半导体工业育成长期计划（1982—1986 年），强调将集中在半导体领域培育电子产业。由于电子产品中广泛使用的半导体高度依赖从日本进口，因此韩国政府判断，如果不自主掌握半导体技术，将很难实现电子产业的发展。1982 年 1 月，三星和金星企业宣布将在今后 5 年内向半导体产业投资 1000 亿韩元，同年 4 月，现代也制定计划，将破格向半导体产业投资 3000 亿韩元。[203]

1982 年 9 月，三星成立了半导体专门小组，评估以往企业业绩，并开始探索新产业。专门小组全面研究了以往产业成果、今后市场前景、技术发展趋势、企业整体水平等情况。国内业务告一段落后，1983 年 1 月，三星组建赴美出差小组。该小组又称"半导体绅士游览团"，考察美国的大学、研究所等机构，收集半导体的最新信息，同时制定具体的项目计划书。在研讨过赴美出差小组的报告书后，1983 年 2 月 8 日，李秉喆会长通过"东京构想"方案宣布大举投资半导体产业。[204]

但是，对于李秉喆提出的东京构想，出现了很多负面声音。对半导体等风险产业大举投资一旦失败，将对国民经济产生严重的负面影响。[205]三星官方资料也显示，与发达国家技术差距过大、筹措巨额投资面临压力、缺乏高级技术人才、难以建设特殊设备工厂等诸多问题堆积如山。[206]尽管存在这些不确定性，但三星仍然挑战尖端半导体产业，是李秉喆的信念起到了决定性的作用。1985 年，他在回忆录《湖岩自传》中曾有如下回顾：

> 韩国人口密集、资源匮乏，贸易立国是唯一出路。三星开展半导体产业的契机是世界经济长期低迷、发达国家的贸易保护主

义加强，导致低价商品大量出口进入瓶颈期，为克服这些困难，实现第二次飞跃，只能开发尖端技术。[207]……另外，周边的所有领域都在迅速推进自动化、多功能化和微型化，其中必须应用半导体的比重持续增长，为确保国际竞争力，必须投身到艰苦的半导体研发战争中来。半导体像冶金和粮食等一样重要，没有半导体的国家不可能有高端技术的发展。越想越觉得困难重重。[208]……但是必须要排除万难完成这一项目。我已73岁，虽人至暮年，但是为了国家的百年大计，即使困难重重也要全力以赴。我自己也下定决心要坚持研发半导体。[209]

决定进军尖端半导体领域后，三星面临的最大问题是选择主力产品。三星将重点放在存储器半导体领域，而不是系统半导体，这是因为存储器产品本身不仅可以获得收益，而且能够在短期内与发达国家展开竞争。加之，日本大企业集中投资存储器半导体，取得的成果超过了美国，这也起到了相当大的刺激作用。虽然预想到在存储器半导体领域会展开激烈的竞争，但仍然坚持选择了市场规模最大、引领技术开发的DRAM产品。三星将DRAM产品选定为主力产品，并制定了开发64K DRAM产品的目标。即跳过1K、4K、16K DRAM产品，直接挑战开发64K DRAM产品。这是因为如果照搬发达国家经历的每一个阶段，就只能继续落后于发达国家。[210]

与此同时，三星还积极努力引进在国外的韩裔科学技术人才。特别是像李任成、李相俊、李一福、李钟吉、朴容义等在美国优秀大学获得博士学位，并在半导体相关行业拥有丰富的实践经验，这些人成了遴选对象。据说，给他们提出了年薪20万美元的破格条件。1983年7月，三星以在美科学技术人才为中心，在美国圣何塞注册了当地法人。美国当地法人负责新产品及新技术开发、培训赴美的韩国国内技术人才、作为对美市场的出口窗口、收集最新消息等。[211]

三星自 1983 年 5 月开始开发 64K DRAM 产品。当时，三星制定的方针是自主开发的组装生产技术不落后于发达国家，同时从发达国家引进韩国国内完全没有拥有的设计技术和检查技术。为此，三星虽然接触了美国和日本主导 DRAM 产业的先进企业，但他们吝啬于技术转让。经过一番周折，最终美国风险投资企业美光科技（Micron Technology）和日本的中坚企业夏普（Sharp）被选中。[212]

图 4-4　率先执行研发 64K DRAM 产品的 "64K DRAM 先行军"
资料出处：吴东熙，《三星电子，伟大技术企业的 40 年历程（1）》。
《今日财经》（머니투데이），2009.10.29。

为有效掌握技术，三星以有能力的新职员为中心成立了技术研究小组。技术研究小组需要熟知各自负责部分的目标，同时接受为期 6 个月的全面预备教育，教育内容不仅包括半导体技术的基本知识，还包括外语会话和国际礼仪的相关内容。此外，三星还让技术研究小组的成员们深刻认识到自己目前负责的工作是多么重要的事情。当时，为做好对 64K DRAM 产品开发的思想准备和提高团队凝聚力，三星实施特别训练"64公里行军"。晚饭后进行2天夜以继日的行军，途中跨过高山、穿越公墓，还进行各种课题的训练。据悉，在行军途中拿出的饭盒里有一封信，信中包含必须成功开发DRAM产品的理由。[213]

三星以开发室长李润雨为首的7人组成了小组，向美光公司派遣技术研究小组。但是，三星的技术研究小组却并不受欢迎。美光将三星视为未来的竞争者，并没有表现出积极的技术转让姿态。特别是对于在研发资料和设计图上很难体现出来的经验，他们表现出了更加吝啬的态度。对此，三星的技术研究小组记下自己负责的工程结构和明细后，在工作结束后聚集到宿舍，以各自的记忆为基础进行拼凑，制作完整的工程图。另外，抱着早日掌握半导体技术的信念，不惜偷偷翻阅资料或建立私下交情来获取信息。[214]

三星从美光公司得到64K DRAM芯片后，推演了重新制作该芯片的工作流程。通过购买成品并将其拆解研究来掌握技术，这通常被称为"逆向工程"。组装生产技术在一定程度上确立以后，以美国当地法人的李相俊博士和李钟吉博士，以及在美光公司进修的李承奎部长为中心，同时进行了晶片加工相关技术的工作。这一过程中，在正确的生产条件具备下，排查故障原因方面，进行了反复试验。有时即使一个工程的问题得以解决，但因与其他工程没有适当连接而从头开始。[215]当时的开发组为有效学习技术，还举行了"十一会议"，他们各自履行自己的职责，晚上11点聚在一起检查当天的成果和进度，同时综合调整第二天要进行的部分。[216]

三星克服了无数难题，这期间甚至被称为"漫长的6个月如6年"，6个月后，1983年11月成功开发出64K DRAM产品。此前外国业界公开表示"按照韩国的技术水平，如果能在1986年之前完成产品开发，那将是极大的成功"，这次成功的研发显然令其黯然失色。事实上，美国开发4K、16K、32K到64K DRAM产品，花费了20多年的时间，日本开发64K

DRAM 产品也需要 6 年。通过 64K DRAM 产品的成功开发，韩国半导体产业从 LSI 级提升到了 VLSI（超大规模集成）级水平，韩国成为继美国、日本之后的世界第三大 VLSI 生产国，与发达国家相差 10 年以上的韩国半导体技术水平大幅缩短到了 3 年左右。[217]

参与 64K DRAM 产品开发的李钟吉对短时间内取得成功的原因进行了如下回顾。

> 第一，因为之前三星在一定程度上有半导体技术积累，才有可能实现。富川工厂有制造手表芯片的组装线，还设有洁净室，再加上懂得 DRAM 工程技术人才参与其中并埋头苦干。第二，李秉喆会长亲自负责 DRAM 产品开发，积极支援，给予了很大力量。第三，美光公司转让技术，为产品开发提供可能。虽然没能从美光公司得到完整的技术传授，但是掌握了核心技术。第四，小组成员中，有在美国半导体开发领域经验丰富的技术人员。他们的技术和经验成为最重要的因素之一。[218]

开发 64K DRAM 产品的同时，三星加快建设量产工厂。一边开发半导体，一边建设半导体工厂。半导体设备敏感度高，即使有一点灰尘或震动也会引起错误，因此建设半导体工厂并非易事。发达国家建设半导体工厂耗费了 18 个月左右。1983 年 9 月，在京畿道器兴举行的开工仪式上，李秉喆会长下达指示，"6 个月之内完成工厂建设"。也就是说，后起之秀三星要想与先进企业竞争，必须尽早建设工厂，才能进入 DRAM 产品市场。在这种情况下，建设现场的职员们在寒冷的天气里几乎 24 小时不间断地工作，最终在开工 6 个月后，器兴半导体工厂于 1984 年 3 月竣工。当时器兴工厂建设现场的外号是"阿吾地煤矿"。[219]

三星成功开发 64K DRAM 产品的必要条件之一就是半导体开发的经

验。首先，由于晶体管和IC的制造工艺基本上与DRAM产品的制造工艺相同，因此掌握了在开发晶体管和IC的过程中出现的各种问题，这非常有利于开发DRAM产品。另外，三星的技术人员开发晶体管和IC的同时，能够积累半导体组装及工程技术的经验和知识。从半导体制造工程的设计、加工、组装来看，三星在进入DRAM产品领域时，对组装工程和加工工程具备了一定的知识基础。

现代电子的事例中，明显体现出过去的技术经验在新技术开发中所起的作用。现代于1983年新进入半导体产业，为短时间内使产业正常化，大胆投资设备、积极引进技术、聘请高级人才、注册美国当地法人等，进行多方面的努力。虽然这表面上与三星的情况相似，但与三星不同的是，现代对半导体产业完全没有经验，为使半导体事业走上正轨，经历了无数次的反复试验。就像现代也自己承认"技术不稳定，装备运用也不稳定""设备操作人员的态度没有改变，收益率低迷"，现代在综合管理短期引进的众多设备和拥有不同经验的各种技术人才方面暴露出了问题，缺乏经验，在确保有竞争力的收益率方面遇到了很大困难。[220]

**选择和竞争下的技术追赶**

1983年11月，64K DRAM第一生产线开工2个月后，三星又对256K DRAM第二生产线的明细进行了讨论。第一生产线计划使用4英寸晶圆，但第二生产线尚未决定晶圆尺寸。当时，在美国和日本，大部分企业拥有5英寸晶圆生产线，但只有三家企业拥有6英寸晶圆生产线。三星就此展开争论，主张5英寸晶圆生产线的阵营认为，勉强熟悉4英寸晶圆作业的现场技术员和作业员在没有5英寸晶圆作业经验的情况下，如果直接生产6英寸晶圆，将无法充分掌握技术。而且，目前尚未开发出256K DRAM生产技术，如果生产制程中出现问题，很难判断其原因是技术不成熟还是设备缺陷。不过，尽管存在这些问题，三星还是决定使用6英寸晶圆。这是因为，为了尽快赶上先进企业，必须采取进攻型战略。[221]

1984年3月，三星着手开发256K DRAM，并尝试了技术引进和自主开发并行的双重战略。韩国国内，以李润雨理事为中心，通过引进设计技术开发256K DRAM，与此同时，美国当地法人决定以李一福常务为中心，从设计技术开始独立开发。韩国研究团队从美光公司引进设计技术，于1984年10月成功开发出256K DRAM，美国当地法人于1985年4月完成设计后，同年9月取得了确保良品的成果。三星最初生产韩国国内研究团队开发的256K DRAM产品，后来改为生产美国当地法人开发的产品。这是因为美国当地法人的产品被证明在几个方面都比韩国国内开发的产品优秀。[222]

在256K DRAM产品的研发过程中，三星的韩国国内人员来到美国当地法人处，并接受了技术进修。三星选拔了与美国当地法人研究团队人数相当的32名有能力的年轻职员，让他们与当地法人的研究团队一对一配对，系统地学习DRAM制造技术。当时派遣的职员们与当地法人的研究员形影不离，努力学习技术。工作结束后，进修小组还控制私人时间，针对当天的培训成果和问题召开讨论会，提高了技术学习的效果。当时技术进修的职员们后来成了韩国国内负责DRAM开发的核心力量。[223]

三星在进军尖端半导体事业时的基本方针是：美国当地法人开发核心技术，韩国国内负责量产。不过，在开发1M DRAM产品时，情况有所改变。256K DRAM开发时曾在美国进行过技术进修的人员回国后，国内研究团队随即表示将亲自开发1M DRAM。因此，围绕美国当地法人和国内研究团队中哪一方主导技术开发这一问题，展开了激烈争论。最终，三星于1985年9月决定，李一福常务带领的当地法人团队和朴容义博士担任组长的国内团队同时开发1M DRAM。虽然两个团队同时着手研发，费用将翻一番，但成功率也会更高。与此同时，两组竞相推进研发，有望缩短时间。[224]

1M DRAM开发团队从决定产品设计阶段开始就面临着意想不到的困

难。1M DRAM 开发前，三星一直是通过获取和分析先进企业的样品，掌握技术流程，并将其与自己公司的相关资料进行比较研究，借此决定产品的最佳设计。然而，曾发布过 1M DRAM 试制品的美国和日本企业开始回避向三星提供样品。以 M 级 DRAM 的开发为契机，先进企业正式将三星视为竞争对手。[225]

先进企业对三星的牵制最终演变成了专利权侵害诉讼。1986 年 2 月，美国得州仪器公司（Texas Instruments）向国际贸易委员会起诉日本的 8 家企业和韩国的三星侵犯了自己的专利权。当时，日本企业凭借自己拥有的存储器领域的改良专利，与得州仪器公司进行对抗。最终，得州仪器公司和日本企业以支付专利权使用费为条件于 1987 年 5 月签订了相互授权（cross-licensing）协议，从而达成了和解。相反，三星因为没有 DRAM 相关专利，在判决中失败，遭受了巨大的经济损失。[226]

技术选择的问题在开发 1M DRAM 的过程中也被提出。当时半导体技术的倾向正在从 N-MOS 向 C-MOS 过渡。设计半导体电路的方式有利用电子（electron）流动的 N-MOS 和利用空穴（hole）流动的 P-MOS，C-MOS 是同时使用 N-MOS 和 P-MOS 的方式。1M DRAM 是和以前一样以 N-MOS 为基础，还是从它开始采用 C-MOS，在三星，这两种主张针锋相对。最终，三星果断放弃了自己拥有的技术，顺应时势，将设计改为 C-MOS。当时采用的 C-MOS 在之后的产品中也占据了支配地位，三星也因此得以大幅缩小与先进企业间的技术差距。[227]

韩国国内团队和美国当地法人团队对 1M DRAM 的竞争出乎意料地以国内团队的胜利告终。国内团队着手开发 1M DRAM 后，时隔 11 个月，于 1986 年 7 月生产出了良品，而美国当地法人团队落后了 4 个月，于同年 11 月成功开发出了 1M DRAM。不仅如此，韩国国内团队开发的产品性能比美国当地法人团队的更优秀。凭借此次事件，国内团队在技术方面也拥有了相当大的自信。[228]

1987年是三星的幸运年。事实上,三星的半导体事业在相当长的一段时间内未能避免艰苦奋战。三星虽然从1984年9月开始向国际市场出口DRAM产品,但同年年末开始,便因供应过剩遭遇了市场萧条。对此,日本企业试图倾销价格,结果导致了DRAM产品价格暴跌。64K DRAM第一次出货时的价格是3美元,1985年8月曾下降到30美分,远不及1.7美元的生产成本。不仅如此,1986年三星还因得州仪器公司的专利起诉,需要赔偿9千万美元。因此,1985年至1986年,半导体工厂的开工率不超过30%,2年内三星遭受的损失超过了1000亿韩元。[229]

1985年年末,随着美日半导体贸易协议带来的公平交易价格和日本产量的减少,这种情况开始逐渐缓解。再加上从1987年开始,世界经济恢复活力,出现了第二次PC(计算机)热潮,以256K DRAM产品为中心的半导体市场迅速好转。当时,日本和美国的企业视256K DRAM产品为旧款产品,热衷于生产1M DRAM产品,不过256K DRAM产品作为三星的主打产品,其需求突然激增。再加上美日半导体贸易协议规定了公平交易价格,256K DRAM产品的价格实际上也有所上升。因此,以1987年为契机,三星彻底消除了3年来积累的赤字。[230]

得州仪器公司的专利起诉事件过后,韩国国内半导体企业切身感受到了技术独立的重要性。对此,三星电子、现代电子、金星半导体在1986年4月成立韩国半导体研究组织后,还向政府提议了共同研究开发事业。1986年7月至1989年3月推进的4M DRAM产品共同研究开发事业共计投入879亿韩元,政府、韩国电子通信研究所(ETRI)作为总研究机关,三星、现代、金星和首尔大学半导体共同研究所作为参与研究机关。韩国国内企业为了共同开发4M DRAM产品,组成了研究开发协会,在竞合同时,实现了既定目标。4M DRAM产品共同研究开发事业不仅在促进参与企业的正式研究开发活动方面做出了巨大贡献,还有效促进了三星技术转移到其他企业。这种国家共同研究开发事业在开发16M、64M、256M

DRAM产品时也持续推进，为20世纪90年代以后现代电子和LG半导体成长为世界级半导体企业奠定了基础。[231]

表4-15　国家半导体技术开发联合研究开发项目概述

单位：亿韩元

| 项目名称 | 研发目标 | 研究时间 | 总研发费 | 政府援助 | 总管研究机构 | 备注 |
|---|---|---|---|---|---|---|
| 超大规模半导体技术共同开发项目 | 4M DRAM | 1986.7—1989.3 | 879 | 300 | 韩国电子通信研究所 | 特定研究开发项目 |
|  | 16/64M DRAM | 1989.4—1993.3 | 1900 | 750 |  |  |
| 下一代半导体技术研发项目 | 256M DRAM | 1993.11—1997.11 | 1954 | 914 | 下一代半导体研发团 | 先导技术研发项目（G7） |
| 特殊应用半导体技术研发项目 | 特殊应用半导体 | 1995.1—1999.12 | 1024 | 512 | 电子副产品综合技术研究所 |  |

注：虽然下一代半导体基础技术开发工作计划在1997年11月之前进行，随着256M DRAM的成功开发，于1994年12月业已结束。
资料出处：赵现代，《韩国半导体产业的技术创新案例：以推进国家R&D研究所的组建为中心》；研究开放政策室编《研究开发成功案例分析（1）》（科学技术政策管理研究所，1997），第297-343页。

在开发4M DRAM产品的过程中，三星韩国国内团队和美国当地法人团队也展开了竞争。国内团队的1M DRAM技术被采用后，美国当地法人团队表示强烈反对，因此，三星的管理层在4M DRAM产品的开发中也采用了竞争体制。前提条件是，美国当地法人团队如果再次落后于国内团队，今后将不再负责DRAM开发事业。[232]但是第二次的竞争也以国内团队的胜利而告终。两个团队都于1986年5月着手开发4M DRAM产品，但1988年2月国内团队率先成功生产出了良品。[233]

国内团队在与当地法人团队的竞争中持续获胜，其原因可以从他们表现出的惊人的踏实品质中探寻。对此，时任三星电子会长的姜晋求曾回忆说：

美国当地法人聘请的开发人员都是在存储器半导体的设计部门和工程部门积累了经验的，换句话说，都是这个领域的专家。年龄也大多是 40 多岁。（他们）习惯美国的生活方式，在工作时间专注于研究开发，但在工作时间之外，严格捍卫自己的个人生活。但国内团队的氛围却恰恰相反。没有周六，也没有周日，甚至不分昼夜。他们一旦着手开发，连续几个月都不会离开研究所。美国的当地团队虽然拥有高超的专业知识和技术，但无法像韩国团队一样，24 小时不间断，连续几个月牺牲一切，专注于研发。而国内的年轻团队则通过燃烧青春，克服了专业知识和技术方面的不足。当时，人们认为自己和家人的牺牲都是理所当然的。因此，才能出现正如字面意思一样的"不分昼夜"的强行军。[234]

在开发 4M DRAM 产品的过程中，也出现了另一选择问题。到 1M DRAM 产品为止，只采用平面型（planar）方式，就可以充分制造出所需的存储单元，但制造 4M DRAM 产品无法只通过平面结构完成，还需要在硅底部开出深槽或者在硅表面形成类似高层建筑式的结构。在底部开出深槽的深槽型（trench）方式虽然可以缩小芯片体积，但由于生产工艺变长，实际制作上存在困难。与此相反，在表面形成高层的堆叠型（stack）方式的工艺相对较短，可以大量生产，但难以进行精细加工和缩小芯片面积。当时，包括 IBM 在内的美国企业大部分都采用了深槽型方式，日本的东芝和 NEC 也采用了深槽型方式，而日立、三菱、松下则采用了堆叠型方式。

对于这种技术选择的不确定性，三星采取了齐头并进的战略，同时推进两种方式的技术研发。1986 年 5 月，美国当地法人团队采用深槽型方式，陈大济博士带领的国内团队采用堆叠型方式着手开发 4M DRAM 产品。但金光浩副社长偶然获得了重要情报，即日本企业在用深槽型方式缩小芯片大小时面临了相当大的困难。三星内部借此就 4M DRAM 产品的开发方式展开了激烈争论，实际上只有在量产阶段才能确认正确选择是什么。但由于美国和日本的几家企业陆续推出了试制品，对于技术路径的选择决策，不能一再推迟。当时，陈大济和权五铉提出意见称，深槽性方式无法看到孔内，如果出现瑕疵就会束手无策。接到这一报告后，李健熙会长做出决定，"即便日本没有选择堆叠型方式，我们也还是采用堆叠型方式吧"。[235]

三星选择堆叠型方式的决定事后被证明是正确的。选择深槽型方式的企业在转量产的过程中经历了良率下降，并且无法解决这一问题。而堆叠型方式不仅在 4M DRAM 产品上，在之后的产品研发上也形成了技术主流，因此选择深槽型方式的企业淘汰至二线，选择堆叠型方式的企业则成长为一线。当时参与共同研究开发事业的现代和金星起初也选择了深槽型方式，之后在 1989 年转换为堆叠型方式。现代和金星之所以早期改变技术路径，正是因为通过共同研究开发事业的技术交流会，掌握了三星以堆叠型方式进行的情况。现代和金星通过共同研究开发事业得以模仿三星的技术，并以此为迅速追赶三星奠定了基础。[236]

**跃居世界第一**

如前所示，三星在 1982 年进军尖端半导体事产业后，在短短 6 年时间里接连开发了 64K、256K、1M、4M DRAM 产品。在此过程中，与发达国家的技术差距也逐渐缩短为 5.5 年、4.5 年、2 年、6 个月（见表 4-14。到 4M DRAM，三星将重点放在了引进外国技术、获取新产品信息和迅速追赶先进企业上。在开发 1M 和 4M DRAM 产品时，很难从先进企业获得样品，在这种情况下，仍然提供了 C-MOS、堆叠式等技术路径。与此相反，三星从 1988 年开始推进的技术革新活动与以往不同，是在没有先行者和模范案例的情况下对无形目标的挑战。

为了集中进行与发达国家展开激烈竞争的 16M DRAM 以上半导体开发所需的基础技术、产品技术、工程技术等研发活动，三星于 1988 年 11 月着手在京畿道器兴成立专门负责开发 DRAM 的研究所，该研究所于 1989 年 11 月竣工。[237] 与此同时，为实现史无前例的无形目标，1989 年 4 月开始，三星引进了"周三例会"制度。负责半导体的管理人员和干部们每周三下午 7 点聚集在一起，通过自由讨论的方式，制定新一代新产品的开发战略。通过周三例会，三星可以提前监督技术开发进展，同时可以解决对技术开发方向和方式产生的意见分歧。[238]

三星在 1988 年 6 月着手开发 16M DRAM，并于 1990 年 8 月成功开发试制品。当时没有生产 16M DRAM 试制品的海外企业，因此设计技术和工程技术都要自行解决，还要自行开发部分感光材料和曝光设备。因此，要面对过去从未经历过的新技术问题，并不断解决这些问题。值得一提的是，为解决被称为"C 型半月纹"的特殊缺陷，三星还果断放弃了申请国际专利的方式。在稍微领先三星或基本持平的时期，日本的日立、东芝、美国的 IBM 等公司宣布开发了 16M DRAM。以此为契机，日本和美国的企业开始正式认可三星的独立技术能力。[239]

对此，主导 16M DRAM 开发的陈大济回忆道：

> 三星成功开发 16M DRAM 对公司和国家都具有重大意义。这意味着韩国作为曾经的劳动密集型产业强国已成功跻身发达国家专属的尖端技术领域——半导体领域。这是没有借用他人技术，由我们自主研发的第一款存储器半导体产品，这一点也具有重大意义。韩国与发达国家已消除技术差距，就像马拉松倒数第一的选手突然冲刺，瞬间占据了领先位置一样。[240]

三星第三家半导体工厂——温阳工厂于 1991 年 11 月竣工。温阳工厂是专门负责半导体产品组装和检查的工厂，为应对半导体市场对封装的不同需求，工厂构建了多品种生产体系，还实现了完全自动化组装、检查及产品的出入库。至此，三星半导体生产工厂形成了器兴工厂、富川工厂、温阳工厂的三元体制。器兴工厂负责存储器产品的晶片加工，富川工厂负责非存储器产品的晶片加工，温阳工厂负责将器兴工厂和富川工厂生产的半成品组装成最终产品。[241]

1990年6月，三星在开发16M DRAM之际，权五铉博士主导推动了64M DRAM的开发。16M DRAM的开发尚未完成便开始着手新一代产品64M DRAM的开发，这意味着三星开始同时开发两代新产品。即，如果4M DRAM到达批量生产阶段，曾开发该DRAM的团队将着手开发64M DRAM，继而开发16M DRAM的团队将投入新一代产品256M DRAM的开发。利用这种进攻型的方式，三星于1992年9月在全球最早成功开发64M DRAM。[242]

1991年，幸运之神再次降临。当时，被称为"日本半导体三强"的东芝、NEC、日立为应对半导体产业周期性不景气的局面，暂停增设1M DRAM生产线，探索向4M DRAM转移。但是，随着微软的Windows大受欢迎，原本预计会陷入萧条的半导体市场意外迎来了大好局面。当时，世界各国的电脑企业都倾向于选择可以实现大规模供应、价格低廉的1M DRAM。加上日本日元的升值，电脑企业的采购负责人向三星抛出了橄榄枝。得益于此，三星超越日本东芝，分别于1992年和1993年在DRAM和存储器半导体领域一跃成为世界生产企业之首。[243]

1991年，三星又使出一个杀手锏，即16M DRAM 8英寸线的量产。16M DRAM是三星首次实现与发达国家在同一时期开发的产品，因此，如果批量生产速度快，将成为超越发达国家主导半导体市场的绝好机会。虽然预计8英寸生产线比6英寸生产线生产效率高出1.8倍，但由于需要庞大的设备投资和尖端技术，大部分企业都在犹豫是否引进8英寸生产线。

当时，富士通、东芝、NEC、日立等日本企业也仅拥有8英寸的试产生产线。特别是8英寸生产线工艺复杂，在加工过程中容易破碎，因此很难保证品质的一致性。为设置8英寸量产生产线，在向NEC请求支援遇冷的情况下，三星于1991年1月启动试产生产线，研究各种问题后，于1993年6月竣工量产生产线，成了世界最大的16M DRAM生产工厂。[244]

1992年1月，三星开始推进黄昌圭博士主导开发的256M DRAM工作。256M DRAM开发项目标志着韩三星在半导体领域实现了由引进技术到自主创新的技术跨越。为促进此项目开展，三星采取了跳跃式的研发模式，不直接制造256M DRAM，而是采取在已经开发的16M DRAM基础上直接研发适用于256M DRAM规格的战略方式。即通过16M DRAM掌握缩小线宽的技术后，以此为基础开发完整的256M DRAM。同时推进线宽缩小和容量增加在技术上非常困难，因此这是一项迂回战略。三星在1992年12月掌握了将16M DRAM线宽缩小到0.28μm的技术后，1994年8月在世界上首次成功开发出了线宽为0.25μm的256M DRAM。[245]由此，三星在现有产品基础上同时研发适用新规格的配置，以此为契机，提高了原16M DRAM性能的同时，开发了256M DRAM，可谓一箭双雕。

三星在被称为"梦想半导体"的G级DRAM中也再次证明了自己的世界最高技术能力。三星在1996年10月开发了线宽0.18μm的1G DRAM，2001年2月成功开发了线宽0.13μm的4G DRAM试制品。至此，三星成为连续开发64M、256M、1G、4G等四代DRAM的企业。三星的G级DRAM不仅为世界首次开发，还采用了线宽最窄的超微加工技术。三星拥有比竞争企业领先1年至1.5年的技术能力，因此在产品生产时间上掌握绝对主动权。[246]

三星作为256M DRAM开发的首发者，其优势还体现在提高生产效率方面。代表性例子是，跨过了集成度和线宽维持一比一对应关系的传统观念，将新一代设计及工程技术应用于当代产品。以 16M DRAM 为例，1991 年投入市场时线宽为 0.42μm，但 1995 年以后，随着 64M DRAM 的开发，线宽控制在 0.35μm。64M DRAM 从开始的 0.35μm 线宽，在 256M、1G、4G 中将线宽分别调整为 0.25μm、0.18μm、0.13μm。通过这种方式，三星不仅大大降低了生产成本，而且统一了生产的技术标准。[247]

20 世纪 80 年代末，三星在 DRAM 中奠定了稳定的技术基础后，开始关注如 SRAM、Video RAM、MROM、EEPROM 等 DRAM 以外的产品。SRAM 与 DRAM 不同，不需要不停地刷新电路来保存数据，1M SRAM 被认为与 4M DRAM 水平相当。继 1988 年 11 月日本的日立之后，三星成为全球第二个开发 1MS 内存的企业，并于 1989 年 10 月开始批量生产。1990 年 12 月，开发了 1M Pseudo SRAM，具备 DRAM 的基本结构，并在内部安装了充电电路，兼具了 DRAM 集成度高和 SRAM 耗电量低的优点。接着，三星于 1992 年 5 月成功开发了 4M SRAM，同年 8 月成功开发了 4M Pseudo SRAM，在 SRAM 领域掌握世界性的技术水平。三星的 SRAM 在 1992 年位居世界第 7 位，1993 年位居世界第 6 位，1995 年超过日立，跃居世界首位。[248]

Video RAM 是专门负责电脑高速、高画质图像功能的产品，三星是继 1990 年东芝和得州仪器之后，世界上第三个生产 1M Video RAM 的企业。MROM 的内容按用户提出的要求在芯片生产过程中直接写入，并永久保存。三星最早以代工的方式生产 MROM，后来于 1989 年、1991 年、1992 年分别开发了 4M、16M、32M MROM，并作为独立品牌上市。EEP ROM 兼具 ROM 和 RAM 特，带电可擦可编程。三星在 1984 年、1988 年、1992 年分别开发了 16K、256K、1M EEP ROM，之后 EEP ROM 发展为具有相同功能的闪存（flash memory）。[249]

20 世纪 90 年代前半期，非存储器领域也开始出现一些成果。如可以共同用于各种电子产品的 8 位微型计算机的国产化，开发在影像设备的屏幕上显示文字的高性能晶体管，开发数字信号处理用半导体数字信号处理器（digital signal processor，DSP）的国产化，开发用于HDTV（high definition TV）的核心部件，开发用于传真机的高画质图像处理芯片，推进化合物半导体产业等。[250]但是当时的非存储器领域仍然缺乏专业人员和检查装备，一直未能摆脱赤字状态。三星在存储器领域虽然是世界第一大企业，但在非存储器领域却仅位列世界前20位。[251]

### 电脑

一般认为，韩国的计算机历史始于1967年经济企划院统计局引进IBM 1401。第一台国产电脑是1973年KIST的电子计算室（室长成琦秀）开发的"世宗1号"。在此之前，延世大学的韩万春教授于1961年开发了"延世101模拟电子计算机"，汉阳大学的李晚荣教授于1964年开发了"模拟电子计算机3号机"，但仅用于研究或实习，并未达到商业化的阶段。据悉，1967年以后，韩国以政府部门、公共机关、大企业、大学、银行等为主持续引进电脑，1971年和1976年电脑数分别达到36台和122台。[252]

韩国计算机产业的先驱企业是1975年成立的东洋数字化技术（现为斗山信息通信）。东洋数字化技术以美国DEC（Digital Equipment Corporation）的"PDP 11"为模板，于1976年成功生产了名为"Oricom 540"的小型电脑。购买美国和日本企业生产的中央运算装置、辅助记忆装置、显像管终端等零部件，组装成成品。截止到1979年，东洋数字化技术向国内供应电脑58台，位居全国第二。位居第一的是1967年进入韩国市场的韩国IBM，其1979年向韩国的供应量为75台。[253]

东洋数字化技术超预期成功后，国内各大企业也纷纷进军电脑产业。金星电机与NEC合作，研究小型电脑的组装生产；大韩电线推进了富士通"Pacom"系列产品的生产；金星通信和东洋精密成立了韩国系统产业，寻求与外国企业的技术合作。更重要的一项内容是开展外国企业的代理业务。1976年,三星电子与惠普签订销售代理合同,紧接着锦湖实业、奥丽康(Oricom)、东洋精密、韩国火药、东洋尼龙等也加入其中,1979年金星社向国内供应了霍尼韦尔(Honeywell)的产品,由此开始进军电脑产业。[254]如此,韩国各大企业在担任外国企业代理的同时,直接负责电脑的销售、维护、维修,学到电脑相关的初级知识。当时,各大企业还利用电视机等家电产品积累的技术开发了终端机和显示器,但未能制造电脑主机。[255]

个人计算机市场则由中小企业开拓。三宝电脑、QNIX等位于清溪川世运商街的计算机专卖中小企业于1981年复制苹果 II,在国内首次制造个人计算机。[256]目睹了中小企业的成功,各大型企业也开始进军该领域。金星社于1982年,三星电子和大宇通信于1983年开始制造个人计算机。当时个人计算机的制造只停留在复制外国机型制作主板,以及引进零部件进行组装的水平。而且由于组装技术水平低,不合格率非常高,如在老化测试(burn-in test)中合格率甚至低于50%。计算机周边产业进一步扩大,除终端机和显示器之外,软盘驱动(floppy disc drive)和打印机也开始以半拆装组合(semi-knockdown)方式生产。[257]

与其他产业不同,在计算机产业中,与外国企业的合作未能学习到多少技术。合作企业不愿转让制造技术,一心向韩国销售自己的产品。当时韩国企业主要通过逆向技术掌握了计算机制造相关技术,即通过拆分外国企业开发的计算机,再将其复原的方式制造了自己的计算机。当时的个人计算机大部分是8位机型,在这种情况下,利用单层印刷电路板复制计算机线路并非难事。[258]

韩国企业正式引进个人计算机许可始于1984年。1984年,国内个人计算机也转换为16位机型,因为从16位机型开始,使用5层印刷电路板,主板很难被复制。与此同时,以代工生产(OEM)的方式实现了小规模的出口。这种方式的实现不仅保证了市场,还成为学习技术的主要渠道。OEM企业可以通过订货企业要求的详细说明书掌握技术内容。[259]

20世纪80年代，韩国政府为计算机产业的发展推行了多种政策。1982年，小型计算机、个人计算机、周边设备等被指定为国产化开发推进项目，限制进口，尤其是个人计算机，在1984年至1986年期间一律禁止进口。另外，政府宣布1983年为"信息产业年"后，接连推进教育用电脑普及政策和国家基础数字化网构建计划，开拓了国内计算机市场。与此同时，政府利用各种基金向计算机界提供金融优惠，并通过国家研发产业积极支援计算机国产化与技术开发。1995年成立韩国计算机研究联合组，促进计算机企业开展共同研究。[260]

进入20世纪80年代中期以后，世界计算机产业产生了相当大的结构变化。继1981年IBM开发个人计算机的同时公开配置后，1985年美国凤凰科技开始允许电脑制造企业使用本公司的BIOS（Basic Input/Output System）通过这一措施，IBM PC的兼容企业迅速增加，实现了所谓的"计算机大众化"（commoditization）。计算机从接受特定顾客订单的机器变成了面向大众市场的消费品。因此，在计算机产业中，价格成为决定性因素，对组装费用和生产环节的重要性也越来越大。[261]

这种竞争环境的变化对韩国计算机界非常有利。国内企业与外国企业签订代工生产出口合同，正式进军海外市场。由此，韩国计算机产业从1986年前后由新兴产业进入到高速发展阶段。韩国的计算机生产额从1986年的8.81亿美元增加到1989年的32.24亿美元，以年均超过80%的速度增长（见表4-16）。与此同时，国内计算机产业中大型企业的比重增加，中小企业的比重开始逐渐减少。当时，金星社、大宇通信、大宇电子、三星电子、现代电子、三宝电脑形成了6强鼎立的局面，以组装为特色，追求规模经济。[262]

表4-16 韩国计算机产业生产趋势（1982—1993年）

单位：百万美元

| 分类 | | 1982年 | 1983年 | 1984年 | 1985年 | 1986年 | 1987年 | 1988年 | 1989年 | 1990年 |
|---|---|---|---|---|---|---|---|---|---|---|
| 总计 | | 47 | 203 | 434 | 530 | 881 | 1459 | 2456 | 3224 | 3171 |
| PC | 生产（A） | — | 39 | 108 | 183 | 436 | 479 | 1010 | 1733 | 1328 |
| | 出口（B） | — | 19 | 66 | 148 | 395 | 353 | 807 | 971 | 632 |
| | 出口率（B/A,%） | — | 48.7 | 61.1 | 80.9 | 90.6 | 73.7 | 79.9 | 56.0 | 47.6 |
| 其他计算机 | | 5 | 30 | 43 | 35 | 51 | 69 | 158 | 68 | 12 |
| 周边设备 | | 42 | 134 | 283 | 312 | 394 | 912 | 1288 | 1423 | 1831 |

资料出处：金勇福，"韩国电子产业发展机制研究"（首尔大学博士学位论文，1995），第156页。

20世纪80年代中后期，韩国的计算机行业通过批量生产经验和自动化设备的引进，迅速提高了电脑组装相关的技术能力，逐渐积累了主板的设计经验。由于已经公开了PC的配置，因此只要根据使用部件进行一些改善，就可以设计主板。随着这种技术能力的提高，韩国计算机界制造电脑的方式从OEM变为ODM。同样是贴上订货企业的商标，但除了生产以外，设计也由国内企业负责。但是订货企业指定外国企业使用特定零部件，限制韩国国内企业进行零部件开发。[263]另外，当时外国企业高价向韩国销售高质量的零部件，如果零部件国产化，他们就会以更低的价格进行倾销，用以对抗韩国国产产品。[264]

1990年前后，韩国的计算机产业开始陷入沉寂。韩国的计算机生产额在1983年至1988年间年均增长率为63.6%，但1990年至1993年仅为10.1%。同期，出口额的年均增长率更是从91.6%下降到12.5%。[265]就个人计算机而言，这种现象更加明显，出口额在1989年达到9.71亿美元的高峰后，1990年6.32亿美元，1991年为7.15亿美元，1992年至1998年仅2亿—3亿美元。[266]

之所以出现这种情况,是由于计算机产业的结构性变化,以组装技术和规模经济为基础的大量生产方式的优势不复存在。首先,芯片组（chip set）的开发大大简化了组装计算机的工艺。因此,简单设备小规模组装生产和在自动化大规模设备组装生产在费用方面没有太大差异。另外,计算机产品寿命周期缩短,产品更新比特定种类的批量生产更为重要,但韩国国内的大型计算机企业对此却未能灵活应对。由此,韩国国内企业未能迅速应对世界计算机市场从286迅速转换为386的情况,只能满足286级别计算机的生产。[267]

与此相反,以中小企业为主的中国台湾地区的计算机企业则反应迅速,适时推出了新产品。例如,美国英特尔推出386芯片时,中国台湾地区企业时隔6个月将其应用于主板;至于奔腾芯片,他们则用短短的2个月时间实现这一目标。另外,一直以来,韩国的计算机企业根据出口线使用不同的零部件,但中国台湾地区以与专业零部件企业的合作为基础,通过零部件的标准化和共同购买零部件等方式,节省生产费用。因此,过去向韩国企业以OEM方式订购的IBM和康柏等企业从1990年开始将订单转向中国台湾地区的企业。以1992年为准,中国台湾地区在美国计算机市场的占有率为32%,而韩国仅为3%。[268]

韩国计算机行业不适应新环境变化的原因可以从支配结构的特点中找到。财阀大型企业的特点——等级组织和垂直决策在20世纪80年代成为计算机实现大规模生产和出口的基础,但这一点在90年代计算机技术模式中反而成为弱点。[269]与黄惠兰同行的计算机企业工程师的采访充分体现了大型企业的等级决策结构对产品开发的影响,采访内容如下。

> 韩国财阀企业属于垂直型组织结构。有时审批线多达10—11个。在这种情况下,从决策时效性的角度出发,无法与中国台湾地区或西方企业竞争。从我们效仿的结果来看,中国台湾地区的

企业是，开发组组长有权决定产品开发，甚至可以做出部分投资决定。而韩国的情况是，无法对产品开发做出实质性的决定，很多时候都要由上层决定。[270]

在整个20世纪90年代，韩国的计算机产业经历了相当大的结构性调整。首先，计算机市场从出口为主转变为内需为主，国内计算机销量从1992年和1993年的70万、80万台，到1994年突破100万台，1995年则接近150万台。另外，随着流通市场的接连开放，如外国投资企业解除对韩国国内的销售限制等，包括IBM韩国公司在内的外国制造企业正式进军韩国市场。与此同时，国内外企业围绕内需市场展开了激烈竞争，市场集中度增强。随着中坚计算机企业接连倒闭，龙山电子商街的组装企业比重逐渐减少，大型企业方面，既存的6强局面瓦解，三星电子和三宝计算机的2个公司支配了计算机市场。[271]

在技术方面，主机停滞不前，周边设备领域规模则进一步扩大。如硬盘驱动器（HDD）的国内组装生产、针头打印磁头的国产化、激光打印机引擎的国产化、CD-ROM驱动器的国产化等，但由于核心零部件还需依赖进口，并未实现完全国产化。[272] 此外，还尝试探索进军多媒体产品和大中型计算机等上游机型的方案。多媒体产品包括金星社的"Symphony"、大宇通信的"WinPro"、三宝电脑的"뚝딱①Q"、三星电子的"Magic Station"等。[273] 大中型计算机通过政府主导的国家基础数字化网项目亮相，在1987—1991年的第一阶段，开发出了外国机型"Tallerent"、国产机型"Ticom"等中型计算机，1992—1996年的第二阶段，在开发高速中型计算机的同时，还推动了超级计算机的开发。[274]

1994年，韩国计算机产业的技术水平只能达到发达国家的38.9%，但

---

① 韩语拟声词，有"快速利落"之意。

1999年上升到了68.1%。[275]从1994年的情况来看，微处理器设计技术达3%，微处理器生产技术20%，芯片组设计技术10%，芯片组生产技术30%，BIOS（基本输出/输入）技术10%，主板设计技术50%，主板生产技术80%，而中国台湾地区则分别为5%、20%、60%、30%、50%、95%、100%左右。[276]此调查结果表明，相较于原始技术和设计技术，韩国的计算机产业更注重生产技术的开发，在20世纪90年代未能灵活应对技术趋势和竞争环境的变化。

进入21世纪后，韩国计算机产业的难关开始被攻克。随着互联网的迅速普及，计算机使用环境从模拟转变为数字化，以三星电子为中心出现了笔记本电脑代替台式计算机的局面。三星电子在1995年开发出SENS（Samsung Electronics Notebook System）系列的首款机型后，在2002年推出了相当于亚级笔记本型的"Sens Q"，获得了很好的反响。2003年英特尔发布了可以用无线局域网收发数据的迅驰（Centrino）平台，第二年三星电子在世界上首次推出了内置无线网络连接功能的Centrino笔记本电脑"Sens X10"。以此为契机，三星电子奠定了走出国内进军海外的基础，之后通过持续的新产品开发和强势营销，提高了其笔记本电脑市场的占有率。[277]三星电子在2007年笔记本电脑出口量突破100万台，2007—2009年期间在世界笔记本电脑市场排名分别为第11位、第10位和第9位。[278]

**通信**

现如今，韩国虽然成为了引领信息通信技术的国家，但一直到20世纪70年代中期，通信手段还极度缺乏。韩国之所以能够一跃成为信息通信强国，得益于两项国策工程的实施，即1977年至1991年推行的全电子交换机技术开发项目和1989年至1996年推行的数字移动通信技术开发项目。前者开发时分交换（time division exchange，TDX），又名"TDX技术开发项目"，后者开发码分多址（code division multiple access，CDMA），又名

"CDMA 技术开发项目"。韩国通过 TDX 技术开发项目进入了通信技术国产化的阶段，通过 CDMA 技术开发项目一跃成为引领信息通信技术的国家。

**全电子交换机的国产化**

20 世纪 60 年代以后，韩国持续推进经济开发计划，伴随着道路、能源等经济基础产业的发展，正式进入产业化发展阶段。但是，由于通信所需基础设施建设不能满足迅速扩大的通信需求，长期的通信阻塞和通话质量差等问题开始成为重要的社会问题。对此，韩国政府于 1970 年 9 月修改《电子通信法》，禁止买卖新安装的电话，但已安装的电话可自由买卖。当时，根据用户电话的颜色，新电话被称为"蓝色电话"，老电话被称为"白色电话"，白色电话的价格甚至飙升至 260 万韩元，相当于在首尔富人区的房价，这也从侧面反映了电话供应量的极度短缺。1975 年，电话用户线路突破了 100 万，但申请后等待安装的人数达到了 17 万多人。解决这一问题的根本方法是实现交换设备现代化，增加电话用户线路。[279]

当时，韩国的主要电话交换机生产企业有金星社和东洋精密（OPC）。东洋精密于 1962 年将史端桥（Strowger）电话交换机国产化，金星社从 1964 年开始生产德国西门子的 EMD（Edelmetal Motor Drehwhler）。1971 年，几家企业向政府建议将纵横（Crossbar）电话交换机国产化。由于对电话交换机的方式存在诸多争论，韩国政府于 1972 年决定推动电子交换机（Electronic Switching System，ESS）的开发。因此，在开发电子交换机之前，只能使用机械交换机，电话阻塞现象日趋严重。但从长远来看，跳过了中间的纵横制技术阶段，为通信网的现代化和技术发展奠定了基础。[280]

1974 年，邮电部动员研究所和企业的专家制定了"电子交换方式共同推进计划"。该计划的主要内容是，在发达国家目前处于实用化阶段或测试阶段的电子交换机方式中，选择与现有机型相匹配、易于开发的方式投入国产。对此，朴正熙总统要求采取更积极的态度，并指示说："即使动员所有国内技术团队，也要独自立开发交换机。"韩国政府在 1976 年 2 月举行

图 4-5　关于电话饥荒的报道（1979 年 2 月）
资料出处："等了一年又一年",《京乡新闻》, 1979.2.12。

的第 7 次经济长官恳谈会上决定,在国内直接开发时分交换方式的电子交换机。另外,在国产机种普及之前,决定引进外国的电子交换机,并将相关业务交给了 KIST。KIST 由景商铉博士主导,成立工作组,进行了海外投标,但由于引进电子交换机企业之间的矛盾,未能取得任何进展。[281]

为此,韩国政府开始组建专门负责时分交换技术开发项目的团队。1976年 9 月,电子通信开发促进委员会（Telecommunication Development Task Force, TDTF）成立,负责引进交换机及通信网现代化政策的决策。委员会任命邮电部次官为委员长,任命相关部门的次官官员为委员。同年 12 月,设立韩国电子通信研究院,作为 KIST 的附属机构,1977 年 12 月独立为韩国通信技术研究院。[282] 为引进交换机,研究院为投标规格提交、提案书评价及引进协商提供支持,并负责对邮电部和通信设备企业人员进行培训。与此同时,1977 年 2 月成立国营企业韩国电子通信（KTC）,用于生产电子交换机主机。

时分交换技术开发事项目同时开展从发达国家引进商业化的模拟交换机和准备数字交换机自主开发两项工作。由韩国电子通信和金星半导体负责模拟交换机的引进和生产。韩国电子通信从比利时引进技术后，从1979年开始在龟尾工厂着手组装电子交换机。1979年成立的金星半导体从1980年开始引进美国的交换机技术，参与电子交换机的生产。两家企业通过技术引进生产的模拟交换机主要供应给电话阻塞现象严重的城市地区。电子交换机的引进也成为韩国电子产业从以家电产品为中心升级为产业用电子的契机。[283]

1978年起开展了对数字交换方式的调查研究。韩国电子通信研究院（ETRI）制定了交换机系统的基本规格，分三次制作了试验模型交换机。但是，由于技术、资金、人员不足，只能掌握交换机结构，确认开发可能性，试验模型交换机也只是实现了基本的信号处理功能。[284]虽然一直推进模拟交换机的生产和数字交换机的研究，但电话阻塞现象并未轻易消除。1980年5月，据邮电部统计，全国电话认购积压件数为613477件，其中等待2年以上的达7436件。[285]

韩国政府在1981年制定电子工业培育方案时，将半导体、计算机和电子交换机选定为三大战略项目。接着，韩国政府制定第五个经济社会发展五年计划（1982—1986年），通信部门的主要目标是保证"一户一电话"，实现"广域自动化"。广域自动化指的是扩大市内通话连线地区的范围，同时用自动交换机代替农村剩余的所有手动交换机。为了实现这一宏伟目标，韩国政府决定从1982年在5年内投入约240亿韩元的预算，正式推进时分交换技术开发项目。[286]

韩国政府还为有效推进时分交换技术开发项目完善了体制机制。首先，成立韩国电信公司（现KT），用以提高通信业运营效率，促进技术革新。当时，邮电部规定，电信运营商必须拿出年销售额的3%以上用作研究开发费，以此筹集了时分交换技术开发费用。另外，在邮电部组织成立通信政策局，在电子通信开发推进委员会设立时分交换开发推进委员会，负责时分交换研究开发项目组织决策。实际的研发工作以韩国电子通信院为核心，与生产企业共同推进，生产企业有金星半导体、大韩通信、东洋精密、三星半导体通信等4家企业。[287]

与此同时，也出现了反对时分交换技术开发项目的声音。其中有提供电子交换机的外国企业的阻挠，也有对韩国政府首次推行的大规模研究开发项目缺乏信任。甚至有人主张，与其开发失败概率这么高的项目，还不如在汉江架桥。[288]在这种情况下，当时韩国电子通信研究院的研究人员写下了"如果开发失败，将甘愿接受任何处罚"的誓约书，这后来被称为"TDX血书"。对于制定"TDX血书"的经过，整理过80年代韩国信息通信产业发展脉络的李琪烈这样写道：

> 韩国通信起步后的1982年2月，崔部长决定对电子交换机开发问题做出最终决定，带领策划参与者们巡访了金星、三星、OPC、大韩通信等4家交换机生产企业。巡防结束后，在一家附近饭店里，崔部长向每位与会者询问是否可以开发时分电子交换机，大部分与会者都给予了肯定的回答，于是，他宣布确定实施时分电子交换机开发计划，并命令电子通信研究院的干部们签署誓约书，保证不管发生任何事，都要开发时分电子交换机，并提交给邮电部。"我们研究院全体研究员将竭尽全力开发最尖端技术——时分电子交换机，并承诺如果开发失败，将甘愿接受任何处罚。"研究所院写下该誓约书，提交给邮电部，同时将复印件给研究员们传阅，鼓舞了士气。后来被任命为韩国通信时分交换开发项目团长，在时分交换技术开发上立下汗马功劳的徐廷旭看到誓约书后感叹道："这真是令人惊叹的血书啊！"之后，誓约书被称为"TDX血书"。[289]

韩国电子通信研究院从1978年开始分三次开发试验用电子交换机，1982年春天完成了500线路规模的第三次试验机的制作。又于1982年7

月在龙仁郡供电邮局配置第三次试验机后，以362名用户为对象进行了试运行。起初，由于经常发生故障，KT指责这是完全失败的作品，但研究院却锲而不舍，继续完善性能。第三次试验机的试运行持续到1983年12月，实现了3000线路的容量。性能得到完善的第三次试验机后来被称为TDX-1X，这里的X指的是试验（experiment）。[290]

在对TDX-1X进行试验期间，再次对该项目体制进行了调整。1983年6月，邮电部向韩国电子通信研究院发送公文，要求设立TDX开发团，在KT设立TDX项目团。1983年9月，TDX开发团开始试运行（团长梁承泽），并于1984年1月正式成立。除此之外，交换机生产企业和KT的技术人员也共同参与其中，在TDX开发完成后，他们在相关技术转移方面起到了重要作用。与此同时，KT于1984年1月设立了由总经理直接领导的TDX项目团（团长徐廷旭），负责TDX技术开发项目的管理、预算支持、制定购买规格、制定及实施供应计划等。徐廷旭还明确设定了技术开发的目标，制定相关评价标准，为在TDX等系统开发中落实质量保证做出了巨大贡献。[291]

对于设立TDX开发团和TDX项目团等专门组织的经过，时任邮电部次官的吴明曾有如下回忆。

> 如果通过TDX项目向研究院提供大量资金，这些资金就会被分散使用，TDX开发项目可能就会不了了之。因此，研究资金集中交予梁承泽博士为团长的开发团，让开发团团长全权负责该项目，但起初研究院并不怎么赞同……另外，以炮兵用电脑开发程序为例，虽然确立概念只用了6个月，但实际上被军队使用经历了四五年时间。有过这样的经验教训，认识到不能只把焦点放在研究院开发的产品上。换言之，不能只一味地靠开发团开发产品，而应站在使用者的立场上制造所需产品，所以韩国通信应该行动起来，

设立TDX项目团。也因此不得不下发文件，迫使其强制执行。[292]

以开发团和项目团的成立为契机，TDX技术开发项目日渐活跃。TDX开发团在1983年年末成功制造了9600线路规模的新模型。TDX项目团从1984年4月开始进行积累现场运营经验的工作。该机种最初被徐廷旭命名为"试验认证机"，试验测评结束后取名为TDX-1。1984年8月，韩国电子通信研究院与金星半导体、大宇通信、东洋电子通信、三星半导体通信等4家生产企业签订了TDX-1开发项目协议，4家企业按公司分类派遣10名人员到韩国电子通信研究院接受TDX-1开发培训。同年10月，韩国电子通信研究院与参与企业签订技术传授合同，开始传授TDX-1试验机生产技术。在此基础上，4家企业制造试验用产品后，于1985年年末进行了商用化试验，1986年3月TDX-1在加平、全谷、茂朱、高灵等4个地区共设置了24000线路。以此为契机，TDX开始在全国各地的电话局大量普及，几年后成为国内交换机的主流。[293]

紧接着KT开始大量生产全电子交换机。在运行TDX-1的过程中，暴露出几个功能上的问题，1986年年末开发出了弥补这一缺陷的量产机型。10240条线路规模的量产机型被称为TDX-1A，1987年2月在全国36个地区开通了18.9万条线路。[294]随着TDX-1A启动商用服务，韩国的电话阻塞率首次下降到10%左右，1987年9月30日，整个韩国的电话设备突破1000万条线路，正式进入了"一户一电话"时代。另外，在全国任何地方都可以不经过接线员，只要申请电话安装，就可以在24小时内进行电话通话。[295]

推进第6次经济社会发展五年计划的1987年至1991年，TDX技术开发事业进一步扩大。在此期间进行的TDX技术开发大致可分为两个方向。第一，通过扩大TDX-1A的容量，改善功能，开发中容量交换机TDX-1B。第二是开发适合综合信息通信网（integrated services digital network, ISDN）的大容量交换机，进而开发出了TDX-10。[296]由此，

TDX 技术开发项目在选定辐射效果较大的产品后,历经小容量交换机和中容量交换机,进入了大容量交换机阶段。

TDX-1A 原本适用于农渔村,因此不适合作为需求量大的城市地区通信网使用。但是,在等待计划 1991 年之前开发的 TDX-10 期间,国内的电话状况并不宽裕。解决该问题的方案是开发具有 2 万条线路容纳能力的 TDX-1B。TDX-1B 的开发不是由当时主导交换机开发的韩国电子通信研究院负责,而是由受研究院支持实现技术积累的交换机生产企业担任主要角色,这使得 TDX-1B 的技术开发体制发生了相当大的变化。该技术开发在研究院的支持下,以 KT 为主轴,由四家企业分担开发。四家企业确定开发负责的部分后,相互公开技术和资料,生产相同的产品。TDX-1B 从 1986 年 7 月到 1988 年 12 月的 2 年零 6 个月里,经过多次试验测评后完成开发。TDX-1B 于 1989 年 4 月在注文津、庆山、安仲、漆谷等四个地区开通,1990 年开始出口国外。[297]

1987 年开始的 TDX-10 开发目标是构建在大城市普及的 10 万条线路容量的综合信息通信网。以 TDX-10 为例,由新任命为 TDX 开发团长朴恒九博士主导,研究院、生产企业、KT 等正式形成了联合研究体制。由 KT 提出对交换系统的规格和要求,研究院负责设计整个系统和开发共同使用的部分,生产企业则通过分担或竞争开发下位系统。[298]TDX-1 的开发虽然只停留在生产企业派遣研究人员的程度,但 TDX-1B 构建了生产企业分担开发的体制,在 TDX-10 的开发中,发展为研究院、生产企业、购买者合作共同开发的形态。

1987 年至 1988 年,对开发 TDX-10 进行了可行性调查和基础研究,1989 年形成了软件和硬件配对框架,1990 年,通过持续的试用试验,推动了系统完善。其中,在试用试验方面,由于 TDX-10 的软件非常庞大,所以没有进行一次性试验,而是分为几个阶段,在前一个阶段的试验和改良结束后进入下一阶段。紧接着在 1991 年,进行商用试验的同时,立即进入订货阶段，同年 11 月开通了最早的 TDX-10。[299]

TDX 技术开发项目在当时是与技术开发相关的国策工程中规模最大的。据统计，1982 年至 1986 年投入 240 亿韩元的研究开发费和 1060 人，1987 年至 1991 年投入 560 亿韩元的研究开发费和 1300 人。在成功推进 TDX 技术开发项目的背景下，韩国成为世界上第 10 个拥有数字交换技术的国家，也是第 6 个出口电子交换机的国家。另外，韩国政府通过 TDX 技术开发项目，积累了管理大规模研究开发课题的经验，并广泛应用于后来推行的其他国家研究开发事业。[301]

整理以上 TDX 技术开发项目的主要内容如下表 4-17。

表 4-17 TDX 技术开发项目概况

| 分类 | TDX-1X | TDX-1 | TDX-1A | TDX-1B | TDX-10 |
|---|---|---|---|---|---|
| 性质 | 试验机 | 试验认证机 | 小容量量产机 | 中容量量产机 | 大容量量产机 |
| 容量 | 3000 条线路 | 9600 条线路 | 10240 条线路 | 2 万条线路 | 10 万条线路 |
| 开发时间 | 1982—1983 年 | 1982—1983 年 | 1984—1986 年 | 1986—1988 年 | 1987—1991 年 |
| 开发主体 | ETRI | ETRI | ETRI | 生产企业 | ETRI，生产企业 |
| 开通业绩 | 试验运行 | 四个地区 | 农渔村地区 | 中小城市 | 大城市 |
| 备注 | 3 次改良试验机 | 成立开发团和项目团 | 进入一户一电话时代 | 扩大 TDX-1A 容量 | 实行联合开发 |

资料出处：综合整理。
注：ETRI 即韩国电子通信研究院。

**数字移动通信的商业化**

移动通信服务根据通信系统的性质分为第一代模拟通信，第二代数字通信、第 2.5 代个人通信（personal communication service），以及立足于 IMT-2000（international mobile telecommunication 2000）的第三代等。进入 20 世纪 80 年代，发达国家探索出从第一代转换为第二代的方案，包括时分多址（time division multiple access，TDMA）和码分多址（code division multiple access，CDMA）。欧洲地区以TDMA为基础，在1982年的GSM（global system for mobile communications）为标准后，于1983年进入了商用化阶段；美国几乎完成了立足于TDMA的系统开发，并讨论CDMA的可行性。[302]在此情况下，韩国政府从1989年开始推行数字移动通信系统开发项目，该项目最终选择以CDMA作为标准，因此通常被称为"CDMA技术开发项目"。CDMA技术开发是一项开发CDMA方式的移动电话系统和终端机的国家研究开发项目。通过这一措施，将代替此前依赖进口的移动通信系统和终端机，提供提高频率使用效率的数字化服务，应对急剧增加的移动通信服务需求。CDMA技术开发项目从1989年到1996年持续推进，投入996亿韩元的研究开发费和1042人。随着该项目的成功结束，韩国在1996年1月成为世界上首次利用CDMA系统和终端机移动通信服务的国家。[303]

韩国在20世纪80年代后期开始研究新的移动通信系统。1988年，韩国电子通信研究院开始进行数字无线通信系统开发的研究课题研究。第二年，韩国政府将数字移动通信系统开发项目定为国策工程。以韩国通信（KT）和韩国移动通信（KMT）的捐款为基础，由韩国电子通信研究院自行开发数字移动通信系统。当时韩国完全没有开发模拟移动通信系统的经验，因此这种尝试并不被看好。但韩国政府以成功实现TDX技术开发项目的经验和利用TDX作为移动通信基础设施的判断为基础，积极推行了数字移动通信系统开发项目。[304]

韩国电子通信研究院从1989年开始调查发达国家的技术动向，确定研究开发方向。韩国电子通信研究院与邮电部（1994年12月扩大改编为信息通信部）交换意见，决定以美国为标杆，与正在开发TDMA系统的AT&T、摩托罗拉、北方电讯进行了交涉。当时摩托罗拉拥有最出色的技术水平，对进军韩国市场也给表现出积极的关注，因此，韩国电子通信研究院与摩托罗拉进行了进行了集中交涉。[305]

1990年11月，研究负责人李元雄副所长去美国出差，得知高通公司（Qualcomm）成功开发CDMA系统。韩国电子通信研究院从多角度分析了CDMA模式，得出了其与TDMA相比具有相当大的优点的结论，1991年1月与高通公司就推进CDMA实用化技术开发相关的国际共同研究达成了协议。由于当时韩国没有CDMA相关的原创技术，所以从高通学习原创技术后，以此为基础开发系统和终端机。韩国电子通信研究院和高通于1991年5月签订了联合技术开发合同，内容包括由韩国电子通信研究院承担1695万美元的联合研究开发费，高通提供一定金额的研究开发费和原创技术，共同开发CDMA移动通信系统。[306]

高通是1985年创业的风险企业，主要从事为军事通信开发CDMA技术应用于移动电话的工作。但是直到1991年，高通提议的CDMA方式能否在美国被选定为标准，通信企业是否以此为基础提供商用服务尚不确定。另外，高通只拥有CDMA方式的原始技术，因此，移动电话系统商用化所需的电子交换机相关技术薄弱，大量生产技术和制造技术也处于较低水平。在这种情况下，有能力支援共同技术开发资金，并拥有TDX电子交换机技术的韩国提案，被高通视为绝佳的机会。[307]

对于韩国电子通信研究院选择CDMA，有人反驳说："CDMA比TDMA更难进军海外市场。"当时有很多国家采用了TDMA方式，因此TDMA市场规模确实很大。[308]但是，TDMA市场几乎被海外首发企业抢先占领，加之引进TDMA技术难度较大，因此，如果后起之秀韩国选择TDMA，进军海外市场只能是难上加难。即使有企业愿意销售成品，但没有企业表现出有共通开发的意愿。与此相反，高通在提供CDMA原创技术、推进共同开发方面表现出了积极的态度[309]。

虽然已启动与高通的共同研究，但截止到1992年，技术开发还没有正式推进。高通提出的系统概念设计缺乏一贯性，没有明确的框架。另外，高通将研究开发的重点放在开发试验用系统和零部件上，而不是设计和制造商用系统。韩国电子通信研究院也没有充分掌握CDMA技术，因此无法进行正式的技术开发。与此同时，截止到1997年，当时实现商用化的计划让研究员们认为CDMA技术开发遥不可及，因此未造成太大的压力。当时韩国电子信息通信研究院的6名研究人员被派往高通，但他们的活动只不过是参与高通进行的几项试验或与高通的研究人员讨论而已。[310]

在此情况下，1992年12月最终选定了参与CDMA技术开发项目的企业。移动通信系统开发企业包括三星电子、金星信息通信、现代电子，终端机开发企业包括三星电子、金星信息通信、现代电子、麦克森电子。起初，三星电子和金星信息通信以需要支付给高通的技术使用费和需要分担研究开发项目的民间捐款过多为由，表示不会参与该项目。对此，韩国电子通信研究院说服了新进军国内通信市场的现代电子，优先签订了共同技术开发合同。现代电子的这一举措给其他企业造成了可能被排除在移动通信系统市场之外的危机感，最终三星电子和金星信息通信也与韩国电子通信研究院签订了共同技术开发合同。[311]

1993年3月，韩国电子通信研究院以高通提交的设计为基础，设定系统结构后，着手开发试验试制品KSC-1（Korean Cellular System One）。一般而言，开发通信系统分为试验试制品开发、实用试制品开发、商用试制品开发几个阶段，与高通共同研究开发开始2年后，才确定试验试制品的设计并进入开发阶段。KSC-1将由韩国电子通信研究院提供保障的交换机技术TDX-10与移动试验系统（Roving Test System，RTS）相结合。因KSC-1是试验试制品，因此可以确认移动通信系统的基本功能，并可提供信息将开发危险性最小化，但缺点是缺乏经济性。[312]

对此，制造企业认为韩国电子通信研究院提交的试验试制品的设计对制作和生产商用产品没有多大帮助。其设计规格不准确，功能和性能也不明确。这一问题的提出是制造企业的技术水平积累到一定程度的结果。一直到 20 世纪 80 年代推行的 TDX 技术开发项目，韩国电子通信研究院是制造企业的技术供应源泉，但随着研究开发活动的活跃，企业积累了一定的技术水平，因此研究院在调整技术开发的过程中权威性大打折扣。[313]

CDMA 技术开发项目开始亮红灯后，政府开始介入并负责解决这一问题。1993 年 6 月，邮电部宣布，第二移动电话运营商将使用数字国产设备并将从 1995 年开始提供服务。数字移动电话的国家标准是 CDMA 方式，为保证服务顺畅，决定将 CDMA 技术开发项目的完成时间提前 2 年。另外，由于数字化服务时间充裕，第二事业者的选定将推迟到 1994 年。[314]

这一决策源于当时的政治状况和政府部门之间的竞争。1992 年，邮电部为了应对急速增加的移动电话需求，推行韩国移动通信以外的新兴业者的计划，经过一番周折，最终将鲜京（现在的 SK 集团）选定为第二事业执行者。但是鲜京与卢泰愚总统的亲家关系引起了相当大的政治风波，最终鲜京将权利返还。在此情况下，直接推进第二事业者选定只能引发争议，很有可能导致政策失败。

另一方面，围绕移动通信产业的主导权，政府部门之间展开了竞争。当时，工商资源部主张，以 CDMA 方式很难形成海外市场，因此产品销售有可能只能局限于国内，主张推行 TDMA 方式的技术开发系项目。工商资源部还主张，为利用国内开发的移动通信设备，应推迟原定于 1994 年的第二运营商的服务时间。为了突破这样的政治难关和工商资源部的牵制，邮电部于 1993 年 6 月提出了选定执行人、服务方式、技术开发时期等一系列政策。[315]

邮电部的这一政策给 CDMA 技术开发项目的主体带来了巨大危机。如果到 1995 年，CDMA 技术开发项目无法成功推行，那么因使用国产设备提供服务而导致上述政策彻底失败。另外，得到政府全力支持的韩国电子通信研究院如果不能在规定的时间内开发商用产品，其存在价值将受到严重质疑。而作为参与企业，如果投入巨额资金和人力的项目失败，就要承受巨大的损失。如果到1995年还不能开发国产产品,第二运营商将引进外国产品来提供服务,在此情况下再用国产产品代替将变得非常困难。[316]

邮电部的政策决定和随之而来的危机使得CDMA技术开发项目的推进过程发生了巨大变化。首先,1993年6月,为调整CDMA技术开发项目,促进商用化,在韩国移动通信内设立了移动通信技术开发项目管理团,曾有效管理TDX技术开发项目的徐廷旭博士被选为团长。[317]另外,韩国电子通信研究院院长和移动通信技术开发项目管理团长每月定期向邮电部长官吴明报告CDMA技术开发项目的推进情况。邮电部长官定期听取有关技术开发项目的报告,表现出直接关心是非常罕见的。与此同时,研究院引进了每周向院长报告技术开发项目推进情况的报告制度,该制度也是研究院历史上的首次尝试。在此情况下,CDMA技术开发项目成为研究院的核心工作,与其他技术开发项目相比,可以优先获得物质和人力资源支持。[318]

1993年8月,韩国电子通信研究院放弃了构建与高通相同系统的计划,制定了通过独立设计推进系统开发的方针。当初的共同技术开发计划是高通以终端机、基站、控制局的技术为基础提出整体设计,研究院在此基础上设计、开发系统,由高通和研究院开发相同规格的系统。但是由于研究时间缩短2年,研究院没有等到高通提出完整的设计。对此,研究院决定,哪怕引进外国技术,也要尽快开发高通没有明确的部分,并要求高通积极支援研究院提出的系统结构。[319]

经过这一过程,韩国电子通信研究院开始了对CMS-2(CDMA Mobile System Two)的系统设计。CMS-2与KCS-1不同,作为商用试制品,是考虑到经济方面的系统。如果说KCS-1是利用高通设计的试验试制品,那么CMS-2则是由研究院独立设计的商用试制品。与此同时,研究院为了缩短研发时间,尝试了同时开发CMS-2和KCS-1的并行工程(concurrent engineering)。KCS-1被用作确认CDMA系统基本功能的试验舞台，同时在CMS-2中开发出各系统部分具有经济性的改良模型，实现了构建有效、稳定的商用模型的工作目标。[320]

韩国电子通信研究院改变计划，开发独立设计的商用系统是以决定缩短研发时间为契机开展的，但在技术学习过程中也具有重大意义，即从高通被动接受技术转让和开发的方式转变为自主支配下开发技术的方式。随着这种情况的展开，过去推行TDX技术开发项目时积累的知识基础和技术管理能力开始正式应用于CDMA技术开发项目。1994年3月，总管TDX-10技术开发项目的朴恒九博士成为移动通信技术开发项目的负责人，参与TDX-10技术开发项目的人员担任CDMA技术开发项目子项目组长。[321]

当时外部对韩国电子通信研究院的做法并不满意。有报道称，研究院不可能在规定的时间内开发CDMA商用系统，还发表了CDMA在容量方面落后于TDMA的论文。在这种情况下，研究院的研究员们以必胜的信念互相鼓励，熬夜埋头于技术开发。[322]对此，某位研究员对当时的技术开发氛围进行了如下回顾。

从1993年年末正式推进开发项目起，所有与移动通信系统相关的研究员不分休息日，没有昼夜地认真进行了研究。即使在1994年遭遇15年一遇的酷暑，大家也无畏炎热，都在STP(System Test Plant)室潜心于开发。孩子生病去医院，再晚也会返回研究院继续加班，尽全力开发系统。而且为了必要时呼叫负责研究员，将传呼机(pager)分发给所有研究员，如果出现问题，负责研究员就会来到实验室解决问题，因此进展速度日益加快。

随着联动试验的推进，系统相关研究员都开始加班，因为试验，很多时候甚至错过吃饭时间。一位了解情况的职员晚上为实验室的研究员买来了猪蹄，这时吃的猪蹄比任何时候都好吃。研究员沉浸于联动实验，忘记了时间。就这样，所有职员和研究员齐心协力，随着开发正式开始，联动试验加快了进展。[323]

另外，移动通信技术开发项目管理团于 1993 年 12 月从用户的立场出发，提出了系统应体现的内容和构成具体化的用户要求事项，从而确定了 CDMA 技术开发项目的方向。即通过决定系统可以接受的线路容量和可以同时通话的线路数等，提出了研究院和企业在技术开发上应该共同遵守的规则。通过这一措施，在一定程度上消除了韩国电子通信研究院和企业之间在产品设计明细方面的矛盾。随着技术开发方向的提出，共同的设计规则被制定出来，研究院和参与企业的技术开发活动也开始加速。[324]

移动通信技术开发项目管理团经过与企业的多次协商，完善了用户需求，形成正式规格。项目管理团于 1994 年 7 月向企业通报了 1000 多个商用试验项目，三星、现代、金星等在同年 8 月通过预备试验后，接连启动了商用试验机。1995 年 1 月，CDMA 系统进入商用试验，同年 5 月，在首尔的首都圈开始试运行。当时参与企业的研究员们每天三班倒，不分昼夜地致力于开发商用产品。其结果，按照当初的计划，1995 年商用产品的开发得以完成，从 1996 年开始，韩国在世界上首次以 CDMA 方式实现移动通信服务。[325]

**手机**

在韩国，随着 1961 年 8 月车载电话投入使用，移动通信设备开始出现。当时的车载电话以"加入移动无线电话"的名义供应，经过接线员手动式接入。12 年后，即 1973 年，移动电话业务（Mobile Telephone Service, MTS）开通，实现无需通过接线员接入的机械式车载电话。接着 1975 年引进了对 MTS 略微改进的新移动电话业务（New Mobile Telephone Service, NMTS），1976 年开通了半电子式车载电话 IMTS（Improved Mobile Telephone Service）。到 1970 年代中期，移动电话大部分被青瓦台等政府机构使用，移动电话用户数从1965年的78人增加到1976年的348人。[326]

此时，发达国家正在探索名为"蜂窝系统"（Cellular System）的电子式移动电话方式。特别是AT&T和摩托罗拉等美国企业积极推进了1947年贝尔研究所开发的AMPS（Advanced Mobile Phone System）商用化工作。韩国政府从1979年开始观察蜂窝系统的开发动向，1981年开始正式讨论引进蜂窝系统。1981年，首尔被选为1988年奥运会和1986年亚运会的举办地，移动通信的现代化成为重要课题。[327]

韩国政府从1982年利用韩国通信推进"移动无线电话现代化计划"。韩国通信在召集摩托罗拉、AT&T、NEC、爱立信等企业召开有关移动通信方式的说明会后，决定于1982年11月引进摩托罗拉的EMX(Electronic Mobile Exchange)机型。1984年3月，作为韩国通信的子公司，开设韩国移动通信服务，专门负责移动通信业务。同年5月，在首尔设置10个基站，开始向首都圈地区提供蜂窝移动电话服务。[328]

当时国内终端机市场由摩托罗拉包揽，移动电话即为摩托罗拉。国内企业大部分与摩托罗拉签订了总经销合同，业务范围仅限于出货。在此情况下，首次投入移动电话国产化的国内企业是三星电子。三星电子于1984年以常务李基泰和部长千景俊为主导成立无线开发组，从日本东芝引进技术，开始开发车载手机。其方式是分析东芝的车载手机，购买零部件再进行组装。三星电子于1986年开发了第一款国产车载手机SC-100，但由于质量无法保障，遭遇重大滑铁卢。[329]之后，金星信息通信于1987年与美国Phone Tech签订技术引进合同，开发出名为GM-5000的车载手机，并进军美国市场，从1989年开始将型号名称改为GF-8100N，并在国内市场销售。[330]

1988年7月，韩国移动通信为首都举办的奥运会开通了手机服务。当时摩托罗拉推出了被称为"白色砖头"的Dynatch 8000，其大小为127×228×45 mm，重量为1.3千克，价格高达240万韩元。[331]三星电子出品首款国产手机，机型为SH-100，并在首都举办的奥运会时进行了试运营，1988年12月完成开发后，于1989年5月投入市场销售。SH-100虽然仅成人手掌大小，重量为450克，但未能保障与摩托罗拉相匹敌的通话质量。紧接着，三星电子推进了后续型号SH-200的开发，但因产品结构缺陷，项目被中止。第三款SH-300机型于1992年2月上市，重量为270克，最长可通话90分钟。[332]

1991年可以说是韩国国产手机正式开始上市的时间。继三星电子之后，金星信息通信、现代电子等公司开始正式供应国产终端机。但是，包括三星电子在内的韩国国内企业被摩托罗拉赶超，未能避免一场苦战。例如，以1992年为准，韩国国内移动电话终端机的市场占有率分别为：摩托罗拉45.4%、三星电子19.4%、金星信息通信8.6%、现代电子7.8%。摩托罗拉以卓越的技术力和知名度为基础不断推出新产品，而韩国国内企业开发的手机通话灵敏度下降，还经常发生故障。事实上，当时韩国国内企业的核心零部件依赖进口，只有外设产品和周边技术进行了国产化。[333]

虽然三星电子的手机业务没有达到预期，但它持续推进了新产品开发。这是因为姜晋求社长坚信手机是所谓的"能成的商品"，持续支持了无线开发团队。基于这样的支持，三星的无线开发团队制定了雄心勃勃的目标，即在三年内开发出立足于独立设计的手机，超越摩托罗拉。开发小组分析了旧手机型号存在的问题，推进了彻底分析摩托罗拉产品的工作，并在此过程中确立了产品的开发概念，即开发的产品要适合韩国人口密度高、山多的地形特点。[334]

对于当时三星电子无线研发小组完成的活动，千敬俊曾回忆道：

> 不是说知己知彼，百战百胜吗？为了战胜敌人，必须了解自己，了解敌人。首先，为了了解自己，我们找了代理商和用户，彻底调查了自己的弱点是什么。有人提出"通话经常中断""通话

信号不好"等意见。其次，为了了解敌人，我们购买了10部单价高达300万韩元的摩托罗拉手机。为了找出摩托罗拉的弱点和强项，我们拆解买来的摩托罗拉手机、把它从高处往下丢，直到出故障，还对它施加数百千克力（1千克力≈9.8牛顿）的压力，直到它损坏……就这样，为了战胜摩托罗拉，我们想出了20个创意，其中相当一部分已经被开发出来了，所以（有）自信，只要做好收尾工作，产品质量就会比摩托罗拉优秀。[335]

与此同时，1993年6月，三星集团"新经营会议"在德国法兰克福召开。在那次会议上，李健熙会长提出了目标，要在1994年之前生产能与摩托罗拉匹敌的手机，并强硬表态，如果不能实现这一目标，三星将退出手机事业。李健熙会长通过发表上述立场制造了危机感，也给技术开发注入了紧张感。三星电子的无线开发小组下定决心要制作包含新经营精神的首部作品，加快了手机开发的步伐。开发小组追求产品的小型化和轻量化，在提高电池性能的同时实现设计的高级化，采用独立开发的双天线，希望提高通话成功率。最终，1993年10月，韩国国产产品中首次诞生了100克重的SH-700。[336]

三星电子的无线开发小组带着SH-700走遍全国，进行了5000多次会议通话，最终得出判断，SH-700通话质量不亚于摩托罗拉。此外，为了促进SH-700的销售，三星电子的市场营销团队还举办了免费通话演示会、增设专门代理店、对旧机型进行补偿交换等。特别是1994年1月，通过"天王峰项目"，开展了与登山客面对面确认通话质量的工作。[337] SH-700从上市之初开始就获得了积极的响应，1994年4月还创下了单月超1.6万部的销量纪录。三星电子确认了SH-700的潜力后，推进了后续型号SH-770的开发。针对SH-770，三星电子准备进一步提高通话成功率，并采用氢电池。[338]

1994年3月,三星电子在制作SH-770试制品后,展开了大规模的宣传活动。首先,韩国70%以上是山地,而外国手机的性能却只在平原地区得到了验证,三星电子为了强调这一点,制作了"适用韩国地形,性能强大"这一口号。此外,三星电子还扩大天王峰项目,1994年5月在雪岳山、汉拿山、鸡龙山、北汉山、冠岳山等地举行了免费通话演示会,截止到同年11月,其起用知名人士在15处名山、4处岛屿、4处海边等地共举行了24次活动。[339]

1994年7月,三星电子公开征集SH-770的品牌名后收到了超过5000份提案。起初,"Any tel"作为候选品牌名被提出来,但问题是美国一家公司已经拥有了商标权。同年8月,三星电子事业小组通过内部会议想出了"Any call"的概念。"Any call"的意思是"在任何时间(anytime)、任何地方(anywhere)都能通话(call)的手机"。三星电子想通过"三星"传递公司的信任感和安全感,通过"Any call"传递优质形象,立足于这样的战略,它最终决定将SH-770的品牌名定为"三星 Anycall"。[340]

经过这样的过程,1994年10月,SH-770以"三星 Anycall"的名字面世。当时三星电子 Anycall 的首轮攻略对象是模范出租车的司机们。这是因为三星电子认为,出租车司机手机使用量大、接触人群多,如果适当利用,营销效果会很好。出租车司机们把 Anycall "信号好"的亲身体验告诉了周围的人,由此形成了对 Anycall 友好的形象。与此同时,三星电子还开发了"Anycall 安心保险",如果顾客在购买 Anycall 的1年内遭受丢失、被盗、火灾等,三星电子还会用新的商品进行补偿。[341]像这样,三星电子1994年对SH-770进行了大规模的广告活动,公司的手机广告费也因此从1993年的8亿韩元大幅增加到了1994年的56亿韩元。[342]

1994年以后,三星电子的手机在销售额和市场占有率上都表现出了显著的增长。1994年10月推出SH-770时,三星电子在韩国国内市场的占有率为25.8%,远远落后于摩托罗拉的52.5%。但在1995年6月,三星电子以 41.2% 对 43.5% 向摩托罗拉靠拢，同年 8 月，三星电子以 51.5% 对 42.1% 领先摩托罗拉。接着在 1996 年，三星电子的年市场占有率也超过摩托罗拉，跃居韩国国内手机市场第一位（见表 4-18）。至此，Anycall 上市仅一年就成了韩国手机的代名词，摩托罗拉唯独在韩国的手机市场未能保住第一的宝座。这就是所谓的"Anycall 神话"的开始。[343]

表 4-18 韩国手机市场各企业占有率变化表

单位：%

| 企业名 | 1991 年 | 1992 年 | 1993 年 | 1994 年 | 1995 年 | 1996 年 | 1997 年 | 1998 年 | 1999 年 |
| --- | --- | --- | --- | --- | --- | --- | --- | --- | --- |
| 摩托罗拉 | 42.0 | 45.4 | 57.4 | 51.9 | 51.9 | 20.8 | – | 2.0 | 13.6 |
| 三星电子 | 20.0 | 19.4 | 14.0 | 19.7 | 30.0 | 44.5 | 58.9 | 52.8 | 45.0 |
| LG 信息通信 | 9.2 | 8.6 | 5.0 | 4.0 | 3.8 | 14.8 | 33.3 | 26.4 | 21.8 |
| 现代电子 | 9.4 | 7.8 | – | 1.3 | 0.3 | 6.5 | 4.2 | 11.9 | 8.6 |
| 其他 | 19.4 | 18.8 | 23.6 | 23.1 | 14.0 | 13.4 | 3.5 | 6.9 | 11.0 |

资料出处：韩国电子通信研究院《新一代移动通信相关产业发展前景及推进战略研究》（1997），140 页；李相昕，"移动电话终端机"韩国信息通信政策研究院，《信息通信产业动向》（2000），47 页。

"Anycall 神话"得以实现的条件之一便是严格的质量控制。关于这方面的著名轶事，要数 1995 年 3 月 9 日举行的"不良产品焚烧仪式"。该事件始于三星电子作为节日礼物分发给员工的手机中，一部分被认定为不良产品。李健熙会长下令回收市场上所有流通的产品，举行焚烧仪式。在三星电子龟尾营业场所的运动场上，2000 多名员工聚集在一起，焚烧了 15 万台不良产品。据说，当时被焚烧的产品总额达 500 亿韩元，占三星电子总利润的 5.3%。[344]

三星电子的 Anycall 取得成功后，韩国国内其他企业也开始开发自主品牌的手机。例如，LG 信息通信在 1995 年 2 月推出了一款名为"话通"的手机，意为"畅快地通话"。LG 信息通信公司对标适用于山地的"Any-call"宣传说："话通是适合建筑物较多的城市地形的产品。"[345] 三星电子也不断推进后续型号的研发，于 1995 年推出了 SH-800 和 SH-870。SH-770 的重量为 187 克，而 SH-800 和 SH-870 的重量分别降到了 150 克和 140 克。[346] 就这样，Anycall 的成功成了韩国企业竞相开展手机事业的契机，在这样的背景下，21 世纪以后，韩国得以进入引领全球手机市场的国家行列。

## 4. 综合考察

1980—1997 年属于全斗焕政府、卢泰愚政府和金泳三政府的任期，象征其执政期的关键词可分别概括为稳定化、民主化、全球化。

全斗焕政府经济政策的核心基调是稳定化。为克服慢性通货膨胀，全斗焕政府采取了各种手段稳定物价，而韩国的物价上涨率在 1983 年至 1987 年间仅为 2%—3%。但诚如正文所述，全斗焕政府的经济稳定政策不限于稳定物价，还如前任政府一样，仍把经济增长作为重要课题，不单纯追求物价稳定，而是谋求"稳中求进"。虽然既有的经济史叙述未有重视，但全斗焕政府仍视技术革新为经济增长的主要动因。这从全斗焕政府的经济施政中可以看出，即：以技术驱动政策代替出口驱动政策，没有法律依据仍持续召开技术振兴扩大会议。

在此背景下，全斗焕政府时期推出国家研究开发项目，这一点也值得关注。1982 年科技处推出的特定研究开发项目和 1987 年工商部启动的工业基础技术开发项目当属其中。20 世纪 70 年代以前，韩国科学技术政策仍停留在可间接满足战略产业发展过程中的技术需求，然而从 80 年代开始，为顺利研发核心技术，政府通过国家研究开发项目管理经济，呈现出更直接参与的样态。20世纪90年代以来，国家研究开发项目按政府部门分类呈现出多元化的特征，相继启动了信息通信研究开发项目、环境技术开发项目、建设交通技术开发项目、农林水产技术开发项目、保健医疗技术研究开发项目等。这既反映了研发在国家所有政策领域的地位得到了加强，同时也意味着国家与研发有关的政策朝着分散的方向推进。[347]从全斗焕政府时期开始至今，国家研究开发项目一直是韩国政府推进各种研发的重要政策手段。

卢泰愚政府诞生于1987年的"六月抗争"。"六月抗争"是象征在泛国民层面展开的民主化运动事件，韩国也被评价为在极短期内同时实现工业化和民主化的例外国家。如果将民主化和繁荣同时讨论，可认为20世纪80年代后期韩国民主化是在"三低繁荣"的经济条件下才可能实现的。这是因为，如果当时韩国经济不景气，政府则很难接受包括工人在内的国民的抵抗或要求。从另一个角度来看，卢泰愚政府错失了夯实经济的大好时机，导致进入20世纪90年代后韩国经济出现逆差。与此相关，1994年出版的关于经济企划院历史的文件有如下记载：

> "三低繁荣"引发经济条件的变化未导致20世纪80年代初以后产业结构调整如期实现，且由于盈余产生的财源通过促进整体产业结构调整，更积极推动韩元升值，在充实韩国经济基础方面也没有得到充分利用。虽然要求在适当的汇率政策和稳定基调下实行结构调整政策，但1990年政府采取了以刺激内需为中心的经济活跃政策，使国际收支进一步恶化，并扰乱物价稳定。[348]

1987年被视为韩国社会整体发生结构性变化的转折年，其后出现的韩国社会体制也被称为"八七体制"。[349]"八七体制"是随着军事独裁垮台，通过民主选举建立政府而形成的。在该体制下，不仅是政治层面，韩国经济的运作方式也发生了巨大变化。过去，政府和企业是主要的经济主体，但1987年以后，除了政府和企业以外，工会和市民团体成为对经济政策产生重要影响的利害关系者。此外，随着经济自主性的扩大，企业扩大了自身投资，并呈现快速增长势头，韩国经济开始以快速开放的姿态迅速融入全球体系。然而，将政治民主化、经济自由化、经济开放化有效结合起来并非易事。1987年以后，诸如增长与分配、开放与保护、放宽限制与政府管理等论断虽反复出现，但国家层面对此的选择或解决却没有太大进展。[350]

金泳三政府自1994年11月起开始大力推行全球化政策，不仅包括经济领域，还包括政治、教育、文化等领域。例如，金泳三政府曾高举全球化旗帜，驱逐民主自由党内的特定派系，或将其作为工具，镇压正协商工资的韩国通讯工会。[351]当然，金泳三政府在加快对外开放步伐的同时，也在经济层面推动全球化进程。在推进全球化政策期间，贸易和外汇交易更加自由，对金融和服务业的外国投资也大幅增加。但是，通过金泳三政府时期全球化而颁布的各种经济制度未能对标所谓的"全球标准"（global standard）。其直接表现在，韩国金融机构对国际金融的标准和技术掌握不够成熟，政府也未能适当管理或监督金融系统。据判断，韩国的全球标准是以外汇危机为契机而从外部强制实施的。[352]

至于韩国为什么会有外汇危机发生，目前还未有定论。[353]早期研究主要从韩国经济的结构性矛盾中寻找原因。外汇危机之前，韩国经济带有"裙带资本主义"（crony capitalism）的性质，其特征是政府过度介入、政府与企业勾结、财阀结构低效等。[354]与此相反，近来的讨论则关注短期流动性的不足，呈现出不同的倾向。也就是说，韩国经济内部问题不足以引发外汇危机，而是由于未能妥善管理短期外债，引发了外汇危机。特别是，1997年夏季，包括日本在内的外国银行开始回收资金，韩国政府在外汇储备较少的情况下，对国内银行的外债进行了支付保证，这被视为引发外汇危机的直接原因。[355]如果考虑到1997年的外汇危机不局限于韩国国内金融危机，而是对外无法支付的危机，那么相较于突出韩国经济内部问题，把焦点放在外因和其应对方式上的讨论更有说服力。[356]

20世纪80年代以后，为说明韩国经济的特点，"私营主导"这一概念经常出现。从政府主导转向私营主导，石化行业的案例尤为令人印象深刻。20世纪70年代石化产业的事业主体是公有企业或其子公司，但80年代中期以后，LG、三星、现代等民间财阀主导了对石化产业的投资。与此同时，政府对石化产业的主要作用出现变化，从通过国有企业进行投资转向间接支持私营企业。[357]在钢铁产业方面，虽然国营企业浦项制铁继续担任事业主体，但值得关注的是浦项制铁对企业经营的自主性持续加强。20世纪80年代中期以后，浦项在政府支援大幅缩减的情况下，通过提高财政自给度、推进经营多元化、开拓海外市场等措施，构筑了加强企业自律性的基础。[358]

较此更为积极的私营主导事例属于半导体产业。20世纪80年代初期，以三星为首的韩国企业发起挑战64K DRAM就是源于独立判断。据了解，当时韩国政府将国内企业从1K DRAM入手作为基本方针。[359]此外，尽管半导体部门在1987年之前出现了相当大的亏损，但三星还是利用其他子公司的资金进行了持续投资。但如果过分强调私营主导，就有可能导致轻视政府支援。例如，通过三星的事例突出企业主导论的金仁英曾评价说："除了政府为培训研究技术人才提供的补助外，很难发现政府支援对半导体产业的发展起到了重要作用。"[360]同样值得注意的是，80年代后，半导体产业虽然由私营主导，但也要看到政府的支持。事实上，三星在建设半导体工厂用地或扩充道路和用水等基础设施方面，政府给予了大力支持。[361]此外，韩国政府在1986至1989年通过超高集成半导体技术共同开发项目、新一代半导体基础技术开发项目、定制型半导体技术开发项目等国家共同研究开发项目，共约支援2476亿韩元。

此外，TDX和CDMA案例与其说是由私营主导，不如说是政府主导。

TDX 技术开发项目和 CDMA 技术开发项目都是国策项目的一环。政府不仅为此提供了所需要的大部分资金，还深度介入技术路径的选择和推进机制的确立。韩国政府充分利用韩国电子通信研究所等公共部门决定了技术途径，并设置开发团或事业团等专门组织积极进行管理。当然，私营企业也加入了 TDX 技术开发项目和 CDMA 技术开发项目，但私营企业在这两个项目中的作用主要是参与研发或将研发结果商业化。像这样，韩国政府通过 TDX 技术开发项目和 CDMA 技术开发项目，承担了设定项目方向、集中投资资金、管理事业进度等作用，这与 20 世纪 70 年代推进选择性产业政策时的情况大抵相似。

像这样，根据产业的性质或水平，政府介入的程度也不尽相同，因此很难轻易断言，20 世纪 70 年代以前是政府主导，80 年代以后是私营主导。当然，20 世纪 80 年代以后，企业的作用和自主性有加强的趋势，但政府的干预和支持并没有因此而减少。韩国政府的介入程度并没有减弱，而是介入形态开始从选择性产业政策转换为功能性支援政策。这既是 20 世纪 80 年代后企业扩大研发活动的背景，也是 1986 年颁布的《工业发展法》提出的宗旨。如果非要使用政府主导或私营主导等表述，可以将其定义为 20 世纪 70 年代之前是"政府主导和私营追随"，80 年代之后是"私营主导和政府支援"。

到 20 世纪 70 年代为止，韩国的技术活动主要以成熟期技术为对象，但 80 年代后开始转向成长期技术。如果说成熟期技术是发达国家已经普遍应用的技术，那么成长期技术则是虽然开发或商业化，但在发达国家也属于发展可能性很高的技术。浦项制铁在推进光阳钢铁厂建设项目的同时，大幅采用当时的尖端设备，谋求确保成长期技术，现代则通过 X 汽车项目和阿尔发项目，表现出积极应对技术变化趋势的姿态。20 世纪 80 年代初期，三星进军的 DRAM 项目和政府推进的 TDX 技术开发项目皆是以几个发达国家为中心，且以增长势头强劲的技术为对象展开的。

韩国企业掌握成长期技术比成熟期技术困难得多。如果比较 20 世纪 70 年代初期浦项的技术研修和 80 年代初期三星的技术研修，就可清楚得知。70 年代，日本钢铁企业积极协助向浦项制铁传授技术，但 80 年代，美国和日本的半导体企业都面临着应该开发三星的局面。

步入 20 世纪 80 年代以来，韩国的技术活动开始带有技术追赶的性质，开始有意识地缩小与发达国家间的技术差距。在技术学习阶段，强调在几乎没有知识基础的情况下，学习并掌握从发达国家引进的技术。相反，在技术追赶阶段，在具备一定程度的知识基础的情况下，展开了追赶发达国家技术水平的活动。在技术追赶阶段，一旦得到关于发达国家取得的技术成果的信息，为了达到相应的技术水平，甚至付出了所有努力。另外，在技术学习阶段，主要集中在生产技术领域，而在技术追赶阶段，不仅是生产技术，还有产品技术和设计技术。换言之，韩国企业在进入门槛较低的生产技术领域后，逐渐向难度较高的产品技术或设计技术发起挑战。以 20 世纪 90 年代中期为基准，韩国的主要产业在生产技术方面几乎与发达国家持平，但在产品技术和设计技术方面却落后于发达国家的水平。

技术追赶阶段基本上是照搬发达国家开创先例或正在执行的技术路径。在这种情况下，问题是已知的，答案也是可预见的。在这种技术追赶的阶段，问题和答案都能知道，所以能以多快的速度完成课题就成了关键。韩国的科学技术人员充分发扬了在发达国家很难找到的拼搏精神，缩短了研发时间。这可通过各种有关研发的轶事得到确认，其中经常出现"不分昼夜"或"连休息日都放弃"等说法。甚至出现过韩国企业或政府为加快技术研发速度从而人为制造危机的情况。例如，三星挑战 64K DRAM 开发时，进行了两天无宿的"64 公里行军"；韩国政府推进 TDX 技术开发项目时，签订了被称为"TDX 血书"的誓约书。

韩国几家企业为了有效追赶发达国家的技术，以核心技术课题为对象成立了特别工作组，然后并行推进研究开发、样机开发、量产技术开发。

通过这种方式,韩国的企业不仅可以缩短技术研发时间,还可以开发出更具市场价值的技术。但是,这种并行开发系统很难看作是韩国企业的固有属性,反而更容易认为是日本率先开始,韩国企业根据自身条件活用或补充的。[362]当然,韩国企业还建立了日本企业很难找到的新型并行开发系统,典型的例子就是三星在开发DRAM时采用的几种方式。新产品开发和生产线建设并行推进、韩国总公司和美国当地法人并行开发同一产品、多代产品的研究开发同时推进等当属其中。

技术追赶的形成程度在不同行业有相当大的差异,它可以划分为三种类型:一是技术追赶不尽如人意,纤维、鞋类、石化、计算机等都属于此类。在这些产业中,综合技术水平停留在相应发达国家的1/2至2/3,或者在技术追赶的途中出现了速度放缓的倾向。二是技术追赶进展相当大的类型,包括钢铁、造船、汽车、手机等。在这一类型中,技术水平达到发达国家的80%—90%,或成为该产业中先进企业的竞争对手。三是走向超越的情况,以半导体和通信为例。从64K DRAM到4M DRAM,三星一直处于追赶状态,但从64M DRAM开始,三星成为世界上最早的开发者。在通信领域,三星通过TDX技术追赶发达国家后,在世界上首次实现了CDMA技术的商用化。DRAM和CDMA与第五章讨论的事例不同,在20世纪90年代中期已经开始引领世界技术,这一点也值得关注。另外,各产业形成技术追赶的程度也不同,因此从追赶走向领先的论辩也需要仔细研判。在追赶上取得相当进展的产业可以追求领先地位,但在追赶上未能取得进展的产业则需要在充实上下功夫。

在不同行业技术追赶的差异中,值得关注的现象包括"滞后"(delay)和"飞跃"(leapfrogging)。如果说技术滞后意味着技术追赶的速度明显放缓,那么技术飞跃则意味着技术水平快速提升。技术滞后的例子包括制鞋和电脑。从制鞋产业的情况来看,虽然试图转换为固有品牌,但由于功能性和差异性不足,概念设计能力无法确保,进军美国市场以失败告终。计算机产业的技术滞后是由于技术趋势和组织结构形成了不整合（mismatch）关系造成的。虽然PC产品生命周期缩短，迅速转换为新产品变得非常重要，但是国内的大型电脑企业却有着等级性的决策结构，未能灵活应对这种变化。如果在没有掌握核心技术的情况下进行强行的挑战或不能适当应对技术模式的变化，技术追击就会被推迟。

关于技术飞跃，曾提出过一个有趣的假设。正如导言中提到的，李根和林采成将技术追赶的类型划分为路径跟随型、路径省略型和路径开拓型，然后评价在路径省略型或路径开拓型中可以发生技术飞跃。并以汽车和半导体作为省略路径型的案例，以CDMA作为开拓路径型的案例。在技术范式转换时期，CDMA的案例呈现出开拓新路径的态势，可以成为描述技术飞跃的典型案例。相反，步骤省略型相当于在同一技术模式下跨越几个阶段。李根等人关注的是，现代汽车跳过化油器方式，走向燃油喷射方式，以及三星电子进军DRAM领域后，立即挑战64K DRAM。当然，这两个事例也成了迅速追击先进技术的跳板，但笔者认为，现代汽车以阿尔发项目为契机进入了自主开发发动机的阶段，三星电子在开发4M DRAM时采用了堆叠方式，这些都成了该企业技术飞跃的主要契机。如果接受这一点，就可以主张在自主掌握作为后续研究开发基础的核心技术或在技术路径竞争的情况下做出适当选择的情况下，无论是否跳越研发阶段，都有可能发生技术飞跃。

# 第五章
## 韩国的经济转型和技术领先

第五章主要介绍外汇危机后约 10 年间韩国经济和技术的变化与发展。1997 年的外汇危机被评价为"韩国战争以来最大的国难",不仅这一事件本身是一件大事,当时形成的体制变化还决定了今后韩国经济的发展方向。[1] 第一节主要以克服外汇危机和改善经济体制为中心,考查 1998 年至 2007 年韩国经济发展的主要事件和政策。第二节以"技术领先"为关键词,探讨相应时期技术发展的案例,其中包括钢铁、造船、汽车、半导体、显示器、手机等。第三节主要探讨 1998 年以后韩国经济增长和技术发展中的一些争论焦点。

## 1. 外汇危机后的韩国经济

**克服外汇危机**

1997 年年末,韩国第 15 届总统选举在外汇危机的背景下准备就绪。大国家党候选人李会昌、新政治国民会议候选人金大中、国民新党候选人李仁济等参加了竞选,金大中与自由民主联合金钟泌一起组成了所谓的

"DJP"联盟（联合内阁）①。当时，室外群众集会逐渐消失，取而代之的是电视讨论会，在三次电视讨论会上，与外汇危机相关的"经济崩溃责任论"成为最重要的话题。此外，国际货币基金组织要求李会昌、金大中、李仁济候选人继续金泳三政府的承诺。1997年12月18日举行的第15届总统选举以金大中候选人的胜利告终，金大中的当选是韩国首次通过选举而更换了朝野政权的事件。金大中于1998年2月25日就任总统，立志建设尊重国民的新政府，故取名为"国民政府"。[2]

图 5-1　IMF 外汇危机时期开展的"募金运动"
资料出处：韩国历史博物馆

从选举结束到正式就任前的66天里，金大中实际上作为总统主导了与国际货币基金组织的协商。外汇危机不仅对金大中当选总统起到了很大的作用，还为他发挥领导能力提供了机会。[3] 1998年之后，韩国政府开始做出很多努力，以确保外汇的流动性。当时，韩国政府在完成金融机构的短期外债到期延长后，采取了推进海外发行外币国债等一系列措施。另外，

---

① "DJP"来源于"大中"和"钟泌"的英文首字母缩写"DJ"和"JP"。

为使外汇储备维持在适当的水平，严格限制韩国银行对金融机构的外汇支援，并阶段性地上调了支援利率。韩国国民也积极参与了"募金运动"等克服外汇危机的活动，这对恢复韩国的国际信誉度做出了巨大贡献。[4]

1998年2月上台的金大中政府通过修改《政府组织法》，进行了大规模的政府组织改编。具体包括：废除了副总理制，将财政企划院改编为财政经济部，将统一院改编为统一部。财政经济部下设预算厅，新设企划预算委员会作为总统直属机构，并考虑设立金融监督委员会。将内务部和总务处合并为行政自治部，法制处和国家报勋处编为国务总理室的副部级部门。外交部新设通商交涉本部，并改编为外交通商部，通商产业部改为产业资源部。科学技术处升级为科学技术部，保健福祉部设立了食品医药品安全厅。之后，1998年4月，作为对金融政策的最高决策机构成立了金融监督委员会。以上的政府组织改编源于金大中总统建设"小而有力的政府"的目标，但预算厅和企划预算委员会被设立为单独机构等过程中，也出现了几个波折性的结果。[5]金大中总统在经济领域提拔官员时，与政治关系相比，更注重以经济专业性作为标准，从而提高对外汇危机的现实应对能力，这一点也值得关注。[6]

为克服外汇危机，金大中政府不仅确保了外汇流动性，还推进了韩国经济结构的改革工作。经济结构改革分为金融部门、企业部门、劳动部门、公共部门推进，被称为"四大部门结构改革"或"四大结构调整"等。从时间上看，韩国政府的经济结构改革可以分为两个阶段。第一阶段是从外汇危机发生到2000年初，在此期间致力于消除金融机构和企业的亏损，为结构调整创造条件。在2000年以后的第二阶段，结构改革的焦点是构建具有竞争力的经济系统。与此同时，为解决结构调整中不可避免出现的各种社会问题，政府还研究出了具体对策。[7]

金融部门的结构调整是以处理金融亏损和整顿金融安全网为中心推进的。1998年4月，作为金融机构结构调整的依据，政府采取了"适时修正措施"，按银行及综合金融公司、证券公司、保险公司、互助储蓄银行等顺序进行了结构调整。与此同时，要求一定规模以上的金融机构必须设立外部董事、审计委员会和守法监察人制度等，为了促进金融机构的发展，还引进了金融控股公司制度。对不良金融机构主要通过退出、合并、海外出售、吸引外资、增资等方法进行了结构调整，截至2003年1月，共整顿了659家金融机构，占总金融机构的31.4%。金融机构的不良债券规模从1997年的43.6万亿韩元增加到1999年的66.7万亿韩元后，2002年减少到31.8万亿韩元。与国际清算银行（Bank for International Settlement, BIS）确定的风险资产（不良债券）相比，自有资本比率也有所改善。韩国金融机构的BIS自有资本比率1997年底仅为7.04%，达不到8%的国际标准，但1998年达到8.23%，2002年增加到10.50%。韩国政府为调整金融部门结构，从1997年11月至2002年底共投入公共资金159万亿韩元，截至2002年12月，共回收公共资金53.8万亿韩元。[8]

企业部门的结构调整是以处理不良企业和加强市场纪律为重点推进的。1998年2月，政府和经济界就提高企业经营透明度、取消相互债务保证、改善负债比率在200%以内的财务结构、集中力量发展核心主力产业、加强控股股东和经营者的责任感等五大核心问题达成了协议。之后，1999年8月又增加了制止循环出资及不正当内部交易、改善第二金融圈支配结构及切断金融支配、防止违规继承及赠予等三大补充措施，形成了"企业结构改革5+3原则"的大框架。企业部门的结构调整大致分为企业退出判定、企业改善工作（Workout）、大规模业务交换（Big Deal）等进行。政府对5大企业集团主要进行了业务交换和财务结构改善，对排名6—64的大企业集团则同时进行了企业改善工作和推进自主结构调整。另外，为了提高企业经营的透明度和改善企业的经营结构，政府还推进了以下四项工作，包括企业集团联合财务报表编制义务化、适用世界水平的企业会计标准、上市法人的社外董事选任义务化、加强小额股东的权限等。[9]

劳动部门结构调整的实施情况如下,1998年1月成立了劳资政委员会,在"为克服经济危机的社会协议"中,就引进裁员制和派遣劳动制达成了协议。此外,劳资政委员会接受了劳动界长期以来提出的保障工会政治活动、允许成立教师工会、允许成立公务员职场协议会等要求。2000年10月,为了缩短法定工作时间,还通过了"引入每周40小时工作制的劳资政协议书"。为应对外汇危机后的大量失业事件,政府各个部门都展开了努力。短期对策包括扩充公共劳动事业、发放失业救济金、扩大失业者生活稳定资金贷款等,长期对策包括开发失业者能力、成立就业指导中心、引入就业稳定信息网、扩大就业保险的适用范围等。与此同时,还实施了旨在促进女性劳动者母性保护和进入社会的政策。[10]

在公共部门的结构调整中,除了前面提到的政府组织改编外,还推进了政府出资研究机构经营创新、政府运营系统改善、公共企业民营化等。1999年1月,随着《政府出资研究机构等设立及培养相关法律》的颁布,相关研究机构的所属从个别政府部门变更为国务总理室下属的5个联合理事会(research council)。与此同时,还实施了研究机构负责人公开招聘制,并引进了研究人员绩效工资制等,不断探索管理系统的创新。为了改善政府管理系统,推动了开放型聘用制的实施、绩效预算制度的引进、规制改革委员会的设立和运营等。国营企业民营化的结构调整中,截至2002年年末,国定教科书、综合技术金融、浦项制铁、韩国重工业、韩国综合化学、大韩输油管、韩国通信、烟草人参公司等完成了民营化,但地域供热公司、韩国天然气公司、韩国电力等由于利益相关者的反对,未能实现调整目标。作为国营企业经营创新的制度,韩国陆续引进了经营合同制度、客户宪章制度,经营公示制度等。[11]

上述四大部门的结构改革在表面上取得了相当大的成果。最重要的是,结构改革本身提高了韩国的国际信誉度,对克服外汇流动性危机起到了很大的作用。另外，在大部分金融机构和企业亏损被消除的情况下，呈现出健全性和收益性得到提高的趋势。韩国在国际清算银行（BIS）的自有资本比率从7%改善到10%以上，接近400%的制造业负债比率也下降至130%。[12] 韩国于2001年8月全额偿还了从国际货币基金组织借入的195亿美元，至此，历时约4年的外汇危机终于落下了帷幕。[13]

尽管取得了这些表面上的成果，但结构改革的过程却伴随着巨大的费用。在金融部门的结构调整中，以2002年为例，公共资金的回收率仅为33.9%，因此很可能相当一部分转移到了财政负担。另外，1997年至1998年有超过4万家企业破产，这导致失业者大量涌现，失业率从1997年的2.6%激增至1998年的7%，1999年和2000年分别为6.3%和4.1%。[14] 在结构调整中也出现很多实施错误的情况，例如企业部门的结构改革中，在盲目推进业务交换、有关企业退出判定标准的争议、负债比率200%标准的生硬套用等方面受到了批评；劳动部门的结构调整中，包括解雇制在内的政策在实施上缺乏连贯性或没有取得实质性的成果；公共部门的结构调整中，出现了改革被推迟或机构被保留的情况，未能实现最初的目标。[15]

在结构改革过程中，最具争议的事件是对大宇集团问题的处理，这甚至被称为"大宇事态"或"大宇冲击"，对韩国经济造成了巨大影响。大宇集团通过所谓的"世界经营"大幅扩张海外市场，1997年外汇危机爆发，集团受到沉重的打击。而大宇集团于1998年4月收购双龙汽车，跃居经济界排名第二，仍继续开展扩张性经营。1999年3月，大宇集团负债率超过400%，年利率超过20%，处于濒临崩溃的状态。同年5月，韩国政府通过金融机构向大宇集团支援了4万亿韩元的紧急资金，但大宇集团对公司债券和收益证券的回购要求蜂拥而至，不到一个月就蒸发了4万亿韩元。再加上，预计今后到期的债券将超过10万亿韩元，最终韩国政府不得不于1999年7月宣告大宇集团破产。如上所述，韩国政府直到1999

年5月还把重点放在挽救大宇集团上，但仅2个月后就发生了大宇集团破产的事件。[16]

再者，在克服外汇危机的过程中，韩国的资产大规模转移到了外国人手中。高利率政策和快速结构调整的结果，不仅导致韩国资产价格暴跌，而且随着资本市场完全开放，对韩国资产购买的限制消失了。即由于外汇危机的爆发，形成了韩国资产通过大规模低价抛售（fire sale）转移到外国资本的情况。再加上国内资本成为结构调整的对象，为了减少负债规模，不得不出售资产。对外国人的资产出售在外汇流动性危机结束后仍在继续，结果到2004年，外国资本在上市企业的市价总额中所占比重达到了42%。优良企业中大部分外国人持股超过50%，银行中除国策银行外，其余银行都是外国人成为多数股东。在外国人拥有国内资产方面，韩国在外汇危机之前处于世界最低水平，但是外汇危机后上升到了世界最高水平。[17]

韩国经济的两极分化现象也开始成为重要话题，外汇危机后幸存者和没能幸存者的差距进一步扩大。比较外汇危机前的1997年4月和此后10年的2007年4月的30大企业集团排名，我们可以发现其中有13家企业集团的名字消失了，保持原有状况的企业集团只有13家（见表5-1）。1997年至2002年，上市企业中除金融业外，前10大企业在总资产中所占的比重维持在40%左右，但在市价总额方面，同期从46.4%大幅增加到61.1%。另外，以2002年为例，上市制造企业中利息补偿倍率低于1的潜在亏损企业占26.3%，利息补偿倍率超过2的优良企业占55.2%，从稳定性的角度来看，优良企业和下游企业之间的差距也有所扩大。[18]与此同时，在克服外汇危机的过程中，正式员工的比重减少，临时工和短工大幅增加，这影响了就业结构的稳定性。临时工和短工等非正式职工在全体工资劳动者中所占比重1997年为45.7%，1999年之后超过了50%，2002年达到了51.6%。[19]

表 5-1 外汇危机之前和 10 年后的 30 大企业集团明细

单位：万亿韩元

| 排名 | 1997 年 4 月<br>企业集团<br>（资产规模） | 2007 年 4 月<br>企业集团<br>（资产规模） | 排名 | 1997 年 4 月<br>企业集团<br>（资产规模） | 2007 年 4 月<br>企业集团<br>（资产规模） |
|---|---|---|---|---|---|
| 1 | 现代（53.6） | 三星（129.1） | 16 | 韩松（4.4） | LS（9.9） |
| 2 | 三星（51.7） | 现代汽车（66.2） | 17 | 晓星（4.1） | 现代（8.8） |
| 3 | LG（38.4） | LG（52.4） | 18 | 东国制钢（4.0） | 东部（8.7） |
| 4 | *大宇（35.5） | SK（50.4） | 19 | *真露（4.0） | CJ（8.4） |
| 5 | 鲜京（22.9） | 乐天（40.2） | 20 | 可隆（3.9） | 大林（7.5） |
| 6 | *双龙（16.5） | POSCO（32.7） | 21 | *高合（3.7） | GM 大宇（7.3） |
| 7 | 韩进（15.3） | KT（27.5） | 22 | 东部（3.7） | 大宇造船海洋（6.1） |
| 8 | *起亚（14.3） | GS（25.1） | 23 | 东洋（3.4） | 现代建设（6.1） |
| 9 | 韩华（11.0） | 锦湖韩亚（22.9） | 24 | *海太（3.4） | STX（5.9） |
| 10 | 乐天（7.8） | 韩进（20.7） | 25 | *Newcore（2.8） | 东国制钢（5.8） |
| 11 | 锦湖（7.5） | 现代重工业（20.6） | 26 | *亚南（2.7） | 衣恋（5.4） |
| 12 | *汉拿（6.6） | 韩华（18.0） | 27 | *韩日（2.6） | 现代百货（4.9） |
| 13 | *东亚建设（6.5） | 斗山（14.4） | 28 | *巨平（2.5） | 可隆（4.9） |
| 14 | 斗山（6.4） | HYNIX（13.7） | 29 | 美源（2.2） | 东洋（4.8） |
| 15 | 大林（6.2） | 新世界（9.9） | 30 | *新湖（2.2） | KCC（4.8） |

注：*表示没落的企业集团。
资料出处：郑求贤等，《韩国企业经营 20 年》，第 69 页。

外汇危机以后，生计受到威胁的国民不断增加，金大中政府于 1999 年 9 月制定了《国民基础生活保障法》，并于 2000 年 10 月正式实施，为收入低于最低生活水平的人或家庭提供维持生计所需的资金。基础生活保障制度是 1998 年 7 月由包括参与联合会在内的 19 个市民团体通过国民请愿提出的，以 2001 年为准，基础生活保障对象占总人口的 3% 左右，达到 142

万。除了基础生活保障制度外，金大中政府还为国民福祉付出了很多努力。1998年7月，以收入低于标准金额的65岁以上国民为对象实施了敬老年金制，1999年8月修改了《学校供餐法》，制定了向缺食儿童提供午餐的制度。另外，2000年1月修改了《促进残疾人就业及职业恢复法》，为拥有劳动能力的残疾人提供工作岗位奠定了基础。[20]

金大中政府在克服外汇危机的同时，还有一项重要的政绩，即为了加强与朝鲜的交流和合作而提出了"阳光政策"。韩国政府于1998年4月30日开始实行促进南北经济合作措施，废除了对朝投资规模的限制，投资限制行业也实现了最小化。现代集团会长郑周永6月16日带着牛群通过板门店访问朝鲜，受到了世界的瞩目。之后，郑周永于10月27日再次访问朝鲜，签署了金刚山旅游事业协议书。2000年6月15日，举行了南北分裂以后首次韩朝首脑会谈，并达成了以自主解决统一问题、活跃韩朝交流、尽快解决离散家属问题为主要内容的《6.15南北共同宣言》。之后，2000年8月，韩朝双方就建立开城工业园区事业达成协议，南北经济合作迎来了划时代的新局面。2003年6月举行了开城工业园区开工仪式，2004年12月诞生了开城工业园区1号产品。金大中总统以"阳光政策"引领南北和解的成就得到认可，2000年12月被授予诺贝尔和平奖。[21]

金大中政府在克服外汇危机的过程中，还积极培育能够创造大量工作岗位的风险企业。以1997年8月制定的《风险企业培养特别措施法》为基础，1998年至1999年为促进风险企业创业，政府提供了7500亿韩元资金，并成立了120多个创业培育中心。以麦迪逊和未来产业为首，安哲秀研究所、休曼斯（Humax）、瑞康（Raincom）、NCsoft等风险企业接连取得成功，以德黑兰谷为中心，风险投资获利丰厚的神话成为话题，掀起了风险创业和风险投资的热潮。结果显示，韩国风险投资企业数量1998年只有2042家，2001年超过1万家，科斯达克（KOSDAQ）证券交易指数1999年2月24日为708.7，2000年3月10日升至2925.2。但进入2000年后，随着美国信息通讯产业呈现出崩溃的趋势,韩国风险企业的发展速度也逐渐减缓。KOSDAQ指数自2000年3月以后开始走下坡路,2001年出现了一些反弹趋势,但在2002年和2003年仍未能摆脱低迷状态。随着风险企业的长期停滞,结构调整的浪潮席卷而来,政治权力和风险企业家之间的密切关系也接连浮出水面。[22]

金大中政府为了刺激因外汇危机而停滞的国内消费,还采取了激活信用卡使用的政策。1999年2月废除对信用卡公司信用销售经营比重的限制,同年5月废除信用卡现金服务使用限度,6月引入了信用卡使用额所得税减免制度。2000年,国税厅考虑到公开个体户的销售情况,可以达到轻松征收税金的效果,实施了信用卡收据彩票制度。当时财阀企业竞相进入金融市场,也是信用卡产业快速发展的背景之一。信用卡发放数量迅速增加,1990年约为1000万张,2002年突破1亿张,经济活动人口人均拥有46张信用卡。信用卡使用金额也从2000年的225万亿韩元增加到2001年的443万亿韩元,2002年的623万亿韩元,同比分别增加了97.1%和40.5%。但由于盲目发放信用卡,信用卡滞纳率增加,也导致信用不良者大量出现,信用卡公司陷入亏损的副作用开始显现。[23]

金大中政府在克服外汇危机的过程中,还积极实施放宽房地产限制等措施,接连出台全面放开售价及允许转卖转让权、限时减免转让税、废除民营公寓再中标限制期限、放宽租赁住宅主条件等多项政策。这些政策与3%—4%的低利率相结合,导致了房地产投机的大量增加。2001年,全国住宅价格同比上涨3.9%,2002年和2003年分别同比上涨16.7%和9%。特别是首尔江南地区的住宅价格暴涨,2002年和2003年分别创下了29.6%和13.4%的上涨率。大幅增加的家庭贷款导致了家庭负债的暴涨,家庭总负债从1998年的184万亿韩元增加到2002年的439万亿韩元,时隔4年增加了255万亿韩元。[24]

金大中政府为克服外汇危机,一方面实施了刺激经济发展的短期政策,另一方面也开始实行改善韩国经济体制的中长期战略。当时韩国政府非常关注经济合作与发展组织和世界银行等国际机构热烈讨论的"知识型经济"（knowledge-based economy）问题。韩国政府通过韩国开发研究院（KDI）等政府出资研究机构，推进了制定知识型经济发展综合计划的工作，并于1999年9月发布了《千年模式：知识型经济发展战略》报告书，该报告书认为，如果将美国、日本、德国、法国、英国等五个发达国家的平均值定为100，韩国的知识投入指数为90.2，但知识成果指数仅为32.7。另外，根据经济合作与发展组织的标准，将产业群划分为高层技术产业、中高层技术产业、中低层技术产业、低层技术产业，调查结果显示，在高层技术产业和中高层技术产业方面，韩国的研发密集度远远不及经济合作与发展组织平均水平。基于这种情况，报告书提出了向知识型经济过渡的蓝图、发展战略以及核心政策课题等。蓝图中提出了"提高生活质量和确保国家竞争力"；发展战略包括确立市场经济基础秩序、强化内部创新基础、开放和吸引跨国企业等；核心政策课题包括培养创新人才、创新研究开发体系、知识密集型产业结构、扩充信息基础设施、激活知识市场等。[25]

20世纪90年代后期，政府开始探索科学技术政策的新方向，这一点也值得关注。在此过程中起到重要作用的概念是"国家创新体系"（national innovation system，NIS），它强调从技术创新中寻找国家竞争力的源泉，技术创新的全过程都应从系统的层面进行，国家创新体系的概念在1997年以后也被用于制定科学技术政策相关的主要法律和计划。[26] 1967年以后的30多年里，科学技术振兴法一直是科学技术政策的综合性法律，但1997年制定了科学技术创新特别法，1999年修改了同一法律，2000年颁布了科学技术基本法。之后，根据这些法律，分别制定了科技创新五年计划（1997—2002年）、科技创新五年修订计划（2000—2002年）和科技基本计划（2002—2006年）。[27]

20世纪90年代后期以后，韩国的科技政策呈现出与过去不同的几个特征。[28]第一，建立了可以综合调整科技政策的实质性制度部门。1999年设立了以总统为委员长的国家科学技术委员会，推进了调查、分析、评价国家研究开发事业的发展。[29]第二，开始强调创新性发展战略，而不是模仿型发展战略。特别是韩国政府强调要发掘并支持信息技术（IT）、生命工程技术（BT）、纳米技术（NT）、环境技术（ET）、航天技术（ST）、文化技术（CT）等有发展潜力的产业。第三，过去相对疏忽或不太突出的科学技术政策领域重新崛起。风险企业的培育、地方科技的振兴、科技文化的繁荣等就是代表性的例子。[30]

1998年至2002年，金大中政府时期韩国经济的主要指标如表5-2所示。1999年的经济增长率为10.7%，比1998年的-5.7%有较大幅度的增加，但这基本上是由于1998年的经济状况非常不好。经济增长率2000年再次降至8.8%，2001年降至4%，2002年又恢复到了7.2%。1998年至2002年，韩国经济就像坐过山车一样，在停滞、恢复、停滞、恢复的反复下，年均增长率达到5%。1995—1997年，外汇危机之前人均GDP超过了1万美元，1998年骤减至7739美元，1999年后开始呈现增加趋势，2000—2002年恢复到1995—1997年的水平。值得庆幸的是，金泳三政府时期一直处于赤字状态的贸易收支在金大中政府时期连续5年实现顺差（见表4-1）。

1998年至2002年内需情况不稳定，可以说在这一时期持续带动韩国经济增长的是出口部门（参照表5-3）。韩国出口自20世纪60年代以后持续增加，1998年同比下降2.8%，经历了1999—2000年增加、2001年减少、2002年恢复等发展阶段。金大中政府时期整体来看，韩国出口总额1998年为1323亿美元，2002年增加到1625亿美元。外汇危机前后，出口市场和出口品种也发生了相当大的变化。外汇危机之前，韩国的出口是以美国、日本、欧盟等发达国家市场为中心进行的，但外汇危机后，中国成为继美国之后的韩国第二大出口市场。以2002年为例，韩国对中国出口额占总出口额的14.6%，远远超过了占9.3%的日本。在出口产品方面，信

表5-2　韩国经济主要指标（1998—2010年）

| 年度 | GDP增长率（%） | 人均GDP（美元） | 消费者物价上涨率（%） | 固定收支（百万美元） | 贸易收支（百万美元） |
| --- | --- | --- | --- | --- | --- |
| 1998年 | -5.7 | 7739 | 7.5 | 42644 | 39031 |
| 1999年 | 10.7 | 9902 | 0.8 | 24479 | 23933 |
| 2000年 | 8.8 | 11349 | 2.3 | 14803 | 11786 |
| 2001年 | 4.0 | 10655 | 4.1 | 8428 | 9341 |
| 2002年 | 7.2 | 12093 | 2.8 | 7542 | 10344 |
| 2003年 | 2.8 | 13448 | 3.5 | 15584 | 14991 |
| 2004年 | 4.6 | 15038 | 3.6 | 32312 | 29382 |
| 2005年 | 4.0 | 17547 | 2.8 | 18607 | 23180 |
| 2006年 | 5.2 | 19693 | 2.2 | 14083 | 16082 |
| 2007年 | 5.1 | 21655 | 2.5 | 21770 | 14643 |
| 2008年 | 2.3 | 13152 | 4.7 | 3198 | -13267 |
| 2009年 | 0.2 | 17086 | 2.8 | 32791 | 40449 |
| 2010年 | 6.2 | 20500 | 3.0 | 29394 | 41172 |

资料出处：李璋圭，《总统经济学》，第525页。

息通信部门开始快速发展起来。如果将重化工产品分为信息通信产品（IT部门）和传统主力产品（非IT部门），1996年至2002年，传统主力产品在总出口额中所占比重为50%左右，没有太大变化，而同期信息通信产品的比重从20.2%增加到了30%，特别是半导体产品，除2001年之外，均占总出口额的10%以上，信息通信设备的出口自1999年以后呈现出大幅增加的趋势。[31]

**追求改善经济体制**

韩国于2002年12月19日举行了第16届总统选举，新千年民主党候选人卢武铉以2.3%的得票率差距战胜大国家党候选人李会昌。第16届总统选举的特点之一是，在韩国选举史上，各代人之间支持的候选人首次不

表5-3 外汇危机前后的出口和部门构成（1996—2002年）

单位：亿美元

| 年度 | 1996年 | 1997年 | 1998年 | 1999年 | 2000年 | 2001年 | 2002年 |
|---|---|---|---|---|---|---|---|
| 出口总额 | 1297.2（100.0） | 1361.6（100.0） | 1323.1（100.0） | 1436.9（100.0） | 1722.7（100.0） | 1504.4（100.0） | 1624.7（100.0） |
| 轻工业产品 | 276.8（21.3） | 277.7（20.4） | 249.0（18.8） | 260.2（18.1） | 280.6（16.3） | 247.6（16.5） | 241.5（14.9） |
| 重化工产品 | 930.2（71.7） | 985.4（72.4） | 969.8（73.3） | 1113.1（77.5） | 1394.3（80.9） | 1215.7（80.8） | 1343.4（82.7） |
| IT部门 | 262.5（20.2） | 304.6（22.4） | 301.6（22.8） | 420.1（29.2） | 550.6（32.0） | 406.0（27.0） | 487.9（30.0） |
| 半导体 | 152.4（11.7） | 174.2（12.8） | 170.1（12.9） | 188.5（13.1） | 260.1（15.1） | 142.6（9.5） | 166.3（10.2） |
| IT设备 | 85.9（6.6） | 96.6（7.1） | 89.2（6.7） | 167.4（11.7） | 233.9（13.6） | 219.4（14.6） | 269.1（16.6） |
| 非IT部门 | 667.7（51.5） | 680.8（50.0） | 668.2（50.5） | 693.0（48.2） | 843.7（49.0） | 809.7（53.8） | 855.6（52.7） |
| 汽车 | 82.6（6.4） | 86.4（6.3） | 81.2（6.1） | 94.2（6.6） | 111.0（6.4） | 114.5（7.6） | 134.7（8.3） |
| 船舶 | 71.3（5.5） | 65.2（4.8） | 80.1（6.1） | 74.9（5.2） | 82.3（4.8） | 97.0（6.4） | 108.7（6.7） |

注，括号内数字为所占百分数（%）。
资料出处：金敬元、权顺宇等，《外汇危机5年，韩国经济发生了怎样的变化？》，第50页。

同。20多岁和30多岁的选民支持具有改革倾向的候选人卢武铉，而50岁以上的选民则支持具有保守倾向的李会昌候选人。对老一代政治家感到厌烦的年轻一代在新千年民主党竞选中不支持候选人李仁济，而对掀起热潮的卢武铉候选人有新鲜感。年轻一代自发筹集选举资金，并积极参与选举活动。总统职务交接委员会通过线上和线下收集舆论后，将新政府的名称确定为"参与政府"，这意味着要将韩国的民主主义发展为国民参与日常化的参与民主主义阶段。[32] 2003年2月25日上台的卢武铉政府提出了如下国政目标：①国民参与的民主主义，②共同生活的均衡发展社会，③和平与繁荣的东北亚时代等。

卢武铉政府在挑战新的国政目标之前,背负着解决历史遗留问题的任务。金大中政府为恢复经济而实施的扶持政策后遗症非常严重,不良信用卡公司问题是导致金融机构连续破产和金融市场混乱的危险因素。[33]卢武铉政府于2003年3月17日发布了信用卡公司综合对策,其内容是以信用卡公司高强度的自救努力为前提,放宽部分信用卡限制,支持资金筹措等。之后,4月3日出台了延长信用卡债务期限、支持投资信托公司回购资金、引导信用卡公司增资规模从现有的2万亿韩元增加到4.6万亿韩元等政策,特别是亏损最严重的LG信用卡公司,通过LG集团的资金支持和债券银行的收购解决了问题。结果显示,2004年初信用卡混乱度过了危险期,2004年下半年实现了信用卡企业的经营正常化。[34]

解决信用不良者问题是通过在防止债务人道德败坏的同时,以金融机构之间的协商为基础,向其提供适当支援的方式进行的。卢武铉政府在对信用不良者进行大规模调查的基础上,于2004年3月10日发布了"信用不良者综合对策"。对于即将成为信用不良者的债务人,通过延长到期日提供了恢复信用的机会,还支持对多个金融机关负债的多重信用不良者的债务重新调整等,促进了个人信用的恢复。金融机构层面无法解决的问题,引导其积极运用法院的个人回生制度和个人破产制度。此外,还积极推进信用不良者的就业工作,促进其与工作岗位相联系的信用恢复,成立个人信用评价公司(credit bureau,CB),构建了根据个人信用度差别化金融交易条件的机制。其结果,2004年4月曾增至382万人的信用不良者人数到2005年底降至300万人以下。[35]

虽然不良信用卡公司问题和信用不良者问题得到了一定程度的解决,但房地产投机问题却很难解决。为此,卢武铉政府先后出台了住宅市场稳定综合对策(2003年10月29日)、稳定平民居住和抑制房地产投机的房地产制度改革(2005年8月31日)、增进平民居住福利和住宅市场合理化方案(2006年6月30日)、稳定房地产市场方案(2006年11月15日)、稳定房地产市场制度改编方案（2007年1月11日）、稳定住宅市场和提高居住福利的公共部门作用强化方案（2007年1月31日）等至少6次方案。通过这些措施，卢武铉政府通过引入综合房地产税提高拥有税、提高3套以上住宅者的转让税、下调住宅担保认定比率（Loan to Value ratio, LTV）、扩大面向平民的租赁住宅、适用总负债偿还比率（Debt to Income ratio, DTI）等。卢武铉政府的房地产政策虽然没有带来房地产价格的稳定化，但可以说对房地产交易市场的透明化做出了巨大贡献。[36]

卢武铉政府不仅为金大中政府的遗留问题寻求解决方案，还为改善韩国经济体制做出了很多努力。卢武铉政府摒弃了人为刺激经济等短期业绩主义，从更长远的角度出发，不断推进经济体系的改革。对于卢武铉政府的经济政策基调，参与政府国政简报特别企划组2008年发行的报告中表述如下。

> 经济政策的最终目标是民生。但如果将经济政策与民生等同起来，就会有陷入"短期业绩主义"陷阱的危险……历届政府之所以没有重视改善经济体制这一"最重要但不太紧迫的课题"的原因就在于此……但是IMF外汇危机给我们的教训是，经济体制的改善和改革越推迟，经济危机就会越大。参与政府决定遵循这一历史经验，在国内外不断变化的形势中，把一贯性地推进经济改革作为经济政策的原则。参与政府根据这一原则，克服了历届政府人为刺激经济发展的弊端，培养了处理经济危机的能力。[37]

卢武铉政府为改善经济体制，从设立总统秘书室之外的总统政策室开始，在政策的规划和执行上做出了很多努力。卢武铉政府在构思和推进主要政策方面，积极发挥了委员会的作用及制定发展蓝图，甚至获得了"委员会政府"和"蓝图政府"的别名。委员会由政府官员和各界专家为中心组成，负责规划各项政策和制定发展蓝图。从参与政府国政简报特别企划组制作的《参与政府经济政策年表》可以看出，卢武铉政府在执政一年内至少制定了六个发展蓝图。其中包括东北亚物流中心蓝图（2003年8月27日）、自由贸易协定（Free Trade Agreement，FTA）蓝图（2003年9月2日）、劳资关系蓝图（2003年9月4日）、东北亚金融中心蓝图（2003年12月11日）、市场改革三年发展蓝图（2003年12月30日）、防止产业资本金融支配带来的副作用蓝图（2004年1月2日）等。[38]卢武铉政府以上述发展蓝图为基础，在推进相关政策实施的同时，不断完善必要事项，推动国家各项事业的发展。

卢武铉政府提出以"社会统合性劳资关系"为主要政策方向，2003年5月成立了劳资关系先进化研究委员会。以该委员会的报告内容为基础，卢武铉政府于2003年9月公布了被称为劳资关系发展蓝图的"劳资关系改革方向"，其三大目标是：尽量减少劳资矛盾导致的社会费用、构建灵活稳定的劳动市场、减小劳动阶层之间的差距等。劳资关系发展蓝图虽然作为议案被提交给劳资政委员会，但由于团结权、劳动条件、劳动委员会等争议未能妥善解决，导致几乎没有实质性的进展。在政府和劳动界关系恶化的情况下，卢武铉总统对劳资政委员会持怀疑态度。2006年4月，双方就劳资政委员会改编问题达成了协议，其主要内容是激活各地区、各行业的劳资政协议体，并根据具体情况灵活运营。此后，经过数十次讨论，2006年9月达成了劳资关系先进化立法相关的劳资政协议，以此为基础，同年12月对《工会及劳动关系调整法》《劳动基准法》《劳动委员会法》等进行了修订。2007年6月，OECD决定终止对从1996年开始以韩国为对象执行的劳动法及劳资关系进展情况的监督。[39]

卢武铉总统于2003年4月提出了市场改革三年计划蓝图，在此基础上，同年12月制定了市场改革三年发展蓝图。该计划不是要进行"财阀改革"，而是主张"建立自由公正的市场秩序"，比起政府的直接管理，更注重市场的监控作用。市场改革三年发展蓝图的目标是：①改善企业集团治理结构，②加强公开化、责任化经营，③提高市场竞争等。为改善企业集团的经营结构，实行了公开企业集团持股相关信息、合理改善出资总额限制制度、转换为发达国家型控股公司体制等措施。为进一步加强企业经营的公开化和责任化，提出了完善企业内外监督系统、强化股东责任方案、去除产业资本金融支配的弊端等措施。在提高市场竞争方面，提出改革限制竞争的机制、激活民事损失赔偿请求、设立消费者损失救助部门等措施。卢武铉政府实行的市场改革虽然取得了很大进展，但由于大幅放宽出资总额限制，导致金产分离的争议持续不断。[40]

卢武铉政府为防止首都圈集中带来的弊端，还持续推进了均衡发展政策。2003年4月成立了总统直属的国家均衡发展委员会，同年7月公布了"地方分权蓝图"七大领域二十大任务，具体内容包括：①通过设立国家均衡发展特别法、新行政首都特别法、地方分权特别法等三大特别法和国家均衡发展特别会计，建立法律和制度基础；②公共机关迁移地方及与此相关的创新城市建设；③扩大研发预算的地方支持比率及集中培养地方大学；④推进地区创新体制示范事业及全面改编地区产业政策推进体系；⑤为实现自立型地方化，制定国家均衡发展五年计划；⑥制定地区特色发展特区法，构筑地区经济发展的基础；⑦发展新兴产业，推动落后地区经济发展。其中，《新行政首都特别法》被宪法法院判定违宪，2005年3月修订为《行政中心综合城市特别法》，后于2007年7月开始建设世宗市。[41]

2003年9月制定的自由贸易协定（FTA）相关发展蓝图的主要内容是，先发展和负担较轻国家的FTA，然后在此基础上向美国、欧洲、中国等地推进。韩国早在1998年11月开始推进与智利的FTA，2004年4月韩智FTA生效。继智利之后，韩国又推进了与新加坡、欧洲自由贸易联盟（EFTA）、东盟（ASEAN）、日本等的FTA。但随着韩日FTA陷入僵局，2004年5月韩国大幅修改了现有的发展蓝图，提出要立足远交近攻的战略，首先推进与大经济圈的FTA，以此为契机，与美国签订FTA。韩美FTA谈判从2006年6月开始，于2007年4月达成协议，此后欧盟、日本、中国等也开始对与韩国的FTA谈判表现出积极的态度。但韩美FTA在对大米、牛肉、汽车等的协商中经历了很多波折，市民社会团体成立了"阻止韩美FTA泛国民运动本部"，反对韩美FTA的开展。[42]

卢武铉政府还通过所谓的"四大财政改革"，构建了有计划地使用国民税金的系统。具体包括：五年国家财政运营计划、总额预算分配制度、成果管理制度、数字预算会计系统等。五年国家财政运营计划或称中期财政计划和以前一样，以1年为单位编制预算，是基于难以有效推进国家事业发展的判断而制定的。卢武铉政府经过多次试错，于2004年9月公布了五年国家财政运营计划（2004—2008年），以此为契机，开始根据国家财政运营计划制定以1年为单位的预算计划。总额预算分配制度或称自上而下的预算编制制度是指企划预算处公布各部门总额标准后，各部门在分配限度内自主编制预算的制度。另外，随着各部门预算编制自主权的扩大，有必要强化各部门的责任意识，因此引进了成果管理制度，即在实施预算执行评价后，要将结果反映在预算编制中。与此同时，构建了可以实时分析、使用分散的财政信息的综合财政信息系统，不仅确保了政策的及时性，还简化了国民对政府预算的监督机制。[43]

值得注意的是，在卢武铉政府时期，科学技术的地位得到了显著提高。卢武铉政府将"构建以科学技术为中心的社会"纳入十二大国政任务中，以国家创新体制（NIS）概念为基础，对科学技术政策进行了综合分析和构建。2003年8月，以讨论创新主导型增长点为基础，确定了新一代经济增长十大产业，其中包括智能机器人、未来型汽车、新一代半导体、数字电视及广播、新一代移动通信、显示器、智能家庭网络、数字内容及软件解决方案、新一代电池、生物新药及脏器等。之后，2004年10月，政府对科学技术行政体制进行了改编，引进科学技术副总理制，设立科学技术创新本部等，形成了可以实质性调整政府各部门的科技相关政策和事业的制度部门。与此同时，2007年8月制定了《以技术为基础的生活质量提高综合对策》，开始出现旨在提高生活质量的研究开发产业。[44]

卢武铉政府大幅扩大了被称为"6T"的潜力技术的研究开发预算，对潜力技术的投资从2003年的2.3578万亿韩元增加到了2007年的5.5727万亿韩元，占总研发预算的比重也从2003年的48.1%增加到了2007年的63.5%。2003年至2007年信息技术（IT）继续占20%以上的比重，生命工程技术（BT）从10.9%增加到17.2%，环境技术（ET）从7.1%增加到12.3%，呈现出持续增加的趋势（见表5-4）。卢武铉政府的信息通信政策是根据2004年3月提出的"IT839战略"综合而成的，由移动互联网（WiBro）、数字媒体广播（DMB）、远程信息处理等八大服务，宽带综合网、无线传感器网络、网址体系等三大基础设施，新一代移动通信、数字电视、新一代PC、数字内容等九大新产品组成。得益于此，韩国于2004年12月在世界上首次开发了无线宽带产品，2005年12月实现了世界首次地面数字多媒体广播。[45]

卢武铉政府还非常重视两极分化问题，致力于寻求缓解这一问题的对策。[46]卢武铉总统2003年收到韩国经济增长了约3%，但工作岗位减少了约3万个的报告后，受到了很大的冲击。过去，经济增长会带动工作岗位的增加，但现在出现了"无就业增长"（jobless growth），再加上外汇危机后，随着非正式职工的增加，正式职工和非正式职工的工资差距拉大，小个体户也处于供过于求状态，出现了小个体户的生活水平下降到贫困线以下的问题。对此，卢武铉政府认为创造工作岗位不仅可以提高增长潜力，而且可以为国民提供福利，因此于2004年2月出台了"创造工作岗位综合对策"，该对策最初以每年创造40万个工作岗位为目标，2005年下调至每年30万个，实际成果2004年为41.8万个，2005年为29.9万个，2006年为29.5万个，2007年为28.2万个。[47]

表5-4 未来潜力技术（6T）研究开发预算趋势（2003—2007年）

单位：亿韩元

| 类别 | 2003年 | 2004年 | 2005年 | 2006年 | 2007年 |
| --- | --- | --- | --- | --- | --- |
| 信息技术（IT） | 10375（21.2） | 13673（22.8） | 14748（20.4） | 16260（20.2） | 19079（21.8） |
| 生命工程技术（BT） | 5356（10.9） | 7717（12.9） | 10967（15.2） | 13019（16.2） | 15063（17.2） |
| 纳米技术（NT） | 2004（4.1） | 3041（5.1） | 3191（4.4） | 3432（4.3） | 4186（4.8） |
| 环境技术（ET） | 3485（7.1） | 5468（9.1） | 6842（9.5） | 9440（11.7） | 10817（12.3） |
| 宇宙航天技术（ST） | 1916（3.9） | 2550（4.3） | 4270（5.9） | 6745（8.4） | 5960（6.8） |
| 文化技术（CT） | 442（0.9） | 531（0.9） | 541（0.7） | 483（0.6） | 623（0.7） |
| 小计 | 23578（48.1） | 32980（55.1） | 40560（56.2） | 49380（61.4） | 55727（63.5） |
| 其他 | 25458（51.9） | 26867（44.9） | 31658（43.8） | 31013（38.6） | 31977（36.5） |
| 总计 | 49036（100.0） | 59847（100.0） | 72218（100.0） | 80393（100.0） | 87704（100.0） |

注：括号内数字为所占百分数（%）。
资料出处：教育科学技术部，《2008科学技术年鉴》（2009），第551页。

两极化问题不仅限于就业的两极化，大企业和中小企业的两极化、青年失业问题、教育机会不平等等两极化引发的问题更为广泛和严重。2004年9月，卢武铉政府通过韩国开发研究院和韩国保健社会研究院等政府出资研究机构推进了对两极化的研究，提出了以"共同发展"理念解决两极化问题的策略，即要想打破两极化的恶性循环，不能只强调增长主义和分配主义，要形成增长和福利的良性循环结构。[48]卢武铉政府为实现共同发展，采取了很多后续措施。2005年1月，为培育中小企业的零部件、原材料产业制定了"零部件原材料发展战略";同年3月,为培育金融、法律、教育、文化等知识基础服务产业,提出了"强化服务产业竞争力的推进方案";2006年9月,为了扩大护理人员、课后辅导教师、保育员等社会服务岗位,公布了"社会服务扩充战略"。[49]与此同时,2005年5月召开大、中小企业互助合作对策会议后,关于互助合作的政策开始系统化,2006年3月制定了促进大、中小企业互助合作相关法律。[50]

2003年至2007年卢武铉政府时期,韩国经济的平均增长率为4.3%。除2003年为2.8%之外,2004年至2007年的增长率均在4%至5%之间,低于卢武铉总统作为候选人期间承诺的7%的增长率。与此相反,物价上涨率稳定在2%—3%,贸易收支和固定收支继续保持顺差(见表5-2)。另外,随着汇率下降到900—1000韩元,GDP逐渐增加,2007年人均GDP超过了2万美元。也就是说,韩国人均GDP在1995年超过1万美元后,历时12年达到了2万美元。此外,出口在5年内一直保持两位数的增长率,股价指数也在1989年超过1000后,时隔18年于2007年突破了2000。[51]

## 2. 主要产业的技术领先

**钢铁**

浦项制铁自1993年以后,经历了最高管理层的交替和竞争环境的变化,持续推进了经营多元化、确保海外基地、组织和人事改革、企业结构调整等。浦项制铁在20世纪90年代中期进行了大规模的经营创新,通过此次改革,充分利用了此前积累的富余资源,与20世纪90年代末推进结构调整的其他企业相比,可以少承担利益关系者之间的矛盾引发的各种社会费用。与此同时,浦项制铁尽可能避免依靠背景任命,一直保持着立足内部晋升,组成最高管理层的传统,这一点也值得关注。此前,担任浦项制铁的会长和社长中，只有1994年至1998年担任会长的金满堤属于外部人士。[52]

世界钢铁产业在1990年前后开始进入急剧的技术变化期，出现了可以省略或直接连接以前分离的生产工序的新一代创新钢铁技术。新一代创新钢铁技术分为新制铣技术和新铸造技术，前者包括直接还原法（direct reduction）和熔融还原法（smelting reduction），后者包括薄板胚连铸法（thin slab casting）和薄带连铸法（strip casting）。直接还原法是随着废钢供应不足的加剧，为生产废钢替代材料而采用的技术，熔融还原法是将熔融状态的铁矿石还原，直接制造铣铁或溶铣的方法。薄板坯连铸法为连铸工艺和热连轧工艺的一部分，薄带连铸法为连铸工艺和热连轧工艺的整体集成。[53]见表5-5。

表5-5　新一代创新钢铁技术概要

| 类别 | 制铣 ||| 制钢 | 连铸 | 热连轧 ||| 冷轧 |
| --- | --- | --- | --- | --- | --- | --- | --- | --- | --- |
|  | 炼焦 | 烧结 | 高炉 |  |  | 加热炉 | 粗轧 | 精轧 |  |
| 熔融还原法 | ■ | ■ | ■ |  |  |  |  |  |  |
| 薄板胚连铸法 |  |  |  |  | ■ | ■ |  |  |  |
| 薄带连铸法 |  |  |  |  | ■ | ■ | ■ | ■ |  |

注：阴影部分可以省略或合并。
资料出处：宋成守，《各时期技术能力发展的特征：以浦项制铁为例》，第191页。

浦项制铁为开发新一代创新钢铁技术，组建了专门项目组，引进了优秀研究人员。项目组可以看作是20世纪80年代组成的特别工作组的进一步发展，特别工作组只运营了较短时间，而项目组则是以工作10年以上的长远角度组成。RIST从1987年开始对熔融还原法和新铸造技术进行了基础研究，1990年3月和1991年2月分别成立了薄带连铸（S/C）项目组和熔融还原（S/R）项目组。薄带连铸项目和熔融还原项目组组长在相当长一段时间内由申永吉和李一玉担任，项目组的研究员由研究经验丰富或具备优秀资质的博士级人才为中心组成。[54]

浦项制铁在推进新一代创新钢铁技术研发的过程中，与过去相比，明显增加了投资力度。例如，薄带连铸项目1989年至2000年投资了817亿韩元，熔融还原项目1990年至2000年投资了600亿韩元。20世纪80年代，大型技术开发项目需要10亿韩元，而在20世纪90年代推进的新一代创新钢铁技术项目上，投资了100亿韩元的资金，因此，筹集巨额研发资金成为重要任务。熔融还原项目是作为韩国新钢铁技术研究组合的课题被推进的，因此可以获得政府222亿韩元的支持，但浦项制铁单独推进的薄带连铸项目在经过相当多的争议后，才得到了最高管理层的批准。[55]

开发新一代创新钢铁技术的工作始于收集技术信息，当时韩国处于以几种工艺为对象进行商业化的阶段，还没有取得实质性的成果，因此很难确定研发推进的方向。RIST的研究人员通过正在开展新一代创新钢铁技术研发活动的发达国家企业的相关人士，收集了有关技术开发现状和问题的信息。当时从发达国家获得的信息不完整，而且没有足够的可信度，因此需要通过实验测试，对其进行反复的修改和完善。与过去的技术活动不同，发达国家的业绩也不明显，因此制定研发的具体目标还需要综合考虑多种因素。[56]

新一代创新钢铁技术可以被称为"钢铁技术的文艺复兴时代"，与过去不同，在这一时期出现了很多不同的工艺。熔融还原法有煤矿还原（coal ore reduction）、铁矿石直接熔融还原（direct iron ore smelting reduction）、高强度熔炼（high intensity smelting）、铁浴熔融还原（cyclone converter furnace）等，薄板胚连铸法有紧凑带钢生产工艺（compact strip production）、内嵌带钢生产工艺（in-line strip production）、柔性化薄板胚连铸工艺（flexible thin slab casting）、优质带钢生产工艺（quality strip production）等。其中，只有煤矿还原工艺和紧凑带钢生产工艺尝试进行了商业化。煤矿还原工艺方面，1985年初奥地利的沃埃斯特（Vöest）公司开发了基础技术后，1987年11月，南非钢铁公司（ISCOR）的比勒陀利亚钢铁厂建成了年产30万吨规模的工厂，南非钢铁公司从1989年11月开始进入正常投产阶段，但与现在的高炉法相比，其经济性处于劣势。紧凑带钢生产工艺方面，1986年12月，德国的施罗曼·西马克（Scholemann Siemag）开发了基础技术，1989年7月，美国纽柯（Nucor）公司的克劳福德维尔钢铁厂建成了年产60万吨规模的工厂，计划1994年产量增加至180万吨。[57]

在上述多种选择中，浦项制铁选择了煤矿还原工艺和在线带钢生产工艺。在熔融还原法方面，决定选择煤矿还原工艺，但扩大到可以产生规模经济效益的60万吨生产量。在薄板胚连铸法方面，决定使用比紧凑带钢生产工艺流程短、安装费低的内嵌带钢生产工艺，建设180万吨规模的工厂。[58]

1990年前后，浦项制铁构建了试验设备（pilot plant），推进了实现商业化所需的技术研发。试验设备的设计和制作由国外技术团队和韩国技术团队共同完成，设备设计由国外技术团队主导，设备制作由韩国技术团队主导。沃埃斯特和英国的戴维·迪斯汀顿以共同研究的形式分别参与了熔融还原和薄带连铸的开发。由于沃埃斯特已经积累了熔融还原试验设备相关经验，因此相对容易制造，但在薄带连铸试验设备方面，由于戴维能力不足和频繁的设计变更，遇到了相当大的困难。当时，之所以选择戴维，是因为包括曼内斯曼－德马格（Mannesman Demag）在内的世界著名设备制造企业拒绝与浦项制铁合作。[59]

试验设备制作完成后，通过数十次试验投产，浦项制铁开始努力扩大生产规模、提高产品质量、改善生产设备等，以使设备配置和投产条件能够适用于实际工厂。在此基础上，浦项制铁于1992年12月组建了新项目推进总部，准备启动实际工厂建设项目。

采用煤矿还原工艺年产60万吨规模的新制铣厂于1993年11月在浦项钢铁厂开始建设，于1995年11月竣工。新制铣工厂在启动后的3个月里，经常发生还原炉堵塞的情况，但在推进总部的现场技术团队的努力下，问题逐渐得到了解决。浦项制铁从1996年12月开始正常启动新制铣工厂后，1998年初还向南非的萨尔达尼亚（Saldanha）和印度的JVSL（Jindal Vijaynagar Steel Ltd.）出口了煤矿还原工艺运用技术。[60]

年产180万吨的小钢厂建设项目于1994年12月至1996年10月在光阳钢铁厂展开，浦项制铁选择的在线带钢生产工艺与紧凑带钢生产工艺相比，在技术上并不稳定，因此频繁发生熔钢泄漏和质量不良等问题。因此，小钢厂经过约3年的试错，于1999年7月完全投入使用。浦项制铁的薄板胚连铸制造技术得到了设备供应方曼内斯曼－德马格的认可，1999年10月取得了向荷兰霍戈文销售的成果。[61]

如上所述，浦项制铁掌握了熔融还原法和薄板胚铸造法的操作技术，并达到了将其出口海外的阶段。由沃埃斯特、曼内斯曼－德马格拥有的设备制作技术和浦项制铁的制作技术相结合，熔融还原法和薄板胚铸造法的技术以集合形式出口到其他外国企业。过去浦项制铁直接或间接地从发达国家获得技术转让，而现在浦项制铁以与发达国家一流企业同等的资格推进技术合作。可认为是由于浦项制铁拥有"互补性资产"（complementary assets），才得以取得上述成果。[62]

此外，浦项制铁在开发煤矿还原工艺的过程中还提出了新的概念。煤矿还原工艺的缺点是，为了使反应气体能够顺利通过容器内部，需要单独制作粒径为8—35毫米的颗粒（pellet）作为原料。为了弥补这一点，浦项制铁探索了一种新工艺，以粒径小于8mm的粉矿为原料，并将其命名为细铁矿石还原工艺（fine iron ore reduction, FINEX）。细铁矿石还原工艺由还原粉矿石后制造成型铁（hot compacted iron, HCI）工艺，将普通炭加工为成型炭（briquette coal）工艺，熔化成型煤和成型铁生产铁等工艺构成，与以往一样，具有不另行经过烧结厂或焦炭厂的特征。[63]

浦项制铁在逐步扩大规模的过程中，开发了细铁矿石还原工艺，它可以分为模型设备、试运行设备、演示设备、商用化设备四个阶段。浦项制铁于1999年8月建成日产150吨规模的试运行试验设备，成功试运行后，同年11月开始与沃埃斯特共同开发演示设备。年产60万吨规模的细铁矿石还原演示设备于2003年5月竣工，为实现商用化提供了设备支持，并掌握了操作及维修技术。在此过程中，浦项制铁在还原粉矿石方面找到了适当的温度和压力，并取得了自行开发成型铁设备和成型炭制造法的成果。年产150万吨规模的细铁矿石还原商用化设备于2004年8月开工，2007年5月竣工，共投资1.6万亿韩元，基本设计由沃埃斯特负责，详细设计及施工由浦项制铁负责。浦项制铁于2007年9通过细铁矿石还原商用化设备每天可生产4300吨熔铣，实现了正常开工率。[64]

表5-6　细铁矿石还原工艺的开发阶段

| 阶段 | 模型设备 | 试运行设备 | 演示设备 | 商用化设备 |
| --- | --- | --- | --- | --- |
| 规模 | 每日15吨 | 每日150吨（年产3万吨） | 年产60万吨 | 年产150万吨 |
| 与前阶段相比倍率 | — | 10倍 | 20倍 | 2.5倍 |
| 建设时期 | 1996.5 | 1998.2—1999.8 | 2001.1—2003.5 | 2004.8—2007.5 |
| 主要活动 | 实验室测试 | 测试技术的可实现性 | 验证主要技术及经济性 | 商业化适用 |

资料出处：宋成守、宋伟赈，《从COEX到FINEX：浦项制铁的路径实现型技术创新》，第708页。

通过以上过程，浦项制铁掌握了细铁矿石还原工艺的工艺技术和操作技术。工艺技术包括流动还原技术、成型铁设备技术、成型炭制造技术等，随着细铁矿石还原商用化设备的启动，相应的操作技术也得到积累。值得关注的是，煤矿还原工艺的开发者是奥地利的沃埃斯特，而细铁矿石还原工艺是由沃埃斯特和浦项制铁共同开发的。在煤矿还原工艺方面，沃埃斯特制造了设备后，浦项制铁公司对其进行了操作技术的研发。而FINEX工艺方面，浦项制铁和沃埃斯特共同制造了设备，操作技术由浦项制铁单独掌握。至此，浦项制铁在细铁矿石还原工艺方面，从设备制造到工厂操作的各个方面都具备了技术创新引领者（innovation leader）的资格。

细铁矿石还原工艺的优点是由于不需要烧结厂和焦炭厂，资本支出减少；使用价格低廉、储量丰富的粉末铁矿石和普通烟煤，运营费用较低；与高炉工艺相比，排放的环境污染物质要少等。[65]但很难预测细铁矿石还原工艺是否会取代高炉工艺，何时才能取代高炉工艺。因为细铁矿石还原工艺的大容量生产能力及其生产的铁质量尚未得到充分验证，而现有的高炉工艺也在不断改进。

**造船**

1997年发生的韩国外汇危机反而成了提高造船产业竞争力的契机。韩元汇率大幅上升，价格竞争力提高，接受订单的船舶预收款和货款以美金支付，产生了汇率差价。当然，外汇危机时由于借入资金造成的打击很大，因此汉拿重工业和大同造船濒临破产，大宇重工业因集团层面的破产而进入了和议程序，但对韩国造船产业整体来说，外汇危机起到了很好的作用。世界造船市场的年订货量也达到2200万—3700万吨，持续保持良好势头，韩国造船企业得以迅速克服外汇危机。[66]

值得注意的是，日本预测从20世纪末开始造船产业将进入萧条期，因此缩减了建造设施。此外，20世纪90年代初造船产业繁荣期到来时，几位造船专家也预测，繁荣期将持续10年左右，此后造船产业的需求将减少。但由于"中国效应"（China effect），世界造船产业市场持续繁荣，船舶订单剧增。在日本无法完成所有订单的情况下，韩国成了世界第一造船强国，中国也开始大力培育造船产业。[67]

除2001年外，韩国1999年至2007年在以订单量为标准的世界市场占有率持续位居第一，韩国造船企业在世界造船企业的排名也位于领先地位。

以2006年9月的订单量为例,世界十大造船企业中包括七家韩国造船企业,分别为现代重工业、三星重工业、大宇造船海洋、现代尾浦造船、现代三湖重工业、STX造船、韩进重工业等。现代重工业在所有船种上都表现出世界级竞争力,占据第一位,三星重工业和大宇造船海洋以超大型集装箱船和LNG(液化天然气)船为中心,展开了争夺世界第二位的竞争。[68]

表5-7 主要国家在世界造船市场的占有率趋势(1997—2007年)

单位:千CGT(Compensated Gross Tonnage)

| 分类 | 1997年 | 1999年 | 2001年 | 2003年 | 2005年 | 2007年 |
| --- | --- | --- | --- | --- | --- | --- |
| 世界市场 | 36480 | 28940 | 36667 | 74041 | 161331 | 167522 |
| 韩国<br>(比重) | 6764<br>(29.2) | 6325<br>(33.3) | 6990<br>(29.6) | 18810<br>(42.9) | 13571<br>(32.4) | 32861<br>(37.7) |
| 日本<br>(比重) | 8790<br>(37.9) | 4934<br>(26.0) | 7932<br>(33.5) | 12335<br>(28.1) | 9446<br>(22.6) | 10017<br>(11.5) |
| 中国<br>(比重) | 1211<br>(5.2) | 1924<br>(10.1) | 2802<br>(11.8) | 6107<br>(13.9) | 6606<br>(15.8) | 31382<br>(36.0) |

注:以订单量为准,括号内的数据表示占世界市场的比重(%)。
资料出处:宋成守,"陆上建造工艺:现代重工业",崔永洛等,《政府为构建新一代技术创新系统的支持政策》,第60页;裴勇浩,"造船产业的创新路径创造能力",李工来等,《韩国领先产业的技术创新路径创造能力》,(科学技术政策研究院,2008),第130页。

韩国造船企业在对此前积累的技术和研究开发体制进行整顿的基础上,于20世纪90年代之后,设计了具有优良性能和高附加值的船舶,并保持了具有竞争力的生产能力。韩国不是仅仅追随日本,而是通过差别化技术途径,进入21世纪后,在技术方面开始处于世界领先位置,其决定性契机是韩国在LNG船市场抢占了新的技术标准。

LNG船被称为"造船技术之花",要求具备最顶尖的技术能力,相当于一艘价值超过1亿美元的超高价船舶。LNG船根据装载LNG的货舱结构,分为moss(独立球型)型和薄膜型。船体和LNG罐分离的moss型由于极低温，船体损坏的风险较小，但容量很难扩展；船体和罐体一体化的薄膜型虽然安全性相对较低，但具有可运输大容量的优点。moss 型是挪威的 Moss Rosenberg 公司开发后在日本实现商业化的，薄膜型是由法国的 Gaz Transport（GT）和 Technigaz（TGZ）开发的。[69]

韩国造船企业自 1990 年进军 LNG 船市场后，围绕 moss 型和薄膜型展开了激烈的竞争。一部分认为应追随世界最先进造船国日本采用的 moss 型，另一部分人主张为了在世界 LNG 船市场能够与日本竞争，韩国应该开拓薄膜型 LNG 船，两种主张针锋相对。1990 年，垄断 moss 型韩国制造权的现代重工业开始接受订购，1992 年以后，韩进重工业、大宇造船海洋、三星重工业推进的薄膜型 LNG 船也开始接受订购，韩进和大宇选择了 GT 型，三星选择了 TGZ 型。[70]

特别是大宇造船海洋，在挑战薄膜型 LNG 船的同时，还加快了制造技术的创新。由于国外引进的设备与韩国的操作环境不太吻合，因此大宇造船海洋致力于研究新的操作流程，并开发与之相适应的设备。通过这些措施，LNG 船专用自动焊接机、隔热箱自动组装装置、保温材料自动注入装置等主要设备全部实现了国产化。大宇造船海洋还自主开发了 LNG 船综合自动化系统（integrated automation system，IAS），它引进了最优化的组合概念，使复杂交织的各种装备能够综合管理，对提高驾驶及维护效率做出了巨大贡献。[71]

韩国没有借助日本开发的 moss 型技术，而是自主推进薄膜型 LNG 船的商业化，并取得了巨大成果。被认为是薄膜型缺点的安全性问题，随着通信设备和造船器材的发展而逐渐得到解决，韩国造船企业主导的薄膜型 LNG 船持续创下了无事故运行纪录。对薄膜型优势起决定性作用的是 LNG 船的大型化趋势，薄膜型船的罐体形状与船舶模型相同，不会产生多余空间，几乎不受船舶大型化的限制。再加上美国和欧洲等新建了可以容纳大型 LNG 船的基地，运送量非常大的薄膜型便备受瞩目。由此，薄膜型成为

LNG 船的新标准，韩国造船企业掌握了 LNG 船市场的主导权。后来，日本造船企业也进军到薄膜型船市场，并从韩国引进了相关技术。[72]

如上所述，薄膜型 LNG 船的商业化被评价为韩国造船产业的技术发展模式从路径追随型向路径开拓型转变的案例。

> 韩国的造船企业没有停留在追随现有技术的层面上，而是率先开拓新的技术路径，实现了飞跃性的技术创新，其契机就是进军 LNG 船舶领域。如果韩国为了建造 LNG 船，从日本直接引进并模仿相关技术，那么韩国企业的相关技术水平要超过日本需要相当长的时间，但韩国企业没有采用日本的技术标准 moss 型货舱，而采用了当时并不普遍的薄膜型货舱，这意味着韩国企业为了与日本竞争，不追随现有的技术路径，而是努力开拓新的技术路径。[73]

进入 21 世纪后，韩国造船产业的技术创新活动进一步加快。以前，基本设计、详细设计和生产设计是依次进行的，但结合最新信息技术，可以同时进行多个阶段的优化设计，实现了机器人的小型化和轻量化，并投入到多种操作区域，生产工艺的自动化得到进一步发展。另外，从船舶订单到交付的所有工序都实现了数字信息化，建立了工序间信息交流顺畅、开发核心技术的系统，并积极推进在国际环境规制上领先的、提高燃料效率的环保技术的开发。韩国造船海洋领域的专利申请也快速增加，2001 年突破 300 项，2007 年达到 900 项，2008 年超过 1200 项，超越了美国和日本，成为世界上拥有相关专利最多的国家。[74]

基于这些技术创新，韩国造船企业可以灵活应对超大型集装箱船和 LNG 船等高附加值船舶的要求。以 7500 TEU（标准集装箱）以上的超大型集装箱船为例，1997 年 1 月至 2007 年 3 月，全球交付的 160 艘集装箱船中，韩国企业建造了 117 艘，占比超过 70%。[75]LNG 船的订单占比也持续增加，2003年为59%，2005年为76%，2007年接近90%。[76] 2007年，韩国、中国、日本各船种的市场占有率情况如下，LNG船韩国的市场占有率为89.5%、日本为7.2%、中国为5.8%，集装箱船韩国的市场占有率为64.4%、日本为3.9%、中国为20%，油轮韩国的市场占有率为59.2%、日本为6.2%、中国为26%，散装货船韩国的市场占有率为24.4%、日本为14.7%、中国为51.4%。[77]

不仅如此，韩国造船企业还成功研发出具有综合功能或新功能的船舶，进一步巩固了其技术领先地位。LNG-RV（regasification vessel）、FPSO（floating production storage offloading）、破冰油轮等都属于此类。LNG-RV在LNG船上安装了将液态煤气转换为气体的装置，使船舶可以直接向消费者提供燃气。大宇海洋造船于2005年制造了世界第一艘LNG-RV，并交付给比利时的埃克斯马（Exmar）。[78] FPSO拥有从海上采集原油进行炼油的功能，三星重工业于2006年研发了世界第一艘自航推进FPSO，并交付给澳大利亚的伍德赛德。破冰油轮是在结冰海域破冰运输原油的船舶，2007年，三星重工业制造了世界第一艘可以前后双向运行的破冰油轮，并交付给俄罗斯的现代商船公司（Sovcomflot）。[79]

韩国造船企业通过所谓的"新造船工艺"，在工艺创新方面也进行了很多新尝试。[80] 此前，大部分造船厂由于船坞日程满满，很难追加订单和造船，因此很难再承担更多的船舶订单。为了克服这种情况，韩国造船企业通过开发多种形式的新造船工艺，不需追加建设船坞，也可增加船舶制造量，并确保按期交货。现代重工业的地上造船工艺（on-ground building method）、三星重工业的巨型总段造船工艺（mega block method）、STX造船的平地造船工艺（skid launching system）、韩进重工业的DAM工艺就是代表性的例子。

现代重工业的地上造船工艺不使用现有的建造船坞，在陆上组装船舶后，将完成的船舶推到铁轨上，转移到驳船上，让驳船潜水，使船舶浮上海面的工艺。三星重工业的巨型总段造船工艺是在船坞外组装成比原来大5—6倍的超大型块后,利用海上起重机移动到船坞内的工艺。STX造船的平地造船工艺是将船舶分为两部分,在陆地上建造后,在海上进行连接的工艺。韩进重工业的DAM工艺是在船坞中建造船坞内可搭载的长度大小的船舶下水,在陆地上制造剩余部分,在海上焊接、接合这两部分的工艺,大坝是用于水下焊接的挡水结构。

表5-8 韩中日造船产业竞争力比较(2007年)

| 类别 | 详细信息 | 日本 | 韩国 | 中国 |
| --- | --- | --- | --- | --- |
| 价格因素 | 材料费 | 100 | 100.2 | 106.4 |
| | 人工费 | 100 | 105.9 | 142.6 |
| | 其他经费 | 100 | 101.7 | 121.5 |
| | 综合 | 100 | 102.6 | 123.5 |
| 非价格因素 | 质量 | 100 | 100.3 | 75.7 |
| | 性能 | 100 | 100.5 | 82.5 |
| | 遵守交货期 | 100 | 99.7 | 78.7 |
| | 金融 | 100 | 94.1 | 78.1 |
| | 船东信赖度 | 100 | 99.9 | 74.1 |
| | 综合 | 100 | 98.9 | 77.8 |
| 人力基础 | 平均年龄 | 100 | 106.8 | 116.4 |
| | 生产人力 | 100 | 106.1 | 94.9 |
| | 设计人力 | 100 | 109.8 | 78.8 |
| | 综合 | 100 | 107.6 | 96.7 |
| 其他 | 生产效率 | 100 | 94.5 | 68.8 |
| | 信息化 | 100 | 103.5 | 70.6 |
| | 营销 | 100 | 105.1 | 81.3 |
| | 综合 | 100 | 101.0 | 73.6 |

注:本表数据是以日本为100时的分数,每年相差2分。
资料出处:韩国产业技术振兴协会,《产业技术开发30年》,第215页。

据韩国造船协会 2007 年发表的资料显示，如果将日本定为 100，韩国在价格因素、非价格因素和人力基础上的竞争力分别为 103、99、108。韩国不仅在质量、性能、信息化等技术方面，在生产人力、设计人力等人力方面也位于世界领先水平，但是韩国造船企业对 LNG 船等高级船舶的源头技术仍处于依赖欧洲或日本的状态，而另一方面，韩国占据优势的应用技术是中国等发展中国家比较容易追赶的技术。

**汽车**

现代汽车 1995 年至 1996 年陆续竣工了一些大规模研究所和工厂。1995 年 4 月，在京畿道华城成立了南阳综合技术研究所，它是拥有最顶尖汽车开发设备和试验设施的世界十大研究所之一。[81] 1996 年 11 月，中大型轿车专用工厂牙山工厂竣工，同年 12 月，世界最大商用车工厂全州工厂竣工。[82] 现代汽车以更优秀的技术和多种类的产品，为在 21 世纪成长为世界十大汽车企业奠定了基础。[83]

1997 年爆发的外汇危机对韩国的汽车产业产生了巨大的影响。韩国汽车产量从 1997 年的 281.8 万辆下降到 1998 年的 195.4 万辆，下降了 30.6%，内销量也从 1997 年的 151.3 万辆骤减到 1998 年的 78 万辆，减少了 48.4%。在"IMF 体制"下，起亚汽车、三星汽车、大宇汽车、双龙汽车等破产，这些企业通过国际投标分别被现代汽车、雷诺、通用、上海汽车收购。韩国的汽车产业重组为韩国资本支配的现代起亚汽车和外国资本支配的雷诺三星、韩国通用、双龙汽车两大部分。[84]

在外汇危机前的 1996 年，现代决定进军印度市场，经过与印度政府的协商，通过 100% 单独出资的方式成立了当地法人。1998 年，年产 15 万辆规模的工厂在钦奈竣工后，推出了最适合当地市场的车型桑特罗（Santro）。现代以阿托斯为模型设计了桑特罗，根据印度多雨的气候特点，大幅强化了车辆下部的防水功能，并增强了耐久性，使其能够更好地适应印度恶劣的道路条件。随着桑特罗的大受欢迎，现代于1999年在印度市场上跃升为仅次于马鲁蒂-铃木的第二大企业。[85]

问题在于美国市场。现代在20世纪80年代后期推出Excel，在美国的小型车市场表现良好，但进入20世纪90年代，随着质量问题的提出，其销量开始急剧减少。现代汽车在美国的销量1988年达到26万辆，之后进入下降趋势，1999年减少到9万辆。再者，在汽车质量评价专门机构君迪（J. D. Power Research Associates）公布的初期质量评价（Initial Quality Study，IQS）中，现代汽车1995年在33个品牌中排名第32位，1996年在35个品牌中排名第32位，1997年在38个品牌中排名第34位。当时在美国，现代汽车被视为"低质量、低价车"的代名词，在著名电视节目中被用作喜剧素材。[86]

1999年，郑梦九会长为了亲自检查出口情况而访问美国时，听到了对现代汽车品质的差评。他回到韩国后，接受了君迪关于质量的咨询，并以此为基础着手进行了大规模的质量创新。现代起亚汽车的质量创新是1999年3月随着质量本部的新建和质量会议的召开而正式展开的，质量本部整合了设计、生产、营业、售后维修等各部门的质量业务，质量会议在会长主管下每月举行1—2次。质量本部在成立后立即实施了质量通行证制度，在企划、设计、生产等各阶段，如果不能达到一定水平的质量，就不允许进入下一阶段。之后，1999年12月设立了质量状况室，构建了质量信息系统，在接到现场质量问题后，与相关部门一起分析原因，并制定了提出解决方案的24小时质量监控及应对体系。[87]

现代起亚汽车在整顿质量创新体制的同时，还以美国汽车市场为对象，推出了"保修十年十万英里"的破格项目，该项目将动力系统（发动机和变速器）的无偿保修期扩大到十年十万英里。当时，在美国，汽车的最长保修期为五年六万英里。为此，现代起亚汽车制定了到2010年为止赶上丰田汽车质量的目标，集中管理了初期质量评价（IQS）相关指标。随着现代汽车质量改善速度的逐渐加快，2003年将目标完成时间提前到了2007年，最终在2004年实现了目标。2004年的IQS排名中，现代超过丰田位居第七位，在各车级排名中，索纳塔在中型车领域占据第一位。现代的质量提升并不是一时的现象，在2006年、2009年、2010年、2014年的IQS上，现代也取得了比丰田更优秀的成绩。[88]

始于1999年的现代起亚汽车的质量创新此后也持续完善。2001年现代引进了评价合作企业的五星制度，五星制度是综合评价质量、生产率、技术等三个领域，只有获得一定水平以上评价的零部件企业才能与现代起亚汽车进行合作的制度。[89] 2002年，现代将现有质量本部升级为质量总管本部，并增加了大量负责人员。2003年，为了加速全球质量化经营，现代将海外质量负责组编入质量总管本部。此外，2003年，还在南阳研究所设立了试验中心，具备了对即将量产的新车质量进行最终检验的体制。现代起亚汽车的质量创新在2005年因全球质量经营系统（global quality management system）的建立而告一段落，至此，设计质量、零部件质量、制造质量、新车质量等各阶段质量改进流程标准化为登记、分类、改进、验证四个阶段。[90]

现代起亚汽车在质量创新的同时，还推进了构建独立生产方式的工作。首先，现代汽车收购起亚汽车后，着手整合平台，将过去多达15个平台数量减少到轻型车、小型车、中大型车、高级车、SUV（小型、中大型）等6个。另外，积极引进零部件模块化，进一步提高制造效率和产品质量。将零部件整体简化为驾驶座模块、底盘模块、前端模块三个核心模块，并确定了在生产线上最终进行组装的方法。与此同时，实现了三种核心模块在准确的时间点按照正确顺序到达整车组装线的准时化顺序供应（just in sequence），它是被评价为不同于精益生产方式（lean production system）的"敏捷生产方式"（agile production system）。如果说精益生产方式是在稳定环境下通过高效管理减少浪费，那么敏捷生产方式则聚焦于在剧变的环境中加强快速应对的能力。[91]

现代起亚汽车在持续推进质量创新的同时,还加快了进军海外市场的步伐。2002年,现代与中国北京汽车公司以"五五出资"方式成立了北京现代汽车,建成年产5万辆的工厂,并立即生产了EF索纳塔。现代在签订谅解备忘录时表示,生产产品所需的时间仅为10个月,对此中国人还创造了"现代速度"这一流行语。因为现代做好了充分的准备,并与零部件企业一起进军海外市场,所以才有可能实现这一目标。北京现代汽车的生产规模从2003年的15万辆扩大到2005年的30万辆,2006年继大众和通用之后,跃居中国国内第三位。[92]现代起亚汽车在进军中国市场的同时,还推进了在美国设立当地法人的工作,2005年现代在亚拉巴马州竣工了年产30万辆的工厂,开始生产索纳塔和圣达菲。亚拉巴马工厂此后成为现代汽车集团在海外设立工厂的基本模式。[93]

现代汽车在20世纪90年代后期将重点放在质量经营、全球化以及研究开发上。现代于20世纪90年代后期,陆续开发出了多种独立发动机。1997年研发了Epsilon发动机和Lean burn发动机,1998年研发了Delta发动机和Sigma发动机,1999年研发了Omega发动机。Epsilon发动机是0.8/1.0升的轻型车用发动机,Lean burn发动机与现有发动机相比可以提高10%以上的燃油效率。Delta发动机用于2.0/2.7升的中型轿车,Sigma发动机用于3.0/3.5升的中大型轿车,Omega发动机用于4.5升的大型轿车。至此,现代以0.8升到4.5升的汽油发动机为对象,成功构建了独立车型全阵容体系。[94]

现代起亚汽车的研发活动进入21世纪后进一步加强。郑梦九会长持续扩大研发投资,为研究人员提供优厚待遇。[95]现代起亚汽车的研发体制与技术性、组织性环境变化相联系,不断进行了优化。2003年,现代将分散在南阳、蔚山、始兴所下里等地的车辆开发功能统一为南阳综合技术研究所,在南阳研究所成立了设计中心和试验中心,促进了产品设计和质量的创新。之后，2005 年在龙仁麻北里成立了环境技术研究所，进一步加强了对环保汽车的研发。与此同时，在美国、德国、印度、日本等地建立了各地区研究开发基地或设计中心，推进了适合当地市场的车辆开发。[96]

表 5-9  现代汽车集团全球研发网络

| 机构名称 | 位置 | 主要功能 |
| --- | --- | --- |
| 南阳技术综合研究所 | 京畿道华城市 | 全球一体化研究基地（研究开发的指挥部）进行综合性汽车研发 |
| 环境技术研究所 | 京畿道龙仁市 | 环保车辆及技术开发 |
| 美国技术研究所 | 美国密歇根州苏必利尔镇 | 美国国内新车开发的中心作用 |
| 美国设计中心 | 美国加利福尼亚州尔湾 | 研发适合美国当地的设计 |
| 美国加利福尼亚州行驶试验场 | 美国加利福尼亚州莫哈维沙漠 | 车辆行驶试验及当地开发零部件的性能试验 |
| 日本技术研究所 | 日本横滨 | 电子新技术及环保汽车核心技术开发 |
| 欧洲技术研究所 | 德国吕塞尔斯海姆 | 欧洲型车辆及发动机技术开发 |
| 欧洲设计中心 | 德国吕塞尔斯海姆（现代汽车）德国法兰克福（起亚汽车） | 欧洲风格汽车的设计开发 |
| 印度技术研究所 | 印度海德拉巴 | 小型车开发的战略基地 |

资料出处：李侑载、朴基完，《现代汽车》第 404 页，部分内容进行了补充。

21 世纪现代起亚汽车的代表性研发成果是 Theta 发动机。现代起亚汽车从 2000 年 4 月至 2004 年 8 月投入 1740 亿韩元开发了 Theta 发动机，将发动机技术提升到世界最高水平。Theta 发动机是为 2.0 升中型车研发的，目的是安装在现代国内外主力车型索纳塔系列上。现代将平衡轴设计成内置油泵的模块，采用减少噪声和振动的独创技术，在世界上首次设计了利用间接空气量测定方式调节吸排器的设计。通过开发 Theta 发动机，现代起亚汽车综合考虑了各零部件的相互关联性，从而具备了通过优化功率、燃油效率、耐久性等来研发汽车的能力。[97]

Theta 发动机是韩国汽车历史上首次向发达国家出口技术的案例。Theta 发动机被由现代、克莱斯勒、三菱主导的全球发动机制造联盟（Global Engine Manufacturing Alliance）认可，由此，现代从克莱斯勒和三菱获得了 5700 万美元的技术费。另外，克莱斯勒和三菱的工程师们来到南阳研究所，接受了三个月的 Theta 发动机技术培训，现代还向克莱斯勒和三菱各派出两名研究人员，负责传授 Theta 发动机技术。以 Theta 发动机的开发和出口为契机，现代起亚汽车的先进技术能力得到了世界汽车企业的认可。如果说"阿尔法"发动机意味着汽车技术的独立，那么 Theta 发动机可以看作是现代汽车技术领先的象征。[98]

当时作为南阳研究所动力系统研究所所长，主导 Theta 发动机开发的李贤淳在 2006 年接受的一次采访中指出了以下几点。

> 到 1999 年，为了使现代汽车跃升为世界一流制造厂商，现代开发了集划时代技术为一体的新一代发动机"Theta 发动机"。新型索纳塔将使用的 Theta 发动机与先进企业的发动机相比，在性能、燃油效率、耐久性、噪声、成本等方面要更有竞争力，为此，我们尝试了与现有发动机研发不同的新方法。现代积极应用了计算机模拟等解析技术，从发动机研发初期开始就让国内外零部件合作企业共同参与。另外，为了保证 10 年内 16 万公里以上的耐久性，我们进行了无数次试验，探索提高发动机耐久性的方法。在应用新研发方法的过程中，出现过意想不到的生产问题，为此，我们和工厂相关人士一起彻夜研究。经过如此艰难的过程，终于在 2004 年研发出了 Theta 发动机。目前，Theta 发动机不仅应用于新型索纳塔上，还应用在戴姆勒 - 克莱斯勒、三菱等先进厂商的汽车上，遍布全球。[99]

现代起亚汽车的研究开发仍在继续。2008年和2011年分别开发了3.5升级的Tau发动机和16升级的Gamma发动机。2009年至2011年，Tau发动机连续3年入选汽车专业媒体沃德汽车（Ward's Auto）评选的全球十佳发动机。Gamma发动机于2012年入选全球沃德十佳发动机。另外，应用Tau发动机的捷尼赛思和应用Gamma发动机的伊兰特分别于2009年和2011年被选为北美年度汽车。现代起亚汽车通过Tau发动机和Gamma发动机的开发，再次确立了技术领先的地位。[100]

据判断，现代起亚汽车虽然从汽油汽车成长为引领技术的世界级企业，但在新一代汽车发展方面仍然处于追赶阶段。进入20世纪90年代以来，现代在国家研究开发事业的背景下，持续推进电动汽车、乙醇汽车、氢汽车、太阳能汽车等的相关研究。[101] 2000年，现代参与加利福尼亚燃料电池伙伴关系，2005年设立环境技术研究所等，正式展开了对新一代汽车的研究。但是，在21世纪，现代新一代汽车的技术大部分还没有达到商业化阶段，直到最近才开始形成与先进企业竞争的格局。[102]

**半导体**

从20世纪90年代初期开始，三星在DRAM等存储器领域主导着世界市场，但人们一直担心，以存储器为主的产品构成很难保证持续的增长。以三星为例，约85%的销售额偏重于存储器领域，而在全球范围内存储器半导体所占比重仅为40%左右。特别是进入20世纪90年代后，有分析认为，半导体技术的模式正在从"标准通用模式"转变为"专用集成电路（application specific integrated circuits，ASIC）模式"，因此要求韩国半导体业界积极应对。[103]

在这种背景下，三星于1995年前后积极探索了发展半导体事业的新战略。例如，在1994年11月召开的存储器部门年度战略会议上，制定了应对三星半导体经营不良的方案，[104] 1995年9月确定了到2000年为止将ASIC产品的销售额提高到10亿美元的"ASIC事业强化方案"。[105]但三星比起快速转换为非存储器半导体的方式，选择了在提高DRAM附加值的同时实现生产产品多元化的战略。三星的这种深化及多元化战略与美国、日本企业自20世纪90年代后减少对DRAM的投资，集中投资非存储器半导体的倾向形成了鲜明的对比。

20世纪90年代中期以后，三星进行了可减少微处理器和DRAM速度差距的高性能DRAM的开发，典型的例子有SDRAM（synchronous DRAM）、DDR DRAM（double data rate DRAM）、Rambus DRAM。SDRAM是比普通DRAM速度快4倍左右的产品，三星于1994年开发了64M SDRAM，1998年开发了256M SDRAM。[106]DDR DRAM和Rambus DRAM速度比SDRAM快两倍左右，三星于1997年开发了64M DDR DRAM，1998年开发了64M Rambus DRAM，之后持续提高了集成度。20世纪90年代末，美国和日本企业根据英特尔的提议投资了Rambus DRAM，而三星则采取了同时投资DDR DRAM和Rambus DRAM的战略。DDR DRAM是三星在世界上首次开发并确定为国际标准，英特尔为了获得稳定的Rambus DRAM产品供应，于1999年向三星进行了投资。[107]

三星在提高DRAM附加值的同时，还积极推进了生产产品的多元化。引领这一趋势的产品是主要用于移动设备的闪存。三星进军闪存市场时，有英特尔公司的"NOR型"和东芝主导的"NAND型"两种选择。前者具有访问时间快的优点，后者具有成本低、耐久性高的优点。在这两种类型中，三星选择的是NAND闪存。三星从技术角度判断，NAND型具有更高的增长潜力，而NOR型则由于三星和英特尔之间的战略关系，存在很难挑战的方面。事实证明，三星再一次成功选择了技术，1998年世界闪存市场由NOR型25亿美元、NAND型3亿美元构成，NAND型比重仅为10.7%，但此后，NAND型市场迅速发展，2005年达到107亿美元的规模，超过了整个闪存市场的60%。[108]

在整个20世纪90年代，三星一直与日本东芝展开关于NAND闪存的竞争。三星分别于1993年成功开发出16M、1996年开发64M、1998年开发128M、1999年开发256M、2000年开发了512M的NAND闪存。虽然试制品由东芝率先推出，但三星更快地推出商用产品，提高了市场占有率。[109]受到巨大挑战的东芝于2001年提出了和三星合作进行NAND闪存事业的建议，但当时三星电子存储器事业部负责人黄昌圭提出了可以独立推进的意见，李健熙会长接受了这一意见，拒绝了东芝的提议，这样的决策是由所谓的"Zakuro"①会面做出的，此次会议被评价为继"DRAM神话"之后"闪存神话"开始的瞬间。[110]

此后，三星在2001年、2002年、2003年、2004年、2005年、2006年分别成功开发出1G、2G、4G、16G、32G、64G的NAND闪存，得益于这些技术成果，三星的市场占有率进一步快速上升。[111]2001年，三星在NAND闪存市场占有率为27%，仅次于东芝，排在第二位，但第二年（2002年）以1G产品为基础，三星的市场占有率上升到了45%，跃居世界首位。2003年，三星在NAND闪存市场取得了70%的占有率，在整个闪存市场上超越英特尔，位居世界第一。[112]至此，三星继1992年DRAM排名第一和1995年SRAM排名第一后，2003年又获得了闪存排名第一，取得了所谓"三冠王"的优秀成绩。

黄昌圭很早就看好闪存市场，他对选择闪存的理由表述如下。

我之所以看好闪存，是因为它既是电子零件，又能创造出新的产品市场。闪存作为手机、数码相机、数码摄像机、MP3、USB驱动器等的核心部件，引领着数字存储设备的革命。另外，过去电子零部件和成品之间的关系发生了变化，成品不再决定零

---

① 此为日本一家饭店的名称，为当时日韩双方会面的地点。

部件闪存的规格或价格，而是根据闪存的生产情况生产成品。由于韩国闪存产业的发展，使其在 MP3 播放器市场上也成为世界第一，诺基亚等手机企业如果没有三星电子的闪存也无法生产产品。[113]

1996 年，三星将当时的 micro 事业部改编为系统 LSI 事业部，开始正式投资非存储器领域。三星将存储器领域的优秀人才转移到非存储器领域，为了开发多种类产品，还大规模扩充了检测设备。1997 年，随着拓麻歌子（Tamagochi）①在全球的流行，微型计算机的需求与日俱增，非存储器领域的销售额也大幅增加。系统 LSI 事业部在开发新产品的过程中，积极培育了非存储器领域的发展，并积极探索存储器和非存储器相结合的发展路径。前者的代表性例子是 Alpha 芯片，后者的代表性例子是复合芯片。复合芯片是搭载大型存储器的订单型半导体，1997 年三星开发出了内置 16M DRAM，加速电脑图像处理的芯片。Alpha 芯片是采用五层金属布线技术，能够大幅提高速度的微处理器。1996 年产品性能为 500 MHz，1998 年提高到 1GHz。通过新产品的开发，三星从 1998 年开始在非存储器领域也实现了盈利。[114]

此外，三星在开拓闪存市场的过程中，还研究开发了"混合半导体"新技术路径。虽然闪存被用于 USB 存储器、MP3 播放器等，但从根本上说，三星主要是想用其进军手机市场。当时手机市场主要应用 NOR 闪存，三星确信由于对大容量的要求，今后手机会迎来使用 NAND 内存的时代。为了实现这一目标，三星从 2001 年 12 月在系统 LSI 事业部和存储器事业部合作的基础上，开始制作可以运行 NAND 闪存的软件。2004 年 11 月上市的 1G OneNAND 将 NAND 闪存、SRAM、非存储器的功能集成在一个

---

① 电子宠物饲养。

芯片上，可以同时实现读取速度快的 NOR 闪存的优点和写入速度及高度集成的 NAND 闪存的优点。[115]

三星除了 OneNand 之外，还接连开发了 OneDRAM、FlexOneNand 等混合半导体。OneDram 将 DRAM 和 SDRAM 合二为一，为加速便携式信息通信设备的小型化做出了巨大贡献。OneDram 于 2006 年 12 月被开发后，销售业绩一直处于低迷状态，从 2007 年 6 月开始，以与无线事业部的合作为基础，三星推进了将其适用于智能手机的研发工作，2008 年 8 月，适用 OneDram 的智能手机得以上市。2007 年 3 月开发的 FlexOneNand 结合了高速数据处理用闪存和大容量数据储存用闪存的优点，具有可以调整芯片性能和容量的特点。以前，用户一般将经常使用的数据存储在高速存储器中，将电影和音乐等数据存储在外置存储器中，但 FlexOneNand 将芯片的存储空间分成两部分，一部分可以高速处理数据，另一部分可以储存大容量数据。[116]

**显示器**

显示器根据面板的驱动原理分为阴极射线管或显像管（cathode ray tube, CRT）、平板显示器（flat panel display, FPD）、柔性显示器（flexible display, FD）等，其中平板显示器可分为液晶显示器（liquid crystal display, LCD）、等离子显示器（plasma display panel, PDP）、有机发光二极管（organic light emitting diode, OLED）、场致发射显示器（field emission display, FED）等。[117] 显示器产业的主力结构长期以来一直由显像管主导，到 20 世纪 90 年代转变为薄膜晶体管（thin film transistor）方式的 LCD。TFT-LCD 产业的主导权最初由日本掌握，但到 20 世纪 90 年代末，韩国成为领先国家。[118]

表 5-10 TFT-LCD 产业的世界市场占有率趋势（1997—2005 年）

单位：%

| 名次 | 1997年 | 1998年 | 1999年 | 2000年 | 2001年 | 2002年 | 2003年 | 2004年 | 2005年 |
|---|---|---|---|---|---|---|---|---|---|
| 1 | 夏普 | 三星 | 三星(18.8) | 三星(20.1) | 三星(21.3) | 三星(17.3) | LG(21.1) | 三星(22.2) | LG(21.4) |
| 2 | NEC | 夏普 | LG(16.5) | LG(14.7) | LG(17.8) | LG(16.7) | 三星(19.6) | LG(19.9) | 三星(20.9) |
| 3 | 三星 | NEC | 日立(10.1) | 日立(10.2) | AUO[①](9.0) | AUO(12.1) | AUO(11.8) | AUO(13.5) | AUO(14.5) |
| 4 | 东芝 | LG | 夏普(10.0) | 夏普(7.9) | 日立(8.0) | 夏普(8.5) | CMO[②](7.7) | CMO(8.7) | CMO(11.8) |
| 5 | IBM | 东芝 | NEC(9.1) | NEC(7.2) | 夏普(7.4) | 日立(5.3) | CPT[③](7.4) | CPT(7.7) | CPT(7.3) |

资料出处：裴钟泰等，《激进革新的技术创新系统构建方案》，第 147 页。

  与显示器相关的韩国企业进入 20 世纪 80 年代中期后，为了应对显像管以后的时代，开始积极推进 LCD 事业的发展。三星电管（现在的三星 SDI）从 1984 年开始发展 LCD 事业，1985 年至 1986 年相继开发了电子台式计算机用 LCD 和办公自动化设备用 LCD。之后，1987 年与美国 OSI（Ovonic Imaging Systems）签订了引进电视用 LCD 面板制造技术的合同，并向当地派遣了三名研究员，以此为基础，1988 年成功研发了电视用 LCD。[119]金星公司（现在的 LG 电子）1987 年通过中央研究所推进 LCD 研究开发事业，从日本日立公司引进了技术。[120]

  1990 年年末，三星总裁李健熙陷入了应该由哪个部门负责推进 LCD 事业发展的思考之中。在日本，东芝和 NEC 由半导体事业部，夏普和日立由显示器事业部推进 LCD 事业的发展。如果重视工艺，应该由半导体事业部负责推进，如果重视成品，由显示器事业部推进似乎是合理的。李健熙

---

① AUO 指中国台湾地区友达光电。
② CMO 指中国台湾地区奇美电子。
③ CPT 指中国台湾地区中华映管。

会长 1991 年 1 月召开总经理会议，考虑到 LCD 制造工艺和 DRAM 制造工艺相似，想提高 LCD 和半导体产业的协同效果，决定将 LCD 事业从三星电管移交到三星电子的特殊事业部。[121]

三星电子的特殊事业部在设置试验生产线（基板规格 300mm×300mm）后，挑战了正崛起为新 LCD 的 TFT-LCD 的开发。三星电子在开发 16M DRAM 时，使用铝作为金属布线材料，特殊事业部也采用同样的方式推进了 LCD 的开发。但是半导体是在最后一道工序中使用了铝，因此没有什么问题，而 LCD 先铺设铝布线，再进行后续工序，出现了布线断裂的问题。经过多次试错，特殊事业部掌握了将栅极配线连接成梯形的技术，从而解决了这一问题。[122]

在此基础上，三星电子于 1992 年 7 月在韩国首次成功开发了 104 英寸 TFT-LCD。另外，1993 年 12 月至 1995 年 2 月，三星投资 1941 亿韩元，在器兴工厂建设了每月可处理 2 万块基板的量产 1 号生产线（基板规格 370mm×470mm），并由此正式进入日本企业主导的 TFT-LCD 市场。[123] 但是初期 TFT-LCD 事业因不合格率和日本企业的牵制，经历了相当大的困难。量产 1 号生产线产品的不合格率高达 40% 至 50%，日本企业还针对三星采取了下调价格的战略。LCD 事业的赤字持续增加，部分人开始认为进军 LCD 市场是个错误的决定。[124]

当时担任特殊事业部部长的李相浣常务坚决反对对 LCD 事业的整顿。他强调，LCD 事业对三星电子的未来是必不可少的，并主张再经历几年时间，LCD 事业就能走向成功。对此，李健熙会长提出了"考虑五到十年后要做什么来维持生计"的话题，并要求大力推进 LCD 事业的发展。基于这些决策，三星电子开始将在半导体领域赚来的资金集中投入到对 TFT-LCD 的开发。[125]

三星电子的特殊事业部为了使 LCD 事业步入正轨，付出了很多努力。通过攻克难关和各方面的改善工作，降低了不合格率，并对设备进行了改良，将玻璃基板厚度从 1.1 毫米减少到 0.7 毫米。基于这些技术改进，三星电子逐渐增加了产量，1995 年 11 月实现了月销量达到 4 万张以上的业绩。与此同时，1995 年 10 月又果断进行了新设备投资，开始建设每月可处理 2.5 万枚基板的量产 2 号生产线（基板规格 550mm×650mm）。[126]

在建设量产 2 号生产线时，三星电子选择了 12.1 英寸作为主力产品的大小。当时，包括夏普在内的日本企业预计 10.4 英寸以后的主力产品为 11.3 英寸，并正在加大对 11.3 英寸产品的投资。当时有评价称，三星电子集中精力生产 12.1 英寸是危险的选择，但包括李相浣常务在内的 LCD 事业部的管理人员坚持选择 12.1 英寸，并亲自联系生产笔记本电脑的企业。虽然与美国戴尔计算机公司接洽时遭到拒绝，但与日本东芝取得了成功的合作，最终戴尔也选择了 12.1 英寸。1996 年 10 月，随着量产 2 号生产线的竣工，三星电子生产了大量 12.1 英寸产品，此后六个月，TFT-LCD 市场的人气产品从 11.3 英寸转变为 12.1 英寸。[127] 由此，三星电子在批量生产 LCD 两年后的 1996 年，创下了销售额超过 3 亿美元的高增长纪录，成长为世界前五位的 LCD 企业。[128]

三星电子 2010 年发行的《三星电子 40 年：挑战与创造的遗产》中关于选择 12.1 英寸系列的原因表述如下。

> 随着时间的推移，李相浣常务、李志燮理事等引领三星电子 LCD 事业的高管们脑海中充满了对下一条生产线（量产 2 号生产线）的思索。是像夏普一样主要生产 11.3 英寸产品，还是再扩大一点基板尺寸，生产比其更大的 12.1 英寸产品，三星正处于选择的十字路口。最终，根据追随别人不能成为领军者的战略，三星电子决定孤军奋战，选择 12.1 英寸产品，而没有选择包括世界第一夏普等大多数日本企业倡导的 11.3 英寸产品。从后起之秀出发，为了登上第一位，要果断地选择别人没有选择的道路的"逆转 DNA"，在三星职员们的头脑和心中隐隐生长。[129]

1996年12月，三星电子在天安工厂建设量产3号生产线时也进行了类似的选择。当时，日本企业正在从11.3英寸向12.1英寸转型，预计不久后笔记本电脑的主力产品将进一步大型化。在此期间，三星电子的战略伙伴东芝传达了新一代笔记本电脑将主要采用13.3英寸的意见，但三星电子认为，如果不领先别人一步，就无法成为世界第一，因此将量产3号生产线的基板规格定为600mm×720mm。1998年2月竣工的量产3号生产线每基板可生产6枚笔记本电脑用12.1英寸、13.3英寸、14.1英寸产品，每基板可生产4枚显示器用17英寸产品，可根据市场情况灵活调整生产产品的种类。另外，第一层和第二层是TFT、第三层是液晶、第四层是模块工艺，生产TFT-LCD所需的所有工序都可以有机地联系起来。[130]

随着量产3号生产线的竣工，三星电子拥有了1条试验线和3条生产线，具备了引领TFT-LCD产业发展的条件。特别是量产3号生产线，还提前引进相关设备进行试验，创下了在竣工的同时成功量产第一款产品的记录。[131]量产3号生产线投产的同时，笔记本电脑市场的主力产品转换为13.3英寸，三星电子于1998年6月超过日本夏普，在TFT-LCD市场上跃居世界首位。以此为契机，三星电子摆脱了此前一直追随日本企业的状态，开始呈现出主导新基板尺寸的趋势。[132]

在持续进行积极投资的同时，三星电子在自主技术开发上也付出了很多努力。三星共投入了约100亿韩元的研发资金，1997年11月，在世界上首次开发了30英寸超大型TFT-LCD，并于1998年11月，以韩国电子产业历史上最高价每台3万美元的价格出口。另外，1998年6月，成功研发出无论从哪个方向看都具有相同视野特征的宽视角（plus viewing angle，PAV）制造技术，1998年10月以更低廉的价格成功生产出此前从日本进口的TFT-LCD核心设备液晶基板移送设备。与此同时，天安工厂还采取提高持续运转率，减少不合格产品等措施，于1999年5月实现了超过90%的黄金收益率，具备了世界最高水平的竞争力。[133]

随着三星电子在LCD领域表现出强势，LG电子也取得较大的发展。LG电子1993年成立LCD事业部后，于1995年建设了龟尾工厂，构建了TFT-LCD批量生产体系。1997年LG电子扩建了龟尾工厂，开始生产笔记本电脑用TFT-LCD。值得一提的是，LG电子于1999年1月成立了韩国第一家LCD专门企业LG LCD，同年11月与世界级电子企业飞利浦合作，成立了LG飞利浦LCD（LG-Philips LCD，LPL），对LCD领域果断进行了积极的投资。LG飞利浦LCD在1999年年末迅速成长为继三星电子之后的世界第二大LCD企业。当时，LG飞利浦LCD的产量为每月6万台，收益率达到80%左右。[134]

韩国政府也从1990年开始通过国家研究开发事业，持续支持和推进显示器产业的技术开发，特别是1995—2001年通过第二阶段领先技术研究开发事业（G7项目）推进的"新一代平板显示器基础技术开发事业"为韩国成长为世界最佳显示器强国做出了巨大贡献。该项目共投入1824亿韩元，由韩国显示器研究联盟管理，首尔大学、韩国科学技术研究院、LG电子、三星电子等都参与了该项目。该项目研发出了激光晶化技术、离子掺杂技术、低温绝缘膜技术等，以这些技术为基础，三星电子在世界上首次生产了40英寸TFT-LCD。[135]

进入21世纪后，LCD市场继笔记本电脑显示器之后，又扩大到大型电视和电脑显示器。对此，三星和LG为了生产更大的LCD，展开了激烈的竞争，在此过程中，双方提高了LCD市场的占有率，得以领先其他企业。首先，LG飞利浦LCD于2000年5月在韩国首次启动第四代生产线（680mm×880mm），并世界首次着手建设第五代生产线（1000mm×1220mm）。同一时期，三星电子构建了比LG飞利浦LCD稍大的第四代生产线（730mm×920mm）。2002年5月，LG飞利浦LCD完成了第五代生产线，三星电子在4个月后的2002年9月构建了1100mm×1250mm规格的生产线。LG飞利浦LCD在第四代和第五代生产线建设中领先三星电子，2003年在世界LCD市场上取得排名第一的成绩。[136]

进入 2003 年，夏普和 LG 飞利浦 LCD 表示，将投资建设第六代生产线。LG 飞利浦 LCD 的持续快速发展，使三星电子产生了一种危机意识，并开始寻求应对方案。三星电子的管理层在分析第六代生产线投资的利弊后，经过深思熟虑，决定跳过第六代直接进入第七代生产线，但面临高达 30 亿美元的巨额投资费的问题，恰巧日本索尼向三星电子提议，共同构建第七代生产线，使这一问题得以解决。2003 年 10 月，三星电子和索尼签署了成立专门负责生产第七代 TFT-LCD 合作公司 S-LCD 的谅解备忘录，2004 年 3 月双方签订了正式合同，同年 7 月 S-LCD 正式成立。[137]

LG 飞利浦 LCD 于 2004 年 10 月构建了第六代生产线（1500mm×1850mm），继续保持了领先地位，但在第七代生产线建设方面，三星电子再次开始领先。三星电子在忠南牙山市汤井面建设了 LCD 复合园区，并于 2005 年 4 月完成了第七代生产线（1870mm×2200mm）的构建。LG 飞利浦 LCD 在 7 个月后的 2006 年 1 月，在京畿道坡州市建设了 1950mm×2250mm 规格的第七代生产线。2005 年索尼推出了布拉维亚（Bravia），三星电子推出了波尔多（Bordeaux），席卷了 LCD 电视市场。由此，S-LCD 的第七代规格 40 英寸取代了 LG 飞利浦 LCD 的第六代规格 37 英寸，成了新的受欢迎产品。[138]

表 5-11 LG 与三星的显示器之争（2000—2006 年）

|   | LG 飞利浦 LCD | 三星电子 |
| --- | --- | --- |
| 第四代 | 2000 年 5 月<br>680mm×880mm | 2000 年 5 月<br>730mm×920mm |
| 第五代 | 2002 年 5 月<br>1000mm×1220mm | 2002 年 9 月<br>1100mm×1250mm |
| 第六代 | 2004 年 10 月<br>1500mm×1850mm | 跳过 |
| 第七代 | 2006 年 1 月<br>1950mm×2250mm | 2005 年 4 月<br>1870mm×2200mm |

注：以量产时间为准。
资料出处：朴承烨、朴元奎，《三星 VS LG，他们的战争仍在继续》，第 104 页；李光浩，"显示器产业的创新路径创造能力"，第 171 页。

2000年前后，大型显示器PDP开始受到关注。PDP在玻璃板之间注入混合气体，而不是注入液晶，因此比LCD更利于用在大屏幕上。日本电子企业为了不重复LCD主导权被韩国夺走的经历，果断地对PDP进行了大规模投资。日本的PDP市场占有率2001年和2002年分别达到了94%和85%。LG电子和三星SDI没有安于TFT-LCD的成功，而是也积极参与PDP的研发和生产。日本企业从2000年开始批量生产PDP，根据设计方式构建了多条生产线，而三星和LG从2001年开始构建单一生产线，并进入批量生产，最大限度地提高了生产效率。[139]

PDP的研发生产也持续着与TFT-LCD类似的竞争。LG电子和三星SDI分别于2001年、2003年、2004年、2005年竞相设置了PDP1号生产线、2号生产线、3号生产线、4号生产线，随着新生产线的增设，行业排名也随时发生变化。在增设生产线的同时，LG电子和三星还研究了提高生产效率的方案，其代表性例子是，在一张玻璃原板上制造多张PDP面板的多面取制造技术。虽然多面取制造技术首先由日本开发，但最先将其用于PDP批量生产的企业是三星SDI。三星SDI自2002年12月开发多面取制造方法后，于2003年5月改造了PDP1号生产线，LG电子于2004年4月启动了3号生产线，采用了多面取工艺。从2004年开始，韩国企业的PDP销售额合计开始领先于日本，松下、三星SDI、LG电子形成了鼎足之势。[140]

**手机**

以手机为代表的移动通信设备，随着移动通信服务方式的变化，领先企业也不断发生变化。在第一代模拟方式中，摩托罗拉占据了领先地位，但在第二代数字方式中，诺基亚占据了领先位置，韩国企业也取得了飞跃发展。[141]特别是1996年，CDMA移动通信技术在韩国首次实现商用化，以此为契机，韩国手机企业迎来了快速发展的局面。随着CDMA移动通信服务的发展，韩国国内企业率先开发出与之相适应的手机。[142]

韩国首款数字手机是 LG 信息通信于 1996 年 2 月推出的 LDP-200。当时，LG 信息通信采用了"Freeway"品牌，它的意思是通话像高速公路一样畅通。同年 5 月，三星电子推出了以"digital anycall"为品牌的 SCH-100，并提出了"用数字联通 anycall 的名气和技术"的口号。[143]

当时的手机企业为了给顾客留下与众不同的印象，在构建产品品牌方面表现出了极大的热情。随着三星电子的 Anycall 发展为世界品牌，LG 信息通信等企业也开始研发新的品牌，挑战 Anycall 的市场地位。LG 信息通信于 1997 年将模拟方式的华通和数字方式的 Freeway 合并为"CION"单一品牌，展开了大规模的宣传活动。现代电子于 1997 年将具有"挂了就挂"意义的"gulliver"作为手机品牌，SK 电信的子公司 SK teletech 于 1999 年推出"SKY"，以"熟悉电波的手机"等口号展开了积极的营销。[144]

技术层面的竞争是围绕手机的重量展开的。数字方式比模拟方式的通话质量更为稳定，此时，比起通话质量，手机的小型化或轻量化被视为能体现差异性的战略。1997 年 6 月，LG 信息通信推出了重量为 152 克的 SP-1000，同年 7 月，三星电子推出了重量为 142 克的 SCH-300。此后，韩国企业持续减少手机的重量，围绕手机的竞争也被称为"1 克的战争"。关于手机重量的竞争在 1998 年 5 月 Appeel Telecom 推出 79 克超小型产品"Appeel PCS"后告一段落。[145]

随着手机的小型化或轻量化达到极限，手机款式成为手机企业间新的竞争因素。为代替现有的直板型，出现了翻盖（hip）型和折叠（folder）型产品。翻盖型和折叠型手机，必须防止在折叠和展开手机的过程中发生磨损，而且天线的接收灵敏度较低，针对这些问题，需要采取对策进行改善。在这一过程中，韩国国内企业逐渐具备了开发结构复杂手机的能力。与此同时，手机的颜色也摆脱了以黑色为主的模式，出现了白色、蓝色、银色、金色等多种颜色。[146]三星电子于 1998 年 10 月开发了首款折叠式手机 SCH-800，LG 信息通信于 1999 年 12 月成功推出了装有双 LCD 的

Scion 折叠手机。之后，2000年3月，三星电子推出了 Anycall 双折叠手机，同年5月，LG 信息通信推出了 cion cyber 折叠手机。[147]

韩国手机企业还逐步加快了进军海外市场的步伐。三星电子于1997年初开始向中国香港地区和记电讯公司出口 CDMA 手机，为开发中国市场奠定了基础。随后，三星电子进军美国市场，1997年全年在美国销售了45万部手机，占美国数字手机市场的8%。1998年10月开始进入巴西市场，1999年3月在当地竣工了手机生产工厂。1999年开始与俄罗斯的零售商建立伙伴关系，并于2003年10月在俄罗斯开设了手机销售品牌店。[148]LG 信息通信从1999年开始通过威瑞森的前身贝尔移动公司进军美国市场，此后在中国、印度、巴西等地也逐步建立了稳定的销售网络。[149]

图5-3　三星电子1998年推出的折叠式手机 SCH-800，电路板上刻着"相信可以做到"的字样，吸引了人们的视线
资料出处：韩国历史博物馆。

不仅仅对 CDMA 市场，三星电子对 GSM 市场也很早就表现出了很大的关注。20世纪90年代后期，GSM 手机还占市场份额的70%以上，因此三星电子采取了同时进军 CDMA 和 GSM 两个市场的战略。三星电子以与法国微控科技公司的技术合作为基础，于1997年2月推出了 SGH-200，开始进入 GSM 手机市场。但 SGH-200 没有引起欧洲消费者的关注，副社长申宗均等 GSM 开发团队为开发出更加与众不同的产品，付出了很多努

力，最终，三星电子于1998年9月推出了SGH-600，这是一款既可以通过耳机通话，又具备震动功能和语音识别功能的创新产品，在欧洲市场也享有相当高的人气。[150]

三星电子进军GSM市场，采用高端品牌战略也值得关注。以SGH-600手机为例，因为产品不错，是应该以高价销售，还是先以低价上市占领市场的两种意见针锋相对。最终，三星电子的管理层决定以比现有产品高10%的高端价格进军GSM市场，SGH-600的销售量达到了960万台。[151]三星电子此后也持续维持高端战略，并由此成长为世界手机市场上收益率最高的企业。[152]2005年KBS播出的《创造神话的秘密》中对三星电子的手机高端战略进行了如下介绍。

> 如果不能保证适当的收益，无论销售量多好，三星也不会提供产品。与其因低价而破坏艰难打造的顶级品牌形象，还不如不卖手机。因为如果产品失败，下次随时都可以制造出好的产品，但品牌一旦受损，就很难恢复……李社长将该战略称为"KT法则"（李基泰社长的英文首字母），强调在价格方面不能让步。三星电子（信息通信总管）社长李基泰表示，"三星不能低价销售超过1万名职员熬夜制造的产品"，"三星不是运用'高价'战略，而是以'收取应有的价格'战略取胜"。[153]

2000年，随着"CDMA2000"超高速数据通信服务在韩国的引进，手机的竞争朝着实现多功能的方向展开。网络手机、MP3手机、手表手机、PDA手机、相机手机等复合型终端或多功能手机接连上市，其中最受欢迎的是相机手机。三星电子于2000年开发了世界上第一款内置摄像头手机，之后各企业围绕镜头像素展开了激烈的竞争。从2000年6月的35万像素（三星电子）开始，经历了2003年10月130万像素（泛泰），2004年

7月200万像素（泛泰），2004年7月300万像素（LG电子），2004年10月500万像素（三星电子），2005年3月700万像素（三星电子），到2006年10月突破了1000万像素（三星电子）。[154]

随着手机的主要顾客群扩大为年轻人，除了功能之外，款式也开始成为影响消费者选择的重要因素。[155]在开发出可旋转上端折叠和滑盖（slide）型产品的同时，韩国企业还接连推出多款拥有出色设计的手机。例如，三星电子于2003年推出了采用TFT-LCD的李健熙手机（SCH-T100），2004年推出了无需外置天线的奔驰手机（SGH-E700），2005年推出了尺寸小巧、滑动方便的蓝黑手机（SGH-D500）。LG电子在2005年推出了体现极简主义的巧克力手机（LG-SV590），2006年推出了以不锈钢为材质的Shine手机（LG-KV4200），2007年推出了世界上第一款采用触摸屏的Prada手机（LG-KE850）。其中，李健熙手机、奔驰手机、蓝黑手机、巧克力手机被记录为在全世界售出1000万部以上的手机。[156]

此外，值得关注的成果还有World手机、双屏手机、DMB手机等。World手机（SCH-A790）是在全球漫游概念尚未确立的2004年由三星电子开发的，用一部手机不仅可以在CDMA地区通话，还可以在GSM地区通话。另外，三星电子于2005年推出了700万像素摄像头手机（SCH-V770），其正面是手机，背面采用了与数码相机相同的双屏设计。[157]被评价为主导"手机电视时代"的DMB手机也接连被开发出来，2005年，三星电子推出了世界首款卫星DMB手机SCH-B100，LG电子推出了360度旋转型卫星DMB手机（LG-SB120）和搭载时间机器的卫星DMB手机（LG-SB130）。[158]

如上所述，三星电子和LG电子通过接连开发"世界首款"产品，成长为引领世界手机产业的企业。[159]三星电子在2002年继诺基亚和摩托罗拉之后位居世界第三，2007年超过摩托罗拉，跃居世界第二。LG电子2004

年排名世界第五，2008年跃居世界第三。2008年，三星电子和LG电子占据了世界手机市场的25.2%，这意味着世界上销售的手机有四分之一是韩国制造的。过去韩国手机企业是以外国企业的产品为基础改善或增加某种功能，而成为领先集团后，韩国手机企业则成为他国企业比较的对象。

表5-12 世界手机市场各企业占有率变化（1998—2008年）

单位：%

| 企业名称 | 1998年 | 1999年 | 2000年 | 2001年 | 2002年 | 2003年 | 2004年 | 2005年 | 2006年 | 2007年 | 2008年 |
| --- | --- | --- | --- | --- | --- | --- | --- | --- | --- | --- | --- |
| 诺基亚 | 22.9（第一） | 26.9（第一） | 30.6（第一） | 35.0（第一） | 35.9（第一） | 34.6（第一） | 30.9（第一） | 32.7（第一） | 32.7（第一） | 38.3（第一） | 39.7（第一） |
| 摩托罗拉 | 19.8（第二） | 16.9（第二） | 14.6（第二） | 14.8（第二） | 14.9（第二） | 12.9（第二） | 14.1（第二） | 18.0（第二） | 21.9（第二） | 13.9（第三） | 8.5（第四） |
| 索尼爱立信 | 14.6（第三） | 10.5（第三） | 10.0（第三） | 6.7（第五） | 5.4（第五） | 5.3（第五） | 6.4（第六） | 6.3（第五） | 7.5（第四） | 9.1（第四） | 8.2（第五） |
| 三星电子 | 2.7（第七） | 6.6（第六） | 5.0（第六） | 7.1（第四） | 9.9（第三） | 10.8（第三） | 12.9（第三） | 12.7（第三） | 11.9（第三） | 14.1（第二） | 16.7（第二） |
| LG电子 | — | — | 1.7 | 2.8 | 3.8（第六） | 5.3（第六） | 6.5（第五） | 6.8（第四） | 6.7（第五） | 7.1（第五） | 8.5（第三） |

资料出处：宋伟赈，《韩国的移动通信》，第27页；李在仁，"超竞争产业中企业市场地位变化研究：以世界手机产业为中心"（汉阳大学硕士学位论文，2009），第41-44页。

三星电子和LG电子等韩国手机企业成长为世界领先企业的理由是什么呢？首先，韩国率先实现了以CDMA为标志的新移动通信服务，以此为背景，韩国手机企业将韩国国内市场作为测试平台（test bed）后，得以积极进军世界市场。与此同时，三星电子和LG电子是综合性电子企业，因此可以轻松采购半导体和显示器等零部件，并将其整合到手机中。[160]另外，三星电子和LG电子一直持续推进企划工作，以展望市场和产品的未来，并探索对应方案，制定适合未来的服务方案和技术发展路线，并以此为基础设定手机的开发方向。[161]

三星电子和LG电子在企业内部一直发挥着相当大的优势，但在与韩国国内其他企业的合作中也表现出了不尽如人意的一面，与三荣科技这一中小企业的合作失败就是代表性的例子。三荣科技于2003年开发了在薄金属板上刻有号码和文字的一体型金属键盘后，曾经与三星电子和LG电子接洽过，但三星电子和LG电子以金属零件可能会妨碍电波等理由拒绝了合作。与此相反，摩托罗拉接受了三荣科技的技术，于2005年制造了超薄机型"激光"，大幅提高了在世界市场的占有率。这样的事例清楚地表明，韩国的领先企业在与韩国国内中小企业合作方面仍有欠缺。[162]

## 3. 小结

金大中政府时期，克服外汇危机成为韩国经济要解决的主要问题。韩国1999年8月摆脱外汇流动性危机后，2001年8月还清了从国际货币基金组织借入的全部资金。之所以能取得这样的成果，一方面是由于韩国进行了积极的结构调整，另一方面，韩国的贸易收支在1998—2002年持续保持顺差这一点也值得关注。贸易收支顺差与出口增长同步，当时中国成为韩国主要的出口国。中国在20世纪90年代至21世纪迅速推进了产业化，在此过程中从韩国进口了大量产业用生产原料和资本材料。考虑到这一点，可以认为，"中国效应"对韩国克服外汇危机起到了相当大的作用。

正如本文所言，1998年至2002年韩国出口的主要是重化工产品。对此，曾在朴正熙政权时期担任重化工业推进委员会企划团副团长的金光模表示，由于重化工业的存在和发展，韩国才可以克服外汇危机。

> 国际货币基金组织危机是在金泳三政府末期1997年11月向国际货币基金组织提出救济请求后发生的，危机延续到金大中政府时期。韩国进行了金戒指、金簪子等募集黄金的国民运动，企

业进行了大规模的结构调整。亏损企业倒闭了……银行等能卖的都卖了。结果，由于世界经济好转以及重化工产品的出口，国际货币基金组织危机得以轻松解决。如果没有重化工业，韩国将进入持久战。笔者认为，韩国经济的基础是重化工业。[163]

为了恰当地评价这种观点，我们有必要重新分析表5-2。在韩国出口产品中，重化工产品所占比重从1996年的71.7%增加到2002年的82.7%，增加了约10%。将重化工产品分为信息通信产品和传统主力产品两大类，同期传统主力产品的比重维持在50%左右，而信息通信产品的比重则从20%左右增加到30%左右。考虑到这一点，可以说重化工产品的出口为克服外汇危机做出了贡献，但具体来看，信息通信产品的作用比传统主力产品更重要。

国际货币基金组织以提供救济资金为条件，要求韩国实行高利率政策，进行经济结构改革，并全面开放市场。金大中政府忠实地履行了国际货币基金组织的要求，据分析，这是因为国际货币基金组织要求的结构调整与外汇危机前韩国想要推进的改革内容相似。事实上，金大中一直强调外汇危机是改革韩国经济的机会，甚至还表示这是给韩国经济带来必要变化的"祝福"。[164] 金大中政府的这种意图似乎取得了成功，随着企业的积极经营，金融机构发行不良债券的局面得到整顿，企业的收益性和金融机构的健全性达到了国际货币基金组织要求的正常水平。此前，韩国经济对自身资本比率和负债比率等没有形成明确的概念体系，但在克服外汇危机的过程中，开始形成符合国际标准的系统。

这里值得注意的是，遵循发达国家的制度和惯例并不一定能提高经济效益。最重要的是，综合考虑现有制度和新制度的完善性，确定改革的顺序和速度。但金大中政府就像使用冲击疗法一样，同时引进了很多发达国家的制度。对此，李济民对外汇危机后的制度改革进行了如下评价。

随着资本净利润率的上升和负债比率的减少,由此带来的企业和金融亏损问题得到解决、治理改善、透明度提高、法治强化等改革本身是值得提倡的,但这本身并不是经济成果,只是有助于提高经济效益的长期"条件"。这说明一个事实,制度改革对经济增长的帮助取决于当地的情况,以及改革进行的顺序。在发展中国家的经济发展过程中进行制度改革,与其将目前世界上运行最好的"最佳"制度全盘引进,不如综合考虑当地情况,选择遵守改革顺序的"次优制度"(second-best institution)。从这个角度来看,韩国外汇危机后的改革是存在问题的。[165]

从中长期观点来看,卢武铉政府正式尝试了改革经济体系的政策。卢武铉政府为了改善韩国的经济体制,按照主要政策组成委员会,并积极制定发展蓝图,它几乎涵盖了韩国经济发展的所有领域,包括劳资关系、财阀改革、均衡发展、自由贸易协定、财政改革、创新增长、消除两极化等。与以前的政府相比,卢武铉政府在实施政策过程中更加强调政策规划,并提出韩国经济体系的发展方向。

但卢武铉政府的经济政策在保守阵营和进步阵营双方都受到了批评。保守阵营担心,卢武铉政府的经济政策脱离市场主义,会导致反企业情绪和投资萎缩,最终导致韩国经济停滞。与此相反,进步阵营将卢武铉总统定性为新自由主义者,批评他推行亲企业、反劳动者的经济政策。[166]卢武铉政府虽然为韩国的经济转型付出了很多努力,但构想是长期性的,而总统的任期只有五年。事实上,卢武铉政府想要解决的很多问题都是韩国社会一直要解决的问题。外汇危机后,韩国的经济体系虽然经历了相当大的变化,但关于它应该向什么方向转换的讨论仍在进行中。

外汇危机后韩国经济的主要特征是进入了低增长局面。以2010年为基准推算的结果显示,韩国经济增长率在1998年至2007年为4.9%,与

1945年至1962年的5.3%相似，远低于1963年至1979年的10.6%和1980年至1997年的8.5%。另外，以1998年至2014年为基准，经济增长率为4.2%，比1998年至2007年的4.9%更低。[167]对于外汇危机后韩国经济增长速度放缓的原因，可能会有多种分析，但从长远来看，这可以解释为韩国逐步接近发达国家的结果。就像画S曲线一样，韩国经济从缓慢的增长开始后，作为成功的发展中国家经历了高速增长，但随着越来越接近发达国家，再次出现增长势头放缓的趋势，此时，再以7%的高增长率作为目标是不合适的，在将低增长认为是"新常态"（new normal）的情况下，韩国需要努力追求创新增长或共同增长等高质量增长。[168]

值得关注的是，进入21世纪后，韩国政府持续推进了引导今后经济增长的工作。卢武铉政府2003年公布了十大新一代增长点，李明博政府2009年选定了十七个新增长点，朴槿惠政府于2014年选定了十九个未来增长点（见表5-12）。可以认为，这些工作是以发掘和培养经济增长点，继续保持韩国经济的增长势头为宗旨的。但五年内，未来产业的形势不会发生太大变化，每当政权更替时，都提出有关增长点的新明细，从政策推进的效果和对政策的信赖性等方面来看，似乎存在相当大的问题。

20世纪90年代中期以后，韩国主要企业开始正式挑战萌芽期技术。萌芽期是相关产业中新技术或产品首次出现的时期，具有尚未确立主要设计的特征。因此，在萌芽期，创新性企业展开激烈竞争，进行多种技术尝试，开发或商业化世界上几乎没有先例的技术，开拓技术路径，是确保技术主导权的关键。在韩国成功确保萌芽期技术的事例有上文探讨的FINEX工艺、LNG船、闪存、数字手机等，20世纪90年代中期以后的DRAM和CDMA也属于此。与之相反，21世纪现代汽车的主要成果Theta发动机虽然属于世界级水平的技术，但由于处于第四章中所考查的发动机开发的连续线上，因此在技术寿命周期方面具有过渡期技术的性质。在显示器方面，有必要将TFT-LCD和PDP区分开进行解释，TFT-LCD可视为技术路径已经可视化的过渡期技术，而 PDP 则相当于韩国在与发达国家几乎相似时期挑战的萌芽期技术。

表 5-13 卢武铉、李明博、朴槿惠政府选定的增长点

| 时期 | 事业名 | | 事业明细 |
|---|---|---|---|
| 卢武铉政府（2003年） | 十大新一代增长点事业 | | ①智能机器人，②未来型汽车，③新一代半导体，④数字电视/广播，⑤新一代移动通信，⑥显示器，⑦智能家庭网络，⑧数字内容/软件解决方案，⑨新一代电池，⑩生物新药/脏器 |
| 李明博政府（2009年） | 三大领域十七大新增长点事业 | 绿色技术产业 | ①新再生能源，②低碳能源，③高度水处理，④LED 应用，⑤绿色运输系统，⑥高端绿色城市 |
| | | 尖端融合产业 | ⑦广播通信融合产业，⑧IT 融合系统，⑨机器人应用，⑩新材料、纳米融合，⑪生物制药、医疗器械，⑫高附加食品产业 |
| | | 高附加值产业 | ⑬全球健身护理，⑭全球教育服务，⑮绿色金融，⑯资讯－软件，⑰在线仿真－旅游 |
| 朴槿惠政府（2014年） | 十九大未来增长点事业 | 未来新产业 | ①智能机器人，②安装型智能机器，③实感型内容，④智能生物生产系统，⑤虚拟训练系统 |
| | | 主力产业 | ⑥智能汽车，⑦深海海洋成套设备，⑧5G 移动通信，⑨水陆起降无人机 |
| | | 公共福利－能源产业 | ⑩定制型健康护理，⑪新再生混合动力，⑫灾难安全系统，⑬直流输电系统，⑭超小型发电系统 |
| | | 基础产业 | ⑮复合材料，⑯智能型半导体，⑰物联网，⑱大数据，⑲尖端加工系统 |

资料出处：科学技术信息通信部科学技术政策研究院，《科学技术 50 年史》（2017），第 92 页。

在萌芽期技术方面，确定技术活动方向也伴随着很多困难。萌芽期技术经常会面临多种选择，因此需要探索多个途径，并制定相应的对策。另外，由于萌芽期技术当前的成果尚不明确，很难拥有十分可靠的信息，因此，在获得部分技术信息后，通过实验室测试，进一步对其进行了检查和完善工作。确定研发方向后，逐步增加规模，并制作多种水平试制品。例如，FINEX 工艺经过了模型设备、试运行设备、演示设备、商用化设备等

阶段，CDMA 则从试验试制品开始，经过实用试制品和商用试制品，最终达到商用产品的程度。

在引领萌芽期技术的局面下出现的韩国技术创新可以分为以下两种类型：第一是抢占现有技术模式内正取得进展的技术路径，第二是在技术模式转换时期实现特定的技术路径。笔者将这两种类型分别命名为"路径抢占型创新"（path-preoccupation innovation）和"路径实现型创新"（path-realization innovation）。

"路径抢占型创新"是在深化或扩展之前积累的技术能力的过程中走向技术领先，半导体、显示器、手机等属于这样的例子。其技术创新的发展过程是，韩国企业虽然没有从一开始就开发或商业化技术，但经过一定时间后，在外国其他竞争企业之前推出了相关技术。事实上，韩国企业进入闪存、TFT-LCD、数字手机市场的时间比国外先进企业稍晚，但分别从闪存 1G 及 TFT-LCD 第五代开始成为领先企业，数字手机从 21 世纪开始推出了世界首款产品。在路径抢占型创新中，技术路径的可预测性较高，因此升级相关技术，适时推出新一代产品是技术领先的关键。

"路径实现型创新"是在多个候选方案中选择特定方案，并成功实现商业化的形式，代表性的例子如钢铁、造船、移动通信等。浦项制铁在多种方案中选择了 COREX 工艺，将其商业化后，开发了更为完善的 FINEX 工艺，探索了熔融还原法的具体操作方法。此外，LNG 船面临"MOSS 型"和"薄膜型"的选择，数字移动通信包括 TDMA 和 CDMA 等选择，韩国企业分别选择了"薄膜型"LNG 船和 CDMA 方式，将其在世界上首次商业化，使此前停留在潜在层面的技术路径成为现实。韩国从外国引进原始技术后，以此为基础将该技术商业化的技术创新并不少见。FINEX 工艺法是浦项制铁与沃埃斯特共同开发的，而 LNG 船和 CDMA 是依靠外国的原始技术研发的，因此一直需要支付相应的专利费用。

引领萌芽期技术的方式并不局限于上述两种类型。第三种类型是，通过新技术开发或技术融合，自行拥有原始技术后，以此为基础创造新的技术路径，笔者将这种类型称为"路径构建型创新"（path-construction innovation）。路径构建型创新需要主导从原始技术到相关技术商业化的技术创新全过程，与其他类型的创新相比，技术路径的不确定性更大。要实现路径构建型创新，不仅要开发新技术，还要展望应用该技术的前景。在韩国，路径抢占型创新和路径实现型创新已经相当成功，但到目前为止，似乎还很难发现路径构建型创新成功的事例。[169]

与现有讨论中广泛使用的"路径开拓"或"路径创造"（两个术语都相当于英文中的"path-creation"）相比，上述概念可以包含更具体的内容。考虑到开拓被定义为"开辟新领域"，创造被定义为"创造新东西"，可以认为，路径抢占、路径实现、路径构建等概念蕴含着开拓路径或创造路径的意义，也就是说，开拓或创造新技术途径的方式有路径抢占、路径实现、路径构建等。

# 第六章

# 结　语

　　本书以韩国自光复后至 20 世纪 50 年代、60 至 70 年代、1980—1997 年、1998—2007 年四个分期，对韩国的经济和技术发展历程进行了深入探讨。韩国自光复后的 60 年时间里，经济和技术实现了飞跃式发展，在 1945 年还无法立足国际舞台的韩国，至 21 世纪，无论在经济还是技术成果方面，都已接近发达国家水平。本章将在前面几个章节论述的基础上，总结韩国实现经济变化的历程，进而结合表 1-2，按照不同工业类型对韩国的技术发展路径进行考察。

## 1. 韩国经济的进化

　　光复后至 20 世纪 50 年代被视为韩国经济的重建期。李承晚政府时期不仅首次制定了经济开发计划，产业化在一定程度上也得以发展。美军政厅时期，韩国经济逐渐恢复，针对农村土地改革和出售归属企业财产也确立了政策推进基本方向。1948 年，李承晚政府制定了产业振兴五年计划，尽管未能达到预期效果，但在土地改革和归属财产处理工作上仍取得了一定成果。以朝鲜战争为契机，韩国进入援助经济体制时期后，李承晚政府制定并采取了包括经济开发 3 年计划在内的各项经济举措。1953 年至 1960 年，在美国支援和本国政策支持下，韩国经济得以快速恢复。据统计，1954 年至 1960 年，韩国经济年均增长率为 4.9%，其中第二产业更达到 12.5%。

20 世纪 50 年代，韩国产业化以消费品工业发展为主，同时，生产材料工业的进口替代也逐步开始。当时的产业化引领产业有棉纺、制粉、制糖、胶合板等，之后制粉业和制糖业因盲目投资导致开工率下降，棉纺业和胶合板业则得益于生产性能和质量的提高，逐渐发展为出口产业。20 世纪 50 年代，消费品工业和生产材料工业增长势头强劲，韩国三大主干工厂肥料厂、水泥厂、平板玻璃厂在海外援助基础上建成，钢铁业和造船业则在韩国政府的财政扶持下形成并发展开来。其中，水泥和平板玻璃起到了替代进口的作用，肥料和钢铁也取得了部分成果，但造船业却远未能达到预期效果。

1961 年，韩国军事政府提出"经济第一主义"，并设立了经济企划院。1962 年颁布的第一个经济开发五年计划参照过去计划制定，但并未确立出口方向。1964 年 2 月颁布的补充计划强调要加大出口力度，但这也不过是为了应对当时外汇短缺的临时性政策。直到 1964 年下半年，朴正熙政府正式宣布实行出口驱动政策，形成了总统亲自主管出口振兴扩大会议的体制。当时，韩国政府为了吸引外资，即便被指责为屈辱外交和雇佣兵出口，仍断然实行了韩日邦交正常化和向越南派兵的举措。1962 年至 1971 年，韩国出口年均增长 30%，主要以纤维、胶合板、假发、制鞋等轻工业产品为主。韩国政府 1967 年至 1971 年间还制定了一系列法律，旨在选择性扶持特定产业。

1968 年后，由于国家安全遭受威胁，韩国政府强调需加大国防产业的发展，并探索将其作为重化工业化实现的一环着力扶持。1972 年，南北共同声明发表，这成为朝鲜和韩国各自强化本国政权体制的契机。当时担任经济第二首席秘书的吴源哲制定了重化工业化基本方向，以此为基，朴正熙于1973年宣布了重化工业化政策。重化工业从开始便计划以出口为导向进行建设，钢铁、有色金属、机械、造船、电子、化学被指定为战略性行业。韩国政府在推进重化工业化的同时，采取将民间企业作为事业主体的方式，制定了包括工厂建设、资金筹措、园区建设、人力培养等一揽子政策计划。重化工业化政策所提出的大部分目标得以提前实现，然而，这也导致了诸如过度依赖贸易、劳动环境恶化、企业过度集中等问题。尤其是在投资调整问题引发争议的情况下，朴正熙政府于1979年发表了经济稳定化综合政策。

全斗焕政府认为，对重化工业化的过度投资给韩国经济带来了严重后遗症，为此全斗焕政府试图采取一系列合并措施降低后遗症影响，并且，为克服慢性通货膨胀，政府采取了冻结工资、紧缩货币、下调利率等稳定物价的各项手段。全斗焕政府的稳定化政策并不只局限于物价稳定，还包括制定经济增长战略。当时，韩国政府将技术革新视为经济发展的动因，出台了国家研究开发产业政策，并更新了技术革新支援制度。1986年，韩国政府制定《工业发展法》，用功能类别型支援政策替代了原有选择性产业政策。韩国在20世纪80年代上半叶的经济增长主要依赖于出口增加，主导产业为重化工业。

1986—1988年，韩国经济迎来了以低利率、低油价、低汇率为特征的"三低繁荣"，经济年均增长率达到12.1%。1987年6月，民主抗争使得政府当局修改宪法，卢泰愚政府时代开启。此后，韩国社会面临着政治民主化和经济自律化如何有效结合的问题。1987—1996年，韩国经济呈现内需部门增长势头扩大、出口部门增长势头相对放缓的特点，卢泰愚政府在发达国家的压力下逐步开放金融市场，并积极推进与中国建交等北方政策。1990年前后，随着韩国经济增长率放缓，经济收支转为赤字，意味着卢泰愚政府在一派繁荣的局面下，忽视了产业结构和汇率问题。

金泳三政府为摆脱过去的负面影响提出发展"新经济"，但未明确指出新经济的发展方向。尽管如此，金泳三政府在实施金融实名制、放宽行政限制等方面取得了一定成绩。1994年，金泳三政府宣布将朝着新的国政方向努力实现全球化，通过提高并维持韩币价值的办法，于1996年实现了加入经济合作与发展组织（OECD）的梦想。金泳三政府时期，外汇交易更为自由化，外国人投资也大幅增加，但韩国的各项制度仍与国际标准存在差距，高费用、低效率的问题渐显，短期外汇储备问题未能得到妥善解决。由此，自1997年以来，韩国大企业接连破产，金融市场信用受阻，韩国卷入了外汇危机的漩涡。

金大中政府将克服外汇危机问题放在首位，力保外汇流动性，并实施了大规模结构改革。结构改革涉金融、企业、劳动、公共等四大领域，四大领域结构改革表面看来虽然取得了极大成果，但巨大花费使得财政负担加重，失业者大量增加。为进行短期经济刺激，金大中政府甚至采取了推进信用卡使用和放宽房地产限制的政策。韩国经济在1999年进入恢复势头后，2000年逐步恢复到了外汇危机之前的状态，此时主要靠出口拉动韩国经济增长，尤其是信息通信产品的飞跃式发展。

卢武铉一上台便开始着力解决不良信用卡公司、信贷不良、房地产投机等金大中政府时期遗留的问题。与此同时，卢武铉政府摒弃了短期实绩主义，从长远角度出发，致力于改善韩国经济体制。在推进主要政策的过程中，卢武铉政府积极利用委员会和规划蓝图，其中包括劳资关系、市场改革、均衡发展、自由贸易协定等。卢武铉政府更是将两极化问题作为重要政策议题，为缓解此问题不断寻求对策出路，并提出了共同发展的新理念。另外，在大幅提高科学技术地位的同时，对未来潜力技术的投资也不断扩大。然而，致力于实现韩国经济转换的卢武铉政府，却也因此遭受到来自保守阵营和进步阵营两方的责难。整体看来，韩国经济经历了重建、快速发展、第二次高速增长、减速增长的过程。据统计，韩国年均经济增长率为1945—1962年5.3%、1963—1979年10.6%、1980—1979年8.5%、1998—2007年4.9%，其经济变化趋势类似于飞机的飞行轨迹——李承晚政府时期开始启动的韩国经济在朴正熙政府时期急剧上升，此后一直持续高空飞行，外汇危机之后则是处于低空飞行状态。就像此前多次成功克服经济危机一样，期待韩国近期的"低空飞行"也能够调整好速度，稳步着陆。

韩国新执政的大部分政府都主张自己与过去政府不同，但实际上，政府制定的政策之间存在相当程度的继承性。朴正熙政府之前的政府也曾尝试实行经济开发计划，朴正熙政府对进口替代转向出口导向逐步推进。全斗焕政府的关键词"稳定化政策"始于朴正熙政府末期，全斗焕政府同样重视经济增长，其重视程度不亚于朴正熙政府。卢泰愚政府开始以来一直推进金融市场开放，金泳三政府大力强调经济体制改革，金大中政府也尝试推进短期经济刺激政策。

韩国社会，尤其自金泳三政府之后，关于经济改革或转换的讨论非常多，但都难以预测其方向，带领韩国走向发达国家的朴正熙体制目前还保留多少也令人疑惑。20世纪90年代后被广泛宣传的"资本主义多样性"（Varieties of Capitalism，VoC）值得我们关注。VoC讨论以制度完善性原理为基准，将资本主义经济体制分为自由市场经济（liberal market economy）和调整市场经济（coordinated market economy）。前者以市场竞争为主，以美国和英国为代表，后者以德国和日本为代表，强调以协议为基础的战略调整。当然，这两种类型都属于理想型（ideal type），现实中的各国经济体制通常存在于两个极端之间。以VoC讨论为出发点，展现韩国经济体制特征，对确立今后韩国经济发展方向将大有裨益。为此，找出能够说明韩国经济体制类型的选项，并制定实现该选项的有效方案，是当务之急。[1]

不断完善并加强国家竞争力中较弱的部分，是与探索韩国型经济体制、制定韩国式发展战略同等重要的课题。关于国家竞争力的评价主体和标准众说纷纭，这其中，世界经济论坛（World Economic Forum，WEF）和国际经营开发院（International Institute for Management Development，IMD）的国家竞争力报告书可作为重要参考。WEF（自1979年起）、IMD（自1989年起）每年都会发布国家竞争力报告书，针对不同国家提出各自的适用指标。结合两所机构2006—2010年发布的报告书可以看出韩国国家竞争力优势和弱项。韩国在国内宏观经济、科学基础设施、技术基础设施等方面表现良好，但在政策决定透明性、劳动市场效率性、教育系统质量等方面却呈现出较弱倾向。[2]优势充分发挥，弱点不断弥补，为解决薄弱环节，韩国首先要做的便是就相关事项达成社会协议。因此，可以说，如何实现实质生产性社会协议，是韩国社会面临的最大挑战。

## 2. 技术发展路径

根据技术发展路径特点，本文在此将分为三类进行实例考察。第一类，自技术学习以来，一直着力于技术上的追赶，如纤维、制鞋、石化、电脑等产业。第二类，通过技术学习和追赶，实现了技术领先，如钢铁、造船、半导体等产业。第三类，开始于技术追赶，逐步走向技术领先，如通信、手机、显示器等产业。

韩国的纤维产业于20世纪60年代至70年代在国家政策的支持下逐步发展成为出口产业，特别是化学纤维领域，以设施扩充和技术引进为基础，增长势头强劲。20世纪70年代，化学纤维企业积极推进制造技术的吸收和改良，并成立了企业附属研究所，不断致力于品质提升和产品开发。如韩国鲜京化纤公司，通过与韩国科学技术研究所以及韩国科学院之间的联合研发，实现了新纤维的研发和国产化生产。20世纪80年代，纤维产业围绕专门用于服装的功能性产品进行了技术改革，非纤维领域的技术能力也开始逐步积累。进入20世纪90年代，韩国纤维产业开始走下坡路，因此行业为提高产品附加价值不断努力。韩国纤维产业的技术水平在20世纪80年代初期达到发达国家的50%—70%，90年代中期提高到65%—85%。2000年左右，在生产技术和产品质量方面已接近发达国家水平，但在设计和产业用纤维方面，技术水平仍有欠缺。

韩国的制鞋业经过20世纪60年代的发展，形成了釜山企业成长为内需品牌的结构。20世纪70年代，韩国建立了OEM为主的大量生产体系，并将其作为积累自身生产经验的契机。在对发达国家客户提出的规格和交货期的配合过程中，进行了实践学习。20世纪80年代，国际商社推出了Prospecs等，开始挑战原有品牌，却未能打入海外市场，其原因在于所推出品牌概念设计能力不足，难以开发出功能上具有特点的产品。20世纪90年代之后，韩国尽管出现了通过特殊化或零部件材料攻占缝隙市场的中小企业，但在制鞋业的主流运动鞋成品上却一直陷于苦战。以1998年为基准，韩国制鞋业的技术水平在组装加工方面达到了发达国家的95%，但在设计方面却只有发达国家的60%左右。

韩国的石油化学产业通过蔚山园区建设事业（1968—1972年）、丽川园区建设事业（1976—1979年）、大山园区建设事业（1988—1991年）迅速成长。蔚山园区和丽川园区主要通过国营企业建设，而大山园区的建设则由民间企业主导。蔚山园区的工程设计、器材购买、试运行等几乎都由国外企业负责，而丽川园区工厂的详细设计和器材的国产化则是由韩国国内企业负责。经过20世纪70年代的发展，韩国国内企业在启动国外设备引进的同时，以较快速度吸收了石化技术。例如大山园区，该园区以发达国家的基本设计为基础，国内企业执行详细设计后，应用到生产现场的模式，并且进入20世纪90年代以后，开发新产品的尝试也越来越频繁。以2002年为基准，韩国石油化学产业的技术水平在通用产品上被评价为发达国家的 80%，在功能性产品上被评价为发达国家的 50%。

20 世纪 60 年代以前，韩国的计算机产业还囿于制造几台小型计算机。70 年代时，韩国企业进行国外企业代理或开发电脑周边装置，逐渐掌握了基本知识。80 年代初期，包括三宝电脑在内的中小企业通过逆行工程获得了电脑制造相关技术。80 年代中后期，以电脑通用化为背景，韩国与外国兼容企业签订 OEM 合同，正式进入海外市场。在电脑行业以大企业为中心进行重组的情况下，相关企业以大量生产的经验为基础，迅速在电脑组装技术上迎头超越。但进入 20 世纪 90 年代后，因韩国大企业未能灵活应对新产品的快速开发，韩国的电脑产业迎来了停滞的局面。然而，通过 21 世纪的数字化转换，这种难关逐步被克服。例如三星电子以 Sense 系列的成功为背景，2007 年在世界笔记本电脑市场上居第 11 位。

如表 1-2 所示，至 20 世纪 90 年代，韩国纤维业、造鞋业、石油化学产业、计算机产业从 C3（成熟期技术的学习）开始后，呈现出停留于 B2（过渡期技术的追赶）的倾向。纤维产业、鞋业、石油化学产业在进入 21 世纪后也持续这种倾向。而电脑产业进入 21 世纪后，开始攻占笔记本电脑市场，逐步走向了 A2（萌芽期技术的追赶）。

韩国的钢铁产业通过浦项制铁所建设事业（1970—1983 年）和光阳制铁所建设事业（1985—1992 年）迅速成长。20 世纪 70 年代，浦项制铁以在日本的海外研修为基础，掌握了钢铁的基本知识，通过实际的工厂作业得到了进一步完善。浦项制铁的技术学习速度非常快，1980 年左右逐步开始显现出世界水平的生产性。20 世纪 80 年代中期以后，浦项制铁以大量引进尖端设备为背景组建了特别工作组，集中管理核心技术课题。浦项制铁在钢铁技术的所有领域都迅速追赶发达国家，以 1992 年为基准，浦项制铁维持了世界最高水平的作业技术和相当于日本 75% 的产品技术。20 世纪 90 年代，浦项制铁还挑战熔融还原法和薄板铸造法等新一代创新型钢铁技术，在确立了与此相关的作业技术后，走向对外出口阶段。尤其进入 21 世纪，浦项制铁成功开发出了 FINEX 工艺并将其商业化，以此超越了当时快速发展的竞争者，一跃成为行业技术革新的先导者。

随着蔚山造船厂建成，1972 年至 1974 年，韩国的造船产业正式呈现增长势头。现代重工业以在欧洲和日本的技术研修为基础，经过无数次试错后，掌握了船舶建造所需经验，并通过适当组合先进企业的技术配置，摸索出了自己的建造技术。20 世纪 70 年代末，以大宇造船和三星重工业两大造船厂的发展为契机，韩国的造船业呈现出通过大企业间竞争实现成长的特点。20 世纪 80 年代，以研究开发体制改革为基础，韩国造船技术开始全方位追击发达国家。进入 20 世纪 90 年代，韩国的造船企业成功实现了薄膜型 LNG 船的商业化，不仅在生产规模上，在技术方面也开始走在世界前列。21 世纪，在陆续开发出具有新型功能船舶的同时，韩国造船业还从多方面尝试了创新型建造工艺。韩国造船产业的技术水平在 20 世纪 80 年代初只有日本的 40% 左右，但 20 世纪 90 年代初已经提高到 70% 左右，2000 年更是提高到 90% 以上，后于 2007 年超过日本，达到世界最高水平。

自现代汽车 1975 年推出小马车型后，韩国汽车产业进入了自有车型阶段。现代汽车虽然从设计到生产的主要技术都依赖于国外企业，但却能够将这些要素组合在一起制造出新车型。现代汽车于 1985 年推出 Excel，以年产 30 万辆的生产力进军美国市场。通过 20 世纪 80 年代的发展，现代以电子控制等方式积极追逐技术发展趋势，跨越生产技术，积累了大量车身设计和造型方面的技术能力。随着现代汽车 1991 年开发"阿尔法"发动机，发展中国家首次进入了独立模型阶段，以 1990 年为基准，当时产品技术水平达到了发达国家的 80%。20 世纪 90 年代后期，现代独立开发出多种发动机和车型，并于 1999 年后以超越丰田汽车品质为目标，集中进行了大规模品质革新。21 世纪，现代通过开发和出口 Theta 发动机跃升为技术引领者，然而，新一代汽车却未能取得同样显著的成果。

韩国的半导体产业成长过程充满戏剧性，常被形容为"神话"。尤其三星电子，1992年开始在DRAM、1993年开始在存储器半导体、2003年开始在闪存领域一直维持世界领先水平。三星在1974年进入半导体产业后，快速掌握了成熟期技术，开发了晶体管和IC。三星自1982年开始对DRAM进行大规模投资，迅速迎头赶上其他先进企业。直接挑战64K DRAM后，接连开发后续产品，缩小了技术差距，特别是在4M DRAM中采用堆栈方式，逐步成为引领者。三星1992年在世界上首次开发出64M DRAM后，其后续开发产品中也持续保持优势地位，在这过程中，也充分利用了前两代产品研究开发的经验。20世纪90年代中期，三星以闪存为中心，积极推进了产品的多元化，并用NAND闪存与东芝展开激烈竞争，2001年开发出1G产品后，三星则一直抢占技术高地。

如表1-2，韩国钢铁产业、造船产业、半导体产业从C3（成熟期技术的学习）开始，经过B2（过渡期技术的追赶），呈现出走向A1（萌芽期技术的先导）的倾向。[3]而与此相反，韩国汽车产业虽然在21世纪处于技术引领地位，但却停留在了过渡期技术，可以说，韩国汽车产业呈现出C3→B2→B1的路径趋势。

韩国通信产业通过TDX技术开发事业和CDMA技术开发事业迅速成长。韩国政府1976年制定在韩国国内直接开发电子式交换机的方针后，韩国信息通信研究所（ETRI）对此进行了基础研究。1982年至1986年推进小容量TDX的开发，1987年至1991年推进中容量和大容量TDX的开发，韩国政府当时还单独组建了TDX事业团，提高了商业化成功的可能性。随着TDX事业的成功完成，韩国的通信技术水平进入了世界前十。韩国政府自1989年开始推进数字移动通信系统开发事业，紧接着ETRI关注了美国高通拥有原创技术的CDMA。1993年，韩国政府决定将CDMA技术开发事业的完成时间提前2年，以此为契机，曾经的TDX技术开发事业管理模式也适用于CDMA技术开发事业。最终，韩国于1996年在世界首次将 CDMA 移动通信服务商用化，进入了引领信息通信技术的阶段。韩国的手机产业一直到 20 世纪 80 年代，都还曾是一片荒地，一说手机想到的只有摩托罗拉。尽管韩国企业在 1990 年前后挑战进军手机产业，但当时未能达到进口核心零部件或者将国外技术国产化的水平。韩国的手机产业通过所谓的"Anycall 神话"迅速成长。三星电子以严格的质量管理为基础，于 1994 年推出 Anycall（SH-770）并取得了巨大成功，1996 年三星电子的年市场占有率上升到了国内第一位。韩国的手机产业以 CDMA 移动通信技术的商用化为契机更加繁荣。三星电子和 LG 电子在手机的重量、设计、功能等方面展开了激烈竞争，从而持续提高了技术能力。20 世纪 90 年代后期，国内企业开始进军海外市场，三星电子运用高端品牌战略，获得了高收益率。进入 21 世纪后，三星电子和 LG 电子接连开发出世界首款新产品，成为引领手机产业的龙头企业。

韩国的显示器产业以 TFT-LCD 为中心迅速成长。韩国企业为了应对 20 世纪 80 年代中期后 Braun 管时代，推进了 LCD 的研究开发。进入 20 世纪 90 年代，三星电子开始挑战 TFT-LCD，但开始时由于高不良率和来自日本的牵制，历经磨难。此后，三星积极投资新设备，先一步选择新产品配置，迅速追赶先进企业。LG 电子则与飞利浦合作设立 LG 飞利浦 LCD，对 TFT-LCD 进行了攻击性投资。在 TFT-LCD 市场上，三星从 1995 年的世界第 5 位一跃上升到 1998 年的第 1 位，LG 从 1998 年的世界第 4 位上升到 1999 年的第 2 位。进入 21 世纪后，三星和 LG 为抢占 TFT-LCD 市场展开了激烈竞争，2000 年、2001 年、2002 年、2004 年三星，2003 年、2005 年 LG 分别占据过世界第一的位置。这种抢占型竞争在 PDP 方面也持续不断，21 世纪中期，松下、三星 SDI、LG 电子成了世界前三大行业领先集团。

如表 1-2，韩国通信产业、手机产业、显示器产业从 B2（过渡期技术的追赶）出发，呈现出向 A1（萌芽期技术的领先）发展的倾向。若缩小产业范围，也可进行略微不同的解释。例如，如果将半导体产业缩小到 DRAM，可将其路径评价为 B2 → A1；如果将通信产业局限于移动通信服务，则可认为是直接挑战了 A1。

由此，韩国的技术能力呈现出各产业发展不均衡（uneven development）的局面。韩国的技术发展根据产业不同，经历了 C3 → B2、C3 → B2 → A2、C3 → B2 → A1、B2 → A1 等多种途径。当然，本书由于是以韩国十大出口商品相关产业为对象，只指出四种途径，存在一定的局限性。若进一步分析家电产业、机床产业、游戏产业、制药产业等产业，或还可识别出其他路径，以作为今后的研究课题。

如能接受韩国技术能力在各产业间发展不均衡，那么对于最近常常提到的"从追赶到领先"或"从快速追赶者（fast follower）到领先者（first mover）"等说法，也更能够被直接接受。目前韩国面临的现实问题在于，虽然存在"从追赶到领先"的产业，但处于"正在追赶发达国家中"的产业更多。不进行正常积累而先急于追求领先，极可能会产生与期待背道而驰的结果，甚至带来相当大的负面影响。此外，追赶者和领先者哪方更有利的问题也一直存在争论，鉴于此，韩国也应该意识到，盲目的领先者战略可能会带来很大风险。

通过以上分析可以看出，处于世界技术领先地位的韩国企业，如浦项制铁、现代重工业、现代汽车、三星电子、LG 电子等大企业已成为韩国产业革新主体。这些企业成长为能够代表韩国的全球玩家（global player），以持续的技术革新为基础，活跃在世界舞台。尤其值得注意的是，钢铁、造船、汽车、半导体、移动通信服务、手机、显示器等属于规模经济效果较大的产业。在韩国，被视为成功案例的产业大部分具有规模密集型产业特性，而具其他特性的产业尚未发展到世界级水平。[4] 韩国为保持经济和技术的持续发展，应积极推动像机床或软件等专门供应商产业、以科学研究为基础的科学基础产业、提供知识基础服务的信息密集产业等的发展。

韩国要想建立与发达国家匹敌的革新生态系统，必须广泛培养技术密集型中小企业。尤其应以优秀的技术实力为基础，开发个性化产品，增加可向国内外优秀企业供应的"强小"企业（小而强的企业）。需要注意的是，不能将大企业和中小企业的关系视为相互排斥的关系。不能犯因遏制大企业扩张而损害整体经济的错误，要重视加强大企业和中小企业的联系，增强经济整体活力。另外，一直以来，韩国大企业未能对中小企业的质量增长做出较大贡献，韩国的大企业不应将中小企业视为单纯的成本节约对象，而应从长远角度出发，将其视为技术革新的合作伙伴。在韩国广泛存在"强小"企业，不仅为相关企业成长，也为大企业的生存创造条件，其重要性将会进一步凸显。

最后值得一提的是，韩国的技术发展将难以一直走与过去同样的路线。此前，韩国追赶甚至超越发达国家技术，而韩国同样今后也可能被其他后起国家追赶或超越。回顾历史，后发者追赶先发者，主导权从先发者转移到后发者是常有之事。[5]韩国的友邻中国也正迎头赶上，21世纪初，韩国得益于中国的高速发展，出口得以增加，此后韩国产品和中国产品在全球市场也同样展开了激烈竞争，若韩国不能实现持续不断的技术革新，必定被中国快速超越。

# 注　释

## 第一章　绪论

[1]"韩国的工业革命"是笔者在撰写博士学位论文的过程中萌发的想法［参见宋成守，《韩国钢铁产业的技术能力发展过程：1960—1990年代的浦项制铁》（首尔大学博士学位论文，2002），294-295页］。1971年至1979年担任总统秘书室经济第二首席秘书官的吴源哲虽然也使用了"韩国工业革命"的说法，但他是将韩国工业革命的时期局限于20世纪60—70年代［吴源哲，《韩国型经济建设：工程技术》第三卷（起亚经济研究所，1996），174-178页；吴源哲，《朴正熙是如何打造经济强国的：不屈的挑战，汉江奇迹》（东西文化史，2006），46-51页］。此前，朴正熙曾在《国家和革命与我》（香门社，1963），256页中表示："5·16军事革命的核心在于民族的工业革命化。"以下讨论基于宋成守，《韩国科学史学会杂志》40-1（2018），91-113页。

[2] 韩国经济增长概览参阅李济民，"韩国经济增长：其成功和曲折的过程"，李济民等，《韩国经济发展70年》（韩国学中央研究院出版部，2015），13-88页。

[3] 国敏浩，"国家主导产业发展：日本、韩国、中国台湾地区产业政策比较研究"，国敏浩编著，《东亚新兴工业国的政治制度和经济成功》（全南大学出版社，1995），369-401页，重点参考369-371页。更为宏观的层面上，李荣薰以麦迪逊项目比较了1911年和2010年的人均收入水平。李荣薰在对40个国家数据库进行分析后，将其划分四类，分别为古往今来生活富裕的国家、实现快速增长的新兴国家、相对停滞或后退的国家、古往今来贫穷国家，其中实现快速增长的新兴国家和地区包括韩国、日本、新加坡、瑞典、挪威、芬兰等国［李荣薰，

《韩国经济史 I：韩国人的历史展开》（日照阁，2016），39-42 页］。

［4］韩国的出口产业结构和主要出口商品的变化参阅权英太，"从各产业、各时期的出口变化来看韩国贸易"，韩国贸易协会，《韩国贸易史》（2006），536-574 页。与此相关，出口商品结构高度化现象也被概念化为单纯的出口主导或出口导向的出口替代（export substitution）［李相哲，"出口主导向工业化战略的转变和成果"，李大根，《新韩国经济发展史：朝鲜后期到 20 世纪高度增长》（罗南出版，2005），385 页］。

［5］Alice H. Amsden, *Asia's Next Giant: South Korea and Late Industrialization* (New York: Oxford University Press, 1989); Ezra F. Vogel, *The Four Little Dragons: The Spread of Industrialization in East Asia* (Cambridge, MA: Harvard University Press, 1991)。此前，1979 年 OECD 使用新兴工业国（Newly Industrializing Countries, NICs）一词，在该列表中包括了新加坡、韩国、南斯拉夫、希腊、葡萄牙、西班牙、巴西等。参考 OECD, *The Impact of the Newly Industrializing Countries on Production and Trade in Manufactures* (1979)。

［6］Ezra F. Vogel, *The Four Little Dragons*, p.65。

［7］Alice H. Amsden, *Asia's Next Giant*, p.vi。对此，李正东在谈到 1960 年处于中等收入水平，但 48 年后上升为高收入国家的 13 个国家时说道："真正从零出发依靠自己力量"突破中等收入陷阱的国家只有韩国，因此韩国才是真正的榜样国家。李正东，《积累之路："韩国制造"的新挑战》（知识游民，2017），第 21-30 页，引用第 27 页。

［8］Robert E. Lucas, Jr., "Making a Miracle", *Econometrica* 61-2 (1993), pp.251-272；乔伊泽·卡特埃克特编著，《韩国近代化，奇迹的过程》（朝鲜日报社，2005）；经济奇迹编纂委员会，《韩国镜像》共 4 本（罗南，2013—2016）。据悉，"汉江奇迹"是以"莱茵河奇迹"为灵感创造的术语，第二共和国国务总理第一次使用此说法，此后逐渐流传开来。他在 1961 年 1 月 1 日的新年献词中说道："新年里，我们也要和别人一样过得好一点……同德国一样，为了创造所谓的'汉江奇迹'，希望我们也能有德国人民般的耐力和勤劳。"（"以耐力和勤劳打下繁荣的基底"，《京乡新闻》，1961.1.1）

［9］相关研究史研究有具范谟、白钟国，"韩国后发产业化研究的文献批评"，《韩国政治学会刊》第 24 辑 1 号（1990），第 7-49 页；柳相永，"为了超越朴正熙及其时代：研究争论点和评价"，韩国政治研究会篇，《超越朴正熙：关于朴正熙及其时代的批判性研究》（青森，1998），17-48 页；朴思明，"东亚经济危机政治

学",韩国政治研究会编,《东亚发展模式是否失败》(三人,1998),237-254页;申龙玉,"朴正熙政权时期对经济增长的批判性考察",姜万吉编,《韩国资本主义的历史》(历史批评史,2000),309-354页等。外国学者关于东亚发展模式的主要论文译文被收录于国敏浩主编的《东亚新兴工业国的政治制度和经济成功》。

[10] "发展型国家"一词通过 Chalmers Johnson, *MITI and the Japanese Miracle: The Growth of Industrial Policy*, 1925-1975(Stanford, CA: Stanford University Press, 1982)广泛传播开来。

[11] 对此,朴思明,"东亚经济危机的政治学"(243-244页)关注国际主义、市场主义、国家主义的互补性。以国际主义视角解释了在第三世界中"为什么是东亚",以市场为中心的视角解释了在东亚中"为什么是资本主义圈",以国家主义视角解释了在东亚资本主义圈发展水平因国而异的"为什么不均等"。

[12] 格申克龙指出,后发国家的产业化迅速实现是由重化工业带动的而非自生的。他评价说,德国的综合银行、俄罗斯的国家作用非常重要。据《金融时报》报道,后发国家为了实施追击战略,需要一种可以调动资源的特别制度,即"替代物"(alternative),德国综合银行和俄罗斯政府就是这样的例子。参考 Alexander Gerschenkron, *Economic Backwardness in Historical Perspective: A Book of Essays* (Cambridge, MA: Harvard University Press, 1962)。

[13] 申璋燮、张夏准著,张镇浩译,《韩国股份有限公司的结构调整:是什么问题?》(创飞,2004)。作者评价道,日本和韩国采取了替代战略,新加坡采取了补充战略。日本和韩国用"企业系列"和财阀等形式生产替代品,试图与先发国家直接竞争,而新加坡则融入国际外包网络,完善先发国家的同时取得发展(同上书,31-48页)。

[14] 李秉天编,《开发独裁和朴正熙时代:我们时代的政治经济起源》(创飞,2003)。

[15] 金秀行、朴承浩,《朴正熙体制的成立和发展及没落:国际和国内阶级关系的关注点》(首尔大学出版文化院,2007)。以朴正熙政权时期为中心的资本-劳动关系的详细分析参阅了金亨基,《韩国的垄断资本和雇佣劳动:隶属垄断资本主义雇佣劳动的理论和现象分析》(喜鹊,1988)。

[16] 柯布-道格拉斯生产函数是 $Y=AK^{(1-\alpha)}L\alpha$ [Y:产出量;A:索洛剩余(Solow residual);K:资本;L:劳动;$\alpha$:劳动收入分配率]。此处,索洛剩余是指在产出量重估率中,将与劳动及资本相关的值减去后剩下的值,相当于总要素生产率(total factor productivity,TFP)的增加率。虽然多种因素对总要素

生产率的重估有所贡献，但基本被认为与技术革新密切相关。

[17] 边衡尹编著，《韩国经济论》第三版（儒风出版社，1995）；边衡尹、金基元，《韩国经济的理解》（韩国广播通信大学出版部，2001）。两本书以韩国经济论为主题，论涉韩国经济的发展过程、产业结构、农业、工业、劳动、金融、财政、国际收支、中小企业、物价等。

[18] 例如 Peter Mathias and John A. Davis eds., *The First Industrial Revolutions* (Oxford: Oxford University Press, 1989)；参阅金钟炫,《英国工业革命的重新命名》（首尔大学出版部，2006）。

[19] 这点也适用于当今被视为最高技术发达程度国家的美国。例如，Hounshell 批评了现有的研究过分强调了美国技术的固有性，并指出美国技术也曾学习欧洲，应该注意欧洲技术转移到美国并本土化的过程。参考 David A. Hounshell, "Rethinking the History of American Technology", Stephen H. Cutcliffe and Robert C. Post eds., *In Context: History and the History of Technology, Essays in Honor of Melvin Kranzberg* (Bethlehem: Lehigh University Press, 1989), pp.216-229.

[20] 技术从属论的主要论点及对韩国的适用参阅 France Stewart ed. *Technology and Underdevelopment*. 2nd ed. (London: Macmillan, 1978)；金焕锡,"第三世界的技术种类和韩国的情况"，姜万吉、金振均等，《韩国社会研究1》（韩吉士，1983），299-337 页；Martin Landsberg, "Capitalism and Third World Economic Development: A Critical Look at the South Korea Miracle", *Review of Radical Political Economics*, 16-2/3 (1984), pp. 181-193；金英浩,"韩国经济增长和技术转移"，金英浩等,《韩国经济分析》（书文堂，1989），277-294 页。国外学者关于20世纪70年代风靡一时的从属理论的主要论文译文收录于边衡尹、金大焕编译的《第三世界的经济发展：低开发和从属》（喜鹊，1980）。

[21] 裴武基,"技术的引进、接受及扩散：韩国尼龙产业的日案例研究",《经济论文集》19-1（1980），40-56 页；边衡尹,"韩国钢铁工业的技术积累：以浦项制铁为中心",《经济论文集》19-2（1980），124-136 页；朴宇熙,"关于韩国进口技术吸收和扩散的实证分析：石油化工案例",《经济论文集》19-2（1980），194-225 页。

[22] John L. Enos and W. H. Park, *The Adoption and Diffusion of Imported Technology: The Case of Korea* (London: Croom Helm, 1988)；朴宇熙,『韓

國の技術發展』(东京：文真堂，1989)；朴宇熙、裴勇浩，《韩国的技术发展》(经文社，1996)。

[23] Linsu Kim, *Imitation to Innovation: The Dynamics of Korea's Technological Learning* (Boston, MA: Harvard Business School Press, 1997)。本书曾被林允哲、李浩善翻译为《从模仿到革新》(Sigma Insight, 2000)。1980—1998年，金仁秀发表的主要论文收录在 *Learning and Innovation in Economic Development: New Horizons in the Economics of Innovation* (Cheltenham and Northampton: Edward Elgar, 1999)中，由金仁秀学生们组成的"仁门会"还出版了《知识和学习，以及创新》(Sigma Insight, 2004)。

[24] 李轸周、崔东奎，《各产业技术革新过程和政策课题》(韩国经济研究院，1986)；裴钟泰，"发展中国家的技术内在化过程：技术选择因素及学习成果分析"(韩国科学技术院博士学位论文，1987)；玄英锡，"关于韩国汽车产业技术发展的实证分析：1962—1986"(韩国科学技术院博士学位论文，1988)；李章宇，"产业环境战略及组织结构之间的关系：对计算机产业的纵向研究"(韩国科学技术院博士学位论文，1988)；李正勋，"大型研发项目的战略管理：案例研究"(韩国科学技术院博士学位论文，1993)。

[25] Jinjoo Lee, Zongtae Bae and Dongkyu Choi, "Technology Development Process: A Model for a Developing Countries with a Global Perspective", *R&D Management* 18-3 (1988), pp.235-250。

[26] 郑日镕，"关于韩国技术引进结构特性的研究：以考察与从属积累的相关性为中心"(首尔大学博士学位论文，1989)；金雨植，"韩国引进外国技术与国内技术能力的关系"，韩国社会故事结构篇，《现代韩国的生产力和科学技术：韩国社会史研究会论文集第22集》(文学与志成社，1990)，311-365页。对此，郑根谟和李工来曾注意到，韩国的技术开发战略从"追随战略"转移到了"中间进入战略"。在这里，追随战略是致力于引进发达国家技术消化和掌握的战略，中间进入战略是在引进国外技术的同时，加强自身研发，迅速提高技术水平的战略。特别是中间进入战略，将发达国家的各种研究成果从技术寿命周期的中间阶段引进，并结合自身的科学技术，关注于早日实现商业化。郑根谟、李工来，《中间进入战略：科技全球化的战略选择》(罗南出版，1996)，特别是125-127页。参考 KunMo Chung and KongRae Lee, "Mid-entry Technology Strategy: The Korean Experience with CDMA", *R&D Management* 29-4 (1999), pp.353-363。

[27] 金焕锡,"从技术革新的角度看韩国资本主义的发展",韩国社会史研究会篇,《现代韩国的生产力和科学技术》,第11-65页;李根,《新兴工业国的技术能力和竞争力:从新熊彼特主义技术经济学的视角》,《成谷论丛》26-2(1995),597-637页。当时,科学技术政策研究所的研究人员在研究新兴工业国技术发展论的同时,也对韩国机床产业、计算机产业、汽车产业的事例进行了试论性的考察,对此,参加张英培、宋伟赈的"新兴工业国技术发展论的批判性研究",《社会与思想》19(1990),186-203页;金炳木、宋伟赈、张英培、黄惠兰的《技术开发能力的积累过程和政策应对(Ⅰ)》(科技政策研究所,1991)。

[28] 金坚,"关于20世纪80年代韩国技术能力发展过程的研究:以'企业内创新体制'的发展为中心"(首尔大学博士学位论文,1994);金勇福,"关于韩国电子产业发展机制的研究"(首尔大学博士学位论文,1995);裴勇浩,"韩国半导体产业的技术吸收和研究开发:三星电子(株)的案例研究"(首尔大学博士学位论文,1995);李相哲,"韩国化纤产业的开展过程(1961—1979):产业政策的工作研究"(首尔大学博士学位论文,1997)。

[29] 李根等,《韩国产业的技术能力和竞争力》(经文社,1997)。与该书后续篇相对应的有李根等,《知识信息革命与韩国新产业》(Issue Today,2001)。

[30] 1994—1995年的报告书包括:朴龙泰等,《各产业技术创新模式的比较分析》(科技政策管理研究所,1994);宋伟赈,《半导体产业长期发展的技术革新战略》(科技政策管理研究所,1995);李英熙,《汽车产业长期发展的技术革新战略》(科技政策管理研究所,1995);李工来,《机械设备产业的技术革新战略》(科技政策管理研究所,1995)等,1999—2000年的报告书有宋成守,《钢铁产业的技术革新模式和发展方向》(科技政策研究院,1999);金锡宽,《鞋业技术革新模式与发展方向》(科技政策研究院,2000);黄惠兰、申泰英,《韩国半导体/计算机产业革新体制的进化过程及改善方案》(科技政策研究院,2000)等。关于韩国技术发展的科学技术政策研究院最近的研究有宋伟赈等,《追赶型技术革新体制的探索》(科学技术政策研究院,2006);李工来等,《韩国先导产业的技术革新路径创造能力》(科学技术政策研究院,2008)等。

[31] Youngrak Choi, "Dynamic Techno-Management Capability: The Case of Samsung Semiconductor Sector in Korea" (Ph. D. Thesis, Roskilde University, 1994);宋伟赈,"技术选择的政治过程和技术学习:CDMA移动通信技术开发案例研究"(高丽大学博士学位论文,1999);宋成守,"韩国钢铁产业技术能力发展过程"。崔永洛和宋伟赈的博士学位论文分别是 Dynamic

Techno-Management Capability (Aldershot, UK: Avebury, 1996);《技术政治和技术革新：CDMA 移动通信技术开发案例分析》（韩国学术信息，2007），宋成守博士学位论文《无声地改变世界，钢铁》（池城社，2004）；"The Historical Development of Technological Capabilities in Korean Steel Industry: The Case of POSCO", *The Korean Journal for the History of Science* 33-2 (2011), pp.317-334。

[32] OECD，李根等译，《科学与技术的经济学》（经文社，1995），432-433 页。技术能力的概念在后发工业国及后发企业的发展战略中具有的意义是 Martin Fransman and Kenneth King eds., *Technological Capability in the Third World* (London: Macmillan, 1984); Carl J. Dahlman, Bruce RossLarson and Larry E. Westphal, "Managing Technological Development: Lessons from the Newly Industrializing Countries", *World Development* 15-6 (1987), pp.759-775; Sanjaya Lall, "Technological Capabilities and Industrialisation", *World Development* 20-2 (1992), pp.165-186；金坚。"关于 20 世纪 80 年代韩国技术能力发展过程的研究"，见 20-52 页。其中，Dahlman 等人的论文将技术能力分为生产能力（productive capability）、投资能力（investment cability）、创新能力（innovation cability），以此划分后，曾提出新兴工业国的技术能力是按生产能力、投资能力、创新能力顺序发展。

[33] 除了前面提到的研究之外，有关半导体产业和汽车产业技术发展的论文有金昌旭，"关于技术特性和产业模式关系的进化经济学分析"（首尔大学博士学位论文，1998）；金旺东，"未来产业技术能力积累过程的研究：对中小半导体装备制造商的定性接近"（高丽大学博士学位论文，2001）；金成勋，"政府的产业政策和企业的技术革新战略：以韩国汽车产业为中心"（高丽大学博士学位论文，1998）；李红、韩在民，"现代汽车增长的进化路径"，《经营教育研究》3-3（1999）、81-104 页等。半导体产业和汽车产业方面，相关产业的研究者们还共同探讨了技术革新的不同方面，参阅赵显宰、金昌旭编著的《韩国半导体产业，引领世界技术》（现代社会经济研究院，1997）；金良熙等的《韩国汽车产业技术能力发展》（三星经济研究所，1999）。

[34] 对此，Hobday 等人在 2004 年发表的论文中指出，韩国企业的一部分已经成为技术领导者，但关于从技术追赶者到技术领导者转变的研究极少，仅在产业界部分进行。见 Michael Hobday, Howard Rush, and John Bessant, "Approaching the Innovation Frontier in Korea: The Transition Phase to

Leadership",  ***Research Policy*** 33-10（2004）, pp.1433-1457。

［35］Linsu Kim, "Stages of Development of Industrial Technology in a Developing Country: A Model", ***Research Policy*** 9-3（1980）, pp.254-277。

［36］金仁秀考虑的发达国家的技术革新模型是 Atterback 和 Abernash 提议的关于产品革新和工艺革新的动态模型，对此，参考 James M. Utterback and William J. Abernathy, "A Dynamic Model of Process and Product Innovation", ***Omega*** 3-6（1975）, pp.639-656; William J. Abernathy and James M. Utterback, "Patterns of Industrial Innovation", ***Technology Review*** 80-7（1978）, pp.40-47; James M. Utterback, ***Mastering the Dynamics of Innovation***（Boston: Harvard Business School Press, 1994）。此处，流动期是指该技术以多种形式首次出现的时期，过渡期是指支配性设计（dominant design）确立后技术更加精细化的时期，固化期是指该技术陈旧化，低廉的制造成本为关键的时期。

［37］John L. Enos and W. H. Park, ***The Adoption and Diffusion of Imported Technology***, pp.5-27；朴宇熙、裴勇浩，《韩国的技术发展》, 29-50 页。

［38］Linsu Kim, "Building Technological Capability for Industrialization: Analytical Frameworks and Korea's Experience", ***Industrial and Corporate Change*** 8-1（1999）, pp.111-136。

［39］Jinjoo Lee, Zongtae Bae and Dongkyu Choi, "Technology Development Process"。

［40］Keun Lee and Chaisung Lim, "Technological Regimes, Catching-up and LeapfroggingFindings from the Korean Industries", ***Research Policy*** 30-3（2001）, pp.459-483。李根后来在完善技术追赶类型论的同时，还提出了如 PC 的路径追随型、如中国的数字电子交换机的阶段省略型、如数字电视的路径开拓型［李根，《东亚和技术追赶的经济学：新熊彼特主义的嫁接》（博英社，2007）, 93 页］。另外，各类型的发生并不是排他的，可能存在混合型的类型，例如造船产业从路径追随型向路径开拓型转变的事例。金亨均、孙恩熙，《造船产业追击日本和防御中国》, 李根等, 《韩国经济的基础设施和各产业的竞争力》（罗南出版, 2005）, 251-282 页。

［41］崔永洛、宋伟赈、黄惠兰、宋成守，《政府支援新一代技术革新系统的政策》（韩国工学翰林院, 2008）; Youngrak Choi, "Korean Innovation Model, Revised", ***STI Policy Review*** 1-1（2010）, pp.93-109；宋成守、宋伟赈，"从

COREX 到 FINEX：浦项制铁的路径实现型技术革新"，《技术革新学会杂志》13-4（2010），700-716 页。根据这些讨论，最近在韩国进行的追赶型技术革新，比起路径创造型，更具有路径实现型的性质。

[42] 宋伟赈、黄惠兰："技术密集型中小企业脱追赶型技术创新特性分析"，《技术创新研究》17-1（2009），49-67 页；黄惠兰、郑在容、宋伟赈："追赶研究的理论指向性和课题"，《技术革新研究》20-1（2012），75-114 页；Jae-Yong Choung, Hye-Ran Hwang, and Wi-Chin Song, "Transitions of Innovation Activities in Latecomer Countries: An Exploratory Case Study of South Korea", *World Development* 54（2014），pp.156-167.

[43] 崔永洛、李大熙、宋龙日、郑润哲，《韩国的技术革新模型：走向新的地平》，《技术革新研究》13-1（2005），1-17 页。

[44] 宋成守，"分析韩国技术发展过程中的特点：以浦项制铁和三星半导体为例"，《韩国科学史学会杂志》34-1（2012），109-139 页。

[45] 李根、朴泰英等，《产业的追击、超越、坠落：产业主导权和追击周期》（21 世纪 BOOKS，2014），256-259 页。更详细的讨论见 Keun Lee, *Schumpeterian Analysis of Economic Catch-Up: Knowledge, Path-Creation and Middle Income Trap*（Cambridge: Cambridge University Press, 2013）。最近，李根以对企业、产业、国家等三个层面的讨论为基础，构想了综合经济追击论，对此，参阅李根，《经济追击论的再创造：企业、产业、国家层面的理论和实证》（奥来，2014）；李根，"三阶段重构的'综合经济追击论'"，《学术院论文集（人文、社会科学篇）》55-1（2016），509-525 页。

[46] 首尔大学工科学院，《积累的时间》（知识游民，2015）；李正东，《积累之路》（知识游民，2017）。

[47] 对此，柳相永在其论文"为了超越朴正熙及其时代：研究争论点和评价"37-38 页指出："还没有证实的历史事实被理论逻辑影响，有被过度简化的倾向。"还指出："众多历史表明，降低分析水平，将是提高理论逻辑完成度，提高历史解释准确性的途径。"此外，李荣薰在整理韩国经济史单行本时写道"最令我惊讶的是，居然难以找到关于 70 年国家经济史的一部综合性、系统性的著作。"韩国经济学家对于过去 70 年韩国经济发生了什么，为什么，怎么回事通常并不了解，可以说，至今韩国的经济学完全是无历史性的［李荣薰，《韩国经济史 II：根的移植和传统的蜕变》（日照阁，2016），602 页］。

[48] 笔者在对浦项制铁相关人员进行采访时，可以捕捉到他们对技术活动的性质有

掌握、追赶、引导的观念，这一点也可以通过浦项制铁的官方资料得到确认。例如，1993 年出版的《浦项制铁 25 年史：技术发展史》，34-37 页中提到：20 世纪 70 年代"通过掌握制造技术，……成功运营炼铁厂。"20 世纪 80 年代则以"最短时间内消除与先进钢铁厂的钢铁技术水平差距"为焦点，进入 90 年代则以"通过加快磁力技术开发，确保世界最高的技术竞争力"为目标。

[49] 例如，黄惠兰、郑在容，《诊断追击型革新系统》（韩蔚，2013）；郑在容编著，《超越追击革新：脱追击的明暗》（申书院，2015）。

[50] 这一点可以从韩国产业银行不定期发行的《韩国的产业》或韩国政府制定的关于科学技术的综合计划中得以确认。技术水平调查是以相关专家的集体判断为基础进行的，并不能保证严谨性和准确性，但通过此调查可见韩国为缩小与发达国家的技术差距做出的有意识的努力。

[51] 关于 S 曲线的讨论可在相关技术经营的教科书著述中找到。例如，郑善阳，《战略性技术经营》（博英社，2007），113-128 页。一般来说，寿命周期分为萌芽期或导入期（innovation period）、成长期、成熟期、衰退期（decline period），这里排除了技术成果超过临界点开始下降时期的衰退期。

[52] 对此，对于韩国自光复后科学技术政策和研究体制的演化，参阅洪诚珠、宋伟赈，《现代韩国的科学技术政策：追击和成功与脱追击试验》（田野，2017）；文晚龙，《韩国科学技术研究体制的进化》（田野，2017）。

[53] 此处参阅朴燮《适应与合作的时代：20 世纪韩国经济》（海南，2013）；李宪昌，《韩国经济通史》第 7 版（海南，2016）；李荣薰，《韩国经济史 II》（日照阁，2016）、李相哲，《韩国的产业化》（韩国历史博物馆，2016）等。尤其是李荣薰的《韩国经济史 II》（267-493 页）和李相哲的《韩国的产业化》对 20 世纪 70 年代前的韩国经济史进行了系统的综合分析。关于韩国现代经济史的著述参阅李璋圭，《总统的经济学：从历届总统领导力看韩国经济通史》（耆婆郎，2012）；石惠媛，《韩国经济史》（未来之窗，2012）；李璋圭，《韩国总统们的韩国经济故事》1，2 卷（生活，2014）等。对以政治史为中心的韩国现代史的概览参阅郑秉准等，《韩国现代史 1：光复与分裂，以及战争》（蓝色历史，2018）；洪锡律、朴泰均、郑昌贤，《韩国现代史 2：经济增长和民主主义，以及统一的课题》（蓝色历史，2018）；姜万吉，《20 世纪我们的历史》（创飞，2018）。更大众化的著述参阅徐重锡，《从照片和图片看韩国现代史》修订增补版（熊津知识之家，2013）；朴永圭，《一本书读完韩国总统》（熊津知识之家，2014）等。

[54] 本文涉及的钢铁、半导体、造船、汽车案例来自宋成守，"技术能力发展的各时期特性：浦项制铁案例研究"，《技术革新研究》10-1（2002），174-200页；宋成守，《追击到先导：三星半导体的技术发展过程》，《韩国科学史学会杂志》30-2（2008），517-544页；Sungsoo Song, "Growth and Technological Development of Korea Shipbuilding Industry", *STI Policy Review* 2-4（2011），pp.55-63；宋成守，《韩国企业的技术革新》（想法的力量，2013）等。

## 第二章　经济重建的尝试

[1] 关于韩国产业化起源的传统解释和新解有金斗尔，"韩国产业化和近代经济增长的起源，1953—1965：传统说和新解释"，《经济发展研究》22-4（2016），29-68页。对此，崔尚五，《外国援助和进口替代工业化》，李大根等，《新韩国经济发展史：朝鲜后期到20世纪高度增长》（罗南出版，2005），349-350页指出，很难将20世纪50年代视为韩国产业化过程中的"空白期"或"间隙期"，而应将其视为以替代崩溃的殖民地经济结构而形成的新型再生产结构的"重建期"或"转型期"。

[2] 工业分类的方式虽然多种多样，但到20世纪50年代为止，消费品工业和生产材料工业，20世纪60年代以后，轻工业和重化工这一范畴趋于通用。消费品工业和生产材料工业是霍夫曼（Walther G. Hoffmann）根据产品用途划分的，轻工业和重化工是联合国（UN）提出的概念，以产品的容积比重量为准。

[3] 李大根，《光复后经济发展和国际契机》；李大根等，《新韩国经济发展史》（罗南出版，2005），172页。

[4] 李荣薰，《韩国经济史 II》，275-276页。

[5] 李相哲，《韩国的产业化》，第21-22页。1945年8月的物价指数为100时，同年12月首尔的消费者物价指数为218，批发物价指数为249，仅4个月，物价上涨了2倍以上（石惠媛，《韩国经济史》，第19页）。

[6] 李大根，《光复后20世纪50年代的经济：工业化的历史背景研究》（三星经济研究所，2002），第67-70页。GARIOA援助是为了应对占领区内的粮食不足或疾病救济，提供紧急救援物资，主要由食品、被服、医药品、燃料等组成。EROA援助是为了恢复占领地区的经济，提供石油、煤炭、铁矿石、棉花、建筑材料等原材料，业界通常将其包括在GARIOA援助中。

[7] 光复时，整个朝鲜半岛南半部的归属财产估算价值约为3503亿韩元，是1948

年韩国政府税收 351 亿韩元的 9 倍多（李相哲，《韩国的产业化》，第 30 页）。对美军定期归属财产处理的详细分析，参阅金基元，《美军定期的经济结构：以归属企业的处理和工人自主管理运动为中心》（青山，1990）。

[8] 李大根，《光复后 20 世纪 50 年代的经济》，第 80-83 页。

[9] 李荣薰，《韩国经济史 II》，290 页。新韩公社 1949 年追加出售 7.4 万多信息的归属农地，1948—1949 年新韩公社出售的归属农地共售出 27.3 万（同上书，317 页）。

[10] 朴燮，《适应与合作的时代》，233-238 页。

[11] 李大根，《光复后 20 世纪 50 年代的经济》，第 87-102 页。

[12] 李相哲，《韩国的产业化》，31-33 页。

[13] 对此，李大根在《光复后 20 世纪 50 年代的经济》（110-111 页）指出，1948 年的工业产值仅为 1940 年的 260%，美军整机工业结构的特点如下：第一，食品、纤维、化学三个行业占总数的 82.3%，工业结构以消费品生产为中心。第二，员工规模在 5 人以上、29 人以下的小企业比重占全体的 72.8%，未能摆脱其零散性。第三，不仅是机械设施和零部件，主要原料完全依赖进口，对外依赖性很高。

[14] 这一点在朴基周、柳相允，"20 世纪 40、50 年代光工业生产统计的推算和分析"，《经济学研究》58-3（2010），37-74 页中可确认。据此，以 1955 年不变价格为基准，韩国的光工业产值在 1941 年达到 1688.98 亿韩元的顶峰后，在 1944 年达到 1154.07 亿韩元，1946 年达到 430.51 亿韩元，1948 年达到 628.05 亿韩元，1949 年达到 816.73 亿韩元，1950 年达到 603.59 亿韩元等。

[15] 对美军定期经济政策的评价参阅李大根，《光复后 20 世纪 50 年代的经济》，104-112 页；李相哲，《韩国的产业化》，34-35 页。对此，金杨花，"20 世纪 50 年代韩国的工业化过程"，吴斗焕编著，《工业化的制油型（II）：韩国的历史经验》（经文社，1996）239 页评价道："美军政府只专注于重新制定归属财产的接收管理、支付或农地改革等国经济的整体框架，对韩国生产力的增强，即经济重建相对漠不关心。"。

[16] 李荣薰，《韩国经济史 II》，312 页；李相哲，《韩国产业化》，第 39-41 页。

[17] 李大根，《光复后 20 世纪 50 年代的经济》，173-179 页；李相哲，《韩国的产业化》，第 41 页。当时韩国政府财政恶劣，很难执行正常行政，对此，李璋圭，《韩国总统们的韩国经济故事 1》，25 页介绍了以下轶事。"政府官员虽然接到海外出差的命令，但差旅费没有按时发放，所以不得不自掏腰包。国务总理室

直属企划处所属事务官李善熙为了制定主要计划，甚至得到了总统的批准，接到了去日本出差的命令，但差旅费直到出差前一天都没有出来。最终他卖掉了妻子的结婚戒指和手表，筹集了500美元差旅费。"

[18] 朴燮，《适应与合作的时代》，259-261页；李荣薰，《韩国经济史II》，313-316页。《农地改革法》规定，地主获得的土地在将证券用作企业资金时，政府保证银行融资，地主想参与对国家经济发展有益的事业时，赋予优先权。李承晚政府的农地改革不仅是为了稳定农村社会，还包括其促进将土地资本转换为产业资本，促进工业化的意志。但对控股股东的补偿一直被耽搁，直到1957年，控股证券的大部分发放才结束。由于物价迅速上涨，地价证券的价值下降，最终很难利用地价证券将控股转换为资本家。但以低价购买地价证券的新兴资本家利用其参与归属企业的出售等，农地改革以间接途径为土地资本转换为产业资本做出了贡献（李相哲，《韩国产业化》，47-48页）。

[19] 朴燮，《适应与合作的时代》，261-264页；李相哲，《韩国的产业化》，第46-48页。对农地改革的背景、过程、影响的详细分析，参阅《农地改革史研究》（韩国农村经济研究院，1989）。

[20] 李荣薰，《韩国经济史II》，321-322页；李相哲，《韩国的产业化》，48-51页。

[21] 李荣薰，《韩国经济史II》，322-324页。对于归属企业的倒闭和大企业的成长，参阅孔提郁，《20世纪50年代韩国的资本家研究》（白山书堂，1993），69-128页。

[22] 李大根，《光复后20世纪50年代的经济》，196-203页；李相哲，《韩国产业化》，第42-44页。

[23] 崔尚五，"外国援助和进口替代工业化"，355-356页；李荣薰，《韩国经济史II》，328-332页。之前1950年8月也进行了货币改革，这是为了防止朝鲜的银行券及朝鲜军队带来的人民银行券流通，而采取的将朝鲜银行券兑换为韩国银行券的措施。

[24] 李荣薰，《韩国经济史II》，332-334页。援助物资分为计划援助和非计划援助。计划援助是根据政府的计划引进的，而非计划援助是为了向私营部门销售而不是根据计划引进的。当时计划援助是设施材料，非计划援助还被称为消费品（崔尚五，"外国援助和进口替代工业化"，364-365页）。

[25] FOA、UNKRA、ICA、PLA480等海外援助各类别的引进业绩和明细参阅李大根，《光复后20世纪50年代的经济》，316-339页。技术援助方面，1951—1966年共提供1.380076亿美元，劳务合同、聘请外国技术人员、派遣技

人员到海外、引进物资分别使用 4658.5700 万美元（45.2%）、2627.900 万美元（25.5%）、1639.9100 万美元（15.9%）、1393.18 万美元（13.5%）。据统计，聘请的外国技术人员有 1404 人，派遣的国内技术人员有 4891 人［金英宇等,《韩国科学技术政策 50 年的足迹》(科学技术政策管理研究所, 1997), 28-31 页］。

[26] 李大根,《光复后 20 世纪 50 年代的经济》, 231-232 页。韩国政府在决定一年的援助额后，制定了相应的物资采购申请书，并将其提交至联合经济委员会。如若美国援助当局签发委托购买证，韩国政府将选定购买所定物资的企业，并交付批准副采购的进口许可。此外,《迈尔协定》还规定，韩国政府在韩国银行设置政府名义的对冲资金特别账户，存放以援助美元结算的韩国货币，韩国政府为了对冲资金，需到联合经济委员会的承认（同上书, 301-309 页）。

[27] 李相哲,《韩国的产业化》, 57-59 页。从详细内容来看，基础产业部门包括化肥厂、电力、煤炭、水泥厂、钢铁厂等，运输及其他设施包括港湾及道路、铁路、通信、仓库等，文化设施包括文教事业、广播设施等，原材料包括原棉、生胶、肥料、住宅建筑材料等。

[28] 李荣薰,《韩国经济史 II》, 335-337 页。从当时美国的立场来看，韩国是东北亚军事上具有重要意义的前沿防卫国家（forward defense state），但东北亚经济的核心不是韩国，而是日本。美国意向下的韩国经济发展方向是，韩国通过国内市场的开放，成为日本商品的销售地（李相哲,《韩国的产业化》, 59-60 页）。

[29] 李相哲,《韩国的产业化》, 61-68 页；韩国经济 60 年史编纂委员会,《韩国经济 60 年史 I：一般经济》(韩国开发研究院, 2010), 6-9 页。

[30] 朴泰均,《原型与变化：韩国经济开发计划的起源》(首尔大学出版部, 2007), 298-300 页；李相哲,《韩国的产业化》, 第 75 页。复兴部是随着 1955 年 2 月政府组织变化，由过去企划处升级的部门，负责有效执行美国援助和战后复兴计划。

[31] 李大根,《光复后 20 世纪 50 年代的经济》, 460-471 页；李相哲,《韩国的产业化》, 75-77 页。对经济开发 3 年计划的详细分析参阅朴泰均,《原型与变化》, 300-306 页；郑珍雅："李承晚政权时期经济开发 3 年计划的内容和性质",《韩国学研究》31（2009）, 353-386 页。

[32] 李大根,《光复后 20 世纪 50 年代的经济》, 368-386 页。另外，1959 年在韩美联合经济委员会下属设立了出口振兴分科委员会，讨论了出口补助金、出口

金融、各种税收减免、设立贸易振兴机构、加强海外展示功能、出口检查制度、联合国军纳、保税加工等各种政策。事实上，20 世纪 60 年代后实现的各种出口振兴政策，已经从 1959 年开始经历了提出和研究的过程（李相哲，《韩国的产业化》，86-87 页）。

[33] 朴基周、柳相允，"20 世纪 40、50 年代工矿业生产统计的推算和分析"，73 页。

[34] 李贤在，《关于韩国经济增长过程中国民收入结构变动的研究》27 页；李荣薰，《韩国经济史 II》，345 页。

[35] 光复后对 20 世纪 50 年代棉纺织工业、制粉工业、制糖工业的详细分析参阅金杨花，"20 世纪 50 年代制造业大资本积累的相关研究：以棉纺、毛纺、制粉工业为中心"（首尔大学博士学位论文，1990）；李恩熙，《糖，近代的革命：韩国糖产业和消费的历史》（知识产业史，2018），285-475 页。对韩国纤维工业的通史性考察参阅崔永淑，"研究韩国纤维工业史"（淑明女子大学博士学位论文，1993）；禹智亨，《韩国近世科学技术 100 年史调查研究：纤维领域》（韩国科学财团，1993）；金勇龙，"韩国近代工业技术月课程：以纤维工业为中心"，《学术院论文集：自然科学篇》50-1（2011），123-180 页等。

[36] 朴镇熙，《韩国纤维工业技术的发达，1890—1960》，《韩国史论》42（2005），235 页；李荣薰，《韩国经济史 II》，346 页。

[37] 李大根，《光复后 20 世纪 50 年代的经济》，373-374 页；李荣薰，《韩国经济史 II》，346-347 页。随着国外原棉的大量供应，韩国国内的棉花逐渐走上了衰退道路。半岛内的制棉业在日本帝国主义强占期提供了国内需求原棉的 70%，但以原棉的引进为契机，1955 年为 3.2%，1960 年仅为 0.1%，几乎解体（金良华，"上世纪 50 年代制造业大资本积累相关研究"，第 14 页）。

[38] 韩国产业银行，《韩国的产业》（1962），268 页。

[39] 韩国产业银行，《韩国的产业》（1962），264-274 页；李荣薰，《韩国经济史 II》，348-349 页。

[40] 朴镇熙，"韩国纤维工业技术的发达"，236-239 页。168-177 页；徐文锡，"光复后纤维行业高级技术人员的活动研究"，《经营史学》21-1（2006），91-111 页。

[41] 韩国产业银行，《韩国产业分类实况分析》第一辑（1958），373-397 页；韩国产业银行，《韩国的产业》（1962），171-189 页。

[42] 韩国产业银行，《韩国的产业》第 4 辑（1958），59-99 页；韩国产业银行，《韩国的产业》（1962），193-205 页。对此，《韩国的产业》（1962），204 页表示：

"制糖业在停战后突然登场,就像疾风一样风靡业界,现在则遍体鳞伤。"

[43] 韩国产业银行,《韩国的产业》(1962),393-408页;韩国胶合板协会,《韩国胶合板板产业足迹》(2017),46-54页。胶合板产业在1964-1972年达到了占韩国出口额10%以上的鼎盛时期,1977年达到顶峰,之后逐步开始衰退,对于20世纪60—70年代的韩国胶合板产业,参阅宋喜燕、孙炳岩,《胶合板工业的增长》(韩国开发研究院,1978);金大来,"高度成长期釜山胶合板产业的增长和衰退",《港岛釜山》31(2015),35-75页。

[44] 李相哲,《重化工业化宣言之前的产业政策》,朴基周等,《韩国重化工业化和社会的变化》(韩国历史博物馆,2014),56-69页。

[45] 关于三大核心产业建设的概要,参阅李大根,《光复后20世纪50年代的经济》,365-367页。

[46] 韩国产业银行,《韩国的产业》第1辑(1958),188-197页;吴源哲,《韩国型经济建设:工程专业》第一卷(起亚经济研究所,1995),133-136页。

[47] 对此,1953年10月至1954年5月担任工商部长的安东赫推进了以资金(fund)、能源和燃料(force and fuel)、肥料(fertilizer)为优先顺序的所谓"3F工商政策"。对于安东赫,参阅大学化学会编著,《我们化学界的先驱,安东赫先生》(自由学院,2003)。

[48] 韩国产业银行,《韩国的产业》第一辑(1958),217-221页:忠肥十年史编撰委员会编,《忠肥十年史》(1968),81-85页。当时,忠州肥料几乎所有与建设合同相关的事项都要交给美国公司处理,工厂建设如果出现问题,尚没有制定要求对其进行纠正或处罚的途径(吴源哲,《韩国型经济建设》第一卷,138-139页)。

[49]《忠肥十年史》,85-88页;吴源哲,《韩国型经济建设》第一册,140-141页。

[50]《忠肥十年史》,134-141页;吴源哲,《韩国型经济建设》第一卷,141-144页。肥料的自给自足是在20世纪60年代后期实现的。继第一肥料(忠州肥料)之后,1962年第二肥料(湖南肥料罗州工厂)完工,1967年又增加了第三肥料(岭南化学蔚山工厂)、第四肥料(镇海化学)、第五肥料(韩国肥料蔚山工厂)。关于过程,参阅吴源哲《韩国型经济建设》第1卷第149-187页。

[51] 当时在忠州肥料工作的技术人员名单和经历参阅《忠肥十年史》,572-574页;吴源哲,《韩国型经济建设》第1卷,145-149页。

[52] 韩国产业银行,《韩国的产业》第一辑(1958),231-232页;韩国水泥协会,《韩国水泥产业》(2013),88-95页。

[53] 韩国产业银行,《韩国的产业》(1962),635-639 页;韩国水泥协会,《韩国水泥产业》,95-99 页。在第一个经济开发五年计划期间的 1962—1967 年,现代建设、韩日水泥、双龙洋灰、忠北水泥四家工厂追加建设,韩国进入了水泥自给自足的阶段[吴源哲,《韩国型经济建设:工程专业》第二卷(起亚经济研究所,1996),251-252 页]。

[54] 韩国产业银行,《韩国的产业》第二辑(1958),386-388 页;韩国产业银行,《韩国的产业》(1962),601-605 页。此后,韩国玻璃工业对设施进行了维修或增设,1962 年全年可生产 48 万箱玻璃,从而确保了韩国在实现平板玻璃自给自足的同时,可以出口 10 万箱平板玻璃的余力。

[55] 三化钢铁公司 1958 年民营化为三化钢铁(株)后,1973 年被东国钢铁并入。大韩重工 1962 年改称仁川重工业,1970 年合并为仁川制铁,仁川制铁 2001 年改编为 INI 钢,2006 年改编为现代制铁。

[56] 金允亨,《韩国钢铁工业的增长》(韩国开发研究院,1976),56-57 页;宋成守,"韩国钢铁产业技术能力发展过程",20 页。

[57] 仁川制铁,《仁川制铁 35 年史》(1990),63-92 页:宋成守,"韩国钢铁产业技术能力发展历程",21-24 页。与此同时,李承晚政府于 1958 年制定了综合炼铁厂建设五年计划,在大韩重工的主导下,将于 1961 年至 1965 年推进在江原道襄阳建设年产 20 万吨规模的综合炼铁厂的工作。但该计划没有对选址条件的调查或财源筹措的方案进行具体讨论,带有纸上谈兵的性质(宋成守,《韩国钢铁产业技术能力发展过程》,29-30 页)。

[58] 宋成守,《韩国钢铁产业技术能力发展历程》,22-24 页。

[59] 裴锡满,"20 世纪 50 年代大韩造船工程的资本积累尝试和失败原因",《釜山史学》25 6 合集(1994),157-202 页;韩进重工业集团,《韩进重工业集团 70 年史》(2010),37-42 页;韩国造船业的情况,参阅韩国产业银行,《韩国的产业》(1962),729 页,其中写道:"第二次世界大战末期,每年拥有 3 万吨造船能力和年均 1 万吨造船生产业绩的造船工业,到目前为止,年均约 4500 多吨(1958 年至 1961 年)的生产业绩,只有 4.7 万吨造船能力的 91% 左右处于运转状态,令人寒心。"

## 第三章 极速的经济开发和技术掌握

[1] 对于5·16军事政变之前的朴正熙,参阅金亨雅著,申明珠译的《朴正熙的双刃剑选择:维新和重化工业》(日照阁,2005),43-74页。

[2] 李完范,《朴正熙和汉江奇迹:第一个五年计划和贸易入境》(先人,2006),94-95页;朴泰均,《原型与变形》,315页。军事革命委员会声明全文登载于韩国军事革命史编纂委员会,《韩国军事革命史》第一辑下册(1963),7-8页;金仁杰等编著,《韩国现代史讲义》(石枕,1998),265-266页。对20世纪60年代初美国对韩政策变化的分析,参阅朴泰均《原型与变形》,219-293页。

[3] 经济企划院,《开发连带的经济政策:经济企划院30年史 I(1961年至1980年)》(未来事,1982年),6-8,399页;李荣薰,《韩国经济史 II》,393页。经济企划院自1961年7月成立后,1994年12月与财政部合并变更为财政经济院,经济企划院推进的政策及其脉络参阅:《EPB创造奇迹了吗:韩国产业政策的理想和现实》(日出,1993);《荣辱的韩国经济:秘社经济企划院33年》(每日经济新闻社,1999)。

[4] 李完范,《朴正熙和汉江奇迹》,103-115页;朴泰均,《原型与变形》,315-319页。对此,李完范,《朴正熙和汉江奇迹》,114页强调:"朴正熙政府的经济开发计划几乎复制了张勉政权的经济开发计划,并没有完全符合事实的现有看法。"

[5] 吴源哲,《韩国型经济建设》第1卷,18-23页;李相哲,"朴正熙时代的产业政策",李炳川译,《开发独裁和朴正熙时代》(创飞,2003),102-103页。对此,吴源哲在1994年10月接受金亨雅采访时评价如下。"经济重建促进会转为全国经济人协会的1961年8月16日,财界领导人之间的竞争也开始了。这不仅仅是为了韩国的工业化而竞争,而是为了各自成为财阀而竞争。所谓的'非法敛财者'指的是政府在五年计划指定的产业的所有者和产业发展推进者"(金亨雅,《朴正熙的双刃剑选择》,143页)。

[6] 李相哲,《朴正熙时代的产业政策》,110-112页。

[7] 朴泰均,《原型与变形》,319-320页;李相哲,"朴正熙时代的产业政策",104页。该计划通过发行社表示:"在计划的内容上,也不是没有经过充分调查和研究的部分。"间接承认了计划内容的忠实性存在问题。[韩国政府,《第一个经济开发五年计划,1962—1966》(1962),11页]。

[8] 韩国政府,《第一个经济开发五年计划》,14-16页。

[ 9 ] 朴正熙,《民族的潜力》(光明出版社,1971),141-142页;李万熙,《EPB创造奇迹了吗?》,101页再引用。

[ 10 ] 朴泰均,《原型与变形》,321-323页;李荣薰,《韩国经济史Ⅱ》,394-395页。对此,当时经济企划院的一位官员回顾说:"被军事政府急躁而强烈的开发欲望所驱使,时隔10年求得人均国民收入翻倍的增长率,结果显示71%(李荣薰,《韩国经济史Ⅱ》,395-396页)。"

[ 11 ] 朴泰均,《原型与变形》,320-321页;李荣薰,《韩国经济史Ⅱ》,398-399页。军事政府还于1962年3月制定了出口振兴法,并于6月设置了贸易振兴公司(Korea Trade-Investment Promotion Agency, KOTRA)。像这样,1962年有关出口的法令和机构开始整顿,但在当时的经济政策或贸易政策中,出口所占的地位并不高。例如,从1962年版《经济白皮书》来看,对出口的提及只是为了改善国际收支而简略提及,根本没有认识到出口承担了工业化的牵引车作用。贸易政策的基调也强调,为了调整国际收支赤字,需要强有力的进口限制。对于出口振兴,只涉及出口奖励补助金的交付[张河源,《20世纪60年代韩国的开发战略和产业政策的形成》,韩国精神文化研究院编,20世纪60年代韩国的工业化和经济结构(白山书堂,1999),107页]。

[ 12 ] 全相根,《韩国的科学技术政策:韩国科学技术政策立案者的证言》(正友社,1982),7-22页;宋成守,《科学技术综合计划相关内容分析:以五年计划为中心》(科学技术政策研究院,2005),40-47页。工程师为"理工科大学毕业后从事专业部门的人",技师为"在该行业工作多年,实际工作中熟练理解技术理论的人",技工为从事技术层面工作的人员中,除工程师、技师以外的人员(但单纯体力劳动者除外)。[韩国政府,《第一次技术振兴五年计划:完善第一个经济开发五年计划,1962—1966》(1962),14页]。第一次技术进步五年计划的内容和脉络详细分析参阅洪诚珠,"韩国科学技术政策的形成和科学技术行政体系的出现,1945—1967"(首尔大学博士学位论文,2010),85-103页。

[ 13 ] 李完范,《朴正熙和汉江奇迹》,140-143页;朴泰均,《原型与变形》,324-326页。

[ 14 ] 朴泰均,《原型与变形》,326-336页。ECC由两国各6名委员组成,由韩国经济企划院长官和美国USOM(United States Operations Mission)处长担任代表。USOM是1959年美国政府在韩国设立的援助机构,1968年更名为USAID,被编入驻韩美国大使馆机构。20世纪60年代美国的援助由"AID援助"和"PLA480援助"两部分组成,AID援助是以1961年美国制定的对外援

助法为依据的,继承了以前的 ICA 援助。美国的援助占韩国政府收入比重 1961 年为 31%,经过 1966 年的 19.7% 下降到 1970 年的 3.1%,1970 年是美国无偿援助的最后一年(李荣薰,《韩国经济史 II》,413-416 页)。

[15] 李相哲,《朴正熙时代的产业政策》,106 页;朴泰均,《原型与变形》,336-339 页。对于肥料厂和炼油厂来说,这已经是 USOM 和海湾公司积极推进的事业,因此美国政府也没有反对[木宫正史,《韩国内涵工业化战略的挫折:5·16 军事政府国家自主化的结构局限性》(高丽大学博士学位论文,1991),152 页]。

[16] 朴泰均,《原型与变形》,340-344 页。

[17] 李完范,《朴正熙和汉江奇迹》,177-180 页。

[18] 经济企划院,《第一个经济开发五年计划完善计划》(1964),45 页。

[19] 经济企划院,《第一个经济开发五年计划完善计划》,17 页。

[20] 金正濂,《韩国经济政策 30 年史:金正濂回顾录》(中央日报社,1992),113-114 页;李相哲,《朴正熙时代的产业政策》,108-109 页。进出口链接制度方面,参阅朴忠勋,《贰堂回忆录》(博英社,1988),89-90 页,如下:"我认为,促进工业品出口,使其成为我国工业化的引爆剂是初期阶段的进出口链接制。许多人质疑它是否会带来不正当利益,但工商部照样强行推进。它成为刺激剂,期待在初期阶段开拓国际市场。不仅如此,他还明确了出口工业产品就能赚钱的事实,期待着国内资本涌入工业领域。"

[21] 金正濂,《韩国经济政策 30 年史》,114 页;李相哲,"朴正熙时代的产业政策",109 页。

[22] 1964 年 5 月内阁改组,副总理兼经济企划院长官张基永、工商部长官朴忠勋、工商部次官金正濂、工商部第一局长吴源哲被提拔为工商部工业第一局长。新任命的经济官员们强力推进了进口自主化和实现出口目标的政策(金亨雅,《朴正熙的双刃剑选择》,198-199 页)。据朴忠勋,《贰堂回忆录》,83 页透露,1964 年 5 月,朴忠勋在接受工商部长官任命书时表示"只有出口才是活路。今后,我国整个国家都应该把出口第一主义作为国家最重要的政策,并向前进。为此,总统阁下应该作为总司令全力以赴指挥。"对此,朴正熙欣然答应。

[23] 韩国开发研究院,《韩国经济半个世纪政策资料集》(1995),249 页。

[24] 李完范,《朴正熙和汉江奇迹》,177-180 页;李荣薰,《韩国经济史 II》,404 页。对此,韩国贸易协会,《韩国贸易史》(2006),135 页表示:"为了促进对经济增长起牵引作用的出口,政府从 1964 年开始改革汇率和外汇制度,同时制定了……每年综合、系统的出口振兴综合政策。"

[25] 李完范,《朴正熙和汉江奇迹》,185-186页;李荣薰,《韩国经济史Ⅱ》,404页。"出口日"活动自1965年变为1月30日后每年都举办,1987年出口日改为"贸易日",2012年开始贸易日改为12月5日。出口额达到1亿美元的实际日期为1964年11月30日,2011年12月5日则达到1万亿美元。

[26] 李完范,《朴正熙和汉江奇迹》,185页;李荣薰,《韩国经济史Ⅱ》,405页。对此,1965年11月30日举行的第二届出口日活动升级为政府主管活动,并打出"增产出口建设"的标语(李完范,《朴正熙和汉江奇迹》,187页)。

[27] 李完范,《朴正熙和汉江奇迹》,186页;李荣薰,《韩国经济史Ⅱ》,417页。

[28] 李荣薰,《韩国经济史Ⅱ》,427-429页。金斗尔,"扩大出口振兴会议的功能和演化过程",《经济史》41-1(2017),3-38页,评价道,扩大出口振兴会议大致呈现1962—1964年、1965—1977年、1978年后的三个局面,并不断演化。1962年至1964年,国务总理主持了出口宣传委员会,其性质与其说是总管出口政策的最高机构,不如说更接近部门间的协商体。1965年,出口振兴委员会改编为出口振兴扩大会议,总统开始主持会议,此后,出口振兴扩大会议迎来了一种全盛时代,1977年12月以出口100亿美元为节点进入了衰退之路。

[29] 李荣薰,《韩国经济史Ⅱ》,429页。对此,李荣薰,"20世纪60年代整体开发战略的转变和它的经济史背景",《经济论丛》51-1(2012),118-119页评价了扩大出口振兴会议和月度经济动向报告的意义。"两个会议体的历史贡献在于,广泛收集、分类和集中了政界、学术界、业界积累的高级信息,创造了探索、决策、执行、调整的极高效体系。实际上,在许多发展中国家的开发经验中,他们失败的重要原因不是计划(planning),而是执行(implementation)缺乏能力……真正困难的是尽快认识到开发计划在产业和市场现场遇到的意想不到的障碍或收益 - 费用结构的违背,并向中央报告,综合分析,相互调整和完善开发政策。"

[30] 对于第二个经济开发五年计划,参阅经济企划院,《开发连带的经济政策》,71-80页;姜广河,《经济开发五年计划:目标及执行的评价》(首尔大学出版部,2000),42-57页。该计划曾于1968年5月修改,年均增长率从7%上调至10.5%,出口目标值从7亿美元上调至10亿美元。

[31] 金光石,"20世纪60年代出口导向型工业化政策的推进",乔伊泽·卡特埃克特编著,《韩国近代化,奇迹的过程》(朝鲜日报社,2005),289-290页。

[32] 吴源哲,《韩国型经济建设》第一卷,242-245页;朱益钟,"让韩国富强";韩国现代史学会现代史教养书团队,《打造韩国》(耆婆郎,2012),201页。

[33] 吴源哲,《韩国型经济建设》第一卷,107-117 页；石惠媛,《韩国经济史》,59-61 页。

[34] 金正濂,《韩国经济政策 30 年史》,227-255 页；金兴起编,《荣辱的韩国经济》,172-182 页。关于京釜高速公路的技术文化分析包括:"A Road to Modernization and Unification: The Construction of Gyeongbu Highway in South Korea", *Techmology and Culture* 51-1（2010）, pp.55-79；权治亨,"粗糙时代的光滑科技",林泰勋等,《韩国科技发展纪要：被背叛的科技入境解剖图》（Alma 出版社,2017）,273-285。

[35] 康俊晚,《韩国现代史散步：1960 年代篇》第 2 卷（人物和思想史,2004）,287-306,303-304 页；朱益钟,《使韩国富强》,195-197 页。对于韩日邦交正常化的经济史意义,李大根,"韩日会谈和外向型开发战略：韩美日三方贸易机制的成立",《现代韩国经济论：寻找高度增长的动力》（韩岛,2008）,423-458 页；李荣薰,《韩国经济史 II》,405-413 页。

[36] 朱益钟,《让韩国富强》,197-198 页；李荣薰,《韩国经济史 II》,416-417 页。对于韩国科学技术研究院（KIST）的成立和初期活动,参阅金根培,"韩国科学技术研究所成立和美国的作用"、金永植、金根培编,《近现代韩国社会的科学》（创作和批评史,1998）,308-341 页；文晚龙,《韩国现代研究体制的形成：KIST 的建立和变迁,1966—1980》（先人,2010）。

[37] 经济企划院,《开发连带的经济政策》,86-87 页；李相哲,"朴正熙时代的产业政策",113-114 页。

[38] 经济企划院,《开发连带的经济政策》,81-82 页；朴燮,《适应与合作的时代》,334 页。

[39] 朴燮,《适应与合作的时代》,325-326 页；李荣薰,《韩国经济史 II》,417 页。

[40] 与此相关,"使韩国富强",193 页,指出,朴正熙政府的产业政策具有"政府制定目标,培养特定产业（industrial targeting）,以国营企业或民间企业为负责人（picking the winners）支援"的特点。吴源哲表示,与选择性产业政策类似,使用"影响政策"（impact policy）一词,其意思是："不是一次性培养所有行业,而是从国家角度选出几个必要的、可实践的先发行业,重点培养"（吴源哲,《朴正熙是如何打造经济强国的》,535 页）。

[41] 选择战略产业和制定相关法律的过程中经历了很多曲折。朴正熙总统在国情咨文中表示："将积极推进炼铁、机械、电镀、炼油、石化、汽车等核心产业建设,也将致力于电子工业、陶瓷工业的开发。"吴源哲曾评价说,电子工业的开

发在朴总统的演讲中被阐明，因此成为国家政策［吴源哲，《韩国型经济建设：工程师职业》第三卷（起亚经济研究所，1996），306-309 页］。

［42］韩国贸易协会，《韩国贸易史》，229 页。在总出口额中，纤维、胶合板、假发等三个品种所占比重 1962 年仅为 19.6%，1966 年为 48.7%，1970 年为 64.3%（朱益钟，《让韩国富强》，188 页）。

［43］关于韩国进口结构变化，参阅韩国贸易协会，《韩国贸易史》，576-605 页。美国在韩国进口中所占比重分别为 1960 年 38.9%、1965 年 39.3%、1970 年 29.5%，日本分别为 1960 年 20.5%、1965 年 36.6%、1970 年 41%。

［44］韩国经济 60 年史编纂委员会，《韩国经济 60 年史 I》，105 页。

［45］从表 3-2 可以看出，韩国高度增长开始的准确年份不是 1962 年，而是 1963 年。1962 年只有 2.1% 的经济增长率，1963 年跃升至 9.2%。对此，李济民在"韩国的经济增长：其成功和曲折的过程"划分了第一个高度增长期（1963—1979 年）和第二个高度增长期（1980—1997 年）。

［46］韩国经济 60 年史编纂委员会，《韩国经济 60 年史 I》，105-106 页；李璋圭，《总统的经济学》，524 页。

［47］经济企划院，《开发连带的经济政策》，87-90 页；李相哲，《韩国的产业化》，115-123 页。1969 年 6 月 29 日，全国经济人联合会还提交了改善亏损企业运营的意见书。主要意见包括：明确亏损企业的定义、标准、范畴等；可更生的企业给予一定时间余地；不应只考虑亏损企业的资本构成比率，而应将重点放在企业成果、产业前景、国际竞争力、对内外媒用途等方面进行研究。

［48］康俊晚，《韩国现代史散步：20 世纪 70 年代篇》第一卷（人物与思想史，2002），96-106 页；石惠媛，《韩国经济史》，78-80 页。关于全泰壹的生平和活动，参阅赵英来，《全泰壹平传》（石枕，1983）。

［49］经济企划院，《开发连带的经济政策》，115-116 页；姜广河，《经济开发五年计划》，58-72 页。关于计划的制定过程，姜广河，《经济开发五年计划》，58 页表示："在第三次计划之前，经济企划院管理者主导了制定计划的实务班，但在第三次计划中，各部门的负责人主导了各部门的计划，虽然在政府内部，但计划制定的分权化已经开始。"。

［50］金正濂，《韩国经济政策 30 年史》，314-320 页；吴源哲，《韩国型经济建设：工程专业》第 5 卷（起亚经济研究所，1996），14-23 页。

［51］金正濂，《韩国经济政策 30 年史》，320-321 页。

［52］金亨雅，《朴正熙的双刃剑选择》，280-281 页；文晚龙，《韩国科学技术研究体

制的进化》，169-172 页。对于以"闪电事业"和"栗谷事业"为代表的朴正熙政权时期的防卫产业扶持，参阅吴源哲，《韩国型经济建设》第 5 卷；具相会，《韩国的防卫产业：展望和对策》（世宗研究所，1998）；金振基，"韩国防卫产业发展战略研究：以朴正熙时代的防卫产业发展战略为中心"，见《国家战略》14-1（2008），95-121 页。

[53] 朴永九，"四大核工厂事业的过程和性质，1969.11-1971.11"，《经济史学》44（2008），81-107 页；金成南、朴基周，"重化工业化政策的建立、展开及调整"，朴基周等，《韩国重化工业化和社会的变化》（韩国历史博物馆，2014），105-107 页。四大核工厂相关 KIST 的研究结果参阅哈利崔等，《韩国机械工业扶持方向研究报告书》（经济企划院，1970），当时 KIST 中有金属加工第一研究室室长金在官、流体机械研究室室长李景瑞、机械装置研究室室长南俊祐、造船海洋技术研究室室长金燻喆、工作室次长金妍德等参与（文晚龙，《韩国现代研究体制的形成》，207-208 页）。

[54] 吴源哲，《韩国型经济建设》第 5 卷，24-27 页；吴源哲，《我又不是要打仗：韩国型经济建设 7》（韩国型经济政策研究所，1999），388-391 页。类似的回顾还有金正濂，《韩国经济政策 30 年史》，322-324 页。经济第二首席秘书官职制于 1968 年 3 月至 1969 年 11 月，1971 年 11 月至 1979 年 12 月运营，相应时期分别由申东植和吴源哲担任经济第二首席秘书。吴源哲的经济第二秘书室是一个由 6 人组成的小组织，秘书官是工商部科长出身的金光模、李锡杓、权广元（吴源哲，《韩国型经济建设》第 5 卷，29-31 页）。

[55] 对此，金亨雅，《朴正熙的双刃剑选择》，284 页使用了"三斗政治"或"重化工业化三斗政治"的措辞，评价说："朴正熙强大的领导力、金正濂的财政及经济专业知识、吴源哲的工业愿景和技术"三个要素为重化工业化的实行提供了必要要素。

[56] 吴源哲，《我又不是要打仗》，218-219 页；金成南、朴基周，《重化工业化政策的建立、展开及调整》，107 页。对此，李荣薰，《韩国经济史 II》，426-428 页综合吴源哲的讨论，将朴正熙政府体现的工程项目特点归纳为①非常强烈的开发欲望；②目标的战略选定和对此的集中支援；③从低水平上升到高水平的阶段性战略；④整理成具有国际竞争力的大规模工厂建设等，"工程专业只有凭借强大的领导力才能运转"。

[57] 金亨雅，《朴正熙的双刃剑选择》，201-218 页；朴燮，《适应与合作的时代》，366-367 页。

[58] 金亨雅,《朴正熙的双刃剑选择》,218-221 页;南广圭,"韩朝对话在国内的运用和'7·4 朝韩共同声明'的推出",《和平学研究》17-3(2016),25-44 页。

[59] 金正濂,《韩国经济政策 30 年史》,255-278 页;朴燮,《适应与合作的时代》,368-370 页。对 8·3 措施的详细分析包括:朴泰均,"8·3 措施和产业合理化政策:维新体制的经济基础构建过程",《历史与现实》88(2013),101-144 页;李明熙,"20 世纪 70 年代初亏损企业结构调整:以 8·3 措施为中心",金斗尔等,《韩国的经济危机与克服》(韩国历史博物馆,2017),43-105 页。

[60] 康俊晚,《韩国现代史散步:20 世纪 70 年代篇》第 1 卷,222-234 页。10 月维新的政治和经济背景相关分析参阅金永顺,"关于维新体制建立原因的研究:政治经济学的接近,韩国产业社会研究会篇",《今日韩国资本主义和国家》(韩吉士,1988),参阅 23-89 页。对此,金正濂正在从韩朝对话的经验中寻找 10 月维新的最决定性因素。朴正熙总统两次会见了朝鲜的朴成哲一行,切实感受到了朝鲜对峙的僵硬性。他赞成了为了有利于韩朝对话或竞争,需要国内团结,为了巩固国内团结,必须加强体制的建议[金正濂,《啊,朴正熙:金正濂政治回忆录》(中央 M&B,1997),165-168 页]。也有人指出,当时访问朝鲜的韩国谈判团被朝鲜的重化工发展奖压倒,对 20 世纪 60 年代以来以轻工业为中心推进的经济开发战略感到了危机[石崎菜生,"韓國の重化學工業化政策:開始の内外條件と實施主體",服部民夫、佐藤幸人(編),《韓國・臺灣の發展メカニズム》(アジア經濟研究所,1996)72-74 页;李相哲,"朴正熙时代的产业政策",123 页再引用]。

[61] 金成南、朴基周,《重化工业化政策的建立、展开及调整》,108 页。

[62] 吴源哲,"我又不是要打仗",457-460 页;吴源哲,《朴正熙是怎么打造经济强国的》,135-139 页。当时,吴源哲对朴正熙总统突然渴望出口 100 亿美元的原因表示怀疑。因为朴正熙曾在 1972 年 2 月 20 日将 1980 年的出口目标确定为 55 亿美元。对此,吴源哲推测,朴正熙是在 1972 年 3—4 月接到有关朝鲜经济的报告后,为了在与朝鲜的体制竞争中完全获胜,产生了要实现 100 亿美元出口的想法。

[63] 金光模,《韩国产业发展和重化工业化政策》(地球文化史,1988),212 页;金成南、朴基周,《重化工业化政策的建立、展开及调整》,109 页。

[64] 重化工业化和 80 年代主要内容参阅吴源哲,《我又不是要打仗》,507-554 页;吴源哲,《朴正熙是怎么打造经济强国的》,154-189 页。与此相反,经济企划院的立场是,虽然承认重化工业化的必要性,但为时过早。经济企划院在 1972

年 11 月的月度经济动向报告中强调了以市场为中心、比较优势、渐进主义等扶持重化工的原则。对此，朴正熙下定决心，不能把重化工交给经济企划院［朴永九，《结构变动和重化工化》，李大根等，《新韩国经济发展史》（罗南出版，2005），405-406 页］。

［65］朴正熙，"1973 年度记者会"，《朴正熙总统演讲文集》第 10 辑（总统秘书室，1973），25-63 页，特别是 58-59 页在会见中提及的全民科学化运动，宋成守，"全体国民科学化运动的出现和衰退"，《韩国科学史学会杂志》30-1（2008），171-212 页；文晚龙，《全民科学化运动：科技工作者为科技工作者的社会运动》，《历史批评》120（2017），284-315 页。

［66］金光模，《韩国的产业发展和重化工业化政策》，218 页；金成南、朴基周，"重化工产业化政策的建立、展开及调整"，111-112 页。关于该文件的题目，吴源哲向朴正熙报告说："阁下，按照您的吩咐，制定了'重化工建设计划'。建设重化工产业（相关）因为不能局限于工业领域，需要改编整个产业结构，所以把名称叫作'工业结构改编论'"（吴源哲，《朴正熙是如何打造经济强国的》，205 页）。另外，吴源哲还指出工业结构改编论的"草案由秘书官金光模整理成案。"（同上书，190 页）。

［67］《重化工业化政策宣言》中的工业结构改编论的主要内容参阅金光模，《韩国的产业发展和重化工业化政策》，218-240 页；吴源哲，《朴正熙是如何打造经济强国》，190-214 页；金光模，《重化工业中朴正熙的灵魂还活着》（耆婆郎，2015），63-73 页。

［68］对此，朱益钟，"让韩国富强"，194 页指出，"朴正熙政府因为轻工业发展的局限，进行了重化工。"隐式的解释评价缺乏依据，指出出口中工业产品的比重 1968 年达到 70% 左右，1971 年以后上升到 80% 左右，其中大部分是轻工业产品。

［69］李荣薰，《韩国经济史 II》，437-438 页。吴源哲指出，"金字塔型开发战略"不是单纯的 EOI（Export-Oriented Industrialization），而是属于 CEOI（The Construction of Pyramid Type EOI），他曾主张实际上与"全产业的出口化战略"是相同的。据他透露，"如果 EOI 采取'鼓励劳动密集型商品出口的政策，就会凭借出口这一牵引力，以工业为龙头，经济发展。'与经济学家的观点相比，CEOI'在没有韩国这样的工业基础的情况下，以出口为基础的产业结构（即金字塔）'在政府主导下重新构建。两者之间的根本区别是，EOI 没有时间概念，工业的结构和质量依赖于自然发展，而 CEOI 事先制定了国家的产业

结构模式，并将其实施方案确定为政府计划后，在政府主导下，企业和国民三者齐心协力，没有差池地推进，完成产业结构，所有商品都出口商品化"（吴源哲，《朴正熙是如何打造经济强国》，44-45 页）。

[70] 朴永九，"结构变动和重化工产业化"，406-408 页；金成南、朴基周，"重化工产业化政策的建立、展开及调整"，119-126 页。对重化工推进委员会和企划团的活动进行详细分析的有朴永九，"20 世纪 70 年代重化工推进行政机关研究：重化工推进委员会和企划团"，《韩国行政史学杂志》28（2011），257-285 页。当时经济企划院对重化工推进委员会持批评态度。金兴起编，《荣辱的韩国经济》，264-265 页，"在企划院官员的立场上，很难完全赞同青瓦台的重化工推进方式。重化工推进委员会作为委员会组织，拥有最强大的力量，原来委员会不是行政机关，而是将其改为行政机关的组织法的。"

[71] 重化工业推进委员会企划团《重化工业扶持计划》（1973）；金成南、朴基周，"重化工业化政策的制定、展开及调整"，111-119 页。各产业推进计划的详细内容见国务总理企划调整室，《重化工业的今天和明天》（1973），15-157 页；朴永九，《韩国的重化工业化：过程和内容（I）》（海南，2012），199-321 页。《重化工业的今天和明天》是对重化工业化政策的公务员参考资料和对国民宣传资料，出版于 1973 年 12 月，主要由隶属于维新政策审议会调研委员会的教授执笔。

[72] 经济企划院，《开发连带的经济政策》，127-129 页；李相哲，《朴正熙时代的产业政策》，122-124 页；朴永九，《韩国的重化工业化：过程和内容（II）》（海南，2012），59-61 页。

[73] 朴永九，《韩国的重化工业化：过程和内容（I）》，534-543 页；金成南、朴基周，《重化工业化政策的建立、展开及调整》，130-135 页。归根结底，国民投资基金是由国民储蓄和政府税收组成的，国民储蓄率从 1966—1972 年的 14.8% 提高到 1973—1978 年的 28.8%，如此扩大的国内储蓄成了重化工业化的主要资金来源（李荣薰，《韩国经济史 II》，440 页）。

[74] 朴永九，《韩国的重化工业化：过程和内容（I）》，561-566 页；金成南、朴基周，《重化工业化政策的建立、展开及调整》，144-147 页。

[75] 朴永九，《韩国的重化工业化：过程和内容（I）》，417-523 页；金成南、朴基周，《重化工业化政策的制定、展开及调整》，135-141 页。昌原机械工业园区的案例参阅金光模，《重化工业还活着朴正熙的灵魂》，168-181 页。

[76] 关于培养重化工业化核心技术人才的详细讨论参阅朴永九，《韩国的重化工业化：

过程和内容（II）》，167-269 页；郑镇成，《政府的技术人力供给计划和技能工人力培养》，朴基周等，《韩国重化工业化和社会的变化》（韩国历史博物馆，2014），455-509 页为参阅。

[77] 金光模，《韩国的产业发展和重化工政策》，285-287 页；李荣薰，《韩国经济史 II》，432-434 页。关于培养示范工业高中的背景和事例，参阅吴源哲《能源政策和进军中东：韩国型经济建设 6》（起亚经济研究所，1997），485-509 页。

[78] 金光模，《韩国产业发展和重化工业政策》，287-289 页；赵晃熙、李恩京等，《韩国的科技人力政策》（科技政策研究院，2002），200-205 页。在《重化工业化宣言》之前的 1971 年，韩国科学院（Korea Advanced Institute of Science, KAIS）成立，对于韩国科学院的成立和初期活动，参阅 Dong-Won Kim and Stuart W. Leslie, "Winning Markets or Winning Nobel Prizes? KAIST and the Challenges of Late Industrialization", *Osiris* 13（1988），pp.154-185。这篇论文由朴范顺、金素英共同翻译，刊载于《科学技术政策：理论和争论》（韩蔚，2015），281-323 页。

[79] 崔亨燮，《发展中国家的科学技术开发战略：以韩国的发展历程为中心》第 1 部分（韩国科学技术院，1980），275-288 页；金成南、朴基周，《重化工业化政策的建立、展开及调整》，141-142 页。

[80] 对 20 世纪 70 年代韩国研究开发体制的详细讨论，朴永九，《韩国的重化工业化：过程和内容（II）》，307-367 页；文晚龙，参阅《韩国科学技术研究体制的进化》，159-209 页。

[81] 金光模，《韩国产业发展和重化工业政策》，289-292 页；金成南、朴基周，"重化工业化政策的建立、展开及调整"，142-143 页。通过 20 世纪 70 年代，政府出资研究所与企业一起成为主导韩国研究开发的主体，韩国公立研究所、政府出资研究所、大学、企业占研究费的比重分别为 1970 年 58%、25%、4%、13%，1979 年分别为 27%、29%、10%、34%（文晚龙《韩国科学技术研究体制的进化》，204 页）。

[82] 金光模，《韩国产业发展和重化工业政策》，293 页；金英宇等，《韩国科学技术政策 50 年的足迹》，159-163 页。关于大德研究园区的建立和演变过程的详细分析，参阅文晚龙，"从 KIST 到大德研究园区：朴正熙时代政府出演研究所的诞生和再生产"，《历史批评》85（2008），262-289 页；宋成守，"科学技术据点的进化：大德研究园区的事例"，《科学技术学研究》9-1（2009），33-55 页。

[83] 李万熙，《EPB 是否创造奇迹》，234-235 页；朴永九，"结构变动和重化工业

化",408-409 页。韩国政府对石油波动的应对措施见吴源哲,《能源政策和进军中东》,245-428 页;吴源哲,《朴正熙是如何打造经济强国》,229-287 页;金光模,《重化工业中朴正熙的灵魂还在》,217-230 页。

[84] 宋成守,《韩国钢铁产业技术能力发展历程》,97-98 页。浦项制铁向相关当局提交 1973 年度报告后,副总理金鹤烈和总统朴正熙表示不敢相信[徐甲敬著、尹东镇译,《坚持最高标准:钢铁王、朴泰俊的经营故事》(韩国媒体资料刊行会,1997),317-319 页]。

[85] 宋成守,《韩国企业技术革新》,31-36 页。

[86] 朴永九,《韩国的重化工业化:过程和内容(Ⅱ)》,73 页。1974 年也是韩国在人均国民生产总值上超越朝鲜的一年。1971—1975 年,韩国人均国民生产总值分别为 285 美元、316 美元、396 美元。据统计,535 美元、591 美元、朝鲜人均国民生产总值分别为 308 美元、316 美元、418 美元、461 美元、579 美元。金秀根,"韩朝经济发展的比较",《统一论总》2(1985),77-98 页,特别是 88 页。

[87] 石惠媛,《韩国经济史》,93-97 页;朴燮,《适应与合作的时代》,375-378 页。关于韩国政府对进军中东的支援,参阅吴源哲,《能源政策和进军中东》,431-484 页;吴源哲,《朴正熙是如何打造经济强国的》,288-325 页。对此,金光模,《重化工业还活着朴正熙的灵魂》,24 页中评价矿工和护士派遣到联邦德国为"人力输出 1 号",派兵越南为"人力输出 2 号",进军中东为"人力输出 3 号"。

[88] 经济企划院,《开发连带的经济政策》,161-170 页;姜广河,《经济开发五年计划》,73-86 页。

[89] 科学技术实务计划班,《第四次经济开发五年计划:科技部门计划,1977—1981》(1976),ⅰ 页。

[90] 科技实务计划班,《第四次经济开发五年计划:科技部门计划》,第 4 页。

[91] 朴正熙政权时期的科学技术综合计划见宋成守,《科学技术综合计划相关内容分析》,40-68 页。

[92] 对此,1979 年 8 月制定的《推进重化工的当前课题和对策是推进方向之一,提出了加强对提高研究开发及现场技术的支援》,将提高现场技术水平、确立技术信息体制、对技术开发资金的金融支援等作为主要课题(李相哲,《韩国的产业化》,143 页)。

[93] 朴永九,"结构变动和重化工业化",410 页。

[94] 朴永九,"结构变动和重化工业化",420 页。韩国的重化工业化与主要发达国

家相比速度非常快。轻工业和重化工业在附加值中所占的相对比重从 5∶1 变为 1∶1 所需时间英国 100 年以上、美国 60 年以上、日本 40 年以上，但韩国只有 10 年左右（同上书，421 页）。

[95] 朴永九,"结构变动和重化工业化",420 页；李荣薰,《韩国经济史 II》,440 页。从经济开发五年计划期间的经济增长率来看，1962—1966 年计划值 7.1%，业绩值 7.9%，1967—1971 年计划值 7%，业绩值 9.6%，1972—1976 年计划值 8.6%，业绩值 9.2%，1977—1981 年计划值 9.2%，业绩值 5.8%（李宪昌,《韩国经济通史》第 7 版，477 页）。1962—1979 年各年度经济增长率分别为 1962 年 2.1%、1963 年 9.1%、1964 年 9.7%、1965 年 5.7%、1966 年 12.2%、1967 年 5.9%、1968 年 11.3%、1969 年 13.8%、1970 年 8.8%、1971 年 10.4%、1972 年 6.5%、1973 年 14.8%、1974 年 9.4%、1975 年 7.3%、1976 年 11.8%、1978 年 10.3%、1978 年 10.3%，据统计，1979 年为 8.4%（韩国经济 60 年史编纂委员会,《韩国经济 60 年史 I》,105 页，113 页）。

[96] 朴永九,《韩国的重化工业化：过程和内容（II）》,第 129 页。日本的世界市场占有率 1970 年为 6.8%，1977 年为 9%。

[97] 朴永九,《韩国的重化工业化：过程和内容（II）》,125 页。

[98] 吴源哲,《朴正熙是如何打造经济强国的》,446-447 页。

[99] 对此，金仁杰等编著的《韩国现代史讲义》,339-341 页指出，20 世纪 70 年代经济增长的问题是贸易依存度上升、外资引进剧增、二手设备的转移、以装配加工为主的产业结构、投资的重复及过剩、亏损企业的层出不穷、垄断点的加强、劳动环境的恶化、农村的弊病、城市贫民区的形成等。另外，朴永九,"结构变动和重化工产业化",422-427 页是重化工产业化的核心问题，集中经济实力、机械工业发展不尽如人意、对公害问题考虑不足、金融系统弱化等备受关注。

[100] 韩国贸易协会,《韩国贸易史》,592 页；韩国经济 60 年史编纂委员会,《韩国经济 60 年史 I》,115 页。

[101] 朴燮,《适应与合作的时代》,383-386 页；李荣薰,《韩国经济史 II》,487-489 页。

[102] 金坚,"韩国在重化工业化过程中国家介入的情况及归结"，产业社会研究会篇,《今日韩国资本主义和国家》（韩吉士，1988），165-168 页；李荣薰,《韩国经济史 II》,453-454 页。以销售额为准，1972 年的 10 大财阀是三星、乐喜金星、韩进、新进、双龙、现代、大韩、韩华、极东、大农，1979 年的 10

大财阀是现代、乐喜金星、三星、大宇、晓星、国际、韩进、双龙、韩华、鲜京（李宪昌，《韩国经济通史》第7版，554页）。

[103] 金兴起编，《荣辱的韩国经济》，275-280页；李璋圭，《总统的经济学》，202-210页。对于当时的气氛，姜京植进行了如下回顾。"稳定化政策是朴正熙总统满怀信心推进的，期间所有政策都要改变。这是从开始就很难实现的政策，因为这触碰最高权力者的逆鳞带来了相当大的风险。"（李璋圭，《总统的经济学》，208页）。

[104] 经济企划院，《开发连带的经济政策》，323-334页。对此，金兴起编，《荣辱的韩国经济》，275-276页表示："1979年4月17日发表的《经济稳定化综合政策》明确了从优先增长到以稳定为中心的转变。从过去2—3年主张经济稳定必要性的企划院内的稳定论者立场来看，这是一大壮举。"。

[105] 金成南、朴基周，《重化工业化政策的制定、展开及调整》，150-153页；李相哲，《韩国的产业化》，142-143页。

[106] 经济企划院，《开发连带的经济政策》，335-336页；朴永九，《韩国的重化工业化：过程和内容（Ⅱ）》，139-140页。

[107] 李万熙，《EPB创造奇迹了吗》，261-264页。对此，朴永九，《韩国的重化工业化：过程和内容（Ⅱ）》，126-127页评价说，到20世纪70年代中期，政府拥有比企业更丰富的信息，但到1977年左右，企业开始领先于政府的信息力和执行力。

[108] 金成南、朴基周，《重化工业化政策的制定、展开及调整》，153-154页；李相哲，《韩国的产业化》，143页。

[109] 韩国经济60年史编纂委员会，《韩国经济60年史Ⅱ：产业》（韩国开发研究院，2010），201页。

[110] 宋伟赈、洪诚珠，《韩国产业技术史调查领域研究：以纤维及计算机/通信产业技术发展过程为中心》（科技政策研究院，2011），40-41页。

[111] 吴源哲，《韩国型经济建设》第1卷，262-266页。缝制品是指像衬衫、童装、连衣裙等一样踩着缝纫机制作的产品，"Medias"是用一根线制作的服装，T恤、内裤、袜子、手套、毛衣等都属于此。

[112] 金基元、金清秀、宋正焕，《韩国产业的理解》修订版（韩国广播通信大学出版部，2006），154页。

[113] 韩国产业银行，《韩国的产业》（1962），第327页。

[114] 韩国经济60年史编纂委员会，《韩国经济60年史Ⅱ：产业》，200-201页。

拉伸尼龙是对尼龙纤维进行热加工，使其具有与羊毛一样的弹性，也被称为羊毛尼龙。

[115] F 是长纤维（filament）的缩写，SF 是短纤维（stapel fiber）的缩写，长纤维是纺成细纱状态的纤维，SF 相当于适当断裂后制成的短纤维。

[116] 对于 20 世纪 60 年代化纤产业生产能力变动的过程，参阅韩国化纤协会《韩国的化纤产业：昨天和明天》(1993)，88-91 页。化纤产业还成为韩国几个财阀集团成长的媒介。韩国尼龙（株）自 1957 年成立后，1977 年改为（株）KOLON（nylon），1981 年由（株）KOLON（nylon）并购 KOLON（聚酯纤维），形成了（株）KOLON。"KOLON"是"高丽"（Korea）和"尼龙"（nylon）的合成词。东洋尼龙（株）成立于 1966 年，1970 年合并韩日尼龙（株），1973 年成立东洋涤纶（株）、东洋盐工（株），具备纤维一揽子体制。1996 年扩大到（株）晓星 T&C，1998 年晓星集团的主力企业合并为名为晓星（株）的单一企业。东洋合纤于 1971 年并入泰光产业，大韩化纤于 1975 年并入泰光集团。鲜京化纤和鲜京合纤分别成立于 1966 年和 1969 年，1976 年鲜京合纤合并了鲜京化纤。鲜京合纤在 1988 年扩大到鲜京工业后，1998 年改为 SK 化学。另外，鲜京集团（SK 集团）的母体鲜京织物自 1953 年成立后，于 1970 年合并了鲜京产业，1976 年鲜京织物与鲜一纤维合并，鲜京（株）成立，鲜京（株）于 2003 年改为 SK 鲜一（株）。

[117] 李相哲，《韩国化纤产业的展开过程》，70-73 页。

[118] 东方尼龙，《东方尼龙十年史》(1976)，127-141 页；李相哲，《韩国化纤产业的展开过程》，71-72 页。当时，东方尼龙的技术人员在海外研修之前做了相当大的前期准备。他们通过文献整理获得知识，编成《尼龙制造法》教科书，整理了关于尼龙制造的疑点，制作了提问表后，开启了海外研修之路（《东方尼龙十年史》，158 页）。

[119] 韩国化纤协会，《韩国的化纤产业》，第 88 页。

[120] 李相哲："韩国后发产业化和产业政策：以化纤产业为例"，《经济发展研究》4-1（1998），120-128 页。

[121] 李在德等，《韩国型 ODA 产业领域研究：纤维产业》（产业研究院，2014），121-123 页：纤维技术振兴院，《大邱纤维产业公司》(1990)，306-307 页。

[122] 宋伟赈、洪诚珠，《韩国产业技术史调查领域研究》，42 页。

[123] 关于 1962—1974 年纤维产业的增长形态和结构变化，参阅金永峰《纤维工业的增长过程和生产结构》（韩国开发研究院，1975），66-107 页。

[124] 李相哲,《韩国化纤产业的展开过程》,80-83页。

[125] 李相哲,"韩国的后发产业化和产业政策",128-132页。关于纤维工业设施的临时措施法,吴源哲,《韩国型经济建设》第一卷,287-288页,将其核心内容概括如下。"每年工商部在进行需求预测后,都会制定设施设置限度。首先要更换老化设施。将现有企业的规模提高到国际水平,抑制新企业的进入。必须进行设施登记,对没有登记的设施下达禁止使用的命令。"

[126] 韩国化纤协会,《韩国化纤协会50年史,1963—2013》(2013),18页。

[127] 李相哲,《韩国后发产业化和产业政策》,132-137页。

[128] 李相哲,《朴正熙时代的产业政策》,116-121页。

[129] 李相哲,《韩国化纤产业的开展过程》,168-176页。对于质量管理活动的开展和三星电子的事例,参阅郑珍成,《职业意识的固定和提高生产效率:以质量管理分任组活动的引进和开展过程为中心》(韩国开发研究院,1994)。

[130] 裴武基,"技术的引进、接受及扩散:韩国尼龙产业的日案例研究",《经济论集》19-1(1980),40-56页;朴宇熙、裴勇浩,《韩国的技术发展》,102-134页。

[131] 李相哲,《韩国化纤产业的展开过程》,177-181页。

[132]《东方尼龙十年史》,314页。在韩国,到1981年为止成立的企业附设研究所共有65个,在东洋尼龙之前,由韩国电力公司(1961年)、大韩煤炭公司(1962年)、韩国造币公司(1967年)等政府投资机构成立了企业附属研究所(金坚,"关于20世纪80年代韩国技术能力发展过程的研究",157页)。

[133] 李相哲,《韩国化纤产业的展开过程》,182-188页。

[134] 鲜京宣传室,《鲜京三十年史》(1983),254页。

[135]《鲜京三十年史》,254-256页。

[136] 李相哲,《韩国后发产业化和产业政策》,137-140页。

[137]《鲜京三十年史》,256-257页。

[138]《鲜京三十年史》,260-261页。

[139]《鲜京三十年史》,258-260页;李相哲,《韩国化纤产业的展开过程》,189-190页。

[140]《鲜京三十年史》,288-291页;李相哲,《韩国化纤产业的展开过程》,190-193页。当时,鲜京合纤与日本帝人保持着合作关系,在推进研发计划方面存在相当大的困难,因此1976年10月单独成立了鲜京化学(株),负责涤纶薄膜开发业务。

[141]《鲜京三十年史》，291-295 页；文晚龙，《韩国现代研究体制的形成》，267-268 页。对此的详细讨论参阅林在允《技术引进、国内研发以及技术国产化：鲜京化学聚酯薄膜制造技术及其保护的争论分析，1976—1978》（首尔大学硕士学位文，2016）。

[142] 李相哲，《韩国化纤产业的展开过程》，195 页。

[143] 国际商社，"韩国橡胶化工业发达史"，《国际商社三十年史，1949—1979》（1979），707-709 页。

[144] 林正德、朴载云，《韩国的鞋产业》（产业研究院，1993），第 17 页。

[145] 三和橡胶成立于 1931 年，宝生橡胶成立于 1936 年，太和橡胶工业成立于 1947 年，国际化学成立于 1949 年，东洋橡胶工业成立于 1953 年，晋阳化学工业成立于 1963 年。其中，国际化学 1975 年被改名为国际商社，东洋橡胶 1980 年改名为和承。关于釜山地区鞋业的变迁，参阅金泰贤，《釜山企业史》（釜山发展研究院，2004），235-243 页。虽然有消息称 1947 年成立了国际橡胶，但国际商社的正式记录将 1949 年正式成立的国际化学视为国际商社的出发点。梁泰镇和梁正模 1947 年开始了制鞋事业，1948 年 4 月左右推出了国际橡胶工业公司的商标，1949 年 12 月登记了国际化学股份公司的章程。关于国际商事的早期历史，参阅《国际商社三十年史，1949—1979》，45-69 页。

[146] 国际商社，《韩国橡胶化工业发达史》，712-713 页；金锡宽，《鞋业的技术革新模式和发展方向》（科学技术政策研究院，2000），83-84 页。

[147] 对此，东吉山，"从胶鞋到 Trekstar"，釜山广域市，《财富 50 年历史故事（上）》（人类文化阿里郎，2015），225 页记录如下。"以内需为主增长的釜山鞋业升级一步的契机是 1965 年韩日邦交正常化。随着邦交正常化，日本拥有的技术和生产设备开始转移到韩国。东京奥运会后，经济迅速增长的日本随着人工费的昂贵，竞争力下降。因此，与日本临近的釜山成为日本的鞋业战略基地，在技术和生产上与釜山企业展开了合作。"

[148] 金锡宽，《鞋业的技术革新模式和发展方向》，98-99 页。

[149] 金基元等，《韩国产业的理解》，179 页。

[150] 有关世界鞋业增长和革新的详细讨论，参阅金锡宽，《鞋业技术革新模式和发展方向》，35-81 页。

[151] 金锡宽，《鞋业的技术革新模式和发展方向》，84-85 页。现有的直接加硫法受制于鞋底的成型和鞋帮的种类，因此只用于简单廉价的饱和生产，而冷轧工艺由于采用了鞋底在压力机内加硫的轧制加硫法，因此具有可以使用复杂形状鞋

底和多种材料外壳的优点。

[152] 韩国经济60年史编纂委员会,《韩国经济60年史Ⅱ：产业》,204页。

[153] 国际商社,《国际商社三十年史》,357页。

[154] 关于20世纪70年代国际商社的新产品开发,见《国际商社三十年史》273-278页。

[155] 作为技术学习的手段,关于OEM的意义参阅 Michael Hobday, *Innovation in East Asia：The Challenge to Japan*（Aldershot：Edward Elgar,1995）；赵现代,《技术追击国的技术获取和战略合作：模型开发和案例分析》(科技政策管理研究所,1997),参考12-26页。Hobday将后发企业生产方式演化的阶段划分为OEM、自主设计生产方式（OUN-Design Manufacturing, ODM）、自主品牌生产方式（OUN-brand manufacturing, OBM）三个阶段。OEM是指根据订购企业提出的规格生产产品后,贴上订购企业的商标进行销售,ODM是指在自行设计生产的产品上只贴上订购企业的商标进行销售,OBM是指在没有订购者的情况下,通过自行设计和生产,以自己的品牌进行销售。

[156] 金锡宽,《未完的技术学习：韩国鞋业的成长与衰退》,《技术革新研究》8-2（2000）,214页。

[157] 南长根,《韩国型ODA产业领域研究：石油化学产业》(产业研究院,2015),48页。

[158] 金承锡,《蔚山地区石化产业的发展历程》(蔚山发展研究院,2006),54-58页；南长根,《韩国型ODA产业领域研究：石油化学产业》,49-51页。曾是韩国石油（株）常务的全民齐对炼油厂建设计划的制定做出了巨大贡献,他被授予炼油厂建设顾问的头衔（吴源哲,《韩国型经济建设》第1卷,46页）,大韩石油公司1980年被鲜京集团（SK集团）收购,1982年使命变更为大韩石油公司（简称"油公"）,油公1997年被SK股份公司编入,2011年重组为SK创新。

[159] 对此,1969年6月至1972年1月担任副总理兼经济企划院长官的金学烈在办公室的黑板上写着"综合制铁""石化",并严令秘书官不可擦掉（金兴起编,《荣辱的韩国经济》,170页）。

[160] 金承锡,《蔚山地区石化产业的发展历程》,30-33页。ADL报告的摘录本载于韩国石油化学工业协会,《韩国石油化学工业十年史》(1976),249-286页。石化产业按制造阶段划分为以下三个集团。第一是乙烯、丙烯、丁二烯、苯、甲苯、二甲苯（在这里,苯、甲苯、二甲苯按照英文首字母被合称为BTX）

等石脑油分解生成的基础油分制造业。二是生产苯乙烯诺谟（SM）、乙烯二氯乙烷（EDC）、乙烯三氯乙烷单氯乙烷（VCM）等的中间原料制造业。三是以基础油和中间原料为材料，加工最终产品诱导品（衍生物）的阶段，合成树脂、合成纤维原料、合成橡胶等相当于代表性诱导品。这三个阶段分别被称为上游部门、中游部门、下游部门。

[161] 吴源哲，《韩国型经济建设》第3卷，43-50页；南长根，《韩国型ODA产业领域研究：石油化学产业》，56-58页。当时工商部工业第一局已经有无机化学科和有机化学科，由于石化系的新建，仅化学产业就具备3个系，迎来了"化学系的全盛时代"。

[162] 南长根，《韩国型ODA产业领域研究：石油化学产业》，62-65页。

[163] 金基元等，《韩国产业的理解》，197页。

[164] 吴源哲，《韩国型经济建设》第3卷，55-56页。

[165] 金承锡，《蔚山地区石化产业的发展历程》，109页。关于韩国政府与外国企业进行交涉的过程，参阅吴源哲《韩国型经济建设》第3卷，87-105页。

[166] 石油化学工业扶持法和执行令全文载于韩国石油化学工业协会，《韩国石油化学工业十年史》，301-314页。对于20世纪70年代韩国政府制定的石油化学工业相关计划的演变过程，参阅朴永九，"以20世纪70年代韩国石油化学工业计划：以变化过程为中心"，《经济史》48（2010），167-198页。

[167] 关于蔚山石油化工园区的建设过程，参阅韩国石油化工协会，《韩国石油化工十年史》，65-94页；金承锡，《蔚山地区石化产业的发展历程》，65-79页。朴正熙总统在综合开工仪式上还提道："今天在此开工的工厂是大家之前从未听说过的，我也不知道这些是什么样的工厂。"（韩国石油化学工业协会，《韩国石油化学工业十年》，293页）。

[168] 南长根，《韩国型ODA产业领域研究：石油化学产业》，66页。

[169] 对此，金承锡，"经济发展和国家角色变化：以石油化学工业为中心"，吴斗焕编，《工业化的制油型（Ⅱ）：韩国的历史经验》（经文社，1996），302页，指出："虽然进入石油化学工业的前提条件不充分，但国家以财政投融资的名义创建了国家企业，为石油化学工业创造了必要的前提条件。"

[170] 金承锡，《蔚山地区石化产业的发展历程》，104-105页。

[171] 金承锡，《蔚山地区石化产业的发展历程》，81-83页；南长根，《韩国型ODA产业领域研究：石油化学产业》，72-77页。

[172] 对于蔚山石油化工园区扩建项目和丽川石油化工园区建设项目的开展过程，参

阅金承锡,《蔚山地区石化产业的发展历程》,83-108 页。韩国综合化学工业是 1973 年由忠州肥料和湖南肥料合并成立的,对韩国肥料产业和石化产业的成长做出了巨大贡献。韩国综合化学工业 1984 年以后将所属工厂或子公司民营化,2011 年因经营恶化而解散。

[173] 金承锡,《经济发展和国家作用变化:以石油化学工业为中心》,302-303 页。

[174] 金承锡,《蔚山地区石化产业的发展历程》,103 页。

[175] 金承锡,《蔚山地区石化产业的发展历程》,104-105 页。

[176] 韩国产业银行,《韩国的产业(下)》(1979),30 页。对于当时签订的技术引进合同的概要,参阅以上资料,28-29 页。

[177] 朴宇熙、裴勇浩,《韩国的技术发展》,58-59 页。

[178] 朴宇熙、裴勇浩,《韩国的技术发展》,63 页。汉阳化学的技术人员以 1979 年初为起点,自信地表示已经完全掌握了从国外引进的技术,此后在建设第三家工厂时,可以由韩国人设计和运营(同上书,66 页)。

[179] 关于汉阳化学的技术改良案例,参阅朴宇熙、裴勇浩,《韩国的技术发展》,67-81 页。

[180] 金允亨,《韩国钢铁工业的增长》,64-73 页;宋成守,《韩国钢铁产业技术能力发展历程》,24-29 页。

[181] 关于综合制铁事业计划变迁的详细讨论,参阅浦项制铁《综合制铁工厂建设设计简况:从基本协定到签订追加协定》(1969);金在官,"综合制铁的孕育和诞生",《书友》5(1989),22-31 页;宋成守,"韩国综合制铁事业计划的演变过程,1958—1969,《韩国科学史学会杂志》24-1(2002),3-39 页;白德贤,《近代韩国钢铁工业成长史》(韩国钢铁新闻 2007),165-270 页;李相哲,"钢铁产业扶持政策和浦项综合制铁",朴基周等,《韩国重化工业化和社会的变化》(韩国历史博物馆,2014),177-197 页。

[182] 对此,时任世界银行总裁的尤金·布莱克(Eugene Black)通过以下发言,对综合制铁事业的支援持肯定态度。"发展中国家有三个神话:一是高速公路的建设,二是综合制铁的建设,三是国家元首纪念碑的建立(金正濂,《韩国经济政策 30 年史》,135 页)。

[183] 1968 年创立为公共企业的浦项综合制铁在 2000 年完全民营化后,2002 年更名为浦项制铁。在下面的讨论中,将相关企业的名称简称为"浦项制铁"。

[184] 综合制铁事业计划研究委员会,《以综合制铁工厂建设为中心的韩国制铁工业开发研究报告》(1969.7);韩国科学技术研究院,《KIST 30 年史:创造性源

泉技术的挑战》（1998），189-192页。当时，KIST的金在官、金铁佑、李奉镇分别研究了技术性，尹汝京研究了经济性，金在官担任了研究负责人，在整理新事业计划方面起到了核心作用。金在官在加入KIST之前的1962年还参与了蔚山综合钢铁厂建设计划的制定［采访：金在官（1999.7.16）］。

［185］对于浦项制铁厂建设事业的开展过程，参阅宋成守，《韩国钢铁产业的技术能力发展历程》，82-114页。浦项制铁所一期项目共需1203亿韩元，被认为是当时韩国建国以来最大的建设项目，是1968年至1970年开展的京釜高速公路建设项目所需费用428亿韩元的约2.8倍。

［186］金兴起编，《荣辱的韩国经济》，151页。

［187］关于钢铁工业扶持法和实施令的演变过程及内容，参阅金柱汉等，《韩国型ODA产业领域研究：钢铁产业》（产业研究院，2014），117-147页。

［188］浦项制铁，《浦项制铁10年史》（1979），212-214页；徐甲敬，《坚持最高标准》，261-267页；李大焕，《世界最佳钢铁人朴泰俊》（玄岩社，2004），308-312页。对此，1969年10月至1978年12月担任总统秘书室长的金正濂"朴总统在青瓦台单独会见的经济人只有现代总裁郑周永和浦项制铁社长朴泰俊。"（金正濂，《啊，朴正熙》，103页）。三星总裁李秉喆和朴正熙在20世纪60年代初期保持着密切关系，1966年发生韩国肥料走私糖精事件后，距离拉开。关于朴正熙和三星的关系，参阅李东贤《从热点话题看韩国现代史》（闵延，2002），167-223页。

［189］对此，参阅权永基，"朴泰俊的长期执政（23年）"、《月刊朝鲜》1991年4月号，130页，指出："浦项制铁之所以能生产出超过设计容量100%的钢材，是因为机器说了正确的话。"

［190］宋成守，《韩国钢铁产业的技术能力发展过程》，94页；李大焕，《世界最佳钢铁人朴泰俊》，306-308页。

［191］朴泰俊，"企业是为了服务而存在的"，赵英来编，《阁下！现在结束了：青岩朴泰俊文集》（汉松，1995），288-289页。

［192］朴泰俊，"朴泰俊回忆录：像火一样生活③"，《新东亚》1992年6月号，454-455页；《浦项制铁20年史》，196页。

［193］采访：金铁佑（2000.7.14）；崔亨燮，《不熄灯的研究所：韩国科学技术黎明期30年》（朝鲜日报社，1995），80-82页。当时担任韩国科学技术研究院（KIST）重工业研究室室长的是精通日本钢铁行业的金铁佑，KIST的东京分室与浦项制铁的东京联络站位于同一栋建筑中。

[194] 宋成守,《韩国钢铁产业技术能力发展历程》,86-87页;文晚龙,《韩国现代研究体制的形成》,210-212页。

[195] 浦项制铁,《浦项制铁 7 年史：一贯制钢铁厂建设记录》(1975),526页。以下讨论部分完善了宋成守,"浦项制铁初创企业的技术习得",《韩国科学史学会杂志》28-2(2006),329-348页。

[196] 电话采访：白德贤(2000.1.13)。事实上,浦项制铁的主要干部职员也没有亲眼目睹戈罗的经历,这在1970年2月作为土建部长入职的郑明植的回忆中可以得到确认。"我只在书中看到了高炉的画。(访问日本)亲眼看到高炉时,我被威慑感所驱使。我想我们能做到这一点吗？",[Joseph Innace 著,金元锡译,《世界不相信：浦项制铁照亮了道路》(埃德克,1993),127页]。

[197] 1973年,浦项制铁在海外进修的员工总数为597人,包括10名为浦项制铁二期项目的员工,占全体员工数3973人的15%。以1972年为准,海外研修人员558人,全体职员2483人,海外研修人员的比重达到22.5%(《浦项制铁 7 年史》,503,526页)。

[198] 野田制铁和富士制铁于1970年3月31日合并为新日本制铁。

[199]《浦项制铁 7 年史》,526-528页。

[200]《浦项制铁 7 年史》,527-531页。

[201] 采访：李一玉(1999.6.30)。

[202] 浦项制铁,"从会议记录看经营10年",《浦项制铁 10 年史：另册附录》(1979),143页。对此,三星集团总裁李秉喆就浦项制铁的海外研修介绍了以下轶事。"朴会长送职员们去日本进修时总是强调,'大家应该毫无保留地掌握各自负责领域的技术,不仅如此,每个人回来时还应带回来至少一项其他技术,否则回国后就连见也不要见我了'。研修生们研修结束后,一个个来到朴会长身边,按照约定,拿出了自己负责的科目之外的一门技术"。[李秉喆,《经营者活的教材》,朴泰俊,《申宗的产业家族：朴泰俊华文集》(浦项制铁,1987),238页]。

[203] 日本学者对此的分析,参阅福冈和广岛,"浦项制铁厂建设中的韩日工程师交流",金道亨、安倍科托等,《韩日关系 1965—2015：II 经济》(历史空间,2015),434-469页。

[204] 金基洪,"浦项制铁厂是干什么的公司？",李浩编,《神能听见的合唱：浦项制铁30年的故事》(汉松,1998),264-265页。

[205] 崔亨燮,《寻找技术创造的源泉：与研究开发一起50年》(每日经济新闻社,

1999），25页。

［206］金基洪，"浦项制铁厂是干什么的公司？"，265页。

［207］采访：洪相福（2000.11.23）提到日本钢管，"浦项制铁的进修生们经常出入办公室，把资料拿出来，假装从外部复印。"

［208］宋成守，《韩国钢铁产业技术能力发展历程》，68-69页。

［209］宋成守，《韩国钢铁产业技术能力发展历程》，70页。

［210］对此，朴泰俊1988年9月1日在《基督教科学监控》回忆道："日本可能没有想象到韩国钢铁产业会有如此飞跃的发展。他们原本认为韩国会从远远落后的距离上苦追日本。"

［211］金永吉，《为你而派对》，李浩编，《神能听见的合唱》，159页；武田丰宗，《洞察时代的洞察力》，朴泰俊，《信宗离散家族：朴泰俊华甲文集》，270页。

［212］金基洪，"浦项制铁厂是干什么的公司？"，265页。

［213］平田澄穗，"思いつくままに"，外有贺敏彦等，《浦項綜合製鐵の建設回顧録：韓國への技術協力の記録》（东京：三元堂，1997），154页；山本长四郎"私の浦項製鐵：思いすままに"，同上书，168页。

［214］李浩，《谁来燃烧黎明：朴泰俊的简历》（自由时代相，1992），239-240页。

［215］赵容先，"知道那个时候吗？"，李浩译，《神能听见的合唱》，289页；平田澄穗，"思いつくままに，152-153页。

［216］《浦项制铁10年史》，165-166页。

［217］郑明植，"一切都是最初的'钢铁中兴'的第一锹土"，韩国工程振兴协会篇，《韩国工程的胎动》（2001），192页。

［218］例如，在新日本制铁的室兰钢铁厂指导热连轧作业的山本回忆道"因为现在是轧钢还没有计算机控制的时代，所以实习的重要性比资料和理论更重要，如果不好好进行实地训练并掌握，热连轧工厂就不会启动。"（山本长四郎，"私の浦項製鐵"，168页）。

［219］边衡尹，《韩国钢铁工业的技术积累：以浦项制铁为中心》，125，128-129页。

［220］成基中，"浦项制铁数字信息化故事"，李浩编，《神能听见的合唱》，221页。

［221］Alice H. Amsden, *Asia's Next Giant*, p.309.

［222］成基中，"浦项制铁数字信息化故事"，222页；采访：李承宇（1999.6.30）。

［223］许文道，《朝鲜日报》，1976.11.23。

［224］许文道，"感受韩国工业化的意志"，《朝鲜日报》，1978.12.13。

［225］采访：李一玉（1999.6.30）。对此，1975年秋天去新日本制铁名古屋炼铁厂

海外进修的金夏延回忆说，日本技术人员对浦项制铁有竞争意识，表现为对现场实习感到难堪或要求实习人员必须获得批准才能进出复印室。"以饥饿精神闪耀的眼睛：为下一代幸福留下的缩微胶卷"，李大焕编，《流淌在铁水中的蓝色青春》(亚洲，2006)，210-211 页。

[226] "韓國製鋼材なだれ込む"，日本经济新闻，1981.7.11.

[227] 《浦项制铁 7 年史》，341 页。

[228] 《浦项制铁 7 年史》，608-613 页。

[229] 徐甲敬，《坚持最高标准》，320 页。浦项制铁最初预计亏损到 1974 年，但实际上从 1973 年开始就能实现盈余。其中，中厚板厂建成后，出现世界造船热潮的幸运是决定性因素，但如果没有优质设备的确保、后方建设方式的采用、建设空气的缩短、设备的试运行等，其效果将非常小。

[230] 电话采访：白德贤（2001.7.2）。对此，成兆焕，"关于韩国钢铁产业技术开发过程的研究：浦项制铁的逆向利用战略"（国民大学史学位论文，1999），第 57 页，指出："JG 的技术人员被选任主导生产，韩国工程师起到了辅助人员的作用"，但这应该与事实不符，因为没有任何责任的人不可能主导启动设备。相反，成兆焕的分析似乎适合浦项制铁海外研修的开展情况。如果浦项制铁的职员在海外研修中担任助理，那么在作业现场就相当于担任了主角。

[231] 边衡尹，"韩国钢铁工业的技术积累：以浦项制铁为中心"，《经济论集》19 卷 2 号（1980），第 131 页。

[232] 采访：李一玉（1999.6.30）。对于浦项制铁初创企业的人力管理，参阅宋成守，《韩国钢铁产业技术能力发展过程》，124-131 页；郑镇成，"浦项制铁的功能人力补充及培养"，朴基周等，《韩国重化工业化和社会的变化》（韩国历史博物馆，2014），511-568 页。

[233] 采访：李一玉（1999.6.30）；金达贤，"厂长！你好聪明！"，李浩编，《神能听见的合唱》，293-295 页。

[234] 例如，1998 年作为浦项制铁"技圣"活动的金里善在接受成兆焕采访时回顾了以下内容。JG 派来的工程师经过 3 至 6 个月的技术指导后回去，虽然在掌握实际操作技术方面有很多困难，但日本的退休技术人员已经签约 1 至 2 年，因此向浦项制铁的员工详细传授了操作技术（成兆焕，"关于韩国钢铁产业技术开发过程的研究"，第 58 页）。另外，据李一玉回顾，JG 技术人员中也有很多缺乏经验的人，只是工厂监督，没有做出什么贡献，像服部这样经验丰富的技术人员实质上给予了帮助。"[采访：李一玉（1999.6.30）]。

[235] 采访：李一玉（1999.6.30）。回忆关于浦项制铁职员，作为JG技术员被派遣到热冶工厂的稻崎说："我们周围一直有拿着笔记本的浦项制铁职员，发言内容记录得淋漓尽致，感觉就像是教主一样。"（稻崎宏治，"プロセス．コンピュータとクーラー事始め"，有贺敏彦等，《浦項綜合製鐵の建設回顧錄》，67页）。

[236]《浦项制铁7年史》，603-604页。

[237] 电话采访：白德贤（2001.7.2）；白德贤，《近代韩国钢铁工业成长史》，300-301页。

[238] 朴宇熙、裴勇浩，《韩国的技术发展》，175-189页；宋成守，"韩国钢铁产业的技术能力发展过程"，151-152页。

[239] 浦项产业科学研究院，《浦项产业科学研究院10年史》（1997），90页。

[240]《浦项制铁10年史》，458页。

[241] 宋成守，《韩国钢铁产业技术能力发展历程》，153页。

[242] 宋成守，《韩国钢铁产业技术能力发展历程》，153-154页。

[243] 对于20世纪60年代韩国的造船产业，参阅金周焕，"关于发展中国家中国家－企业关系的研究：韩国造船产业发展和"支援－纪律主题的批判性研究"（首尔大学博士学位论文，1999），73-76页；金孝哲等，《韩国的船》（池城社，2006），60-68页。

[244] 在现代集团担任造船事业的主体依次为现代建设造船事业推进组（1969年至1970年）、现代建设造船事业部（1970年至1973年）、现代造船重工业（1973年至1978年）、现代重工业（1978年至现在），三星集团从三星造船（1977年至1983年）到三星重工业（1983年至现在），大宇集团依次为大宇造船（1978—1994年）、大宇重工业（1994年至2000年）、大宇造船海洋（2000年至现在）的顺序一直在演变，在这篇文章中，我们将其称为"现代""三星""大宇"。

[245] "周四原则"相当于1970年4月周恩来总理与日本友好贸易代表团举行会谈后提出的原则。即不与①与中国台湾地区或韩国进行交易的制造商及商社，②在中国台湾地区或韩国进行巨额投资的企业，③越南战争时提供武器的企业，④在日本的美国合并公司或子公司等进行交易。

[246] 关于现代进军造船产业的详细经过，参阅现代重工业，《现代重工业史》（1992），310-332页；金周焕，"关于发展中国家的国家－企业关系的研究"，85-104页；裴锡满，"造船产业的成长和出口专业产业化"，朴基周等，《韩

国重化工业化和社会的变化》（韩国历史博物馆，2014），396-408页；朴永九，"1971年韩国现造船工业的开始真的怎么样？"，《韩国民族文化》61（2016），431-462页。当时，郑周永为确保造船厂建设所需的资本和技术，展开了极具挑战性的活动。1970年9月，他会见了苹果道尔公司总裁龙巴顿（Longbattom），拿出了画着龟船的500元纸币，展现了我们民族船舶建造技术的潜力，1971年10月，他会见了约格斯·利瓦诺斯（George Livanos），并拍摄了蔚山尾浦洞的沙滩照片、一张5万分之一的地图，据悉，他曾以一张26万吨级油轮设计图纸推进谈判。

[247] 文晚龙，《韩国现代研究体制的形成》，207-208页。为了纪念KIST成立10周年，访韩的多纳德·D.霍尼克（Donald F. Hornig）访问了蔚山的现代造船厂。当被问及KIST对造船厂做出了什么贡献时，郑周永立即回答"I got idea from KIST"。[韩国科学技术研究院，《KIST 50年，难忘的故事》（2016），69页]。

[248] 现代重工业，《现代重工业史》（1992），338-342页。

[249] 李浩，"经济秘史：郑周永挑战造船业⑨：用倒装工法创世界纪录"，《经济学人》（2007.3.27）。

[250]《现代重工业公司》，370-373页。

[251]《现代重工业公司》，368-370页；韩国造船工业协会，《韩国的造船产业：增长与课题》（2005），172-173页。

[252] 金周焕，"关于在发展中国家的国家-企业关系的研究"，107-110页。

[253] 金周焕，"关于在发展中国家的国家-企业关系的研究"，110-115页；韩国造船工业协会，《韩国的造船产业》，173-177页。

[254]《现代重工业史》，384-389页；金周焕，"关于在发展中国家的国家-企业关系的研究"，115-121页。

[255] 金孝哲等，《韩国的船》，72页；李京默、朴承烨，《韩国造船产业的成功要素》（首尔大学出版文化院，2013），84页，指出："当时韩国政府不顾大宇和三星的反对，强制分配造船厂，大宇和三星表示：'既然要做的事业，就要扩大规模。'"

[256]《现代重工业公司》，342页。

[257] Alice H. Amsden, *Asia's Next Giant*, pp.286-287.

[258]《现代重工业公司》，344页。对于20世纪60—70年代造船产业的人力培养和政策，参阅裴锡满，"造船产业人力供求政策和培养过程"，朴基周等，《韩

国重化工业化和社会的变化》（韩国历史博物馆，2014），569-617页。

[259]《现代重工业史》，342页。

[260]《现代重工业史》，342-344页，裴锡满，"现代重工业初创造船技术引进和本地化过程研究"，《经营史学》26-3（2011），184-185，190页。

[261] 裴锡满，"现代重工业初创造船技术引进和本地化过程研究"，185页。

[262] 黄成赫，《没有不可逾越的墙》（E&B plus，2010），第35页，对此，郑周永对现代初创技术团队说："只要看一眼现场，就能做出设计图来，非常优秀。"［李浩，《经济秘史：郑周永挑战造船业⑩：全国麦芽糖都能到蔚山了》，《经济学人》（2007.4.14）］。

[263] 黄成赫，《没有不可逾越的墙》，第36页。

[264] Alice H. Amsden, *Asia's Next Giant*, pp.276-279；裴锡满，"现代重工业初创时期造船技术引进和本地化过程研究"，190-196页。在船台建造方式中，在倾斜的滑行台上组装一张钢板，完成船舶的躯干后，将船体进水大海进行装潢作业。而块建造方式是将船体分割成几等分的块，在陆上完成后，利用起重机将其放在船坞上并焊接在一起，完成船体。

[265] 白忠基，《直到韩国首家VLCC上市》，现代重工业，《现代重工业史》（1992），406页。

[266] 李京默、朴承烨，《韩国造船产业的成功要素》，147页。

[267] 裴锡满，"现代重工业初创造船技术引进和本地化过程研究"，191页。

[268]《现代重工业公司》，357-358页。

[269]《现代重工业公司》，360-363页。

[270] 裴锡满，"现代重工业初创造船技术引进和本地化过程研究"，203页。

[271] 对此，参阅金周焕，"关于在发展中国家的国家-企业关系的研究"，105页，指出"使用'编织式技术组合'一词"，裴锡满，"现代重工业初创造船技术引进和本地化过程研究"，207页，指出"使用'现代重工业型油轮模式'或'现代重工业式造船技术'一词"。

[272]《现代重工业史》，549-550页。

[273] 三星最初向日本IHI寻求技术合作，但IHI要求三星所有海外营业的许可权，因此两家企业的技术合作告吹［三星重工业，《三星重工业20年史》（1994），136-137页］。

[274] 金周焕，"关于韩国造船业称霸世界因素的研究：以应对商品周期论的造船业发展战略为中心，《大韩政治学会报》16-1（2008），260-264页。基于这一点，

金周焕"关于造船业,日本和韩国从一开始就以竞争关系开始,与东北亚国家之间根据产品周期的夕阳产业的转移有距离。从过去殖民地脉络和地区整合的角度理解韩国产业化的'卡明斯理论',以纤维产业或浦项制铁为对象的情况不知道是否妥当,但不适用于造船产业。"(以上论文,272页)。

[275] 到20世纪50年代,对于韩国汽车产业,参阅现代汽车,"从不毛之地到世界汽车产业的新主角:韩国的汽车历史",《现代汽车30年史:挑战30年愿景21世纪》(1997),889-898页;吴圭昌、赵哲,《韩国汽车产业的发展历史和增长潜力》(产业研究院,1997),10-21页;经济奇迹编纂委员会,《韩国镜报3:重化工业,撼动地轴》(罗南,2016),315-326页等。

[276] KD引入零部件后将其组装起来生产汽车,分为SKD(semi-knockdown)和CKD(complete knockdown)。SKD是购买部分拆卸的零件进行组装的方式,CKD是购买完全拆卸的零件进行组装的方式。

[277] 关于20世纪60年代韩国的汽车产业,参阅吴圭昌、赵哲,《韩国汽车产业的发展历史和增长潜力》,22-41页。亚细亚汽车1969年被东国钢铁收购后,1979年被起亚产业吸收。新进汽车1972年作为与GM的共同出资成立了GM Korea(GMK),GM Korea经过新韩汽车(1976—1983年)、大宇汽车(1983—2002年)、GM大宇奥托科技(2002—2011年),2011年变更为韩国通用汽车(GM Korea)。

[278] 吴圭昌、赵哲,《韩国汽车产业的发展历史和增长潜力》,34-35页。

[279] "现代汽车",《现代汽车史》(1992),315页。

[280] 吴圭昌、赵哲,《韩国汽车产业的发展历史和增长潜力》,29页。

[281] 韩国科学技术研究所,《重工业发展的基础:韩国机械及材料工业的现状和前景分析》(1970),1111-1113页;现代汽车,《现代汽车20年史》(1987),180页。

[282] 吴圭昌、赵哲,《韩国汽车产业的发展历史和增长潜力》,42-47页;金成勋,《政府的产业政策和企业的技术革新战略:以韩国汽车产业为中心》(高丽大学博士学位论文,1998),61-74页。长期汽车工业振兴计划的全文和摘要,以及总统指示备忘录收录于吴源哲,《韩国型经济建设:工程专业》第4卷(起亚经济研究所,1996),321-454页。

[283] 金坚,《关于20世纪80年代韩国技术能力发展过程的研究》,194-195页。

[284] 此处,"固有车型"意味着没有在国外生产、销售过的新设计车型。它与谁设计车辆模型和谁开发车载部件的问题无关。如果完全自行执行这些任务,则属

于独立模式。

[285] 郑世永,《未来是创造：郑世永的汽车道路32年》（杏林出版，2000），162-184页；李浩,《顶峰不会偶然来到：郑世永和现代汽车》（禹硕，1993），116-163页。

[286]《现代汽车20年史》，170页概括了反对固有模式论者的逻辑。"①只有17亿韩元资本金的公司很难承担至少需要300亿至400亿韩元的投资；②如果向外国大量贷款建设，何时才能在世界市场上出售汽车偿还其本金和利息，感到迷茫；③最低量产规模为5万辆，在能够进入国际市场之前，将其视为国内市场。"虽然要在市场上消化，但国内市场整体轿车规模还不到1万辆，因此有可能建厂后不能立即启动；④根据我们的技术水平，（固有型号）汽车能否制造令人怀疑；⑤更何况出口也很难想象。"国内媒体表示："考虑到投资对比效果，独自开发是疯狂的"，对现代汽车的发展表示担忧［李侑载、朴基完，"现代汽车"，河永源等,《奇迹经营：创造奇迹的7家韩国企业故事》（自我的世界，2017），371-372页］。

[287] 郑世永,《未来是创造》，178-179页。

[288] 采访：金在官（2000.1.15）；郑世永,《未来是创造》，180-182页。

[289]《现代汽车20年史》，190-198页。

[290]《现代汽车20年史》，198-199页；李浩,《顶峰不会偶然来到》，173-174页。

[291] 每日经济科学技术部，"李忠九：从无到有创造的PONY神话",《科技开创世界：韩国工程师60人》（每经出版，2006），276页；玄英锡,《现代汽车速度经营》（韩国林经营研究院，2013），142页。

[292] 李忠九，"韩国的汽车技术：从第一步到飞翔③",《自动驾驶仪》31-4（2009.8），第55页。李忠九，"即使故人，也一直给予生动教诲的思念的声音"，PONY郑奖学金财团,《韩国汽车产业的神话：留下梦想和希望的永恒先驱PONY郑》（2006），104页，指出"当时韩国连汽车设计这句话的概念都很陌生，在这种完全空白的情况下，想在别人的背后掌握技术，真的每天都是紧张和苦恼的延续。在英语也不通的公司里，甚至用手脚比画，传授理论和技术，回家后怕错过任何一件事。在这样的困难中，日后媒体用"李代理笔记"一词介绍关于PONY设计的基础资料集。"

[293]《现代汽车20年史》，第213页；康明翰,《车轮永恒》（正友社，1992），265页。当时，20多名现代汽车员工去三菱汽车学习发动机制造技术，他们"购买了一本名为切削工艺的日本书，几乎背下了长达200页的书内容。"《现代

汽车史》，765 页。

[294]《现代汽车史》，386-387 页；姜明翰，《制作 PONY 的奇怪韩国人》（正友社，1986），第 57 页。

[295] 金坚，"关于 20 世纪 80 年代韩国技术能力发展过程的研究"，197-198 页。对此，20 世纪 70 年代担任现代汽车研究所所长，主导 PONY 开发的郑周化在北海道边走边摇头说："一开始不了解情况，一头扎进了开发固有车型汽车的行列，绝不能再来一次。"（玄永锡，《现代汽车速度经营》，140 页）。

[296] 对此，参阅李忠九，"韩国的汽车技术：从第一步到飞翔④"，《自动报》31-5（2009.10），56 页，指出："PONY 项目可以看作是跨国技术的综合作品。首先，平台来自日本三菱，设计来自欧洲的意大利设计，生产技术咨询了英国。进入开发或量产阶段，大部分生产技术引进了地区距离近、最贴近我们口味的日本方式。"

[297]《现代汽车 20 年史》，214-222 页。

[298]《现代汽车史》157 页；吴圭昌、赵哲，《韩国汽车产业的发展历史和增长潜力》，52-53 页。

[299]《现代汽车 20 年史》，201-206 页；郑世永，《未来是创造》，214-219 页。包括《现代汽车 20 年史》在内的许多文献中都提到韩国是世界上第 16 大固有车型生产国，但李忠九指出，韩国其实是世界第 9 大固有车型生产国，是在当时的汽车产量中排名世界第 16 位。"当时媒体大力报道说，韩国是世界第 16 大固有车型生产国，现在大部分文献资料也都援引为第 16 次大，但这其实是不准确的。韩国是第 9 大固有车型生产国，其（产量在世界上）是第 16 大。"（李忠九，"韩国的汽车技术：从第一步到飞跃③"，56 页）。

[300]《现代汽车 20 年史》，283 页。

[301]《现代汽车 20 年史》，287 页。

[302] 郑世永，《未来是创造》，240-241 页。

[303]《现代汽车 20 年史》，283-284 页；吴圭昌、赵哲，《韩国汽车产业的发展历史和增长潜力》，52 页。

[304] 徐贤真，《无尽的革命：韩国电子业 40 年的足迹》（E. Bee Communication，2001），12-13 页。

[305] 据说，当时具仁会社长立志要将广播国产化。"难道我们就永远只在军中福利社买外国货用，连台自己的收音机都没有吗？不管是谁，难道不去尝试一下吗？我们要敢于当第一个吃螃蟹的人"[金星社，《金星社 35 年史》（1995），

210 页；金永泰，《要实现愿景 1：莲庵 具仁会》(株)LG,(2012)，313 页]。

[306]《金星社 35 年史》，210-219 页；徐贤真，《无尽的革命》，75-81 页。关于金海洙的一生，参阅金海洙著、金真珠编，《父亲的广播：制作国产广播 1 号的工程师故事》(慢步，2007)；宋成守，"广播国产化的主角，金海洙"，《人的历史，技术的历史》第二版 (釜山大学出版部，2015)，442-453 页。

[307] 在这些课程中，积极利用了美国哥伦比亚大学的金玩熙博士 1967 年制定的《振兴电子工业的调查报告》，被称为"金玩熙报告书"。金玩熙此后还主持韩国电子工业振兴会的成立和运营等，为韩国电子产业的发展做出了巨大贡献，他的回忆录有金玩熙，《拥抱两个太阳：韩国电子产业的教父金玩熙博士自传随笔》(东亚日报社，1999)。对于金玩熙在电子工业振兴对策中的作用，也存在批评意见，如吴源哲，《韩国型经济建设》第 3 卷，317-326 页。

[308] 以上所讨论的 20 世纪 60—70 年代韩国电子产业的增长，参阅韩国电子工业振兴会，《电子工业三十年史》(1989)，33-160 页；徐贤真，《无尽的革命》，82-287 页。

[309] 对比参考，1977 年日本家庭电子产品占 37.5%，产业用电子产品 33.1%，电子元器件 29.4%，美国分别为 15%，66.3%，18.7% [韩国产业银行，《韩国的产业 (上)》(1979)，400 页]。

[310] 韩国电子工业振兴会，《电子工业三十年史》，43 页；金海洙，《父亲的广播》，166-167 页。

[311] 金海洙，《父亲的广播》，169-170 页。

[312]《金星社 35 年史》，260-261 页；徐贤真，《无尽的革命》，114-116 页。建议书全文载于《电子工业 30 年史》，43-45 页。

[313]《金星社 35 年史》，261 页。

[314] 金仁秀，《从模仿到革新》，174-175 页。

[315]《金星社 35 年史》，262-263 页。

[316]《金星社 35 年史》，280 页。

[317] 金仁秀，《从模仿到革新》，175-176 页。

[318] 徐贤真，《无尽的革命》，116 页。

[319] 三星电子，《三星电子 30 年史》(1999)，122，132 页；徐贤真，《无尽的革命》，257-258 页。

[320] 徐贤真，《无尽的革命》，259 页。彩电在国内的播出曾多次被建议，但直到进入第五共和国的 1980 年 12 月才见成效。其中一个原因是朴正熙总统认为彩

色电视还是奢侈品，可能会成为社会不和谐因素，对此参阅吴源哲，《韩国型经济建设》第3卷，388-390页。

[321]吴源哲，《韩国型经济建设》第3卷，387-388页；金仁秀，《从模仿到革新》，176页。

[322]《金星社35年史》，279-280页；《三星电子30年史》，132-133页。

[323]关于韩国半导体产业的初创情况，参阅尹净路，"韩国的半导体产业，1965—1987"，《科技和韩国社会》，(文学和至诚社，2000)，124-142页；韩国半导体产业协会，《半导体，书写神话》(2012)，12-23页。

[324]李钟德，"初创期只有'打包'"，韩国半导体产业协会，《半导体，书写神话》，19页。

[325]关于韩国半导体的初期活动，参阅三星半导体通信，《三星半导体通信十年史》(1987)，88-91页；姜晋求，《三星电子神话及其秘密》(高丽院，1996)，191-193页；韩国半导体产业协会，《半导体，书写神话》，25-29页。姜基栋的自传曾出版过，姜基栋，《姜基栋和韩国半导体》(Armor mudin，2018)。

[326]姜晋求，《三星电子神话及其秘密》，181-184页。

[327]《三星半导体通信十年史》，172-173页。

[328]《三星半导体通信十年史》，173-175页；姜晋求，《三星电子神话及其秘密》，197-198页。与此同时，韩国半导体培养的很多实务技术人员转移到国内企业，承担了拓宽半导体技术底边的作用［金忠基，《国内半导体工业发展回顾》，《电子工程会志》13-5（1986），439页］。

[329]《三星半导体通信十年史》，176-177页。三星电子完全收购韩国半导体时，李秉喆会长询问了当时担任中央媒体理事的李健熙的意见，当时李健熙说："半导体事业非常重要，是不能不做的事业，如果允许的话，自己还会个人出资。"（姜振久，《三星电子神话及其秘密》，195页）。

[330]《三星半导体通信十年史》，177-178页，《三星电子二十年史》，258页。对此，当时是韩国科学技术院电气及电子工程系教授的金忠基评价说，"1978—1979年，韩国的半导体行业尝试了集成电路的设计和生产"。三星半导体自行设计并生产了在现有手表芯片上附加多种功能的新手表芯片［金忠基，"韩国的半导体产业，1974—1989"，《电子工学会杂志》12-1（1985），37页］。

[331]《三星半导体通信十年史》，179-181页；三星电子，《三星电子二十年史》，274页。对此，《三星半导体通信十年史》，181页写道："虽然1975年开发量产了电子手表用芯片这一大规模集成（LSI）产品，但它只是简单的工艺开发，

不能说是真正意义上的 LSI 产品开发，因为色信号 IC 的开发，才是实质性地进入了 LSI 产品时代。"。

[332] 朴正熙，《国家和革命与我》，243-293 页。朴正熙在 1964 年 8 月 15 日举行的第 19 周年光复节庆祝词中曾表示："民主主义的健康发展、福利国家的建设、综合国力的培养，都取决于经济建设。"

[333] Walt W. Rostow, *The Stages of Economic Growth: A Non-Communist Manifesto*（Cambridge：Cambridge University Press, 1960）。

[334] 这一事实暗示朴正熙政权时期的决策带有渐进主义（incrementalism）性质，而不是理性主义（rationalism），《政策学院论》修订增补版（大明出版社，2010），431-508 页。

[335] 例如，徐益珍，《韩国产业化的发展模式》，李秉天编，《开发独裁与朴正熙时代》（创飞，2003），80-82 页讨论"复线性工业化论"，朱益钟，《让韩国富强》，174-207 页相应段落题为"朴正熙政府的复合产业化战略"。

[336] 浦项制铁，《半世纪制铁大历史的完成：从国内外看浦项制铁的成功因素》。

[337] 李济民，"韩国的经济增长：其成功与曲折的过程"，29-31 页。

[338] 与此相关，Dahlman, Carl J. and Larry E. Westphal, "Technological Effort in Industrial Development: An Interpretative Survey of Recent Research", Frances Stewart and Jeffrey James eds., *The Economics of New Technology in Developing Countries*（Boulder：Westview Press, 1982），第 129 页评价韩国企业时谈道："出口是获得技术优势的重要手段，再加上为了维持和增加海外市场的间接刺激，是提高生产率的直接手段。"

[339] 虽然有夸张的部分，但朱益钟，《让韩国富强》，225 页写道："电子工业与其他主要产业相比，政府在财政和制度上的支援较小。政府官员对产业的干预较小，企业也大多在没有政府资金支持的情况下，以自有资金兴业。比起政府，企业的主导性更为突出。"

[340] 朴永九，《结构变动与重化工业化》，416-417 页；李相哲，《韩国的产业化》，138-139 页。

[341] Alice H. Amsden, *Asia's Next Giant*, p.8。例如，朴泰俊说："因为有朴总统的支持和保护，浦项制铁拥有经营上的自主权，可以在没有外部干涉的情况下处理长期战略、人事政策、各种合同等。"虽然承认，但"政府可能会通过很多支援，扶持像浦项制铁这样的企业，但大部分情况下，只不过是染上官僚主义的普通企业。"他指出，浦项制铁的高效运营不应拘泥于政府的支持，这一点

非常重要（徐甲敬，《坚持最高标准》，351-352 页）。

[342] 对此，韩国电子工业振兴会，《电子工业三十年史》，42 页表示："技术合作线的大部分集中在日本企业，这是因为除了邻国的地理优势外，文化方面也优先考虑不贬低韩国行业的方面。"

[343] 李荣薰，《韩国经济史 II》，423 页。

[344] 对 KIST 初期活动的详细分析见文晚龙，《韩国现代研究体制的形成》，193-269 页。

[345] 为韩国重化工发展做出贡献的 KIST 相关人士名单整理在韩国科技研究院，《KIST 40 年史》（2006），151 页。

[346] 宋成守，"分析韩国技术发展过程中的特点"，114-115 页，1b。

[347] Nathan Rosenberg, *Perspectives on Technology* (Cambridge: Cambridge University Press, 1976), p.113。

[348] Wesley M. Cohen and Daniel A. Levinthal, "Absorptive Capacity: A New Perspective on Learning and Innovation", *Administrative Science Quarterly* 35-1 (1990), pp.128-152；金仁秀，《从模仿到创新》，132-134 页。

[349] 技术习得或技术学习的另一种类型是在实际运用产品的过程中，技术能力运用过程中的学习（learning by using），它在制造机器或设备的资本财产业中表现良好。参见 Nathan Rosenberg, *Inside Black Box: Technology and Economics* (Cambridge: Cambridge University Press, 1982), pp.120-140。

[350] 例如，服部民夫著，柳锡春、李思里译，《开发的经济社会学：韩国的经济发展和社会变动》（传统与现代，2007）、100-108 页；李荣薰，《韩国经济史 II》，421-423 页指出将高度成长期韩国工业化所具有的特质规定为"组装型工业化"。另外，文晚龙，《韩国科技研究体制的进化》，223 页指出：到 20 世纪 70 年代初期为止，韩国企业一直强调"注重通过逆向工程生产仿真产品"；李相哲，《韩国的产业化》，153 页评价说："在引进和启动设备的过程中，对先进技术有所了解，掌握了这些技术。"

## 第四章　第二次高度增长与技术追赶

[1] 李济民，"韩国的经济增长：其成功和曲折的过程"，44 页。从不同时期的年均经济增长率来看，1953—1961 年为 4.1%，1961—1970 年为 8.7%，1970—1980 年为 7.6%，1980—1990 年为 9.1%，1990—1997 年为 7.1%（李宪昌，《韩国经

济通史》第 7 版，508 页）。

[2] 李荣薰，《韩国经济史 II》，443-444 页；石惠媛，《韩国经济史》，117-119 页。1979—1981 年，韩国总统也一直在变化。10·26 事态发生后，国务总理崔圭夏成为代理总统权限的人，他于 1979 年 12 月就任第 10 任总统。接着，1980 年 9 月，全斗焕被选为第 11 任总统，同年 10 月，通过修改宪法，引入了 7 年任期的总统制，1981 年 3 月，全斗焕就任第 12 任总统，诞生了第五共和国。

[3] 关于重化工投资调整详情，参阅李昌熙，"重化工业投资调整日志"，《立法调查月报》152（1986），159-165 页。

[4] 金成南、朴基周，"重化工业化政策的建立、展开及调整"，155-158 页；李荣薰，《韩国经济史 II》，444-445 页。关于汽车的投资调整，吴源哲，《朴正熙是如何打造经济强国的》，550 页评价如下："汽车产业过度投资问题内生的通病问题就像噩梦一样……从汽车工业发展史的角度来看，在非常重要的时期浪费了 4—5 年的时间，对汽车组装企业或零部件生产企业来说，无论是停业、停业，还是物质、金钱上都造成了巨大的损失。"

[5] 经济企划院，《自主开放时代的经济政策：经济企划院 30 年史 II（1981 年至 1992 年）》（未来事，1994 年），152 页。

[6] 金成南、朴基周，"重化工业化政策的建立、展开及调整"，158-159 页。

[7] 金光模，《韩国产业发展和重化工业化政策》，102 页。对此，金成南、朴基周，"重化工产业化政策的建立、展开及调整"，158 页指出："可取的政策不是结构调整，而是缓解冲击、提高竞争力的政策。"；李荣薰，《韩国经济史 II》，445-446 页指出："朴正熙时代的投资只是进一步大规模后续投资的陪衬物。""本来没有过度投资，需要的只是一些短期调整。"

[8] 宋成守，"技术驱动政策的展开：20 世纪 80 年代"，科技部，《科技 40 年史》（2008），96-99 页；文晚龙，"1980 年政府出资研究机构重组：以 KIST 向 KAIST 的整合为中心"，《韩国科学史学会杂志》31-2（2009），505-543 页。对此，吴源哲，《朴正熙是如何打造经济强国的》，543 页对全斗焕政权推进的整合措施进行了如下评论："政权想通过合并解决所有问题。新闻机构合并、重化工合并、研究机构合并等接连出现。进行了'拆改过去作战'，即'与过去隔绝'的工作。"

[9] 金在益曾担任前总统全斗焕的经济课老师，虽然全斗焕以新军方牵制金在益，但在经济方面，全斗焕对金在益十分信赖。（李璋圭，《总统的经济学》，237-241 页）。

[10] 经济企划院,《自律开发时代的经济政策》,11 页。

[11] 金兴起编,《荣辱的韩国经济》,286-293 页;李璋圭,《总统的经济学》,242-248 页。

[12]《荣辱的韩国经济》(金兴起编,294-295 页)中指出,由于依赖价格规制的物价行政的局限性,政府制定了公平交易法,在国家保卫委员会的强制条件下,公平交易法成为可能,备受关注。

[13] 经济企划院,《自主开放时代的经济政策》,269-271 页;金成南、朴基周,《重化工业化政策的建立、展开及调整》,161-162 页。1986 年 12 月,以公平交易法大幅修订为契机,财阀被称为"大规模企业集团",被视为规制对象。为限制财阀财力的过度集中,特设置企业结合限制、禁止控股公司设立、出资总额限制、金融保险公司的表决权限制等(金成南、朴基周,《重化工业化政策的建立、展开及调整》,162-163 页)。

[14] 经济企划院,《自主开放时代的经济政策》,43-45 页;姜广河,《经济开发五年计划》,87-98 页。随着 1982—1983 年经济业绩比预期好转,1983 年 12 月制定了关于第五次经济社会发展五年计划的修改计划(1984—1986 年)。修订计划在维持原计划主要事项的同时,具有调整某些数值或深化内容的性质。例如,物价上涨率调整到 1%—2% 的水平,强调缩小与发达国家的技术及竞争力差距,提出了符合韩国发展阶段的社会福利制度的发展(经济企划院,《自主开放时代的经济政策》,45-48 页)。

[15] 全斗焕政权通过采取技术驱动政策和技术振兴扩大会议的术语,试图突出与朴正熙政权的差别性。技术驱动政策与出口驱动政策,技术振兴扩大会议与出口振兴扩大会议形成对比[宋成守,《关于韩国科技政策特性的试论性考察》,《科技学研究》2-1(2002),68 页]。

[16] 科技实务计划班,《第五次经济开发五年计划:科技部门计划,1982—1986》(1981),17 页。这样的政策基调早在朴正熙政权末期的 1977 年前后就开始出现,但当时大多停留在构想的层面,没有落实到实质性的政策上。对于科技政策中朴正熙政权和全斗焕政权的延续和隔绝,申香淑表示。"第五共和国的科技政策和朴正熙时代遗产的变更:以技术驱动政策和技术振兴扩大会议为中心",见《韩国科学史学会杂志》37-3(2015),519-553 页。

[17] 科技处,《科技行政 20 年史》(1987),32 页。

[18] 宋成守,《技术驱动政策的展开》,94-95 页,申香淑,《第五共和国的科技政策和朴正熙时代遗产的变用》,541-550 页。

[19] 科技部,《特定研究开发业 20 年史》(2003), 18 页。像这样, 特定研究开发业有意识地标榜缩小与发达国家技术差距的技术追赶观念, 类似的文章也出现在叙述事业推进背景的相同资料, 例如第 1 页, "20 世纪 80 年代初期, 韩国依赖外国资本和技术的经济增长逐渐趋向极限, 为缩小与发达国家的技术差距, 韩国逐渐转变为技术密集型产业国家, 政府层面的战略性研发财力的筹集和支援成为共识。"

[20] 宋成守, "技术驱动政策的展开", 101-103 页; 文晚龙,《韩国科技研究体制的进化》, 251-259 页。对此, 金根培,《韩国科技革命的结构》(田野, 2016), 147 页中指出, 韩国科技制度的中心点"光复后的 20 世纪 50 年代是大学, 20 世纪 60—70 年代是政府出资捐助的研究所, 20 世纪 80—90 年代是国家型研究开发事业, 之后则是大企业"。

[21] 科技部,《科技 40 年史》(2008), 664 页。

[22] 宋成守, "技术驱动政策的展开", 99 页。对 20 世纪 80 年代企业研究所的崛起和发展路径的详细分析见文晚龙,《韩国科技研究体制的进化》, 217-243 页。

[23] 宋成守, "关于韩国科技政策特性的试论性考察", 69 页; 宋成守, "技术驱动政策的展开", 109-111 页。

[24] 经济企划院,《自主开放时代的经济政策》, 181-182 页; 李京义,《韩国中小企业论》(知识产业史, 2014), 351-356 页。

[25] 朱益钟,《让韩国富强》, 270-271 页。

[26] 韩国贸易协会,《韩国贸易史》, 86 页。

[27] 韩国贸易协会,《韩国贸易史》, 541 页; 李京义,《韩国中小企业论》, 292 页。对于当时的重化工业, 李璋圭,《韩国总统们的韩国经济故事1》, 156-157 页指出, "因过度投资陷于困境的重化工业开始发光。原本只有 30%—40% 的工厂开工率上升到 70%—80%, 有些领域也出现了需要增设的情况, 可谓十年河东十年河西。"

[28] 李荣薰,《韩国经济史 II》, 446 页。

[29] 关于《工业发展法》制定过程的详细分析, 参见申熙英, "产业政策变动的政治多维说明: 以《工业发展法》的制定为中心",《韩国政策科学会刊》5-1(2001), 177-201 页; 金勇福, "20 世纪 80 年代韩国产业政策过程的特点: 以《工业发展法》为中心",《国际政治研究》8-1(2005), 237-255 页。

[30] 李荣薰,《韩国经济史 II》, 446-447 页; 李相哲,《韩国的产业化》, 150-151 页。根据《工业发展法》, 韩国政府 1986 年 7 月将汽车建设重装备、柴油机、

中电机、合金铁、织物等 6 个行业选定为产业合理化的对象行业。接着 1986 年 12 月染色加工、1987 年 12 月肥料、1992 年制鞋被指定为合理化行业（经济企划院，《自主开放时代的经济政策》，161 页）。

[31] 宋成守，《技术驱动政策的展开》，103 页；李相哲，《韩国的产业化》，149-150 页。

[32] 宋成守，"技术驱动政策的展开"，103-104 页；韩国产业技术振兴协会，《产业技术开发 30 年》（2009），80-82 页。如果科技处的特定研究开发业立足于技术主导（technology push）模型，工商部的工业基础技术开发事业是以需求牵引模型（demand pull）为基础推进的。需求牵引模型是进入 20 世纪 90 年代后，邮电部、环境部、建设交通部、农林水产部、保健福利部等在相应技术领域推进国家研究开发业的逻辑基础。其中包括信息通信研究开发业（1993 年）、环境技术开发事业（1993 年）、建设技术研究开发业（1994 年）、农林水产技术开发事业（1994 年）、保健医疗技术开发事业（1994 年）等。关于技术主导模型和需求牵引模型在内的技术革新模型的讨论，参阅宋成守，《技术革新是什么》（思考的力量，2014），52-59 页。

[33] 经济企划院，《自主开放时代的经济政策》，50-51 页；姜广河，《经济开发五年计划》，99-114 页。在计划期间的初期年度，随着宏观经济指标超出预测，1988 年 7 月制定了关于第六次经济社会发展五年计划的修改计划（1989—1991 年）。修改计划在强调原计划的基本目标经济先进化的同时，还表现出了提高税负的公平性、改善居住环境、促进金融自律化、经济的开放化和国际化等特点（经济企划院，《自律开放时代的经济政策》，51-54 页）。

[34] 经济企划院，《自主开放时代的经济政策》，23-24 页；朱益钟《让韩国富强》，271 页。

[35] 经济企划院，《自主开放时代的经济政策》，24 页；韩国贸易协会，《韩国贸易史》，86 页。对此，李璋圭，《总统的经济学》，275 页将第五共和国和第六共和国的成立情况进行了如下对比。"如果说全斗焕的第五共和国政府是从地狱的经济出发的，那么应该说卢泰愚的第六共和国政府是从天国的经济出发的。全斗焕时期糟糕的经济状况是最亟需解决的，因此全力以赴恢复经济理所当然，而在经济繁荣局面下被移交政权的卢泰愚对经济有所疏忽也没什么奇怪的。"

[36] 石惠媛，《韩国经济史》，160-162 页。

[37] 石惠媛，《韩国经济史》，142-143 页；朴燮，《适应与合作的时代》，426 页。

[38] 康俊晚，《韩国现代史散步：20 世纪 80 年代篇》第 3 卷（人物和思想史，

2004），136-180 页；石惠媛，《韩国经济史》，145-147 页。

[39] 郑具宪等，《韩国的企业经营 20 年》（三星经济研究所，2008），25-29 页；石惠媛，《韩国经济史》，148-151 页。

[40] 康俊晚，《韩国现代史散步：20 世纪 80 年代篇》第 3 卷，209-223 页；石惠媛，《韩国经济史》，147-148 页。李璋圭，《总统的经济学》，273 页写道："朴正熙时代以后主导重要决定的政府－执政党党政会议完全失去了力量。即使执政党和政府达成协议，在庞大的在野党面前也完全没有起色。政府官员们急于察看掌握议会的在野党的眼色。决策的核心离开青瓦台，转移到了汝矣岛国会议事堂。这是经过政府主导的开发年代后首次经历的事情。"

[41] 朴燮，《适应与合作的时代》，426-427 页。

[42] 石惠媛，《韩国经济史》，164 页。

[43] 吴圭昌、赵哲，《韩国汽车产业的发展历史和增长潜力》，88-89 页。

[44] 石惠媛，《韩国经济史》，165-166 页。

[45] 康俊晚，《韩国现代史散步：20 世纪 80 年代篇》第 3 卷，296 页。

[46] 经济企划院，《自主开放时代的经济政策》，98-108 页；李璋圭，《总统的经济学》，292-295 页。

[47] 朴燮，《适应与合作的时代》，428-432 页，韩国经济 60 年史编纂委员会，《韩国经济 60 年史 I》，48-49 页。

[48] 金兴起编，《荣辱的韩国经济》，359 页；李璋圭，《总统的经济学》，296-299 页。关于当时北方政策的氛围，李璋圭，《韩国总统们的韩国经济故事 2》，30 页写道，"事实上，就连政府内部也围绕北方政策褒贬不一。外务部（现在的外交部）虽然对北方政策积极响应，但经济部门持消极态度。因为大部分共产国家以建交为由要求巨额资金，因此需要承担的经济部门自然只能消极应对。在这种氛围下，卢泰愚说"即使花钱，也要和共产主义国家建交"，立场坚定，北方政策得到了积极推进。"

[49] 李济民，"韩国经济增长：其成功和曲折的过程"，47 页。

[50] 金英宇等，《韩国科技政策 50 年的足迹》，370 页；科技部，《特定研究开发业 20 年史》，155 页。综合科技审议会（综科审）于 1972 年为综合调整科技政策而设，并以国务总理为委员长。1973 年 7 月首次会议召开后，一度中断，1979 年起隔年举行 3 次，此后再次中断，1990 年 1 次，1991 年 2 次，1992 年 1 次，1993 年 1 次，1994 年 1 次。

[51] 科技处，《1991 科技年鉴》（1992），25-28 页；宋成守，《科技综合计划的内容

分析》，91页。与此同时，1991年12月从法务部角度制定了科技革新综合对策（1992—2000年），其性质是为了细化"4·30科技政策宣言"。对策决定，到2001年，将科技投资规模提高到GDP的5%水平，将政府总预算中科技预算比重提高到4%—5%水平，并在1996年之前筹集1万亿韩元规模的科技振兴基金。另外，为了到2001年将研究开发人力扩充到16万人的水平，在大幅扩大理工科大学教职的情况下，决定扶持大学优秀研究中心，加强科技信息的收集和流通体系（经济企划院，《自主开放时代的经济政策》，177页）。

[52] 金英宇等，《韩国科技政策50年的足迹》，393-396页；科技部，《特定研究开发业20年史》，155-167页。对先导技术开发事业推进过程的详细分析见李灿九，《先导技术开发事业（G7）的决策过程分析：以各部门间推进过程及民间专家作用为中心》，《技术革新研究》16-2（2008），167-200页。

[53] 公报处，《变化与改革：金泳三政府国政5年资料集》第1卷（1997），11-42页；石惠媛，《韩国经济史》，171-172页。

[54] 李璋圭，《总统的经济学》，304页。金泳三政府的"话语政治"（politics of discourse）被广泛生产和传播，相关分析见姜明求、朴相勋，"政治象征和谈论的政治：从'新韩国'到'世界化'"，《韩国社会学》31-1（1997），123-161页。

[55] 金兴起编，《荣辱的韩国经济》，421页。

[56] 姜广河，《对新经济五年计划的评价》，《经济论丛》40-2/3（2001），129-131页。新经济五年计划的制定意味着从1962年开始连续7次的5年为单位的开发计划体制被否定，对此李荣薰，《韩国经济史 II》，517页进行了如下批判。"延续30年的开发计划体制随着时代的变化得到适当的改善，并将继续下去。尽管如此，只有少数几位大学教授以执政为目的制定的计划被取代，最终被废弃，这只能解释为是在野党出身执政势力对现有开发体制的负面成见。"

[57] 金兴起编，《荣辱的韩国经济》，424-426页。对此，姜广河，《新经济五年计划评价》，142页指出，"与正式计划新经济（5年）计划性质不同的100天计划，会受到国民的误解，因此对执行新经济（5年）计划的各项改革措施产生了负面影响。"

[58] 金兴起编，《荣辱的韩国经济》，428页；姜广河，《新经济五年计划评价》，132-133页。金泳三政府初期，经济部门内也有对新经济意义的争议，对此，金兴起编，《荣辱的韩国经济》，421页指出，"经济部门的实务者们也同样认为'新经济'很陌生。总统当选后就刮起了所谓的新经济风，然而刚开始时，很多人都说'不知道新经济是什么'。"

[59] 姜广河,《新经济五年计划评价》,133-142页。对此,第七次经济社会发展五年计划设定了基本战略:①加强产业竞争力;②提高社会公平和均衡发展;③推进国际化、自律化和建立统一基础等(经济企划院,《自律开放时代的经济政策》,58页)。

[60] 金兴起编,《荣辱的韩国经济》,428-429页;姜广河,《新经济五年计划评价》,131-132页。

[61] 姜广河,《新经济五年计划评价》,143页;李荣薰,《韩国经济史II》,517-518页。

[62] 金兴起编,《荣辱的韩国经济》,432-436页;石惠媛,《韩国经济史》,180-183页。有关金融实名制背景和成果的详细说明,参阅公报处,《变化与改革:金泳三政府国政5年资料集》第2卷(1997),45-59页。对于金融实名制的全面实施,参阅李璋圭,《韩国总统们的韩国经济故事2》,44-45页,指出,"省略讨论,神不知鬼不觉地解决好问题,这是成功的秘诀。如果经过国会立法过程,召开听证会,很有可能再次碰壁。在经济和政治上,根本没有给予反对机会的金泳三式闪电战略起主要作用。"继金融实名制之后,1995年7月实行了房地产实名制,对其过程和结果,参阅公报处,《变化与改革》第2卷,60-68页。

[63] 金兴起编,《荣辱的韩国经济》,439-442页;公报处,《变化与改革》第2卷,69-81页。

[64] 金兴起编,《荣辱的韩国经济》,442-446页;公报处,《变化与改革》第2卷,138-145页。

[65] 韩国经济60年史编纂委员会,《韩国经济60年史I》,49-51页;李荣薰,《韩国经济史II》,519-520页。乌拉圭回合(UR)协商于1994年4月结束,1995年开始生效。1995年1月成立了世界贸易组织(World Trade Organization,WTO),韩国成为WTO的成员国。关贸总协定(GATT)只适用于工业品和原材料的贸易,而UR协商的适用范围扩大到服务贸易。在UR协商的过程中,成为韩国社会最大话题的是大米市场开放问题,对此参阅金兴起编,《荣辱的韩国经济》,455-465页;石惠媛,《韩国经济史》,190-194页。

[66] 公报处,《变化与改革》第1卷,246-254页。对此,林贤镇等,"韩国为21世纪做的准备:金泳三政府的改革和全球化评价"(首尔大学社会发展研究所,1995),50-52页指出全球化的概念本身很模糊,没有提出具体的实践计划,将全球化政策的主要内容总结为以下四个方面。第一,适应对外环境的变化,开放本国市场。第二,不仅本国市场开放,别人的市场也在开放,所以要积极

利用。第三，为了在全球化时代的激烈竞争中获胜，要培养国家竞争力。第四，支援和扶持国际竞争力薄弱的部门，将对外开放带来的社会损失降至最低。

[67] 公报处，《变化与改革》第 2 卷，546-549 页。与此相反，加入 OECD 可能给韩国经济带来负担的争论焦点包括遵守服务及资本交易自由化义务、外国金融企业蚕食市场的可能性、韩国是否维持发展中国家地位、扩大援助和缴纳分担金的义务等（同书 549-551 页）。

[68] 李璋圭，《韩国总统们的韩国经济故事 2》，47-48 页；李荣薰，《韩国经济史 II》，517-518 页。

[69] 郑洪植，《韩国 IT 政策 20 年：从 1000 美元时代到万美元时代》（电子报社，2007），199-208 页。1995 年 3 月，《朝鲜日报》表示："产业化虽晚，但信息化领先。"还提出口号，宣布了信息化运动的开始。对于信息化运动的开展及其主角，参阅韩国 IT 记者俱乐部，《虽然产业化较晚，但信息化要走在前面：网络韩国时代的开拓者》（首尔经济经营，2016）。

[70] 李璋圭，《韩国总统们的韩国经济故事 2》，46-47 页。对此，石惠媛，《韩国经济史》，195 页评价韩国是工业化以来人均国民收入达 1 万美元最快的国家。英国在 18 世纪后半叶开始工业革命，200 年后的 1987 年达到 1 万美元，美国在 19 世纪中期开始工业化，到了 120 年后的 1978 年达到 1 万美元，日本在 1867 年开始明治维新以来的 114 年，到 1981 年成为 1 万美元的国家。而韩国在 1962 年第一个经济开发五年计划推进后，不过 33 年后的 1995 年国民收入就超过了 1 万美元。

[71] 李璋圭，《总统的经济学》，322-326 页。对于 20 世纪 90 年代中期的韩国经济，参阅每日经济新闻社编，《布兹·艾伦、汉密尔顿韩国报告》（每日经济新闻社，1997）。报告将韩国的情况比喻为"胡桃夹子"，并要求消除与发达国家的"知识差距"。"韩国在'费用的中国'和'效率的日本'的夹击下，就像夹在核桃夹子（Nut Craker）里面的核桃。如果不改变，就只有被摧毁的命运。将高费用、低效率结构转变为低成本、高效率结构并不意味着韩国经济再次腾飞。如果不消除与发达国家的知识差距，韩国将沦为经济二流国家"（同书，第 6 页）。接着，每日经济新闻社接连出版了讨论知识差距对韩国产业生产性影响的报告书和描述知识革命国内外事例的报告书。参阅麦肯锡公司（McKinsey, Inc.），《麦肯锡报告书》（每日经济新闻社，1998）；每日经济知识项目组篇，《知识革命报告书：你也是知识分子》（每日经济新闻社，1998）。

[72] 李济民，"韩国的经济增长：其成功和曲折的过程"，48-50 页；李荣薰，《韩国

经济史 II》，521-524 页。对此，1994 年 12 月的《政府组织法》修订，经济企划院和财政部合并为财政经济院，李荣薰，《韩国经济史 II》，518 页评价财政经济院的成立是"仓促而过激的措施"，"将负责企划和预算的经济企划院和负责金融和税制的财政部合并，正如很多官员指出的那样，这是一个将会长期后悔的巨大失误。财政经济院长官兼副总理为了参加旧财政部业务的结算和繁琐的活动，完全没有时间安静地观察国家经济的整体动向。集中各种权力和业务的部门的经济政策失去了牵制和平衡。"

[73] 金敬元、权顺宇等，《外汇危机5年，韩国经济发生了什么变化》(三星经济研究所，2003)，13-14页；李璋圭，《总统的经济学》，327页。

[74] 李璋圭，《总统的经济学》，330-333页；石惠媛，《韩国经济史》，201-203页。

[75] 金敬元、权顺宇等，《外汇危机5年，韩国经济发生了什么变化》，14-15页；石惠媛，《韩国经济史》，203-205页。

[76] 李荣薰，《韩国经济史 II》，520-521页；石惠媛，《韩国经济史》，205页。

[77] 韩国纤维产业联合会，《纤维产业再飞跃之路：纤维白皮书》，1-2页。

[78] 李在德等，《韩国型ODA产业领域研究：纤维产业》，84页。

[79] 李在德等，《韩国型ODA产业领域研究：纤维产业》，87-89页；韩国产业技术振兴协会，《产业技术开发30年》，226-227页。1986年以后，9个行业被指定为2至3年的产业合理化行业，汽车、建设重型设备、船用柴油机、中电机等4个行业是竞争力完善领域，合金铁、织物、染整加工、肥料、鞋等5个行业是竞争力丧失领域。

[80] 韩国化纤协会，《韩国化纤协会50年史》，18页。

[81] 金基元等，《韩国产业的理解》，15页。

[82] 李相哲，"化纤产业的技术革新和技术能力的发展"，李勤等，《韩国产业的技术能力和竞争力》(经文社，1997)，238-239页。

[83] 韩国化纤协会，《韩国的化纤产业》，540-541页。

[84] 非纤维领域是指应用纤维制造技术制造非服装用纤维制品或制造纤维以外的产品。前者如人造绒面革、无纺布、地毯、人造草坪、中空过滤器等，后者如树脂、胶片、塑料瓶、分离膜、粘合剂等。

[85] 韩国产业技术振兴协会，《产业技术开发30年》，227页。

[86] 孙泰源，"芳纶纤维及相关材料开发，《科学与技术》20-10 (1987)，68-70页；韩国科技研究院，《KIST 40年史》(2006)，213页。此后，可隆经过10多年的商业化研究，于1995年获得纸浆制造工艺技术，凭借先进企业的牵制和

倾销，经历了事业化的困难，从2005年开始进入了正式的商业生产阶段［朴勋，《纤维产业结构高度化和国内产业用纤维发展战略》（产业研究院，2013），167-168页］。

［87］工商部韩国纤维产业联合会，《纤维产业结构改善7年计划》（1989），124-172页；李在德等，《韩国型ODA产业领域研究：纤维产业》，97-98页。

［88］金基元等，《韩国产业的理解》，159页。

［89］20世纪90年代，随着包括中国在内的后发发展中国家廉价服装产品的进口，韩国细小的服装缝制业进一步萎缩。因此，填满旧老工业园区的缝制工厂和每个小区的西装店逐渐从人们视野中消失（宋伟赈、洪诚珠，《韩国产业技术史调查领域研究》，46页）。

［90］韩国产业技术振兴协会，《产业技术开发30年》，228页。

［91］李相哲，《化纤产业的技术革新和技术能力的发展》，244页。

［92］金基元等，《韩国产业的理解》，169-170页。

［93］韩国产业技术振兴协会，《产业技术开发30年》，228-229页。

［94］韩国产业技术振兴协会，《产业技术开发30年》，229页。

［95］林正德、朴载云，《韩国的鞋产业》，20-21页；金锡宽，《鞋业的技术革新模式和发展方向》，88-89页。

［96］金基元等，《韩国产业的理解》，180-181页；李哲宇、朱美顺，《釜山鞋业再结构化相关研究》，《地理学论句》21（2001），40-41页。

［97］金锡宽，《鞋业的技术革新模式和发展方向》，89-90页。

［98］关于国际集团的成长和没落，参阅《韩国财阀形成史》（飞峰出版社，1999），257-262，458-460页。

［99］金锡宽，《未完的技术学习：韩国鞋业的增长和衰退》，221-222页。

［100］金锡宽，《鞋业的技术革新模式和发展方向》，106-178页。这一点对于1984年可隆公司（KOLON）推出的活跃（Active）、1986年和承推出的乐可普（Lecaf）等其他固有品牌来说也是一样的。因此，Active和Lecaf也一直以国内市场为中心进行销售，在正式进军海外方面表现出局限性。也有人认为，以固有品牌的上市为契机，发达国家的牵制加剧了。"从20世纪80年代中期开始，大型鞋业公司开始有了自己的品牌，为了牵制它，美国的品牌减少了原始设备制造（OEM）的数量"（韩国经济60年史编纂委员会，《韩国经济60年史II：产业》，206页）。

［101］金锡宽，《鞋业的技术革新模式和发展方向》，107-108页。对韩国鞋业OEM

陷阱和自有品牌生产加工（OBM）战略的分析，参阅金敏秀、姜炳英，《OEM陷阱和自有品牌战略》；李根编，《中等发达国家陷阱和2万美元战略》（理投信书，2005），138-155页。

[102] 金基元等，《韩国产业的理解》，180-182页。20世纪90年代，韩国鞋业在世界市场上所占比重也迅速下降。例如，以鞋出口额为准，韩国1992年排在意大利、中国之后，排在世界第三位，1997年排在中国、意大利、印度尼西亚、西班牙、葡萄牙、巴西、德国、泰国、英国、法国之后，排在世界第11位（李哲宇、朱美顺，《釜山鞋业再结构化研究》，42页）。

[103] 金锡宽，《鞋业技术革新模式和发展方向》，59，91-93页。对此，金敏秀、姜炳英，《OEM陷阱和自有品牌战略》，145页表示："发达国家的企业没有拥有制造工厂，而是通过韩国或中国台湾地区的开发力，在落后国家生产成品，通过自己拥有的世界销售网向全世界销售。"。

[104] 金锡宽，《鞋业的技术革新模式和发展方向》，95-96页。

[105] 金锡宽，《鞋业技术革新模式和发展方向》，96页；李哲宇、朱美顺，《釜山鞋业再结构化相关研究》，42-43页。

[106] 金锡宽，《鞋业技术革新模式和发展方向》，115-120页；李元奎，《事业方式和竞争战略、组织能力积累：釜山地区制鞋企业的竞争力源泉》（高丽大学博士学位论文，2002），116-206页。

[107] 权东七，《完州的条件，换上热情》（成林比兹书，2016），122-123页。对此，权东七强调："如果不能摆脱依赖低工资的贴牌方式（OEM），今后鞋子也将停留在夕阳产业。如果用自己的商标创造高附加值产品（OBM），鞋产业将不是夕阳产业，而是最有潜力的产业。"（金敏秀、姜炳英，《OEM陷阱和自身品牌战略》，153页）。

[108] 韩国制鞋研究所1996年重组为韩国鞋革研究所，2013年重组为韩国鞋革研究院。关于韩国鞋类（皮革）研究所最初10年的活动，参阅韩国鞋类皮革研究所《韩国鞋类皮革研究所10年史》（1997）。

[109] 金锡宽，《鞋业的技术革新模式和发展方向》，121-122页；孙永俊，《研究所介绍：韩国鞋革研究所，《韩国服装产业学会杂志》4-1（2002），96-98页。

[110] 金承锡，《蔚山地区石化产业的发展历程》，119-120页；南长根，《韩国型ODA产业领域研究：石化产业》，83-85页。当时计划将第三石油化工园区建设成35万吨乙烯基准年产的规模，在丽川石油化工园区的保留地。

[111] 南长根，《韩国型ODA产业领域研究：石化产业》，88-90页。美国、欧洲、

日本等发达国家在20世纪80年代中期以后，由于需求恢复，开工率大幅改善后，在设施扩大方面也采取了极其慎重的态度，从通用产品转向附加值高的新材料、精密化学部门（金承锡，《蔚山地区石化产业的发展历程》，120页）。

[112] 金承锡，《蔚山地区石化产业的发展历程》，122-124页；南长根，《韩国型ODA产业领域研究：石化产业》，90-91页。

[113] 金承锡，《蔚山地区石化产业的发展历程》，124-127页；南长根，《韩国型ODA产业领域研究：石化产业》，91-94页。

[114] 三星综合化学自1988年成立后，从2003年开始与法国Total集团保持合作关系，2014年被韩华集团收购，2015年改为韩华综合化学。现代石化1988年成立后，2003年被LG化学和湖南石化收购，2005年被分为西德克（SEETEC）、LG大山油化、乐天大山油化。

[115] 金承锡，《蔚山地区石化产业的发展历程》，128-130页；南长根，《韩国型ODA产业领域研究：石化产业》，94-97页。

[116] 金承锡，《蔚山地区石化产业的发展历程》，130-134页。

[117] 金承锡，《蔚山地区石化产业的发展历程》，134-137页；南长根，《韩国型ODA产业领域研究：石化产业》，97-100页。当时，中韩建交成为韩国石化产业的新突破，其突出表现为，中国在石化产业出口额中所占比重从1992年的29.8%大幅增加到1996年的48.1%（南长根，前书，99页）。

[118] 南长根，《韩国型ODA产业领域研究：石化产业》，99页。

[119] 韩国产业技术振兴协会，《产业技术开发30年》，243页；崔峰等，《韩国主力产业竞争力分析》（三星经济研究所，2002），283页。

[120] 林秉圭等，《聚丁烯制造技术及现状》，《化工和技术》12-5（1994），44-53页。

[121] 韩国产业技术振兴协会，《产业技术开发30年》，244页。

[122] 韩国产业银行，《韩国的产业（下）》（1996），34-35页。

[123] 韩国产业银行，《韩国的产业（上）》（2002），292-293页。另外，从石化企业的同期投资来看，1997年设备能力增加86.3%，设备合理化7.9%，公害防治1.3%，研究开发1.3%等，2002年设备能力增加507%，设备合理化41.9%，公害防治1.1%，研究开发2.1%等（同资料，286页）。

[124] 崔峰等，《韩国主力产业竞争力分析》，270页。石化产业的技术水平以2015年为准，以生产技术90%—100%、应用技术80%、工艺技术60%—65%、催化技术40%等，反映了21世纪初的水平（南长根，《韩国型ODA产业领域研究：石化产业》，129页）。

[125] 关于光阳钢铁厂建设事业的推进经过,参阅宋成守,《韩国钢铁产业技术能力发展历程》,159-170页;朴永九,"第二炼铁选址争论的重新发掘和再审视"《民族文化研究》44(2012),319-352页。

[126] 光阳炼铁厂建设事业和浦项制铁厂设备合理化事业的开展过程参阅宋成守,《韩国钢铁产业技术能力发展历程》,170-190,201-203页。特别是对于光阳钢铁厂二期工程,在一期工程结束前6—7个月开始施工,尝试了同时开展两项工程的攻击性建设方式。这种方式可以被称为"并行建设系统",因为浦项制铁确保了能够顺利管理建设工程的能力(同一论文,189页)。

[127] 浦项制铁,《永日湾至光阳湾:浦项制铁25年史》(1993),492-494页。

[128] 宋成守,《韩国钢铁产业技术能力发展历程》,185页。

[129] 宋成守,《韩国钢铁产业技术能力发展历程》,181-182、185-186页。光阳炼铁厂的工厂布局也值得关注。浦项制铁厂通过最大限度地利用现有的自然条件,工厂布局呈"U字型",而光阳制铁厂是在人工建造的地皮上,工厂被安排为"I字型"。因此,光阳炼铁厂在制线工序中,在热连轧工序中由于距离仅1.5公里,类似规模的钢铁厂拥有了世界上最短的生产线(同一论文,171页)。

[130] 关于浦项制铁技术研究所的活动,参阅宋成守,《韩国钢铁产业技术能力发展历程》,133-136页。

[131] 崔亨燮,《不熄灯的研究所》,154-155页。浦项制铁大学和产业科学技术研究所(RIST)的成立过程和初期活动参阅浦项制铁大学,《浦项制铁大学10年史》(1997);浦项制铁产业科学研究院,《浦项制铁产业科学研究院10年史》(1997);宋成守,《韩国钢铁产业技术能力发展历程》,212-222页。

[132] 宋成守,《韩国钢铁产业技术能力发展历程》,199-212页。

[133] 电话采访:白德贤(2000.11,16)。

[134] 宋成守,《韩国钢铁产业技术能力发展历程》,223-224页。

[135] 与此相关,"浦项制铁",《技术霸权时代:韩国的技术力量》(月刊朝鲜史,1999),116页指出,"进入20世纪80年代,随着浦项制铁的增长,'飞镖效应'可视化,日本停止了追加技术的供应。从此,浦项制铁正式开始了设备和技术改良的努力,通过海外分公司掌握发达国家设备的本垒打技术。"。

[136] 申璋燮,"打造超越日本的冷轧厂",李浩编,《神能听见的合唱》,149-152页。当时,广田方面虽然开放了所有其他设施,但唯独没有展示冷轧厂,申璋燮通过从20世纪70年代开始就认识的易趣要求参观冷轧厂。与一位叫李治河的

相关人士协商后表示："这是非正式的，所以站在工厂出入口，把头伸进去。"虽然订单很高，但申璋燮进入工厂内部，一边仔细观察设备，一边与李治河进行了很多对话。他以在浦项制铁的现场经验和在广岛的参观及对话为基础，充分描绘了最新预冷轧厂的草图。

[137] 采访：申永吉（2001.9.4）。申永吉回顾道："至少一年去日本一次，收集了最新技术的信息，由于非正式的交情关系，获得特定技术的信息几乎只有一次机会，所以事先用相关知识武装是很重要的。"

[138] 电话采访：白德贤（2001.7.20）；采访：洪相福（2000.11.23）。

[139] 采访：洪相福（2000.11.23）；《浦项制铁25年史：技术发展史》，76-77、129、168-169页。

[140] 详细分析见宋成守，《韩国钢铁产业技术能力发展历程》，226-229页。

[141] 宋成守，《韩国钢铁产业技术能力发展历程》，231页。

[142] 产业科技研究所，《钢铁产业技术竞争力现状和今后对策》（1993），15页；产业研究院，《面向21世纪的韩国产业愿景和发展战略》（1994），600页。

[143] 宋成守，《韩国钢铁产业技术能力发展历程》，234-235页。

[144] 韩国产业银行，《韩国产业（上）》（1993），89页；宋成守：《韩国钢铁产业技术能力发展历程》，235-238页。

[145] 关于20世纪80年代韩国的造船产业，参阅韩国造船工业协会，《韩国造船产业》，41-49页：金孝哲等，《韩国的船》，74-80页。

[146] 韩国造船工业协会，《韩国的造船产业》，102页。

[147] 韩国造船工业协会，《韩国的造船产业》，45页。从1980年和1989年的比较来看，技术职从5155人转变为8086人，技能职从30092人转变为39645人，事务职从3441人转变为3172人，各职群年均增长率分别为技术职5.1%、技能职3.1%、事务职-0.9%。

[148] 金亨均、孙恩熙，《造船产业追击日本和防御中国》；李根等，《韩国经济的基础设施和各产业的竞争力》（罗南出版，2005），270-271页。

[149] 韩国产业银行，《韩国的产业（上）》（1987），415页：韩国产业技术振兴协会，《62-95技术引进合同现状》（1995），146-147页。

[150]《三星重工业20年史》，257-259页。

[151] 对此，韩国经济60年史编纂委员会，《韩国经济60年史II：产业》，226页写道："作为20世纪80年代韩国造船技术革新的源泉，我进行了自主开发和海外出差，虽然原本不允许进行[海外造船所的]现场拍摄，但我隐藏了偷拍相

机，对必要的现场进行了拍摄，回国后与同事进行了讨论，并立即适用于［国内］现场。"

[152]《三星重工业20年史》，261-262页；李京默、朴承烨，《韩国造船产业的成功要素》，157-159页。

[153] 韩国造船工业协会，《韩国的造船产业》，87-89页。

[154]《现代重工业公司》，647-650页。

[155] 韩国造船工业协会，《韩国的造船产业》，86页；韩国产业技术振兴协会，《产业技术开发30年》，213页。

[156]《现代重工业史》，550-551页；韩国造船工业协会，《韩国的造船产业》，89-90页。

[157] 韩国造船工业协会，《韩国的造船产业》，86-88页；韩国产业技术振兴协会，《产业技术开发30年》，第212-113页。关于生产技术的变化趋势，见郑光锡，"韩国的造船生产技术"，《大韩造船学会杂志》40-3（2003），95-102页。

[158] 韩国造船工业协会，《韩国的造船产业》，88页。

[159]《现代重工业公司》，811-812页。

[160] 韩国造船工业协会，《韩国的造船产业》，86页。

[161] 1989年3月，大宇造船正常化方案已经确定，其背景和经过见金周焕，《关于发达国家的国家－企业关系研究》，137-172页。

[162] 金基元等，《韩国产业的理解》，339-340页；韩国造船工业协会，《韩国的造船产业》，180-182页。

[163] 产业研究院，《韩国的产业：发展历史和未来展望》（1997），381-382页；韩国造船工业协会，《韩国的造船产业》，51页。比较韩国和日本在世界船舶建造量中所占比重，韩国从1975年的1.2%增加到2002年的39.7%，增加了30倍以上，但日本同期从49.7%减少到36.6%（郑光锡，"韩国的造船生产技术"，95页）。

[164] 韩国造船工业协会，《韩国的造船产业》，137-139页。

[165] 金孝哲等，《韩国的船》，99-100页。

[166] 韩国造船工业协会，《韩国的造船产业》，137-139页。

[167] 金孝哲，《韩国的船》，99-100页。

[168] 韩国产业银行，《韩国的产业（上）》（2002），162-163页。

[169]《现代汽车20年史》，398页；金坚，《20世纪80年代韩国技术能力发展过程相关研究》，207页。

[170] 吴圭昌、赵哲,《韩国汽车产业的发展历史和增长潜力》,74-76 页;郑世永,《未来是创造》,263-273 页。当时,现代集团在包括发电设备在内的重工业还是汽车产业的十字路口选择了汽车产业。郑周永会长将汽车视为毕生事业,认为为了实现韩国经济的先进化,汽车产业的成功也是必不可少的[全英洙,《牙山那新的回声、魂与梦》(蓝森林,2015),第 47 页]。

[171]《现代汽车史》,515-517 页。对此,玄英锡,《现代汽车速度经营》,94 页对 20 世纪 80 年代国内汽车业界的合作关系进行了如下描述,"为了有效地从跨国公司引进必要的技术,建立合作关系的情况下……比起大规模企业,中型企业更有优势。现代汽车在 20 世纪 80 年代初与日本三菱建立了合作关系,可以评价为事前防止了协商力差异带来的单方面从属可能性。在与通用汽车的合作期间,通用汽车的谈判能力与大宇相比非常大,因此在自立经营方面遇到了各种困难,这一点成了与通用汽车在 1992 年年末决裂的重要原因之一。"

[172] 金坚,《20 世纪 80 年代韩国技术能力发展过程相关研究》,208-209 页。

[173] 金成勋,《政府的产业政策和企业的技术革新战略》,127-139 页。例如 Pride,起亚负责制造及国产化零部件,马自达负责设计和 KD 零部件及质量保证,福特负责销售及售后服务[起亚产业,《起亚 45 年公司》(1989),356-361 页]。

[174] 李忠九,"韩国的汽车技术:从第一步到飞翔",《自动驾驶》33-6(2011.6),63-70 页。

[175] 金坚,《汽车产业的技术能力发展》;李根等,《韩国产业的技术能力和竞争力》,337-338 页,李忠九,"韩国的汽车技术:从第一步到飞翔",《自动驾驶》33-12(2011.12),54-55 页。

[176] 金坚,《20 世纪 80 年代韩国技术能力发展过程相关研究》,213 页。

[177] 李忠九,"韩国的汽车技术:从第一步到飞翔",《自动驾驶》34-6(2012.6),54 页。

[178]《现代汽车 20 年史》,439-445 页。

[179] 金坚,《20 世纪 80 年代韩国技术能力发展过程相关研究》,241-243 页;金成勋,《政府的产业政策和企业的技术革新战略》,183-185 页,关于麻北里研究所的设立,李根,"东亚和技术追赶的经济学",102 页,使用野中郁次郎提出的"学习驳回"(unlearning)的概念。"学习驳回"意味着为创造新的能力和协同效应,消除现有框架中的程序和僵硬性的组织结构调整。

[180]《现代汽车史》,836-837 页;金坚,《20 世纪 80 年代韩国技术能力发展过程相关研究》,214-215 页。

[181] 金坚,《20世纪80年代韩国技术能力发展过程相关研究》,216-219页;金成勋,《政府的产业政策和企业的技术革新战略》,188-190页。

[182] 金成勋,《政府的产业政策和企业的技术革新战略》,114页。

[183] 金坚,《20世纪80年代韩国技术能力发展过程相关研究》,185页。

[184] 现代汽车,《现代汽车30年史:挑战30年,愿景21世纪》(1997),467-469页。关于Alpha项目的出台,郑周永会长在1983年夏天督促开发发动机:"公司造车已经快20年了,怎么可以连我们自己的发动机都没有?"(《现代汽车公司》,890页)。

[185] 金仁秀,《从模仿到创新》,160页。

[186] 裴钟泰等,《促进激进革新构建技术革新系统方案》(科技部,2004),163-165页。李贤淳,《唤醒沉睡在我体内的发动机!韩国首次开发汽车发动机的李贤淳的挑战故事》(金荣社ON,2014)。

[187] 裴钟泰等,《促进激进革新的技术革新系统构建方案》,165-167页;金天旭,"韩国机械工业公司(37):现代汽车的独立发动机开发",《机械底盘》54-5(2014.5),60-61页。对于这些决策,现代汽车内部也反对取消鲁莽的计划,此前为现代提供技术支援的三菱也对成功的可能性表示怀疑。甚至三菱总裁在1989年解雇李贤淳博士,以将专利费减半的方式向现代汽车施压(李侑载、朴基完,"现代汽车",373页)。李贤淳,《唤醒沉睡在车里的发动机!》,92-96页记录了自己从新发动机开发室长被降职到技术咨询岗位,6个月后重新复职的曲折经历。

[188] 金坚,《20世纪80年代韩国技术能力发展过程相关研究》,234-235页;裴钟泰等,《促进激进革新的技术革新系统构建方案》,168页。

[189] 金坚,《20世纪80年代韩国技术能力发展过程相关研究》,235-236页;裴钟泰等,《促进激进革新构建技术革新系统方案》,174页。对此,米尔斯对在麻北里研究所的经验进行了如下回顾。"当我第一次来到现代汽车时,条件相当恶劣。可用的试验设备有限,大部分测量系统速度慢或安装错误,效率低下。然而这些对于一个刚设立的研究所来说在所难免,技术人员凭着一腔热情克服了这些困难。从我来这里3年后的1988年开始,这些早期问题被彻底解决。最终,最好的资产是有能力的工程师,其成果可以在麻北里研究所看到。(金天旭,《韩国机械工业公司(37):现代汽车的独立发动机开发》,61页)。

[190] 金坚,《20世纪80年代韩国技术能力发展过程相关研究》,236页。对此,也有分析认为,现代的Alpha发动机开发标志着从"行动型学习"(learning by

doing）向"研究型学习"（learning by research）的转变。参见 Linsu Kim,"Crisis Construction and Organizational Learning：Capability Building in Catching-up at Hyundai Motor", Organization Science 9-4（1998）, pp.506-521。

[191] 裴钟泰等,《促进激进革新的技术革新系统构建方案》,169-170 页。

[192] 《现代汽车史》,769 页;《现代汽车 30 年史》,469 页。

[193] 裴钟泰等,《促进激进革新的技术革新系统构建方案》,170-171 页;李贤淳,《唤醒沉睡在我体内的发动机!》,109-111 页。

[194] Linsu Kim, Imitation to Innovation, p.122。类似的回顾还出现在《现代汽车 30 年史》,466 页。"（发动机）初创企业启动组要经历两重甚至三重困难,包括在设计中画错图纸、启动、测试中未能快速找到异常原因等。这样一来,发达国家仅用 5 台左右的初试品在韩国却要高达 20—30 多台。如此,研究所人员不得不'跑得脚底都长茧了'"。尽管当时试验中损坏的一台发动机几乎是一套公寓的价格,但现代公司的研究人员在领导们的全力支持下,得以持续进行发动机损坏试验 [ 黄政泰,《汽车产业创新路径创造能力》,李工来等,《韩国先导产业的技术革新路径创造能力》（科技政策研究院,2008）,114 页 ]。

[195] 对于斯库普车型被选为搭载 Alpha 发动机的背景,参阅郑世永,《未来是制造》,402-403 页,指出,"虽然经过了所有试验程序,但刚开始生产 Alpha 发动机时仍没有信心,所以无法大量量产,仅计划每年生产 5—6 万辆。之后经过 5 年的试验,终于对发动机性能有了足够信心,才放心地将其搭载在其他车型上。然而,之后开发的发动机一开发完成便被直接搭载在相关车型上,从这点足以见得现代公司对发动机开发的自信"。

[196] 《现代汽车 30 年史》,465-466 页。

[197] 金坚,《20 世纪 80 年代韩国技术能力发展过程相关研究》,237-238 页。

[198] 玄英锡,《现代汽车速度经营》,150 页。对于为中型轿车准备的 GAMMA 发动机,虽然发动机技术得到保证,但变速器技术未能得到充分开发。现代的研究人员试图将三菱的新型变速器技术改造后使用,但三菱拒绝了,并表示将捆绑提供新型变速器和 Siri 2 发动机。现代的管理层接受了三菱的提议,因此 GAMMA 发动机在没有看到光明的情况下"被老板炒了鱿鱼"（李贤淳,《唤醒我体内沉睡的发动机!》,137-140 页）。

[199] 产业研究院,《韩国的产业：发展历史和未来展望》,352 页;吴圭昌、赵哲,《韩国汽车产业的发展历史和增长潜力》,196-197 页。基于汽车产业发展,

韩国社会的汽车产量也持续增加。1985年达到100万辆，1988年超过200万辆，1990年超过300万辆，此后每年平均增加100万辆，1997年达到了汽车1000万辆的时代［宋成守，《培养汽车强国的梦想》，韩国科学文化财团编制，《科学改变世界》（Creator，2007），300页］。

[200] 赵东成，《韩国半导体的神话》（飞龙所，1995）；崔永洛，"韩国人的自豪感，半导体神话"，徐廷旭等，《令世界震惊的韩国核心产业技术》（金荣社，2002），133-175页：韩国半导体产业协会，《半导体书写神话》（2012）。

[201] 三星集团一直负责半导体事业的企业依次是韩国半导体（1974年至1978年）、三星半导体（1978年至1980年）、三星电子（1980年至1982年）、韩国电子通信（1982年）、三星半导体通信（1982—1988年）、三星电子（1988年至现在），但在本文中统称为"三星"。就整个半导体而言，英特尔在24年内享有世界最高地位，2017—2018年三星电子曾超越英特尔跃居世界第一。

[202] 尹净路，《韩国的半导体产业，1965—1987》，160-169页。

[203] 《三星半导体通信十年史》，191-192页，姜晋求，《三星电子神话及其秘密》，203-213页。

[204] 韩尚福，《单车不倒：半导体神话中的三星人故事》（天空出版社，1995），19页。甚至有人指责说："三星要做半导体真是不像话。为什么要做前景不明确却要投入大量资金的半导体？还不如做制鞋业"（韩国经济新闻特别采访组，《三星电子，为什么强大》（韩国经济新闻，2002），36页）。

[205] 《三星半导体通信十年史》，187页，《三星电子二十年史》，550-551页。

[206] 李秉喆，《湖岩自传》（罗南，2014），379页。相当于将李秉喆的《湖岩自传》（中央日报社，1986）以新的风格编辑后重新出版。

[207] 李秉喆，《湖岩自传》，380页。

[208] 李秉喆，《湖岩自传》，369页。据悉，对于李秉喆会长的决断，与李会长平时关系很好的NEC小林会长对半导体技术转移的拒绝也起到了一定的作用。当时，小林会长表示："其他技术都转让，但半导体相关领域一项也不能交出去。"自尊心很强的李会长坚定了独立技术开发发展方向，开始集中投资半导体技术开发（李红，《韩美日半导体战争》，《朝鲜月刊》，1991年5月号，211-212页）。另外，据姜基栋回顾，现代总裁郑周永开始大规模投资DRAM后，对此感到竞争威胁的李秉喆会长决定进军DRAM。姜基栋1982年9月提交了郑周永会长委托的韩半导体事业计划书，算是正式宣告向64K DRAM进军。1983年成立的现代电子，第一任社长最初考虑由姜基栋博士担任，最终

由郑周永会长亲自担任。姜基栋,《姜基栋与韩国半导体》,311-331 页。

[209]《三星半导体通信十年史》,193-196 页;《三星电子二十年史》,549-551 页。

[210]《三星半导体通信十年史》,196-200 页;姜晋求,《三星电子神话及其秘密》,214-217 页。美国当地法人的第一个商号是 SSTII(Samsung Semiconductor & Telecommunications International Inc.),1983 年 8 月被改名为 TSI(Tristar Semiconductor Inc.),1985 年改为 SSI(Samsung Semiconductor Inc.)。对此,金仁秀,《从模仿到创新》,216 页指出,在汽车产业和电子产业中,当地法人的作用局限于技术信息的收集和生产产品的补充性研究开发,而在半导体产业方面,当地法人发挥了包括设计及工程开发和科技人力流动等在内的更积极的作用。

[211]《三星半导体通信十年史》,202 页;金光浩,"无限挑战",韩国电子工业博览会,《电子工业三十年史》,419 页。

[212] 韩尚福,《单车不倒》,67-68 页;崔允浩,"以 64 公里开始的半导体神话",金大勇等,《设计未来的半导体》(Science Books,2000),108-110 页。

[213] 韩尚福,《单车不倒》,68-70 页;崔永洛,《韩国技术革新模型的探索》,崔永洛等,《韩国科技发展的形态和方式分析》,68 页。当时去美光进修的一位研究员回忆道。"美光公司在 2—3 周内接收了几名研修人员,只提供了基本资料,限制两人去生产线,并要求变更研修人员等,十分没有诚意,最终不得不在一个月内结束研修。当时在美国对月悲叹无技术的场景,至今依然历历在目。"(韩尚福,前书,70 页)。

[214]《三星半导体通信十年史》,200-205 页;韩尚福,《单车不倒》,76-82 页。

[215] 崔永洛,《韩国人的自豪感,半导体神话》,151-152 页。1983 年进入三星担任北海道三星电子存储事业部社长的陈东洙回忆道,"入职时,在实验室里铺上野战床,墙上贴上"韩半岛的未来是半导体,提前一天开发就等于赚 13 亿韩元。"如果失败,韩国将没有未来"的标语。[经济奇迹编纂委员会,《韩国镜像 3:重化工,撼动地轴》(罗南,2015),400 页]。

[216]《三星半导体通信十年史》,201,204 页。

[217] 李琪烈,《无声的革命:80 年代信息通信秘史》(电子报社,1995),268 页。

[218]《三星半导体通信十年史》,205-209 页;成平健,《改变观点就能看到未来》(杏林出版,1994),191-204 页。

[219] 现代电子,《现代电子十年史》(1994),106-120 页。引用第 119 页。

[220]《三星半导体通信十年史》,260-264 页;韩尚福,《单车不倒》,106-110 页。

[221]《三星半导体通信十年史》,257-260 页;《三星电子二十年史》,557-558 页。

[222] 姜晋求,《三星电子神话及其秘密》,221-223 页。

[223] 姜晋求,《三星电子神话及其秘密》,224-226 页。

[224]《三星半导体通信十年史》,274 页;韩尚福,《单车不倒》,149 页。

[225] 韩尚福,《单车不倒》,138-144 页;金在勋,《共同开发事业和技术能力的发展》,赵显宰、金昌郁编,《引领韩国半导体产业世界技术》(现代经济研究院,1997),153-154 页。

[226]《三星半导体通信十年史》,275 页;韩尚福,《单车不倒》149-151 页。

[227]《三星半导体通信十年史》274-275,277-278 页;姜晋求,《三星电子神话及其秘密》,226 页。

[228] 姜晋求《三星电子神话及其秘密》,239-244 页;韩尚福,《单车不倒》,122-126 页。对此,姜晋求评价道:"从 1985 年到 1987 年,三星半导体通信不得不承担超过 1159 亿韩元的赤字。如果此时三星未能战胜巨额赤字,最终举手投降,就不会有像今天这样的韩国半导体产业。"(姜晋求,"三星电子神话及其秘密",243 页)。虽然当时三星半导体通信出现了巨大亏损,但靠着首席执行官们的坚定意志,获得了持续投资。

[229] 韩尚福,《单车不倒》,180-184 页;《三星电子 30 年史》,211-212 页。

[230] 关于半导体技术的共同研究开发业,金在勋,"共同开发事业和技术能力的发展",141-194 页;赵现代,"韩国半导体产业的技术革新事例:以国家研发中心的组建和推进为中心",研究开发政策室编,《研究开发成功事例分析(I)》(科技政策管理研究所,1997),297-343 页:刘相云,"国家研究开发业的实施和开展:以半导体开发财团为中心,1980-2010"(首尔大学博士学位论文,2019)。

[231] 姜晋求,《三星电子神话及其秘密》,226 页。

[232] 姜晋求,《三星电子神话及其秘密》,229 页。

[233] 姜晋求,《三星电子神话及其秘密》,227-229 页。

[234] 陈大济,《经营热情》(金英社,2006),55-60 页;三星电子,《三星电子 40 年:挑战与创造的遗产》(2010),175-177 页。关于堆栈方式的选择,李健熙,《想一想,看看世界》(东亚日报社,1997),133 页写道:"我越是复杂的问题,就越想简单化。对两种技术进行简单化后发现,堆叠是向上堆积电路,沟槽是向下挖。比起挖地下,我认为往上堆更容易,即使出现问题,也很容易修好。"此外,李健熙还回顾说:"我有种感觉,堆叠方式是对的,但我自己也

没能完全确定,所以可以说是幸运的。"(《三星电子 40 年:挑战和创造的遗产》,177 页)。

[235] 金在勋,《共同开发事业和技术能力的发展》,176-177 页。

[236] 宋成守,"三星半导体部门的增长和技术能力的发展",《韩国科学史学会杂志》20-2(1998),175-176 页。因此,三星半导体部门的研究开发体制由器兴研究所负责存储半导体、富川研究所负责民生用及产业用半导体、美国当地法人负责尖端微产品的研究开发。以 1991 年为准,三个机构分别使用了 1090 亿韩元、440 亿韩元、380 亿韩元的研究开发费,拥有 1800 人、600 人、180 人的研究开发人力。

[237] 李润雨,"研究开发氛围焕然一新的需求公正会议",《三星电子 30 年史》,202 页;崔永洛,"韩国人的自豪感,半导体神话",168 页。

[238]《三星电子 30 年史》,296-297 页;陈大济,《经营热情》,14-23 页。

[239] 陈大济,《经营热情》,19-20 页。

[240]《三星 60 年史》,389 页,《三星电子 30 年史》,305-306 页。

[241] 宋成守,《三星半导体部门的增长和技术能力的发展》,178 页;《三星电子 30 年史》,297-298 页。

[242] 宋成守,《三星半导体部门的增长和技术能力的发展》,177 页;《三星电子 30 年史》,400 页。

[243]《三星电子 30 年史》,394-396 页;崔永洛,《韩国人的自尊心,半导体神话》,171-172 页。这种攻击性投资在 1997—2001 年从 8 英寸切换到 12 英寸时也反复出现。特别是 12 英寸的情况,因为投资比竞争对手快得多,所以可以长时间启动试运行设备,作为初始购买者大量发放设备,大大减少了投资费用[申璋燮、张成元,《三星半导体世界第一秘诀解剖》(三星经济研究所,2006),43-44 页;《三星电子 40 年:挑战和创造的遗产》,177-179 页]。

[244]《三星电子 30 年史》,383-384 页;李彩允,《黄氏法则:半导体游牧民黄昌圭的 2010 项目》(Moneyfloss,2006),82-84 页。三星针对韩日合作条约或庚戌国治条约签订的 8 月 29 日公开了 256M DRAM 的开发消息,9 月 6 日还登了广告,将大韩帝国的国旗和 256M DRAM 的照片并置。(刘相云,"国家研究发射业的实施和展开",157-158 页)。

[245]《三星电子 30 年史》,384-385 页;崔永洛、李恩京,《世界第一的"韩国制造",半导体》(至诚社,2004),104 页。

[246]《三星电子 30 年史》,385-386 页;申璋燮、张成元,《三星半导体世界第一秘

诀解剖》，58-61 页。

[247]《三星电子 30 年史》，298-299，400 页。

[248]《三星电子 30 年史》，299-300 页。

[249]《三星电子 30 年史》，388-392 页。

[250] 陈大济 1996 年承担了非内存领域的责任，对当时的情况有如下记述，"老实说，世界上任何地方都没有值得我关注的差别化产品。大部分的销售额和利润来自 20 年前在富川工厂生产的个别晶体管。高附加产品——订单型半导体或系统芯片虽然部分生产中，但面临巨大的亏损（陈大济，《经营热情》，98 页）。

[251] 关于韩国初创期计算机历史，参阅韩万春，"延世 101Analog Computer 的发展"，《延世论丛》4-1（1966），525-550 页；徐贤真，《第一次书写的韩国计算机史》（电子报社，1997），13-124 页。李晚荣就模拟计算器的制作过程和用途进行了如下记述。"在制作电脑的过程中，最大的困难是获得各种附件。为了获得国内无法生产的附件，不得不翻遍旧货店……不顾这些困难，开始制作是为了利用我的专业控制工程部门，在研究生课堂上实习。"（徐贤真，《第一次书写的韩国电脑史》，第 22 页）。

[252] 徐贤真，《第一次书写的韩国电脑史》，132-133 页。当时，东洋数字化技术有李润基、权顺德、金安基、金炳角、金柱贤、金英汉、金英植、崔圭大、李贞熙、金义贤等 20—30 多岁的人在职，他们后来被斗山信息通信、三宝电脑、ELEX COM、三星电子等聘请，为振兴韩国电脑产业做出了巨大贡献。

[253] 徐贤真，《第一次书写的韩国电脑史》，126-127 页。其中，一直引领计算机事业发展到今天的企业只有三星电子和金星公司，其余企业都走上了倒闭或合并的道路。

[254] 闵完基，《关于韩国计算机产业展开过程的研究》（首尔大学博士学位论文，1993），44 页。金昌郁，《计算机产业技术能力的提高和滞后》，李根等，《韩国产业技术能力和竞争力》（经文社，1997），381 页。

[255] 三宝电脑于 1981 年 3 月开发了韩国第一台 PC SE 8001。在同年 10 月举行的韩国电子展上首次亮相后，从 1982 年开始正式投入生产（韩国电子工业振兴会，《电子工业三十年史》，199 页）。对于 20 世纪 80 年代清溪川商业街的产业生态系统，参阅徐贤真，《第一次书写的韩国电脑史》，208-214 页。

[256] 闵完基，《关于韩国计算机产业发展过程的研究》，60 页；金昌郁，《计算机产业技术能力的提高和滞后》，382 页。

[257] 金昌郁，《计算机产业技术能力的提高和滞后》，382-383 页。

[258] 闵完基,《关于韩国计算机产业展开过程的研究》,74 页;金勇福,《关于韩国电子产业发展机制的研究》,163 页。对于当时的 OEM,徐贤真,《第一次书写的韩国电脑史》,262-263 页写道:"IBM PC/XT 兼容机业界的事业参与大部分是通过与美国的 IBM 兼容机企业进行技术合作来实现的……主要合作关系包括现代电子 - 密西乌斯、金星公司 -OSM、三宝电脑 -PCPI、聚光灯 -MDS、大宇电子 -CORONA、三星电子 -COMPAQ 等,其中,除了 COMPAQ 以外,都是数十名职员的无名风险企业,但在国内也被认为是了不起的企业。"

[259] 金柄木等,《技术开发能力的积累过程和政策应对(I)》,86-88 页;闵完基,《关于韩国计算机产业展开过程的研究》,99-104 页。

[260] 宋伟赈,"世界计算机产业结构变化与应对战略:以美国为中心",《科技政策动向》37(1992),4-10 页。

[261] 金勇福,《关于韩国电子产业发展机制的研究》,156-157 页。对此,当时访问韩国的美国 AMD 公司总裁桑德斯评价道:"韩国的企业起步较晚,但拥有最新的生产设施,可以提供丰富的劳动力,在竞争上具有多方面优势。"[美国 AMD 公司总裁桑德斯,《电脑愿景》1985 年 5 月号,99 页;金相勋、吴正锡,《韩国 PC 产业的发展历程》(首尔大学出版部,2006),33 页再引用]。

[262] 闵完基,《关于韩国计算机产业展开过程的研究》,117-118 页。

[263] 金相勋、吴正锡,《韩国 PC 产业的发展历程》,第 32 页。

[264] 赵允爱,《韩国计算机产业的课题和应对方案》,《科技政策动向》5-4(1995),36 页。

[265] 黄惠兰、申泰英,《韩国半导体 / 计算机产业革新体制的进化过程及改善方案》(科技政策研究院,2000),87 页。

[266] 金昌郁,《计算机产业技术能力的提高和滞后》,387-388 页。

[267] 金勇福,《关于韩国电子产业发展机制的研究》,166-168 页。对于 20 世纪 90 年代中国台湾地区的电脑革新体制,李英熙,"中国台湾地区电脑产业的现状和展望",《科技政策动向》5-4(1995),20-32 页;黄惠兰、申泰英,《韩国半导体 / 电脑产业革新体制的进化过程及改善方案》,106-113 页。对此,台北电脑联合会事务次长 1993 年还高声宣称"没有哪个国家能像我们一样快速地制造出便宜的 PC。在美国发布新产品的那天,中国台湾地区就会收到该产品的设计图。此后一个月,性能优于原产品,价格便宜的商品将出口到美国。"(李英熙,"中国台湾地区电脑产业的现状和展望",24 页)。

[268] 对此，过去和现在的"核心力量"今后也有可能成为"核心僵硬性"。也就是说，如果继续坚持现有的问题解决方式和组织运营方式，就会失去对变化环境的应对能力。特别是当现有的制度在相当长一段时间内产生了成功的结果时，改变它的工作就变得更加困难。Dorothy Leonard-Barton, "Core Capability and Core Rigidities: A Paradox in Managing New Product Development", *Strategic Management Journal* 13-2（1992），pp.1111-125.

[269] 黄惠兰、申泰英，《韩国半导体/计算机产业革新体制的进化过程及改善方案》，94 页。

[270] 对于 1990-1997 年韩国的计算机产业，参阅金相勋、吴正锡，《韩国 PC 产业的发展历程》，42-63 页。

[271] 金昌郁，《计算机产业技术能力的提高和滞后》，389 页。

[272] 金相勋、吴正锡，《韩国 PC 产业的发展历程》，54-55 页。

[273] 关于国家核心数字化网事业的推进过程及其成果，参阅郑洪植，《韩国 IT 政策 20 年》，146-156，279-327 页。

[274] 崔峰等，《韩国主力产业竞争力分析》，318 页。

[275] 产业研究院，《面向 21 世纪的韩国产业愿景和发展战略》，125 页。

[276] 金相勋、吴正锡，《韩国 PC 产业的发展历程》，125-129 页；朴永哲，"三星 PC 的惊人变身：从丑小鸭变成宝贝！"，《周刊朝鲜》第 2179 号（2011.10.31）。

[277] 三星电子，《三星电子 40 年：挑战和创造的历史》（2010），565-568 页。

[278] 李琪烈，《信息通信历史纪行》（故事书，2006），201-203 页；康俊晚，《电话的历史：通过电话阅读的韩国文化史》（人物和思想史，2009），147-164 页。

[279] 李正勋、李轸周，"韩国通信产业的技术发展历程和技术革新战略：以电子交换机开发案例为中心"，《Telecommunications Review》2-11（1992），22-23 页；李琪烈，《无声的革命》，69-75 页。1961—1972 年交换机产业的详细讨论参阅李相哲，《韩国交换机产业和产业政策（1961—1972 年）》，《经济史》50（2011），39-68 页。

[280] 徐贤真，《无尽的革命》，263-264 页；李相哲，"通过引进技术调整电子交换机生产和投资（1972—1980 年）"，《经营史》28-4（2013），236-240 页。当时强烈主张自行开发电子交换机的是担任经济企划院经济企划局长的金在益博士。与此相反，电信部对用当时的国内技术开发尖端电子交换机持怀疑态度（郑洪植，《韩国 IT 政策 20 年》，第 136 页）。

[281] 韩国通信技术研究所（Korea Telecommunications Research Institute, KTRI）以韩国科学技术研究所（KIST）为母体，于 1977 年成立。1981 年与韩国电机试验研究所（Korea Electric Research and Testing Institute, KERTI）合并，成为韩国电气通信研究所（Korea Electrotechnology and Telecommunications Research Institute, KETRI）。接着，1985 年，韩国电气通信研究所和韩国电子技术研究所（Korea Institute of Electronics Technology, KIET）合并为韩国电子通信研究所（Electronics and Telecommunications Research Institute, ETRI），1997 年，韩国电子通信研究所更名为韩国电子通信研究院。本文中，相关机构的名称将被称为 ETRI。

[282] 关于电子交换机生产推进体制的生产企业选定的详细讨论，参阅李琪烈，《无声的革命》，76-112 页；李相哲，参阅《通过技术引进调整电子交换机生产和投资（1972—1980 年）》，240-253 页。

[283] 李正勋、李轸周，《韩国通信产业的技术发展历程和技术革新战略》，27 页。当时对于 ETRI 推进的研究，郑洪植，《韩国 IT 政策 20 年》，137 页评价道，"1981 年前，这项研究的水平还只是基础研究阶段，业绩也微不足道。投资研发的金额也只有 6 亿韩元左右，研究人力也只有 10 多人。这是政府决定的，是总统指示的事项，所以表面上同意，但相关人士大部分内心里都认为这是'不可能'的目标。"

[284] 对当时电话积压的情况和消除过程的分析，参阅金延姬，"1980 年前后市民对电话线不足现象的反对"，林宗台等，《韩国的科学文化和市民社会》（韩国学术信息，2010），199-224 页。

[285] 李琪烈，《无声的革命》，114-124 页。当时积极推进 TDX 技术开发事业的是继青瓦台经济科学秘书官之后担任邮电部次官的吴明。吴明决定将开发 TDX 作为国策课题，向 ETRI 订购了具体的开发计划书，ETRI 提出了 290 亿韩元作为所需资金，邮电部将其调整为 240 亿韩元，列入第五次经济社会发展五年计划。研发费 240 亿韩元的项目在当时是很难想象的，20 世纪 80 年代初，除了军队装备开发项目外，10 亿韩元规模的项目也很难看到（李琪烈，《信息通信历史纪行》，241-242 页）。关于吴明的详细讨论，参阅金正洙，《吴明：80 年代通信革命的指挥家》，李钟范编，《转型时代的行政家：韩国型领导人论》（罗南出版，1995），243-281 页，金正洙，《韩国的信息通信革命：吴明的领导力研究》（罗南出版，2000）。

[286] 郑勋、李轸周，《韩国通信产业的技术发展过程和技术革新战略》，27 页；郑

洪植,《韩国IT政策20年》,140页。大韩通信于1983年9月变更为大宇通信,东洋精密于1983年10月与瑞典爱立信合作成立了东洋电子通信。

[287] 朴恒九,"电话,从奢侈品到必需品:全电子式交换机",韩国科学文化财团编,《科学改变世界》(Creator,2007),310页。对此,1984年担任TDX事业团团长的徐廷旭评价道,"国产TDX开发事业需要高度的技术飞跃,就像真空管收音机修理工制作彩色电视一样。"[徐廷旭,"CDMA成功神话,移动通信",徐廷旭等,《世界震惊的韩国核心产业技术》(金荣社,2002),189-190页]。

[288] 李琪烈,《无声的革命》,130-131页。

[289] 李琪烈,《无声的革命》,138-142页;金正洙,《韩国的信息通信革命》,136页。TDX和全电子交换机这个术语也在开通第三次试验机的过程中开始固定下来。交换机的名称包括KTX(Korea Telephone Exchange)、KTD(Korea Time Division)等,根据"加入K字是自卑意识的体现"的意见,被定为TDX。另外,以前是对分时方式的电子交换机的简称,虽然使用了分时交换机,但为了强调所有部件都以电子方式工作,因此被正式定为全电子交换机(李琪烈,《无声的革命》,141页)。

[290] 李正勋、李轸周,"韩国通信产业的技术发展过程和技术革新战略",28-29页;李琪烈,《无声的革命》,143-150页。对此,当时担任ETRI所长的景商铉回忆道,"如果说真正研发电子交换机的功劳者是梁承泽博士团队,那么将开发的产品量产化,在现场进行质量管理,将其普及的功劳者则是徐廷旭博士……尤其是徐博士,通过开发TDX,为韩国奠定了质量保证制度……TDX厂商从一开始就开始质量管理,逐步发展,质量管理的技术通过TDX固定下来,并将其运用到其他产业电子产品中,对进一步提高我国产业电子质量起到了决定性的作用。"(李琪烈,《无声的革命》,152页)。

[291] 李琪烈,《无声的革命》,144-145页。

[292] 邮电部,《韩国通信:80年代发展战略和成果》(1988),129-133页;金正洙,《韩国的信息通信革命》,136-138页。

[293] 邮电部,《韩国的通信》,133-136页;金正洙,《韩国的信息通信革命》,138页。

[294] 康俊晚,《电话的历史》,178页;金延姬,"1980年前后市民对电话线不足现象的反对",220页。

[295] 李正勋、李轸周,《韩国通信产业的技术发展历程和技术革新战略》,29页。

[296] 科技处,《科技 30 年史》(1997),560-561 页;李琪烈,《无声的革命》,158-159 页。

[297] 李正勋、李轸周,《韩国通信产业的技术发展过程和技术革新战略》,29-30 页;李琪烈,《无声的革命》,159-161 页。

[298] 科技处,《科技 30 年史》,562-563 页;李琪烈,《无声的革命》,161 页。

[299] 李琪烈,《无声的革命》,168 页。

[300] TDX 技术开发事业被评价为第一个关于公共部门和民间部门合作的成功案例,对此吴明回忆道,"韩国财阀们从来没有齐心协力共同开发的例子,这是第一次成功的是 TDX 开发事业。在 TDX 开发事业中,财阀们像国家一样齐心协力,取得了成功的例子,因此邮电部获得了力量,带头开发 4M DRAM 半导体、国产主数字化机(TICOM),CDMA 也可以共同开发(邮电部,《韩国通信》,293 页)。

[301] 韩基哲,"CDMA 移动通信技术世界首次商用化",研发政策室,《研发成功案例分析》(科技政策管理研究所,1997),97-103 页。

[302] CDMA 技术开发事业的主要日志整理见徐廷旭,"CDMA 成功神话,移动通信",238-244 页。

[303] 科技处,《科技 30 年史》,565 页;柳炫成,《IT 神话继续》,262 页。对此,徐廷旭还使用了"TDX 综合症"这个术语,"TDX 综合症是指不清楚 TDX 是如何开发的人,研究所只要给项目,什么都能开发出来,只要成立事业团,就会自动管理的人的错觉",[徐廷旭,《开启未来的人:与通信一起走过的路》(韩国经济新闻社,1996),137 页]

[304] 韩基哲,"CDMA 移动通信技术世界首次商用化",111-112 页。当时担任 ETRI 无线通信开发团团长的安柄星,"移动通信的技术开发动向",《电子通信动向分析》4-2(1989),57-75 页;"数字移动通信的技术开发动向",《信息与通信》6-4(1989),17-28 页;"移动通信的技术开发动向",《电子工学会刊》16-5(1989),12-20 页等。

[305] 韩基哲,"CDMA 移动通信技术世界首次商用化",112-114 页;宋伟赈,《韩国的移动通信》,43-44 页,CDMA 与 TDMA 相比,具有用户接受容量大的优点,还具有音质出色、保密性好的魅力。但从当时来看,CDMA 还没有推出商用化的产品,只是理论上认为是可行的方式(李琪烈,《信息通信历史纪行》,263 页)。

[306] 宋伟赈,《韩国的移动通信》,49-50 页。

[307] 郑洪植,《韩国 IT 政策 20 年》, 220 页。

[308] 李琪烈,《信息通信历史纪行》, 263-264 页。

[309] 宋伟赈,《韩国的移动通信》, 50-51 页。关于 ETRI 派遣研究员, 参阅韩基哲,《CDMA 移动通信技术世界首次商用化》, 125 页, 指出: "被派遣到高通公司的研究人员希望在当地学到很多东西, 但在系统设计进展不快的情况下, 他们不得不研究高通公司选择性提供的技术资料。最终, 派遣的目的未能充分有效地实现, 仅限于参加市考或一起讨论。"

[310] 宋伟赈,《韩国的移动通信》, 52-53 页。

[311] 韩基哲,《CDMA 移动通信技术世界首次商用化》, 117 页; 宋伟赈,《韩国的移动通信》, 51 页。

[312] 宋伟赈,《韩国的移动通信》, 54-55 页。

[313] 宋伟赈,《韩国的移动通信》, 57 页。对这些决策背景和影响的详细分析, 参阅宋伟赈《国家研究开发业的政治学: CDMA 技术开发事业的案例分析》,《韩国行政学报》33-1(1999), 311-329 页。

[314] 宋伟赈,《韩国的移动通信》, 57-59 页。第二移动电话运营商于 1994 年 2 月被评为新世纪电信(2002 年 1 月并入 SK 电信), 其过程参阅李璋圭等,《实录六空经济: 顺差经济的沉没》(中央 M&B, 1995), 249-260 页; 李琪烈,《信息通信历史纪行》, 275-290 页。

[315] 宋伟赈,《韩国的移动通信》, 60 页。对于 CDMA 技术开发事业中危机的性质, 参阅宋伟赈, "技术革新中危机的作用和过程: CDMA 技术开发案例研究",《技术革新研究》7-1(1999), 78-97 页。

[316] 担任移动通信技术开发事业管理团的徐廷旭博士针对当时执行的 CDMA 开发事业评价道: "共同开发的人没有制定游戏规则, 也没有与运营商达成协议, 仅仅是模仿国外企业开发的 CDMA 示范装置(RTS)。"还说道, "研究所一直在进行没有取得什么进展的事业报告和生产连接不上的试验。就连研究所内部也没有多少人相信 1995 年年末能够商用化。此外, 带头商用化的制造企业也没做多少事情。"(徐廷旭,《开启未来的人》, 138, 141 页)。

[317] 韩基哲,《CDMA 移动通信技术世界首次商用化》, 131-134 页; 宋伟赈,《韩国的移动通信》, 60-61 页。当时吴明部长一有空就去电子通信研究所监督研究开发进度, 同时还鼓励研究人员。他对研究人员说: "CDMA 开发是战争, 战争一定要赢。"强调后, 把那句话写在墙上。他还承诺, 如果在预定期限内开发 CDMA 系统, 将给予 5 亿韩元的奖金(李琪烈,《信息通信历史纪行》,

267-268 页)。

[318] 宋伟赈,《韩国的移动通信》,62-63 页。

[319] 韩基哲,《CDMA 移动通信技术世界首次商用化》,117-123 页;宋伟赈,《韩国的移动通信》,63-64 页。

[320] 宋伟赈,《韩国的移动通信》,64-65 页;李贤德,"信息通信部的开始和结束(54)",《电子新闻》,2011.6.30。

[321] 韩基哲,《CDMA 移动通信技术世界首次商用化》,129-130 页。

[322] 韩基哲,《CDMA 移动通信技术世界首次商用化》,130-131 页。另外,朴恒九回忆道:"当时实验室(STP)在地下,在那个房间入口处写着'CDMA WAR ROOM(CDMA 战争室)。办公室里放了一张野战床,所有研究人员都全力投入开发。"[李贤德,"信息通信部的开始和结束(54)",《电子新闻》,2011.6.30。]

[323] 宋伟赈,《韩国的移动通信》,67 页。对此,徐廷旭表示:"企业们很好地响应了管理团的要求,不知是因为深知事业的重要性,还是因为长期的迷茫……很幸运的是,主导企业过去有参与 TDX 开发的经验,他们很了解我的管理哲学,虽然很辛苦,但没有矛盾。"(徐廷旭,《开启未来的人》,第 143 页)。

[324] 徐廷旭,《开启未来的人》,144-147 页:宋伟赈,《韩国的移动通信》,67-68 页。当时准备开通服务的一家企业,刚结婚的职员忙于工作,几天没下班,甚至出现了新娘来公司找新郎的事情。另外,在信息通信部负责 CDMA 研究开发的申龙燮科长为了检查进入生产阶段的系统和手机终端作业,劳累了好多个月。(郑洪植,《韩国 IT 政策 20 年》,216-217 页)。

[325] 李琪烈,《无声的革命》,334-335 页。

[326] 李琪烈,《无声的革命》,337-342 页。

[327] 李琪烈,《无声的革命》,342-344 页;朴哲顺、金成勋,《韩国移动通信服务及终端产业的变迁和发展方向》(首尔大学出版部,2007),第 2 页。韩国移动通信服务于 1988 年 5 月改名为韩国移动通信(Korea Mobile Telecom, KMT),1994 年经过公开招标,被鲜京集团(现 SK 集团)收购后,1997 年 3 月改称 SK 电信。

[328] 宋伟赈,《韩国移动通信:从追击到引领时代》(三星经济研究所,2005),第 95 页;朴哲顺、金成勋,《韩国移动通信服务及终端产业的变迁和发展方向》,13 页。对于 SC-100,金勇俊,《神话创造的秘密:韩国企业的世界市场攻略记》(韩国 Cintell,2005),193 页指出:"虽说是第一部作品,但与已经领先

10年的摩托罗拉产品相比，拙劣得连比都不值一比。"

[329] LG 电子，《LG 电子 50 年史：成长动力史》(2008)，249 页。金星信息通信 1995 年 1 月改为 LG 信息通信，2000 年 9 月合并为 LG 电子。

[330] 柳炫成，《IT 神话继续》( 人文商务，2008)，268-270 页。

[331] 《三星电子 30 年史》，289 页；《三星电子 40 年：挑战和创造的遗产》，93-94 页。在这里，移动电话是车辆（用）电话（车载电话）和手机（用）电话的总和，在韩国，从 1991 年开始，手机比车载电话多。移动电话用户数 1988 年为 2 万人，1989 年为 4 万人，1990 年为 8 万人，1991 年为 16.6 万人，1992 年为 27.2 万人，呈每年翻一番的趋势（李琪烈，《无声的革命》，367-368 页）。

[332] 宋伟赈，《韩国的移动通信》，33-34 页。对此，《三星电子 30 年史》，373 页写道："三星电子在 SH-100 上市后，通过持续的新产品开发和市场开拓，虽然取得了超过 10% 的市场占有率，但由于手机开发经验和核心技术不足，频繁的故障和通话灵敏度不良，未能在消费者中获得太大反响。"

[333] 宋伟赈，《韩国的移动通信》，95-96 页；金勇俊，《神话创造的秘密》，194 页。

[334] 陈景俊，"以新经营精神打败摩托罗拉"，《三星电子 30 年史》，374 页。

[335] 《三星电子 30 年史》，373 页；宋伟赈，《韩国的移动通信》，96-97 页。三星的新经营口号说："如果不改变，就无法生存。除了老婆和孩子不变，都要改变。"《李健熙改革 10 年》是有名的口号，其推进过程参阅金成洪、禹仁浩，《李健熙改革 10 年》( 金荣社，2003 )。

[336] 《三星电子 30 年史》，373-374 页；《三星电子 40 年：挑战与创造的遗产》，98-100 页。

[337] 玄素恩、韩敏熙、芮钟硕，"创造神话的 Anycall 品牌战略"，《韩国营销论坛》5-4（2003），94 页；《三星电子 40 年：挑战和创造的历史》，171 页。

[338] 金勇俊，《神话创造的秘密》，198-199 页。

[339] 郑东燮，"三星电子的 Anycall 神话"，《经营教育研究》4-2（2001），144-145 页；金勇俊，《神话创造的秘密》，195 页。

[340] 郑东燮，"三星电子的 Anycall 神话"，148 页。Anycall 销售后，三星电子还收到了投诉，一条投诉说，某个消费者的手机被中型车压坏，通话没有任何异常。另一条投诉说，放在衣服里的手机被烧焦了，这也可以通话。这些投诉被运用到三星电子的营销中，成为毫无遗憾地发挥 Anycall 价值的机会（金勇俊，《神话创造的秘密》，200 页）。

[341] 金勇俊，《神话创造的秘密》，196 页。

[342]《三星电子30年史》, 374 页; 朴哲顺、金成勋,《韩国移动通信服务及终端产业的变迁和发展方向》, 15 页。

[343] 金成洪、禹仁浩,《李健熙改革10年》, 140-142 页; 李彩允,《三星电子 3.0 故事》(Book Ocean, 2011), 130-132 页。在不良产品化形式现场的李基泰回忆道,"看到加入我灵魂的产品被火烧了, 无法用语言表达的感情交织在一起。但奇怪的是, 当推土机推着燃烧剩下的灰烬时, 突然有了觉悟, 有了毅力。那场大火象征着与过去的隔绝。(金成洪、禹仁浩,《李健熙改革10年》, 142 页)。

[344] 朴承烨、朴元奎,《三星 VS LG, 他们的战争将继续》(未来之窗, 2007), 130 页。

[345] 朴哲顺、金成勋,《韩国移动通信服务及终端产业的变迁和发展方向》, 16 页。

[346] 宋成守,《关于韩国科技政策特性的试论性考察》, 68-69 页。

[347] 经济企划院,《自主开放时代的经济政策》, 11-12 页。

[348] "八七体制"通过 2005 年春季出版的《创作与批评》第 33 卷 1 号(统卷 127 号)首次提出后, 经常被用作理解韩国社会变动的概念。对于八七体制的出现和发展, 参阅金正勋,《超越八七年体制》(韩蔚, 2010); 郑泰锡, "八七体制和市民社会意识形态 – 价值观的变化",《经济和社会》117(2018), 18-61 页。

[349] 洪顺英、张在哲等,《韩国经济 20 年的再审视》, 19-29 页。

[350] 姜明求、朴相勋,《政治象征与谈论的政治: 从"新韩国"到"世界化"》, 145-146 页。

[351] 对此, 李璋圭,《总统的经济学》, 320 页对金泳三政府的全球化进行了如下评价。"金泳三的全球化并不是指当时的话题全球复兴。过了很久才认识到的实务者们为了承担后果而吃尽了苦头。全球化是政治口号, 对外的英语标记也被写成了'Segyewha'(世界化)。韩国的全球化不是'Globalization'。金泳三的全球化不是'Globalization'。"一言以蔽之, 是对内用的政治话语。这不是为了迎合全球标准的全球化, 而是为了让自己被认为是世界领袖的政治口号。"

[352] 关于外汇危机原因的各种讨论, 参阅李圭星,《韩国的外汇危机: 发生, 克服, 以及未来》(博英社, 2016), 48-126 页。

[353] 对此, Paul Krugman, "The Myth of Asia's Miracle", *Foreign Affairs* 73-6 (1994), pp.62-78 曾主张, 东亚奇迹是由不支持生产率提高的要素投入的增加实现的。

[354] 李济民,《外汇危机及其后的韩国经济》(韩蔚,2017),104-146页。更概括的讨论有李济民,"韩国的外汇危机:原因,解决过程和结果",《经济发展研究》13-2(2007),3-11页;李济民,"韩国的经济增长:其成功和曲折的过程",52-56页。

[355] 对此,申璋燮、张夏准,《股份公司韩国的结构调整》,79-97页从理论基础和经验依据的角度批判地讨论了被提及为韩国经济结构性问题的产业政策、政经勾结、财阀结构等。

[356] 对此,金承锡,"经济发展和国家的作用变化:以石油化学工业为中心",316页指出:"作为对石油化学工业的国家所有制的摒弃,克制对所有制的参与,国家起到'非所有助力者'的作用。"

[357] 详细讨论见宋成守,《韩国钢铁产业技术能力发展历程》,191-199页。对此,柳相永,《韩国产业化中的国家和企业的关系:浦项制铁和国家资本主义》(延世大学博士学位论文,1995)以浦项制铁为例,研究了20世纪60—80年代国家和企业的关系,分析认为浦项制铁的性质以"国家里的国家""国家里的企业""市场里的企业"演变。

[358] 李根,《东亚和技术追击的经济学》,105-106页。对此,尹净路,"韩国的半导体产业,1965—1987,162页就政府在20世纪80年代半导体产业中的作用写了如下内容。"(20世纪80年代)半导体产业崛起为先导产业不是国家主导的结果……国家为半导体产业采取的行动不是发出诱发私营部门回应的信号,而是对私营部门已经进行的情况事后追认的性质很强。"

[359] 金仁英,《韩国经济增长:国家主导论和企业主导论》(自由企业中心,1998),177-178页。

[360] 对此,李秉喆,《湖岩自传》,373页指出,"器兴工厂的地皮当初被预定为政府的特定用地,但政府意识到了半导体产业的重要性,因此特意让出让三星半导体使用。"

[361] 对此,竹内弘高、野中郁次郎,"新产品开发的战略和组织",今井贤一编著,金东烈译,《技术革新和企业组织:以日本企业的事例为中心》(飞峰出版社,1992)139-176页将美国企业的分析性、串行性方式与日本企业的整体性、重复性方式进行了对比,认为日本企业一直在执行重复技术开发。

## 第五章　韩国经济转型与技术领先

［1］李济民，《外汇危机和此后的韩国经济》，第 11 页。
［2］石惠媛，《韩国经济史》，206-207 页；李璋圭，《韩国总统们的韩国经济故事 2》，66-67 页。
［3］李璋圭，《韩国总统们的韩国经济故事 2》，69-70 页。
［4］李圭星，《韩国的外汇危机》，212-220 页。同书，220 页对"募金运动"的成果记述道，"据分析，共有 349 万人参与了募金运动，相当于全国 1509 万户的 23% 参与了该项目，每户平均寄存 65 克。这场募金运动始于 1997 年向国际货币基金组织提出救助之际，可以说是国民自愿向国家寄存黄金偿还国债的……国债补偿运动的现代版。"
［5］对于 1998 年政府组织改编的过程和评价，参阅金光雄，"金大中政府初期对政府组织改编的批判性反省"，《韩国行政学报》32-2（1998），97-111 页。金大中政府 1999 年 5 月和 2001 年 1 月也实施了政府组织改编。1999 年将企划预算委员会和预算厅合并为企划预算处，新设中央人事委员会，2001 年在将财政经济部和教育部提升为副总理级的情况下，新设了女性部。
［6］例如，以经济首席秘书长为例，最初启用了选举阵营出身的金泰东，但时隔 3 个月更换为曾担任经济企划院官僚的康奉均，并聘请了首任金融监督委员长李会昌阵营参谋的李贤在（李璋圭，《总统的经济学》，350 页）。另外，1998 年至 2000 年的财政经济部长依次是李圭星、康奉均、李贤在，李圭星是财政部官员出身。
［7］金敬元、权顺宇等，《外汇危机 5 年，韩国经济发生了什么变化》，244-245 页；朴元岩，《1997 年外汇危机》，金斗尔等，《韩国的经济危机与克服》（韩国历史博物馆，2017），204-205 页。
［8］金敬元、权顺宇等，《外汇危机 5 年，韩国经济发生了什么变化》，248-265 页；朴元岩，《1997 年外汇危机》，207-208 页。
［9］金敬元、权顺宇等，《外汇危机 5 年，韩国经济发生了什么变化》，266-280 页；朴元岩，《1997 年外汇危机》，206-207 页。关于企业治理结构的改善，朴燮，《适应与合作的时代》，468-469 页写道："政府在 1980—1990 年代经常出台限制财阀事业扩张的政策，但没有要求财阀改变统治方式。政府 1998 年与那时不同，让财阀总会长成为子公司的会长，直接经营企业，或者成立控股公司，成为

其会长，对子公司的企业经营负责。"

[10] 金敬元、权顺宇等,《外汇危机5年，韩国经济发生了什么变化》，294-304页；朴元岩,《1997年外汇危机》，208页。对劳资政委员会性质和活动的分析见金东元,《短暂的成功和漫长的挫折：对韩国劳资政委员会的理论分析和政策启示》,《产业关系研究》13-2（2003），1-25页。

[11] 金敬元、权顺宇等,《外汇危机5年，韩国经济发生了什么变化》，281-293页；朴元岩,《1997年外汇危机》，208-209页。政府参演研究机构联合理事会1998年3月从人文社会研究会、经济社会研究会、基础技术研究会、公共技术研究会、产业技术研究会5个出发，2008年2月经过经济、人文社会研究会、基础技术研究会、产业技术研究会3个，2014年6月调整为经济·人文社会研究会、国家科技研究会2个。

[12] 金敬元、权顺宇等,《外汇危机5年，韩国经济发生了什么变化》，246页；朴元岩,《1997年外汇危机》，209-213页。虽然实现了数值上的目标，但也引发了意想不到的结果，对此，国政新闻发布会特别企划组,《参与政府经济5年：韩国经济再次飞跃的蓝图和高投》（Hans Media, 2008），15页写道："就金融部门而言，过分强调收益性和健全性的银行们致力于家庭贷款等安全的零售金融，出现了回避重要企业金融的问题。另外，为了防止章鱼爪式经营，阻断子公司内危机传播，实施了各种企业治理结构改革措施，同时通过市场对企业进行监督。"为了保护经营权，允许敌对性并购（M&A）的结果是，报酬经营扩大，出现了投资萎缩的问题。

[13] 韩国经济60年史编纂委员会,《韩国经济60年史Ⅰ》，140页。金大中总统在就任1年零6个月的1999年8月宣布克服了外汇危机，但这意味着他不是完全毕业于IMF体制，而是摆脱了外汇流动性危机。

[14] 朴元岩,《1997年外汇危机》，211页，韩国经济60年史编撰委员会,《韩国经济60年史Ⅰ》，140页。随着失业增加和就业困难，2000年前后是李太白（20多岁的无业游民）、三八线（38岁退休）、沙悟净（45岁退休）、五六岛（到56岁还在职简直是小偷）等需要补充词典释义的新词（石惠媛,《韩国经济史》，236页）。

[15] 金敬元、权顺宇等,《外汇危机5年，韩国经济发生了什么变化》，246-247页。

[16] 李圭星,《韩国的外汇危机》，841-857页；石惠媛,《韩国经济史》，212-215页。大宇集团的没落是因为散漫的企业经营，还是不恰当金融政策的结果，这是今后需要研究清楚的问题，其中关于金宇中会长的立场问题，参阅申璋燮，

《与金宇中的对话：世界依然广阔，还有很多事情要做》（书镜，2014）。

［17］李济民，"韩国的外汇危机：原因、解决过程和结果"，18-23 页；李济民，《外汇危机和此后的韩国经济》，173-176 页。

［18］金敬元、权顺宇等，《外汇危机 5 年，韩国经济发生了什么变化》，209-210 页。利息补偿比例是将营业利润除以金融费用的价格，该比率低于 1 的情况下，通过营业行为赚取的收益也不能充当支付利息所需的金融费用。

［19］金敬元、权顺宇等，《外汇危机 5 年，韩国经济发生了什么变化》，296-297 页。

［20］李璋圭，《总统的经济学》，371-374 页，石惠媛，《韩国经济史》，238-241 页。

［21］石惠媛，《韩国经济史》，223-227 页。

［22］金敬元、权顺宇等，《外汇危机 5 年，韩国经济发生了什么变化》，190-195 页；石惠媛，《韩国经济史》，228-232 页。关于风险产业的初期历史，参阅李敏华、金明洙，《韩国风险产业发展史》（金荣社，2000）。

［23］洪顺英、张在哲等，《韩国经济 20 年的再审视》，257-258 页；石惠媛，《韩国经济史》，242-245 页。

［24］洪顺英、张在哲等，《韩国经济 20 年的再审视》，258 页；金敬元、权顺宇等，《外汇危机 5 年，韩国经济发生了什么变化》，27-28 页。金大中政府几乎取消了所有房地产限制，卢武铉在总统当选人时期接到报告后说："解决了这么多吗？"（国政新闻发布会特别企划组，《参与政府经济 5 年》，90 页）。

［25］财政经济部、韩国开发研究院，《新千年范式：基于知识的经济发展战略》（1999）；李圭星，《韩国的外汇危机》，824-841 页。

［26］关于创新体制论的简单讨论见宋伟赈，"国家创新体制论的创新政策"，《以创造和整合为导向的科技创新政策》（韩蔚，2010），13-41 页；宋成守，《技术革新是什么》，77-102 页。

［27］宋成守，"关于韩国科技政策特性的试论性考察，70-71 页。科技革新五年计划、科技革新 5 年修改计划、科技基本计划的主要内容参阅宋成守，《科技综合计划相关内容分析》，108-148 页，金大中政府时期科技政策的详细内容参阅科技部，《国民政府科技政策 5 年成果》（2003）。

［28］宋成守，《关于韩国科技政策特性的试论性考察》，71-72 页。

［29］国家科技委员会从 2008 年开始探索以民间为中心的运营体系后，2011 年改组为总统直属行政委员会，成为部长级委员长，地位下降。接着，2013 年更名为国家科技审议会，重新成立归国务总理所属。

［30］风险企业的成长随着 1997 年科技创新五年计划的制定而开始受到关注，地方

科技的振兴随着1999年科技创新五年计划的修改而成为重要领域，科技文化的繁荣从2001年的科技基本计划开始提升为独立部门。

[31] 金敬元、权顺宇等，《外汇危机5年，韩国经济发生了什么变化》，49-51页。

[32] 石惠媛，《韩国经济史》，245-246页。

[33] 对此，卢武铉政府时期担任总统政策室长的李廷雨指出，"在克服外汇危机的过程中，出现了风险泡沫、信用卡泡沫、房地产泡沫'三大泡沫'"。[李廷雨，"远眺均衡：参与政府的经济哲学"，姜哲圭等，《经国济民之路：参与政府经济的里和外》（Good Plus Book，2015），25页]。

[34] 国政新闻发布会特别企划组，《参与政府经济5年》，36-57页；李东杰，《从金融政策看参与政府5年》，姜哲圭等，《经国济民之路：参与政府经济的里和外》（Good Plus Book，2015），150-151页。

[35] 国政新闻发布会特别企划组，《参与政府经济5年》，58-80页；李东杰，《从金融政策看参与政府5年》，152-153页。

[36] 国政新闻发布会特别企划组，《参与政府经济5年》，90-99页；金秀贤，"超越与投机的战争，转向市场改革和居住福利：参与政府房地产政策留下的东西"，姜哲圭等，《经国济民之路：参与政府经济的里和外》，231-283页。对此，国政新闻发布会特别企划组，《参与政府经济5年》，367-368页对卢武铉政府的房地产政策进行了如下评价。"韩国在严密管理住宅金融系统和市场的同时，防止了房地产经济的硬着陆。通过先发制人的贷款限制等，也致力于健全性管理。这种政策在美国次贷危机导致美国经济面临停滞危机，全球金融市场出现危机的情况下发挥了真正的价值。如果参与政府将房地产市场用作刺激经济的手段，韩国也会陷入房地产泡沫崩溃带来的金融亏损、家庭负债等风波中，这一点很少有人持异议。"

[37] 国政新闻发布会特别企划组，《参与政府经济5年》，363页。在李政宇，《看得远，保持平衡》，37-38页也有类似论调。"卢武铉总统的一贯想法是，虽然我可以挨骂，但我们不能给下一个政权带来负担。为什么卢武铉总统一有机会就表示'我不会人为地扶持经济。'这句话的决心如历届政府一样，警告经济官员不要迷恋眼前的人气，试图用弥缝对策掩盖过去，不要制造泡沫，蒙蔽国家。从这一点来看，卢武铉总统是韩国罕见的长期主义者。真正的领导人，比起眼前的成果，更应该考虑国家的遥远未来。虽然参与政府犯下了很多错误，但从其真实性和长期主义视角出发的经济运用，总有一天历史会给予公正评价。"

[38] 国政新闻发布会特别企划组，《参与政府经济5年》，382-387页。

[39] 朴承斗,"劳资关系路线图17年的评价和展望",《劳动法学》39（2011），177-187页；国政新闻发布会特别企划组,《参与政府经济5年》，143-150页。对此，李璋圭，《韩国总统们的韩国经济故事21》，104页指出，"进入执政中期，卢武铉的工会观与初期有很大不同。"并提到了以下四个事项：①虽然世界发生了变化，但工会的斗争方式与过去独裁镇压时代没有什么不同。②大企业工会出现集体利己主义和贵族化现象。③对真正需要保护的中小企业劳动者的照顾反而被忽视了。④工会的非法罢工太频繁，给经济带来了很大的负担。

[40] 国政新闻发布会特别企划组,《参与政府经济5年》，181-206页；姜哲圭,"自由公正的市场，没有结束的旅程：参与政府公平交易政策"，姜哲圭等,《经国济民之路：参与政府经济的里和外》，89-134页。

[41] 李相哲,"作为新地区发展模式的地区革新体制"，刘铁圭编,《寻找革新与整合的韩国经济模式》(共读，2006)，251-275页；国政新闻发布会特别企划组,《参与政府经济5年》，207-229页。国家均衡发展委员会还正式介绍了发达国家的地区革新事例，其中包括国家均衡发展委员会编,《世界的地区革新体制》(韩蔚，2004)；国家均衡发展委员会编,《发达国家的创新集群》(东道院，2005)等。

[42] 国政新闻发布会特别企划组,《参与政府经济5年》，301-336页；金杨熙,"东北亚时代构想和韩美FTA"，姜哲圭等,《经国济民之路：参与政府经济的里和外》、308-316页。卢武铉总统不顾支持者的反对，继续推进韩美FTA，其背景国政新闻发布会特别企划组,《参与政府经济5年》，312-313页写道，"卢武铉总统首先认为，在FTA时代，重要的是不要被市场孤立。特别是贸易依存度较高的国家。日本和中国在与美国签订FTA之前，要占据稍微更有利的地位。另外也有内因。韩国在IMF外汇危机后，仅靠制造业很难维持生计，而服务产业也并非具备足够的竞争力。卢武铉总统为加强韩国服务业的竞争力，特向服务大国美国敞开大门，以竞争强服务。"

[43] 国政新闻发布会特别企划组,《参与政府经济5年》，230-251页；许成宽。"我们不知道的参与政府国家生活：从财政、税收政策看国家经营革新"，姜哲圭等,《经国济民之路：参与政府经济的里和外》，196-202页。继5年国家财政运营计划之后，2006年8月韩国又制定了面向一代人的"愿景2030"，以此为基础，针对30年单位的"愿景2030"制定了5年单位的财政运营计划，并根据计划建立了每年编制预算的体制。5年后，反映新信息，研究30年计划，1年后制定下一个5年财政运营计划，形成30年长期计划、5年中期计划、1年

短期计划相互联动的格局（许成宽，《我们不知道的参与政府国家生活》，198-199页）。

[44] 国政新闻发布会特别企划组，《参与政府经济5年》，254-277页；宋伟赈，《21世纪韩国的科技革新政策》，《以创造和整合为导向的科技革新政策》，43-67页。卢武铉政府时期科技政策的详细内容参阅科技部等，《参与政府科技政策白皮书》（2007）。

[45] 石惠媛，《韩国经济史》，256-259页。以生命工学技术为例，2005年前后还发生了"黄禹锡事件"的闹剧，对此详细讨论参阅姜亮求、金炳洙、韩再恪，《沉默与狂热：黄禹锡事态7年的记录》（Humanitas，2006）；金根培，《黄禹锡神话和韩国科学》（历史批评史，2007）。

[46] 对此，李璋圭《韩国总统们的韩国经济故事2》，117页指出："两极化一词在政府层面成为话题是从卢武铉参与政府开始的。原来的用法是批评政府的在野党或市民团体经常使用，政府一般会解释，但参政政府反而带来了两极化问题的严重性。"

[47] 国政新闻发布会特别企划组，《参与政府经济5年》，134-136页；李璋圭，《总统的经济学》，426-428页。

[48] 国政新闻发布会特别企划组，《参与政府经济5年》，150-156页；李璋圭，《总统的经济学》，430-431页。从一般意义上讲，两极化意味着中产阶级消失，社会阶层走向两极的现象，但在收入两极化以外的其他社会现象中，差距加剧也可称为两极化。对此，李根编，《中等发达国家陷阱和2万美元战略》，19页指出韩国经济面临的两极化：①大企业和中小企业的两极化；②出口和内需的两极化；③IT领域和非IT领域的两极化；④海外投资对国内投资的两极化；⑤就业难的青年失业的两极化等。

[49] 国政新闻发布会特别企划组，《参与政府经济5年》，368-371页。

[50] 国政新闻发布会特别企划组，《参与政府经济5年》，171-180页。

[51] 国政新闻发布会特别企划组，《参与政府经济5年》，362页；石惠媛，《韩国经济史》，273-276页。国民收入在2万美元以上的国家从1万美元国民收入到2万美元所花的时间平均为8.9年。据悉，意大利用了5年，日本用了6年，英国用了9年，美国用了10年，德国和法国用了11年，澳大利亚用了16年。卢武铉政府初期，经常出现韩国应摆脱国民收入1万美元陷阱，跃入2万美元时代的讨论，如崔弘健、朴相哲，《2万美元时代的技术革新战略》（蓝色思想，2003）；李根编，《中等发达国家陷阱和2万美元战略》。

[52] 对于上世纪 90 年代浦项制铁的经营革新，参阅宋成守，《韩国钢铁产业的技术能力发展历程》，244-258 页。以下讨论基于宋成守、宋伟赈，"从 COEX 到 FINEX：浦项制铁的路径实现型技术革新"，《技术革新学会杂志》13-4（2010），700-716 页。

[53] 对于新一代革新钢铁技术的发展动向及展望，参阅尹贤顺，"革新钢铁技术的开发现状和展望"、浦项制铁经营研究所钢铁本部，《21 世纪钢铁产业，生存战略是什么》（1996），55-94 页；李一玉，"革新钢铁技术开发及其影响"，《钢铁报》，25-6（1999），28-35 页；宋成守，"钢铁产业的技术革新模式和发展课题"，《技术革新学会杂志》3-2（2000），94-110 页等。

[54] 采访：申永吉（2001.9.4）；《浦项产业科学研究院 10 年史》，180、183 页。

[55] 关于脱模项目的出台，浦项制铁炼钢部，《炼钢 25 年》（1998），242 页指出，"在公司内部一年来争议不断的情况下，在相关部门的协商和常务、专务等批准线上升的过程中，足足经历了 50 多次简报和调整的过程。1989 年 10 月进行最终裁决的郑明植社长多次犹豫不决，并表示'冒着生命危险做吧'，并在第一阶段的 2 年里批准了 90 亿韩元的研究开发费。"

[56] 采访：李一玉（1999.6.30）；采访：申永吉（2001.9.4）。关于收集和利用新一代革新钢铁技术的信息，申永吉表示："首先以二流企业为对象获得了初步信息，熟悉了信息后，再次使用了访问一流企业的方式。"李一玉说："通过比较从国外获得的各种资料，发现有 10% 左右的误差，为了弥补这些误差，开展了大量的预备实验。"

[57] 韩国新钢铁技术研究组合，《21 世纪新钢铁技术：研究开发课题》（1990），13-86 页。

[58] 采访：李一玉（1999.6.30）；采访：申永吉（2001.9.4）。

[59] 对于熔融还原及脱模项目的概要，参阅《浦项产业科学研究院 10 年史》，473-484 页。对于共同研究的满意度，李一玉表示："皮克斯采取了演绎式的接近，我们采取了归纳式的接近，因此产生了互补性的结果。"而与此相反，申永吉评价说："戴维的能力不足，我们之间进行试验，戴维也提出了不满。"[采访：李一玉（1999.6.30）；采访：申永吉（2001.9.4）]。

[60] 每日经济知识项目组，"将教科书理论升华为现场技术"，《知识革命报告书：你也是知识分子》（每日经济新闻社，1998），100-104 页：韩国钢铁新闻、韩国钢铁协会，《钢铁演讲鉴 1998》（1998），229-230 页。

[61] 宋成守，《韩国钢铁产业技术能力发展历程》，271 页。

[62] 关于技术革新中补充性资产的重要性，参阅 David J. Teece, "Profiting from Technology Innovation: Implication for Integration, Collaboration, Licensing, and Public Policy", *Research Policy* 15-6（1986），pp.285-305。

[63] 在开发 FINEX 工艺的过程中，浦项制铁内部也产生了很大分歧。到 1998 年，虽然已投入超 700 亿韩元，但并没有出现预想的结果，而在外汇危机的情况下，持续追加研究经费投入并不容易。在公司内部的争执中，刘常夫会长把当时浦项制铁厂的东京事务所社长姜昌五叫到了浦项制铁厂。姜昌五以多种信息分析为基础表示，"请给我 1000 亿韩元。完全撤出新技术系统的话等于是浪费时间和资源，我们不要杀死该系统，而是要靠研究粉末工艺救活它。"最终说服了刘常夫会长［朴美淑，"这里的人好像都疯了：FINEX 开发纪录片"，《经济学人》（2007.7.17），16-17 页］。

[64] 关于 FINEX 工艺的开发过程及其特点的详细讨论参阅郑基台，"发展中国家企业技术创造阶段技术革新：过程技术开发案例研究"，《技术革新学会杂志》12-1（2009），237-264 页；宋成守、宋伟赈，"从 COEX 到 FINEX：浦项制铁的路径实现型技术革新"，708-713 页。

[65] 赵奉来，"钢铁历史新写的 FINEX 工艺"，《科学与技术》39-12（2006），28-30 页；全熙洞，"用蓝钱代替黑烟：一石三鸟新制铁工法 FINEX 工艺"，《科学东亚》2007 年 7 月号，106-109 页。

[66] 金孝哲等，《韩国的船》第 82 页。

[67] 金周焕，"韩国造船业称霸世界因素的研究"，268-269 页。20 世纪 90 年代以来，中国和日本的造船产业参阅李京默、朴承烨，《韩国造船产业的成功要素》，212-220 页；日间造船海洋，《危机的韩国造船海洋产业》（2015），33-86 页。

[68] 全浩焕，《船的故事》（釜山和技术协议会，2008），17 页。此外，世界 10 大造船企业中包括大连船舶重工业（中国，第 6 位）、外高桥造船（中国，第 8 位）、光洋造船（日本，第 10 位）。以 2007 年 7 月为准，世界 10 大造船企业包括现代重工业、三星重工业、大宇造船海洋、现代美孚造船、STX 造船、大连船舶重工业、现代三湖重工业、外高桥造船、江南长虹重工业（中国）、华东重化造船（中国）（裴勇浩，《造船产业创新路径创造能力》，131 页）。

[69] 金亨均、孙恩熙，"造船产业的日本追击和中国防御"，271 页；李京默、朴承烨，《韩国造船产业的成功要素》，118-120 页。

[70] 蔡秀钟，《运送未来的船，LNG 船》（池城公司，2004），95-109 页；李京默、朴承烨，《韩国造船产业的成功要素》，120-129 页。

[71] 蔡秀钟,《运送未来的船,LNG 船》,116-118 页;大宇造船海洋,《玉浦造船厂:信赖和热情的 30 年,1973-2003》(2004),272-273 页。

[72] 金亨均、孙恩熙,"造船产业的日本追击和中国防御",272 页;李京默、朴承烨,《韩国造船产业的成功要素》,130-132 页。现代重工业将 2003 年世界上首次开发的等离子焊接工艺应用于薄膜型 LNG 船,成为建造两种形式 LNG 船的第一家企业(蔡秀钟,《运送未来的船,LNG 船》,113 页)。

[73] 金亨均、孙恩熙,"造船产业追击日本和防御中国",263-264 页。

[74] 对于 21 世纪韩国造船产业的技术革新,参阅李圭烈"船舶技术的现状和展望",《机械码头》45-2(2005),46-52 页;大韩造船学会,《大韩造船学会 60 年史》(2012),189-211 页。

[75] 李京默、朴承烨,《韩国造船产业的成功要素》,112 页。

[76] 金亨均、孙恩熙,"造船产业的日本追击和中国防御",272 页;洪成仁,"韩国造船产业的全球竞争和差异化战略",《KIET 产业经济》2008 年 9 月号,34 页。

[77] 洪成仁,"韩国造船产业的文字竞争和差异化战略",30 页。

[78] 裴勇浩,《造船产业的创新路径创造能力》,145 页;李京默、朴承烨,《韩国造船产业的成功要素》,173-174 页。

[79] 以全浩焕,《船的故事》,167-168 页为基础检索后叙述。

[80] 金京美,"地上造船工艺等多种新技术成功",《海洋韩国》2005 年 2 月号,36-40 页;李京默、朴承烨,《韩国造船业的成功要素》,163-172 页;裴勇浩,《造船业的革新路径创造能力》,146-148 页。地上造船工艺的详细分析参阅宋成守,"地上造船工艺:现代重工业",崔永洛 等,《政府为构建新一代技术革新系统提供的支援政策》,60-74 页,为了进行陆上建造,需要比船坞建造时规模大得多的巨型起重机,现代重工业将世界上最大的起重机"马尔摩之泪"空运到瑞典,对其进行维修后使用。"马尔摩之泪"曾举起 1200 吨,刷新了此前的纪录 760 吨。

[81]《现代汽车 30 年史》,535-537 页。

[82]《现代汽车 30 年史》,755-767 页;郑世永,《未来是创造》,415 页。

[83] 在此之前的 1990 年 2 月,现代汽车成立了 GT(Global Top)-10 项目,它以在生产、销售、盈利、技术、员工福利等经营的全部门进入世界 10 大企业为基本理念(《现代汽车 30 年史》,473-478 页)。

[84] 玄英锡、金镇浩,"21 世纪现代汽车多重危机与革新",《经营经济研究》38-2(2016),108 页。现代集团内部围绕经营权的继承展开了激烈竞争,2000 年

9月，郑梦九以现代起亚汽车为中心组建了现代汽车集团，从现代集团中分离、独立出来。现代汽车以收购起亚汽车为契机成为世界第10大汽车企业，郑梦九就任现代汽车集团总裁，提出了到2010年将现代起亚汽车培养成为世界第5大汽车企业的GT-5愿景。现代起亚汽车2009年成为世界第5大汽车企业［金镇伯、李南锡，"以技术追赶、质量革新、国际化实现现代起亚汽车的成长"，Korea Business Review，21-1（2017），89-90页］。

[85] 李侑载、朴基完，"现代汽车"，397-399页；金镇伯、李南锡，"以技术追赶、质量革新、国际化实现现代起亚汽车的成长"，95-96页。关于进军印度市场的经过，参阅郑世永，《未来是制造》，426-431页。

[86] 玄英锡，"现代汽车质量胜利"，《韩国生产管理学会杂志》第19卷1号（2008），129-131页；李侑载、朴基完，"现代汽车"，374-375页。现代1989年在加拿大布罗蒙建成了年产10万辆的工厂，但未能保证销量，于1993年撤离，对此，参阅郑世永，《未来是创造》，330-339页。

[87] 金成洪、李尚敏，《郑梦九的挑战》（Godswin，2005），142-165，185-188页；李侑载、朴基万，"现代汽车"，380-382，384-385页。当时，J. D. Power 指出了以下五点：一是产品规划、设计、生产阶段顾客声音反映不到位；二是根深蒂固的质量问题，即使更换型号，也会反复发生；三是解决问题的对策不完善，进一步恶化市场状况。四是每台问题件数比整体平均高出2—3倍。五是合作企业质量管理不足（金成洪、李尚敏，《郑梦九的挑战》，144页）。郑梦九会长要求在品质部前挂上 J. D. Power 的忠告的裱框，并指示说："在赶上丰田汽车之前，不要摘下相框。"（同书，第165页）。

[88] 金成洪、李尚敏，《郑梦九的挑战》，173-180页；金镇伯、李南锡，"以技术追赶、质量革新、国际化实现现代起亚汽车的成长"，91-92页。对此，李侑载、朴基完，"现代汽车"，383-384页，凭借10年10万英里奖励计划的效果，提升了品牌宣传效果、客户关系管理（Customer Relationship Management，CRM）的高度化、残存价值的提升。

[89] 金成洪、李尚敏，《郑梦九的挑战》，181-185页；玄英锡，"现代汽车质量胜利"，135页。

[90] 玄英锡，《现代汽车的品质胜利》，132-135页；李侑载、朴基完，"现代汽车"，385-387页。

[91] 姜京洙、玉珠英，"21世纪现代汽车构建供应链案例研究"，《韩国生产管理学会杂志》26-3（2015），285-303页；赵显宰，"现代汽车机敏的生产方式：又一

个最佳方案？",《动向与展望》93（2015），52-85页。机敏的生产方式的具体形态会根据企业治理、劳资关系、零部件供应等性质而变化，现代起亚汽车的特点是财阀老板和工程师的主导作用，对立的劳资关系导致的技术和熟练的分离、利用现代摩比斯等子公司的封闭型模块化等。

[92] 金成洪、李尚敏，《郑梦九的挑战》，253-258页；金镇伯、李南锡，"以技术追赶、质量革新、国际化实现现代起亚汽车的成长"，96-98页。

[93] 金成洪、李尚敏，《郑梦九的挑战》，244-253页；金镇伯、李南锡，"以技术追赶、质量革新、国际化实现现代起亚汽车的成长"，98-99页。现代起亚汽车进军海外的领域包括斯洛伐克工厂（2007年）、捷克工厂（2009年）、美国乔治亚工厂（2010年）等，现代起亚汽车的整体销量中，海外的比重从2005年的22%上升到2010年的45%，2014年上升到55%（金镇伯、李南锡，"以技术追赶、质量革新、国际化实现现代起亚汽车的成长"，99-100页）。

[94] 每日经济科技部，"李贤淳：引领韩国发动机技术独立的发动机博士"，《以科技开创世界：韩国工程师60人》（每经出版，2006），284-285页。

[95] 金成洪、李尚敏，《郑梦九的挑战》，213-220页。郑梦九有着研究开发决定质量70%至80%的信念，并指示取消动力系统开发的预算限额，还为南阳研究所的负责研究员铺上了红毯。

[96] 玄英锡，《现代汽车速度经营》，150-151页；李侑载、朴基完，"现代汽车"，403-406页。

[97] 黄正泰，"汽车产业创新路径创造能力"，118-121页；李贤淳，《唤醒我体内沉睡的发动机！》，149-151页。以索纳塔为中心，研究现代汽车成长过程的单行本有陈熙贞、权龙珠，《现代汽车的力量：穿梭于SONATA世界》（明成，2006）。

[98] 金成洪、李尚敏，《郑梦九的挑战》，221-224页；李贤淳，《唤醒我体内沉睡的发动机！》，151-153页。对此，金成洪、李尚敏，《郑梦九的挑战》，223页指出，"直到20世纪90年代，现代汽车一直以三菱为老师学习技术，但反过来又将技术卖给三菱"。

[99] 李贤淳，"构建世界超一流研究所，引领新一代未来技术"，《科学与技术》39-10（2006），88页。

[100] 金镇伯、李南锡，"以技术追赶、质量革新、国际化实现现代起亚汽车的成长"，93-94页。对此，李贤淳，《唤醒沉睡在我体内的发动机！》，154页指出："现代汽车的发动机技术水平现在不逊色于世界上任何汽车公司。"

[101]《现代汽车30年史》,496-500页。

[102] 黄政泰,《汽车产业创新路径创造能力》,122-125页。现代在2013年量产了两款便宜的氢燃料电池车,2016年通过IONIQ正式进军电动汽车市场(李侑载、朴基完,"现代汽车",418-419页)。

[103] 对于20世纪90年代半导体技术范式的变化,参阅宋伟赈《半导体产业长期发展的技术革新战略》(科学技术政策管理研究所,1995),32-50页。

[104] 陈大济,《经营热情》,91-94页。

[105] 电子报社,《韩国电子年鉴》(1996),630-631页。

[106]《三星电子30年史》,386页;申璋燮、张成元,《三星半导体世界第一秘诀解剖》,72页。

[107] 崔永洛、李恩京,《世界第一的"韩国制造",半导体》,111-112页;申璋燮、张成元,《三星半导体世界第一秘诀解剖》,72-74页。

[108] 申璋燮、张成元,《三星半导体世界第一秘诀解剖》,78-80页。

[109] 崔永洛、李恩京,《世界第一的"韩国制造",半导体》,117-118页;申璋燮、张成元,《三星半导体世界第一秘诀解剖》,80-81页。当时,东芝在NAND闪存上拥有多项技术专利,占NAND闪存市场的45%,处于领先地位。但日本的半导体行业因严重的经济不景气正在推进结构调整,东芝在整理DRAM事业的同时,为了决出NAND闪存事业的胜负,向三星提出了绝密合作建议。这里有利用三星巨额资金的同时,事先控制竞争者的布局(李彩允,《黄氏定律》,97-98页)。

[110] 李彩允,《黄氏定律》,98-100页;《三星电子40年:挑战与创造的遗产》,230-231页。2001年8月,在日本东京一家名为"Kazuro"的餐厅举行的会晤中,李健熙会长、尹钟龙副会长、半导体总管社长李润雨、结构调整本部长李鹤洙、存储器事业部长黄昌圭等出席。

[111] 对此,黄昌圭还在2002年举行的国际半导体电路会议(International Solid-State Circuits Conference)上发表了闪存容量每年增加2倍的所谓"黄氏定律"。它可以与"摩尔定律"相媲美,即半导体的集成度每1年半增加2倍。

[112] 崔永洛、李恩京,《世界第一的"韩国制造",半导体》,119页。

[113] 李彩允,《黄氏定律》,101页。

[114]《三星60年史》,391-392页;陈大济,《经营热情》,95-104,112-114页。

[115] 申璋燮、张成元,《三星半导体世界第一秘诀解剖》,83-84页,《三星电子40年:挑战与创造的遗产》,235-239页。

[116]《三星电子 40 年：挑战与创造的遗产》，239-242 页。

[117] 关于显示器产业的概要和特性，参阅裴钟泰等，《为促进激进创新构建技术创新系统方案》，123-132 页，李光浩，《显示器产业的创新路径创造能力》，李工来等，《韩国先导产业的技术创新路径创造能力》（科技政策研究院，2008），154-161 页。

[118] LCD 根据驱动方式分为手动型和主动型。手动液晶屏是通过在液晶排列的面板的横轴和纵轴上施加电压，驱动其交点上的液晶来组成屏幕的，通常使用每个元件都能旋转 270 度的 STN（super twisted nematic）方式的液晶。在主动式 LCD 中，屏幕是以独立排列可控制液晶的方式组成的，TFT 方式通常用薄膜晶体管控制像素。手动 LCD 主要用于电子计算机或时钟，主动 LCD 主要用于电视和显示器。

[119] 三星电子管，《三星电子管二十年史》（1990），350-352 页。

[120]《金星社 35 年史》，300 页；李光浩，"显示器产业创新路径创造能力"，166 页。

[121]《三星电子 40 年：挑战与创造的遗产》，43-44 页。

[122]《三星电子 40 年：挑战与创造的遗产》，44-45 页。

[123]《三星电子 30 年史》，392-393 页。

[124]《三星电子 40 年：挑战与创造的遗产》，第 47 页；裴钟泰等，《为促进激进革新构建技术革新系统方案》，134 页。

[125] 裴钟泰等，《为促进激进革新构建技术革新系统方案》，134-135 页；李彩允，《三星电子 3.0 故事》，143 页。对此，三星电子 1997 年 3 月将本公司的事业分为种子事业、苗木事业、果树事业等，制定应对措施开展所谓新树种事业项目，种子事业相当于 5—10 年后确保增长及效益的事业，苗木事业则相当于 4—5 年后可以成为果树的事业，果树事业则相当于目前以盈利带动增长的事业，古树事业则相当于进入规范阶段后需要整理的事业。种子事业包括移动通信系统、网络、非内存；苗木事业包括数字电视、PDA、TFT-LCD；果树事业包括大型彩色电视、显示器、笔记本电脑、手机、内存（《三星电子 40 年：挑战与创造的遗产》，223 页；李彩允，《三星电子 3.0 故事》，256-257 页）。

[126]《三星电子 30 年史》，393 页；裴钟泰等，《为促进激进革新构建技术革新系统方案》，135 页。

[127]《三星电子 40 年：挑战与创造的遗产》，48-52 页。

[128]《三星电子 30 年史》，394 页。

[129]《三星电子 40 年：挑战与创造的遗产》，48-49 页。

[130] 裴钟泰等,《促进激进革新的技术革新系统构建方案》，136-137 页。

[131]《三星电子 30 年史》，394 页;《三星电子 40 年：挑战和创造的历史》，188 页。此处，三星电子的试验线相当于第一代，量产一线相当于第二代，量产二线相当于第三代，量产三线相当于 3.5 代。显示器产业拥有一个所谓的"晶体周期"，以 2 至 3 年为一代，在繁荣和萧条两个周期中反复出现。

[132] 裴钟泰等,《促进激进革新的技术革新系统构建方案》，136-137 页。

[133] 裴钟泰等,《促进激进革新的技术革新系统构建方案》，137-139 页。

[134] 李光浩,《显示器产业创新路径创造能力》，166-168 页;《LG 电子 50 年史：挑战与开拓的半世纪》，181-183 页。

[135] 李光浩,《显示器产业创新路径创造能力》，167 页;《三星电子 40 年：挑战和创造的历史》，274 页。

[136] 朴承烨、朴元奎,《三星 VS LG，他们的战争将继续》，100-102 页；李光浩,"显示器产业创造革新路径的能力"，168-170 页。当时 LG Philips LCD 曾提议三星电子统一第五代产品线的规格，但三星电子担心错过抢占效果，因此拒绝了这一提议。

[137]《三星电子 40 年：挑战和创造的历史》，320-321 页;《三星电子 40 年：挑战与创造的遗产》，277-281 页。虽然合作公司的名称可以是三星索尼、索尼三星等，但很难向前推出特定的企业，最终考虑到三星和索尼的第一个英文字共同是"S"，所以决定使用 S-LCD（朴承烨、朴元奎,《三星 VS LG，他们的战争将继续》，107 页）。

[138] 朴承烨、朴元奎,《三星 VS LG，他们的战争将继续》，108-110 页。关于波尔多电视，参阅《三星电子 40 年：挑战和创造的历史》，417-421 页;《三星电子 40 年：挑战与创造的遗产》，198-208 页。从蓝海战略的角度分析波尔多电视的案例，参阅韩国蓝海研究会，"三星电子，重新定义电视"，金伟灿、勒妮·莫博涅编，安世民译,《蓝海转变》（Business Books, 2017），407-422 页。

[139] 朴承烨、朴元奎,《三星 VS LG，他们的战争将继续》，112-113 页；李光浩,"显示器产业创造创新路径的能力"，172 页。在日本，夏普和索尼专注于 LCD、松下专注于 PDP，而三星和 LG 则拥有相关集团子公司依次开发 CRT、LCD、PDP、OLED 等的结构。

[140] 朴承烨、朴元奎,《三星 VS LG，他们的战争将继续》，116-117 页；李光浩,

"显示器产业创新路径创造能力",173页。三星和LG在相当于下一代体系结构的OLED上也展现了领先企业的面貌。2006年,三星SDI在OLED市场占有率为21%,LG电子占有率为19.6%,位居世界第一和第二(朴承烨、朴元奎,《三星VS LG,他们的战争将继续》,126-127页)。

[141] 关于世界手机产业主导权转移,参阅李在仁,"超竞争产业中企业市场地位变化研究:以世界手机产业为中心"(汉阳大学硕士学位论文,2009);姜升元、李杰熙、林东振,"手机产业中的主导权转移",李根、朴泰英等,《产业的追击、超越、坠落:产业主导权和追击之间》(21世纪朝鲜,2014),39-72页。

[142] 对此,2006年担任三星电子信息通信总管社长的李基泰表示:"得益于韩国开拓了原本不专业的CDMA市场,我才能成为信息通信强国。""如果当时进入诺基亚和摩托罗拉抢占的TDMA市场,韩国的移动通信产业可能会在扎根前已阵亡"(康俊晚,《电话的历史》,213-214页)。

[143] 朴承烨、朴元奎,《三星VS LG,他们的战争将继续》,131页。在韩国开始数字移动通信服务时,各服务企业被赋予了识别号码。011是SK电信,016是KTF,017是新世纪电信,018是Hansol PCS,019是LG电信。2002年以后,移动通信服务市场重组为SK电信、KTF、LG电信等3家运营商,2004年开始采取措施将手机识别号码合并到010。KTF 1996年成立为韩国电信freetel后,2001年将企业名称改为KT freetel,2009年被KT(韩国通信)合并。新世纪电信和Hansol PCS于2002年分别整合到SK电信和KTF。

[144] 朴哲顺、金成勋,《韩国移动通信服务及终端产业的变迁和发展方向》,68-70页。CION在英语中的意思是贵族的子孙,发音上与Science相似。刚上市时是CION,但2000年变更为意味着"Cyber On"的CYON。

[145] 宋伟赈,《韩国的移动通信》,99-100页;朴承烨、朴元奎,《三星VS LG,他们的战争将继续》,131-132页。无线电信1998年将51%的股份移交摩托罗拉,2005年并入摩托罗拉。摩托罗拉以1998年收购御必电信为契机,以自有品牌推出数字产品群,在第二代移动通信市场抓住了反转的机会(柳炫成,《IT神话还在继续》,277页)。

[146] 宋伟赈,《韩国的移动通信》,100页;朴哲顺、金成勋,《韩国移动通信服务及终端产业的变迁和发展方向》,16页。三星方面,李健熙会长1996年在新年贺词中宣布:"在21世纪的企业经营中,设计等软件竞争力是最大的制胜点。"并为此后续采取了相应措施。包括设计专门负责人的部署、三星设计奖的制定、IDS(Innovative Design Lab of Samsung)的成立、设计银行系统的构

建等。金成洪、禹仁浩,《李健熙改革10年》,84-86页;赵显宰、全浩林、林信均,《数字征服者三星电子》(每日经济新闻社,2005),23-25页。

[147] 朴承烨、朴元奎,《三星VS LG,他们的战争将继续》,第132页;柳炫成,《IT神话还在继续》,274-275页。此前,Anycall系列在国内市场的占有率一直维持在40%左右,但进入2000年后,随着塞恩的跃进,也出现了下降到30%左右的情况。

[148]《三星电子40年:挑战和创造的历史》,173-174页;金勇俊,《神话创造的秘密》,207-239页。

[149] LG电子,《LG电子50年史:挑战与开拓的半世纪》(2008),211-212页。

[150]《三星电子40年:挑战和创造的历史》,174页,《三星电子40年:挑战与创造的遗产》,254-260页。LG长期以来一直在运用侧重CDMA的事业战略,从2002年开始进军GSM市场(《LG电子50年史:挑战和开拓的半世纪》,第212页)。

[151]《三星电子40年:挑战与创造的遗产》,260-261页。

[152] 对此,三星电子2004年在世界手机市场的销量排在诺基亚、摩托罗拉之后,排在第三位,但销售额排在第二位,平均销售单价排在第一位(金勇俊,《神话创造的秘密》,207-208页)。

[153] 金勇俊,《神话创造的秘密》,243页。三星电子将于2006年开始部分修改溢价战略。随着以发展中国家低收入层为对象的低价手机市场的打开,开始运用追加推出部分功能缩小产品的战略(朴承烨、朴元奎,《三星VS LG,他们的战争将继续》,148-149页)。

[154] 朴哲顺、金成勋,《韩国移动通信服务及终端产业的变迁和发展方向》,70-71页;柳炫成,《IT神话继续》,257-258页。

[155] 对此,据2004年韩国消费者保护院对青少年进行的调查结果显示,平均购买价格为38.8万韩元,大体上喜欢高价的最新机型,选择标准是设计40%,质量19.2%,比起质量更注重设计(朴哲顺、金成勋,《韩国移动通信服务及终端产业的变迁和发展方向》,72页)。

[156] 朴承烨、朴元奎,《三星VS LG,他们的战争将继续》,137-139页;朴哲顺、金成勋,《韩国移动通信服务及终端产业的变迁和发展方向》,72-73页。负责巧克力手机设计的负责研究员车康熙说:"我想制作一款不像手机的手机。简单、优雅、吸引力强,想一直随身携带、不离手的产品。"

[157]《三星电子40年:挑战和创造的历史》,411-413页。

[158]《三星电子40年：挑战和创造的历史》，413页；《LG电子50年史：增长动力史》，258-259页。

[159] 对此，《三星电子40年：挑战和创造的历史》第413页列出了三星电子1999年至2006年世界首款手机的目录。手表手机（1999年4月）、MP3手机（1999年11月）、电视手机（1999年12月）、内置摄像头手机（2000年7月）、500万像素手机（2004年11月）、DMB手机（2005年1月）、1.5G硬盘音乐手机（2005年7月）、3G音乐手机（2005年10月）、DVB-H手机（2006年5月）、8G音乐手机（2006年9月）、1000万像素手机（2006年10月）等。

[160] 特别是三星电子，在开发手机的研究室下面，存在半导体事业部团队，形成了能够迅速应对环境变化开发产品的结构（宋伟赈，《韩国的移动通信》，107页）。

[161] 宋伟赈，《韩国的移动通信》，103-104页。

[162] 朴承烨、朴元奎，《三星VS LG，他们的战争将继续》，第151页。对此，三荣科技的社长徐泰植表示："摩托罗拉的合理性、开放性令人惊讶，摩托罗拉认可了没有像样的供货业绩的韩国中小企业的产品。"

[163] 金光模，《重化工业中朴正熙的灵魂还活着》，20-21页。

[164] 李济民，"韩国的外汇危机：原因、解决过程和结果"，15-16页；李济民，《外汇危机及其后的韩国经济》，153-158页。

[165] 李济民，"韩国经济增长：其成功和曲折的过程"，58-59页。

[166] 对此，卢武铉总统在2006年3月与国民的网络对话中发表了如下意见。"最荒唐的是对参与政府说'你是新自由主义政府吧？'一边问'你是左派政府吧？'不是区分左派、右派政策，重要的是做我们经济需要做的事情，协调相互矛盾的事情。从这个意义上说，参与政府是'左派新自由主义政府'。不要试图将现实纳入理论框架，而是作为解决现实的钥匙，无论是左派理论还是右派理论，尽可能地使用"（国政新闻发布会特别企划组，《参与政府经济5年》，30-31页）。

[167] 李济民，"韩国经济增长：其成功和曲折的过程"，第61页。金大中政府（1998—2002年）、卢武铉政府（2003—2007年）、李明博政府（2008—2012年）、朴槿惠政府（2013—2017年）的年均经济增长率分别为5%、4.3%、3.2%、2.9%。

[168] 新常态相当于2008年全球金融危机后新出现的世界经济秩序的统称用语。该术语通过2008年出版的《新财富诞生》（*When Markets Collide*）广为人知，该公司是世界最大债券运营公司太平洋投资管理公司（PIMCO）的首席执行

官。他关注的是新常态现象，包括经济增长放缓、限制强化、消费萎缩、美国影响力下降等。

［169］2000 年代实现的路径组成型革新的例子将是丰田的混合动力汽车和苹果的 iPad。

## 第六章 结语

［1］VoC 讨论和对韩国的适用，参阅李荣薰，《韩国经济史 II》，561-569 页；洪顺英、张在哲等，《再论韩国经济 20 年》，30-36 页。

［2］国务总理室、产业政策研究院，《2010 年国际评价机构国家竞争力报告书分析·评价》（2010）。

［3］虽然没有在本文中讨论，但本文认为电视的事例也相当于 C3 → B2 → A1 的路径。韩国企业对电视的技术先导始于 20 世纪 90 年代末将数字电视商业化，对此，参阅宋伟赈、李根、林采成，"数字转型期后发国技术追赶模式分析：数字电视案例"，《技术革新研究》12-3（2004），205-227 页；Keun Lee, Chaisung Lim and Wichin Song, "Emerging Digital Technology as a Window of Opportunity and Technological Leapfrogging", *International Journal of Technology Management* 29-1/2（2005），pp.40-63。

［4］对此，帕维特（Keith Pavitt）通过 1984 年的论文，将技术创新特性所决定的企业群类型划分为供应商主导企业（Supplier-dominated firm）、规模密集企业（Scale-intensive firm）、专门供应商（Specifical Suppliers）、科学基础企业（Science-based Company）。此后，巴菲特等人曾在这四种类型中增加了信息密集型企业（information-intensive company）。参阅 Keith Pavitt, "Sectoral Patterns of Technical Change: Towards a Taxonomy and a Theory", *Research Policy* 13-4（1984），pp.343-373; Joe Tidd, John Bessant and Keith Pavitt, *Managing Innovation: Integrating Technological, Market and Organizational Change*（New York: John Wiley & Sons, 1997），pp.106-110。

［5］对此最先的讨论参阅 Moses Abramovitz, "Catching Up, Forking Ahead and Falling Behind", *Journal of Economic History* 46-2（1986），pp.385-406; Carlota Perez and Luc Soete, "Catching in Technology: Entry Barriers and Windows of Opportunity"; Giovanni Dosi, Christopher Freeman, Richard Nelson, Richard Silverberg and Luc Soete eds. *Technical Change and Economic Theory*（London: Pinter Publishers, 1988），pp.458-479。

# 参考文献

## 1. 资料

경제기획원,『제1차 경제개발5개년계획 보완계획』(1964).

경제기획원,『개발연대의 경제정책: 경제기획원 30년사 I(1961년~1980년)』(미래사, 1982).

경제기획원,『자율개방시대의 경제정책: 경제기획원 30년사 II(1981년~1992년)』(미래사, 1994).

과학기술실무계획반,『제4차 경제개발 5개년 계획: 과학기술부문계획, 1977-1981』(1976).

과학기술실무계획반,『제5차 경제개발 5개년계획: 과학기술부문계획, 1982-1986』(1981).

과학기술부,『특정연구개발사업 20년사』(2003).

과학기술부,『국민의 정부 과학기술정책 5년 성과』(2003).

과학기술부 외,『참여정부 과학기술정책 백서』(2007).

과학기술정보통신부·과학기술정책연구원,『과학기술 50년사』(2017).

과학기술처,『과학기술행정20년사』(1987).

과학기술처,『'91 과학기술연감』(1992).

과학기술처,『과학기술 30년사』(1997).

공보처,『변화와 개혁: 김영삼정부 국정5년 자료집』총2권 (1997).

국무총리기획조정실,『중화학공업의 오늘과 내일』(1973).

국무총리실·산업정책연구원,『2010년 국제평가기관의 국가경쟁력 보고서 분석·평가』(2010).

국제상사,『국제상사 삼십년사, 1949-1979』(1979).

금성사,『금성사 35년사』(1995).

기아산업,『기아 45년사』(1989).

대우조선해양, 『옥포조선소: 신뢰와 열정의 30년, 1973-2003』 (2004).
대통령비서실, 『박정희 대통령 연설문집』 제10집 (1973).
대한민국정부, 『제1차 경제개발5개년계획, 1962-1966』 (1962).
대한민국정부, 『제1차 기술진흥5개년계획: 제1차 경제개발5개년계획 보완, 1962-1966』 (1962).
대한조선학회, 『대한조선학회 60년사』 (2012).
동양나이론, 『동양나이론십년사』 (1976).
산업과학기술연구소, 『철강산업의 기술경쟁력 현황과 향후 대책』 (1993).
삼성반도체통신, 『삼성반도체통신십년사』 (1987).
삼성비서실, 『삼성60년사』 (1998).
삼성전관, 『삼성전관 이십년사』 (1990).
삼성전자, 『삼성전자 30년사』 (1999).
삼성전자, 『삼성전자 40년: 도전과 창조의 역사』 (2010).
삼성전자, 『삼성전자 40년: 도전과 창조의 유산』 (2010).
삼성중공업, 『삼성중공업 20년사』 (1994).
상공부·한국섬유산업연합회, 『섬유산업 구조개선 7개년계획』 (1989).
선경홍보실, 『선경삼십년사』 (1983).
섬유기술진흥원, 『대구섬유산업사』 (1990).
LG전자, 『LG전자 50년사: 성장동력사』 (2008).
LG전자, 『LG전자 50년사: 도전과 개척의 반세기』 (2008).
인천제철, 『인천제철 35년사』 (1990).
재정경제부·한국개발연구원, 『새 천년의 패러다임: 지식기반경제 발전전략』 (1999).
종합제철사업계획 연구위원회, 『종합제철공장건설을 중심으로 하는 한국제철공업개발에 관한 연구보고서』 (1969).
중화학공업추진위원회기획단, 『중화학공업육성계획』 (1973).
체신부, 『한국의 통신: 80년대 발전전략과 성과』 (1988).
충비십년사 편찬위원회 편, 『충비십년사』 (1968).
포항공과대학교, 『포항공대 10년사』 (1997).
포항산업과학연구원, 『포항산업과학연구원 10년사』 (1997).
포항제철, 『종합제철공장건설계약사례: 기본협정으로부터 추가협정체결에 이르기까지』 (1969).

포항제철, 『포항제철 7년사: 일관제철소 건설기록』 (1975).

포항제철, 『포항제철 10년사』 (1979).

포항제철, 『포항제철 850만톤 준공사』 (1981).

포항제철, 『포항제철 20년사』 (1989).

포항제철, 『4반세기 제철대역사의 완성: 국내·외에서 본 포항제철의 성공요인』 (1992).

포항제철, 『영일만에서 광양만까지: 포항제철 25년사』 (1993).

포항제철, 『포항제철 25년사: 기술발전사』 (1993).

포항제철 제강부, 『제강 25년』 (1998).

한국개발연구원, 『한국경제 반세기 정책자료집』 (1995).

한국경제 60년사 편찬위원회, 『한국경제 60년사 I: 경제일반』 (한국개발연구원, 2010).

한국경제 60년사 편찬위원회, 『한국경제 60년사 II: 산업』 (한국개발연구원, 2010).

한국과학기술연구소, 『중공업 발전의 기반: 한국의 기계 및 소재공업의 현황과 전망분석』 (1970).

한국과학기술연구원, 『KIST 30년사: 창조적 원천기술에의 도전』 (1998).

한국과학기술연구원, 『KIST 40년사』 (2006).

한국과학기술연구원, 『KIST 50년, 잊히지 않을 이야기』 (2016).

한국군사혁명사 편찬위원회, 『한국군사혁명사』 제1집 하권 (1963)

한국무역협회, 『한국무역사』 (2006).

한국반도체산업협회, 『반도체, 신화를 쓰다』 (2012).

한국산업기술진흥협회, 『'62~'95 기술도입계약현황』 (1995).

한국산업기술진흥협회, 『산업기술개발 30년』 (2009).

한국산업은행, 『한국의 산업: 업종별 실태분석』 총4집 (1958).

한국산업은행, 『한국의 산업』 (1962).

한국산업은행, 『한국의 산업(상)』 (1979).

한국산업은행, 『한국의 산업(하)』 (1979).

한국산업은행, 『한국의 산업(상)』 (1987).

한국산업은행, 『한국의 산업(상)』 (1993).

한국산업은행, 『한국의 산업(하)』 (1996).

한국산업은행, 『한국의 산업(상)』 (2002).

한국석유화학공업협회, 『한국석유화학공업십년사』 (1976).

한국석유화학공업협회, 『통계로 보는 석유화학산업 40년사』 (2010).

한국섬유산업연합회,『섬유산업 재도약의 길: 섬유백서』(1985).
한국시멘트협회,『한국의 시멘트산업』(2013).
한국신발피혁연구소,『한국신발피혁연구소 10년사』(1997).
한국신철강기술연구조합,『2000년대의 신철강기술: 연구개발 과제』(1990).
한국전자공업진흥회,『전자공업삼십년사』(1989).
한국화섬협회,『한국의 화섬산업: 어제 오늘과 내일』(1993).
한국화섬협회,『한국화섬협회 50년사, 1963-2013』(2013).
한국합판보드협회,『한국 합판보드산업의 발자취』(2017).
한국조선공업협회,『한국의 조선산업: 성장과 과제』(2005).
한국철강신문·한국철강협회,『철강연감 1998』(1998).
한진중공업그룹,『한진중공업그룹 70년사』(2010).
현대자동차,『현대자동차 20년사』(1987).
현대자동차,『현대자동차사』(1992).
현대자동차,『현대자동차 30년사: 도전 30년 비전 21세기』(1997).
현대전자,『현대전자십년사』(1994).
현대중공업,『현대중공업사』(1992).

## 2. 著作

강광하,『경제개발 5개년 계획: 목표 및 집행의 평가』(서울대학교출판부, 2000).
강기동,『강기동과 한국 반도체』(아모르문디, 2018).
강만길,『20세기 우리 역사』(창비, 2018).
강명한,『포니를 만든 별난 한국인들』(정우사, 1986).
강명한,『바퀴는 영원하다』(정우사, 1992).
강양구·김병수·한재각,『침묵과 열광: 황우석 사태 7년의 기록』(후마니타스, 2006).
강준만,『한국 현대사 산책: 1970년대 편』제1권 (인물과사상사, 2002).
강준만,『한국 현대사 산책: 1960년대 편』제2권 (인물과사상사, 2004).
강준만,『한국 현대사 산책: 1980년대 편』제3권 (인물과사상사, 2004).
강준만,『전화의 역사: 전화로 읽는 한국 문화사』(인물과사상사, 2009).
강진구,『삼성전자 신화와 그 비결』(고려원, 1996).

## 参考文献

강철규 외, 『경국제민의 길: 참여정부 경제의 겉과 속』 (굿플러스북, 2015).
공제욱, 『1950년대 한국의 자본가 연구』 (백산서당, 1993).
구상회, 『한국의 방위산업: 전망과 대책』 (세종연구소, 1998).
국가균형발전위원회 엮음, 『세계의 지역혁신체제』 (한울, 2004).
국가균형발전위원회 엮음, 『선진국의 혁신클러스터』 (동도원, 2005).
국민호 편, 『동아시아 신흥공업국의 정치제도와 경제성공』 (전남대학교출판부, 1995).
국정브리핑 특별기획팀, 『참여정부 경제 5년: 한국 경제 재도약의 비전과 고투』 (한스미디어, 2008).
권동칠, 『완주의 조건, 열정으로 갈아 신어라』 (성림비즈북, 2016).
김경원·권순우 외, 『외환위기 5년, 한국경제 어떻게 변했나』 (삼성경제연구소, 2003).
김광모, 『한국의 산업발전과 중화학공업화 정책』 (지구문화사, 1988).
김광모, 『중화학공업에 박정희의 혼이 살아 있다』 (기파랑, 2015).
김근배, 『황우석 신화와 대한민국 과학』 (역사비평사, 2007).
김근배, 『한국 과학기술혁명의 구조』 (들녘, 2016).
김기원, 『미군정기의 경제구조: 귀속기업체의 처리와 노동자 자주관리운동을 중심으로』 (푸른산, 1990).
김기원·김청수·송정환, 『한국산업의 이해』 개정판 (한국방송통신대학교출판부, 2006).
김병목·송위진·장영배·황혜란, 『기술개발능력의 축적과정과 정책대응(I)』 (과학기술정책연구소, 1991).
김상훈·오정석, 『한국 PC산업의 발전 과정』 (서울대학교출판부, 2006).
김석관, 『신발산업의 기술혁신 패턴과 전개방향』 (과학기술정책연구원, 2000).
김성보 외, 『농지개혁사연구』 (한국농촌경제연구원, 1989).
김성홍·우인호, 『이건희 개혁 10년』 (김영사, 2003).
김성홍·이상민, 『정몽구의 도전』 (고즈윈, 2005).
김수행·박승호, 『박정희 체제의 성립과 전개 및 몰락: 국제적·국내적 계급관계의 관점』 (서울대학교출판문화원, 2007).
김승석, 『울산지역 석유화학산업의 발전과정』 (울산발전연구원, 2006).
김양희 외, 『한국 자동차산업의 기술능력 발전』 (삼성경제연구소, 1999).
김영봉, 『섬유공업의 성장과정과 생산구조』 (한국개발연구원, 1975).
김영우 외, 『한국 과학기술정책 50년의 발자취』 (과학기술정책관리연구소, 1997).
김영태, 『비전을 이루려면 1: 연암 구인회』 ((주)LG, 2012).

김완희,『두 개의 해를 품에 안고: 한국전자산업의 대부 김완희 박사 자전에세이』(동아일보사, 1999).

김용준,『신화창조의 비밀: 한국 기업의 세계 시장 공략기』(한국씨네텔, 2005).

김윤형,『한국철강공업의 성장』(한국개발연구원, 1976).

김인걸 외 편저,『한국현대사 강의』(돌베개, 1998).

김인수 지음, 임윤철·이호선 옮김,『모방에서 혁신으로』(시그마인사이트컴, 2000).

김인영,『한국의 경제성장: 국가주도론과 기업주도론』(자유기업센터, 1998).

김정렴,『한국 경제정책 30년사: 김정렴 회고록』(중앙일보사, 1992).

김정렴,『아, 박정희: 김정렴 정치 회고록』(중앙M&B, 1997).

김정수,『한국의 정보통신혁명: 오명의 리더십 연구』(나남출판, 2000).

김정훈,『87년 체제를 넘어서』(한울, 2010).

김종현,『영국 산업혁명의 재조명』(서울대학교출판부, 2006).

김주한 외,『한국형 ODA 산업분야 연구: 철강산업』(산업연구원, 2014).

김태현,『부산기업사』(부산발전연구원, 2004).

김해수 지음, 김진주 엮음,『아버지의 라디오: 국산 라디오 1호를 만든 엔지니어 이야기』(느린 걸음, 2007).

김형기,『한국의 독점자본과 임노동: 예속독점자본주의하 임노동의 이론과 현상분석』(까치, 1988).

김형아 지음, 신명주 옮김,『박정희의 양날의 선택: 유신과 중화학공업』(일조각, 2005) [원저: Hyung-A Kim, *Korea's Development under Park Chung Hee: Rapid Industrialization, 1961-79* (London and New York: RoutledgeCurzon, 2003)].

김효철 외,『한국의 배』(지성사, 2006).

김흥기 편,『영욕의 한국경제: 비사 경제기획원 33년』(매일경제신문사, 1999).

남장근,『한국형 ODA 산업분야 연구: 석유화학산업』(산업연구원, 2015).

대학화학회 편,『우리 화학계의 선구자, 안동혁 선생』(자유아카데미, 2003).

류현성,『IT 신화는 계속된다』(휴먼비즈니스, 2008).

매일경제 과학기술부,『과학기술로 세상을 열다: 한국 엔지니어 60인』(매경출판, 2006).

매일경제신문사 엮음,『부즈·앨런 & 해밀턴 한국보고서』(매일경제신문사, 1997).

매일경제 지식프로젝트팀 편,『지식혁명 보고서: 당신도 지식인입니다』(매일경제신문사, 1998).

맥킨지(McKinsey, Inc.), 『맥킨지 보고서』 (매일경제신문사, 1998).

문만용, 『한국의 현대적 연구체제의 형성: KIST의 설립과 변천, 1666~1980』 (선인, 2010).

문만용, 『한국 과학기술 연구체제의 진화』 (들녘, 2017).

박범순·김소영 엮음, 『과학기술정책: 이론과 쟁점』 (한울, 2015).

박섭, 『적응과 협력의 시대: 20세기 한국 경제』 (해남, 2013).

박승엽·박원규, 『삼성 vs LG, 그들의 전쟁은 계속된다』 (미래의창, 2007).

박영구, 『한국의 중화학공업화: 과정과 내용(I)』 (해남, 2012).

박영구, 『한국의 중화학공업화: 과정과 내용(II)』 (해남, 2012).

박영규, 『한권으로 읽는 대한민국 대통령실록』 (웅진지식하우스, 2014).

박용태 외, 『산업별 기술혁신패턴의 비교분석』 (과학기술정책관리연구소, 1994).

박우희·배용호, 『한국의 기술발전』 (경문사, 1996).

박정희, 『국가와 혁명과 나』 (향문사, 1963).

박철순·김성훈, 『한국 이동통신 서비스 및 단말기 산업의 변천과 발전방향』 (서울대학교출판부, 2007).

박충훈, 『이당(貳堂)회고록』 (박영사, 1988).

박태균, 『원형과 변용: 한국 경제개발계획의 기원』 (서울대학교출판부, 2007).

박태준, 『신종이산가족: 박태준 華甲 문집』 (포항제철, 1987).

박훈, 『섬유산업의 구조고도화와 국내 산업용 섬유 발전전략』 (산업연구원, 2013).

배종태 외, 『급진적 혁신 촉진을 위한 기술혁신시스템 구축방안』 (과학기술부, 2004).

백덕현, 『근대 한국 철강공업 성장사』 (한국철강신문, 2007).

변형윤 편저, 『한국경제론』 제3판 (유풍출판사, 1995).

변형윤·김기원, 『한국경제의 이해』 (한국방송통신대학교출판부, 2001).

변형윤·김대환 편역, 『제3세계의 경제발전: 저개발과 종속』 (까치, 1980).

服部民夫 지음, 유석춘·이사리 옮김, 『개발의 경제사회학: 한국의 경제발전과 사회변동』 (전통과 현대, 2007).

산업연구원, 『21세기를 향한 한국 산업의 비전과 발전 전략』 (1994).

산업연구원, 『한국의 산업: 발전역사와 미래비전』 (1997).

서울대학교 공과대학, 『축적의 시간』 (지식노마드, 2015).

서갑경 지음, 윤동진 옮김, 『최고기준을 고집하라: 철강왕, 박태준의 경영이야기』 (한국언론자료간행회, 1997).

서정욱, 『미래를 열어온 사람들: 통신과 함께 걸어온 길』 (한국경제신문사, 1996).
서중석, 『사진과 그림으로 보는 한국 현대사』 개정증보판 (웅진지식하우스, 2013).
서현진, 『처음 쓰는 한국컴퓨터사』 (전자신문사, 1997).
서현진, 『끝없는 혁명: 한국 전자산업 40년의 발자취』 (이비커뮤니케이션, 2001).
석혜원, 『대한민국 경제사』 (미래의창, 2012).
성평건, 『관점을 바꿀 때 미래가 보인다』 (행림출판, 1994).
송성수, 『철강산업의 기술혁신 패턴과 전개방향』 (과학기술정책연구원, 1999).
송성수, 『소리 없이 세상을 움직인다, 철강』 (지성사, 2004).
송성수, 『과학기술종합계획에 관한 내용분석: 5개년 계획을 중심으로』 (과학기술정책연구원, 2005).
송성수, 『한국 기업의 기술혁신』 (생각의 힘, 2013).
송성수, 『기술혁신이란 무엇인가』 (생각의 힘, 2014).
송성수, 『사람의 역사, 기술의 역사』 제2판 (부산대학교출판부, 2015).
송위진, 『반도체산업의 장기발전을 위한 기술혁신전략』 (과학기술정책관리연구소, 1995).
송위진, 『한국의 이동통신: 추격에서 선도의 시대로』 (삼성경제연구소, 2005).
송위진, 『기술정치와 기술혁신: CDMA 이동통신 기술개발 사례 분석』 (한국학술정보, 2007).
송위진, 『창조와 통합을 지향하는 과학기술혁신정책』 (한울, 2010).
송위진·홍성주, 『한국 산업기술사 조사 분야 연구: 섬유 및 컴퓨터/통신 산업기술 발전과정을 중심으로』 (과학기술정책연구원, 2011).
송위진 외, 『탈(脫)추격형 기술혁신체제의 모색』 (과학기술정책연구원, 2006).
송희연·손병암, 『합판공업의 성장』 (한국개발연구원, 1978).
신장섭, 『김우중과의 대화: 아직도 세계는 넓고 할 일은 많다』 (북스코프, 2014).
신장섭·장성원, 『삼성 반도체 세계 일등 비결의 해부』 (삼성경제연구소, 2006).
신장섭·장하준 지음, 장진호 옮김, 『주식회사 한국의 구조조정: 무엇이 문제인가』 (창비, 2004) [원저: Jang-Sup Shin and Ha-Joon Chang, *Restructuring Korea Inc.* (London and New York: RoutledgeCurzon, 2003)].
오규창·조철, 『한국 자동차산업의 발전역사와 성장잠재력』 (산업연구원, 1997).
오원철, 『한국형 경제건설: 엔지니어링 어프로치』 제1~5권 (기아경제연구소, 1995~1996).

오원철, 『에너지정책과 중동진출: 한국형 경제건설 6』 (기아경제연구소, 1997).

오원철, 『내가 전쟁을 하자는 것도 아니지 않느냐: 한국형 경제건설 7』 (한국형경제정책연구소, 1999).

오원철, 『박정희는 어떻게 경제강국 만들었나: 불굴의 도전, 한강의 기적』 (동서문화사, 2006).

우지형, 『한국근세과학기술 100년사 조사연구: 섬유분야』 (한국과학재단, 1993).

육성으로 듣는 경제기적 편찬위원회, 『코리안 미러클』 총4권 (나남, 2013~2016).

이건희, 『생각 좀 하며 세상을 보자』 (동아일보사, 1997).

이경묵·박승엽, 『한국 조선산업의 성공요인』 (서울대학교출판문화원, 2013).

이경의, 『한국 중소기업론』 (지식산업사, 2014).

이공래, 『기계설비산업의 기술혁신전략』 (과학기술정책관리연구소, 1995).

이공래 외, 『한국 선도산업의 기술혁신경로 창출능력』 (과학기술정책연구원, 2008).

이규성, 『한국의 외환위기: 발생·극복·그 이후』 (박영사, 2016).

이근, 『동아시아와 기술추격의 경제학: 신슘페터주의적 접근』 (박영사, 2007).

이근, 『경제추격론의 재창조: 기업, 산업, 국가 차원의 이론과 실증』 (오래, 2014).

이근 외, 『한국산업의 기술능력과 경쟁력』 (경문사, 1997).

이근 외, 『지식정보혁명과 한국의 신산업』 (이슈투데이, 2001).

이근 편, 『중진국 함정과 2만불 전략』 (이투신서, 2005).

이근·박태영 외, 『산업의 추격, 추월, 추락: 산업주도권과 추격사이클』 (21세기북스, 2014).

이기열, 『소리 없는 혁명: 80년대 정보통신 비사』 (전자신문사, 1995).

이기열, 『정보통신 역사기행』 (북스토리, 2006).

이대근, 『해방 후 1950년대의 경제: 공업화의 사적 배경 연구』 (삼성경제연구소, 2002).

이대근 외, 『새로운 한국경제발전사: 조선후기에서 20세기 고도성장까지』 (나남출판, 2005).

이대환, 『세계 최고의 철강인 박태준』 (현암사, 2004).

이대환 엮음, 『쇳물에 흐르는 푸른 청춘』 (아시아, 2006).

이동현, 『이슈로 본 한국현대사』 (민연, 2002)

이만희, 『EPB는 기적을 낳았는가: 한국 산업 정책의 이상과 현실』 (해돋이, 1993).

이민화·김명수, 『한국벤처산업발전사』 (김영사, 2000).

이병천 엮음, 『개발독재와 박정희시대: 우리 시대의 정치경제적 기원』 (창비, 2003).

이병철, 『호암자전』 (중앙일보사, 1986; 나남, 2014).
이상철, 『대한민국의 산업화』 (대한민국역사박물관, 2016).
이영훈, 『한국경제사 I: 한국인의 역사적 전개』 (일조각, 2016).
이영훈, 『한국경제사 II: 근대의 이식과 전통의 탈바꿈』 (일조각, 2016).
이영희, 『자동차산업의 장기발전을 위한 기술혁신전략』 (과학기술정책관리연구소, 1995).
이완범, 『박정희와 한강의 기적: 1차5개년계획과 무역입국』 (선인, 2006).
이은희, 『설탕, 근대의 혁명: 한국 설탕산업과 소비의 역사』 (지식산업사, 2018).
이장규, 『대통령의 경제학: 역대 대통령 리더십으로 본 한국경제통사』 (기파랑, 2012).
이장규, 『대한민국 대통령들의 한국경제 이야기』 총2권 (살림, 2014).
이장규 외, 『실록 6공 경제: 흑자경제의 침몰』 (중앙M&B, 1995).
이재덕 외, 『한국형 ODA 산업분야 연구: 섬유산업』 (산업연구원, 2014).
이정동, 『축적의 길: Made in Korea의 새로운 도전』 (지식노마드, 2017).
이제민, 『외환위기와 그 후의 한국 경제』 (한울아카데미, 2017).
이진주·최동규, 『산업별 기술혁신과정과 정책과제』 (한국경제연구원, 1986).
이채윤, 『황의 법칙: 반도체 유목민 황창규의 2010프로젝트』 (머니플러스, 2006).
이채윤, 『삼성전자 3.0 이야기』 (북오션, 2011).
이한구, 『한국 재벌형성사』 (비봉출판사, 1999).
이헌창, 『한국경제통사』 제7판 (해남, 2016).
이현순, 『내 안에 잠든 엔진을 깨워라!: 대한민국 최초로 자동차 엔진을 개발한 이현순의 도전 이야기』 (김영사ON, 2014).
이호, 『누가 새벽을 태우는가: 박태준 鐵의 이력서』, (자유시대사, 1992).
이호, 『정상은 우연히 오지 않는다: 정세영과 현대자동차』 (우석, 1993).
이호 엮음, 『신들린 사람들의 합창: 포항제철 30년 이야기』 (한송, 1998).
인너스, 조셉, 애비 드레스 지음, 김원석 옮김, 『세계는 믿지 않았다: 포항제철이 길을 밝히다』 (에드텍, 1993).
인문회(仁門會), 『지식과 학습, 그리고 혁신』 (시그마인사이트, 2004).
일간조선해양, 『위기의 한국 조선해양산업』 (2015).
임정덕·박재운, 『한국의 신발산업』 (산업연구원, 1993).
임현진 외, 『21세기를 위한 한국의 준비: 김영삼 정부의 개혁과 세계화 평가』 (서울대학교 사회발전연구소, 1995).

전상근,『한국의 과학기술정책: 한 과학기술 정책입안자의 증언』(정우사, 1982).
전영수,『아산 그 새로운 울림, 얼과 꿈』(푸른숲, 2015).
전호환,『배 이야기』(부산과학기술협의회, 2008).
정구현 외,『한국의 기업경영 20년』(삼성경제연구소, 2008).
정근모·이공래,『중간진입전략: 과학기술 세계화를 위한 전략적 선택』(나남출판, 1996).
정병준 외,『한국현대사 1: 해방과 분단, 그리고 전쟁』(푸른역사, 2018).
정선양,『전략적 기술경영』(박영사, 2007).
정세영,『미래는 만드는 것이다: 정세영의 자동차 외길 32년』(행림출판, 2000).
정재용 편저,『추격혁신을 넘어: 탈추격의 명암』(신서원, 2015).
정정길 외,『정책학원론』개정증보판 (대명출판사, 2010).
정진성,『직업의식의 정착과 생산성 향상: 품질관리 분임조활동의 도입과 전개과정을 중심으로』(한국개발연구원, 1994).
정홍식,『한국 IT정책 20년: 천달러 시대에서 만달러 시대로』(전자신문사, 2007).
조동성,『한국 반도체의 신화』(비룡소, 1995).
조영래,『전태일 평전』(돌베개, 1983).
조용경 엮음,『각하! 이제 마쳤습니다: 靑巖 朴泰俊 글모음』(한송, 1995).
조이제·카터 에커트 편저,『한국 근대화, 기적의 과정』(조선일보사, 2005).
조현대,『기술추격국의 기술획득과 전략적 제휴: 모형개발과 사례분석』(과학기술정책관리연구소, 1997).
조현재·전호림·임상균,『디지털 정복자 삼성전자』, (매일경제신문사, 2005).
조형제·김창욱 편,『한국 반도체산업, 세계기술을 선도한다』(현대사회경제연구원, 1997).
조황희·이은경 외,『한국의 과학기술인력 정책』(과학기술정책연구원, 2002).
진대제,『열정을 경영하라』(김영사, 2006).
진희정·권용주,『현대자동차의 힘: SONATA 세계를 누비다』(명성, 2006).
채수종,『미래를 나르는 배, LNG선』(지성사, 2004).
최봉 외,『한국 주력산업의 경쟁력 분석』(삼성경제연구소, 2002).
최영락·이은경,『세계 1위 메이드 인 코리아, 반도체』(지성사, 2004).
최영락 외,『차세대 기술혁신 시스템 구축을 위한 정부의 지원시책』(한국공학한림원, 2008).
최형섭,『개발도상국의 과학기술개발전략: 한국의 발전과정을 중심으로』제1부 (한국과학기술원, 1980).

최형섭, 『불이 꺼지지 않는 연구소: 한국 과학기술 여명기 30년』 (조선일보사, 1995).

최형섭, 『기술창출의 원천을 찾아서: 연구개발과 더불어 50년』 (매일경제신문사, 1999).

최홍건·박상철, 『2만불 시대의 기술혁신 전략』 (푸른사상, 2003).

포니정 장학재단, 『한국 자동차 산업의 신화: 꿈과 희망을 남긴 영원한 선구자 포니정』 (2006).

한국경제신문 특별취재팀, 『삼성전자, 왜 강한가』 (한국경제신문, 2002).

한국IT기자클럽, 『산업화는 늦었지만 정보화는 앞서가자: 인터넷 코리아 시대의 개척자들』 (서울경제경영, 2016)

한국엔지니어링진흥협회 편, 『한국 엔지니어링의 태동』 (2001).

한상복, 『외발 자전거는 넘어지지 않는다: 반도체 신화 만들어낸 삼성맨 이야기』 (하늘출판사, 1995).

현영석, 『현대자동차 스피드경영』 (한국린경영연구원, 2013).

홍석률·박태균·정창현, 『한국현대사 2: 경제성장과 민주주의, 그리고 통일의 과제』 (푸른역사, 2018).

홍성주·송위진, 『현대 한국의 과학기술정책: 추격과 성공과 탈추격 실험』 (들녘, 2017).

홍순영·장재철 외, 『한국 경제 20년의 재조명: 1987년 체제와 외환위기를 중심으로』 (삼성경제연구소, 2006).

황성혁, 『넘지 못할 벽은 없다』 (이앤비플러스, 2010).

황혜란·신태영, 『한국 반도체/컴퓨터 산업의 혁신체제의 진화과정 및 개선방안』 (과학기술정책연구원, 2000).

황혜란·정재용 엮음, 『추격형 혁신시스템을 진단한다』 (한울, 2013).

Amsden, Alice H., *Asia's Next Giant: South Korea and Late Industrialization* (New York: Oxford University Press, 1989) [국역: 이근달 옮김, 『아시아의 다음 거인: 한국의 후발 공업화』 (시사영어사, 1989)].

Choi, Youngrak, *Dynamic Techno-Management Capability: The Case of Samsung Semiconductor Sector in Korea* (Aldershot, UK: Avebury, 1996).

Enos, John L. and W. H. Park, *The Adoption and Diffusion of Imported Technology: The Case of Korea* (London: Croom Helm, 1988).

Fransman, Martin and Kenneth King eds., *Technological Capability in the Third World*

(London: Macmillan, 1984).

Gerschenkron, Alexander, *Economic Backwardness in Historical Perspective: A Book of Essays* (Cambridge, MA: Harvard University Press, 1962).

Hobday, Michael, *Innovation in East Asia: The Challenge to Japan* (Aldershot: Edward Elgar, 1995).

Johnson, Chalmers, *MITI and the Japanese Miracle: The Growth of Industrial Policy, 1925-1975* (Stanford, CA: Stanford University Press, 1982).

Kim, Linsu, *Imitation to Innovation: The Dynamics of Korea's Technological Learning* (Boston, MA: Harvard Business School Press, 1997) [국역: 임윤철·이호선 옮김, 『모방에서 혁신으로』 (시그마인사이트컴, 2000)].

Kim, Linsu, *Learning and Innovation in Economic Development: New Horizons in the Economics of Innovation* (Cheltenham and Northampton: Edward Elgar, 1999).

Lee, Keun, *Schumpeterian Analysis of Economic Catch-Up: Knowledge, Path-Creation, and the Middle-Income Trap* (Cambridge: Cambridge University Press, 2013).

Mathias, Peter and John A. Davis eds., *The First Industrial Revolutions* (Oxford: Oxford University Press, 1989).

OECD, *The Impact of the Newly Industrializing Countries on Production and Trade in Manufactures* (1979).

OECD, *Technology and Economy: The Key Relationships* (1992) [국역: 이근 외 옮김, 『과학과 기술의 경제학』 (경문사, 1995)].

Rosenberg, Nathan, *Perspectives on Technology* (Cambridge: Cambridge University Press, 1976).

Rosenberg, Nathan, *Inside Black Box: Technology and Economics* (Cambridge: Cambridge University Press, 1982) [국역: 이근 외 옮김, 『인사이드 더 블랙박스: 기술혁신과 경제적 분석』 (아카넷, 2001)].

Rostow, Walt W., *The Stages of Economic Growth: A Non-Communist Manifesto* (Cambridge: Cambridge University Press, 1960).

Stewart, Frances ed., *Technology and Underdevelopment*, 2nd ed. (London: Macmillan, 1978).

Utterback, James M., *Mastering the Dynamics of Innovation* (Boston: Harvard Business School Press, 1994) [국역: 김인수·김영배·서의호 옮김, 『기술변화와 혁신전략』 (경문

사, 1997)].

Vogel, Ezra F., *The Four Little Dragons: The Spread of Industrialization in East Asia* (Cambridge, MA: Harvard University Press, 1991).

朴宇熙,『韓國の技術發展』(東京: 文眞堂, 1989).

有賀敏彦 外,『浦項綜合製鐵の建設回顧錄: 韓國への技術協力の記錄』(東京: 三元堂, 1997).

## 3. 论文

강경수·옥주영, "21세기 현대자동차의 공급사슬 구축 사례연구",『한국생산관리학회지』26-3 (2015).

강광하, "신경제5개년계획에 대한 평가",『경제논총』40-2/3 (2001).

강명구·박상훈, "정치적 상징과 담론의 정치: '신한국'에서 '세계화'까지",『한국사회학』31-1 (1997).

강승원·이걸희·임동진, "휴대폰 산업에서의 주도권 이전", 이근·박태영 외,『산업의 추격, 추월, 추락: 산업주도권과 추격사이클』(21세기북스, 2014).

강철규, "자유롭고 공정한 시장, 끝나지 않은 여정: 참여정부 공정거래 정책", 강철규 외,『경국제민의 길: 참여정부 경제의 겉과 속』(굿플러스북, 2015).

구범모·백종국, "한국의 후발산업화 연구에 대한 문헌비평",『한국정치학회보』제24집 1호 (1990).

국민호, "국가주도적 산업발전: 일본, 한국, 대만의 산업정책 비교연구", 국민호 편,『동아시아 신흥공업국의 정치제도와 경제성공』(전남대학교출판부, 1995).

국제상사, "한국 고무화공업 발달사",『국제상사 삼십년사, 1949-1979』(1979).

권영기, "박태준의 포철 장기집권(23년)",『월간조선』1991년 4월호.

권영대, "산업별·시기별 수출변화로 본 한국무역", 한국무역협회,『한국무역사』(2006).

김경미, "육상건조공법 등 다양한 새 기술 성공",『해양한국』2005년 2월호.

김견, "한국의 중화학공업화 과정에서의 국가개입의 양상 및 귀결", 산업사회연구회 편,『오늘의 한국자본주의와 국가』(한길사, 1988).

김견, "1980년대 한국의 기술능력 발전과정에 관한 연구: '기업내 혁신체제'의 발전을 중심으로"(서울대학교 박사학위논문, 1994).

김광석, "1960년대 수출지향적 공업화 정책의 추진", 조이제·카터 에커트 편저, 『한국 근대화, 기적의 과정』(조선일보사, 2005).

김광웅, "김대중정부 초기 정부조직개편에 관한 비판적 성찰", 『한국행정학보』 32-2 (1998).

김근배, "한국과학기술연구소 설립과 미국의 역할", 김영식·김근배 엮음, 『근현대 한국 사회의 과학』(창작과비평사, 1998).

김대래, "고도성장기 부산 합판산업의 성장과 쇠퇴", 『항도부산』 31 (2015).

김동원, "짧은 성공과 긴 좌절: 한국 노사정위원회에 대한 이론적 분석과 정책적 시사점", 『산업관계연구』 13-2 (2003).

김두얼, "한국의 산업화와 근대경제성장의 기원, 1953-1965: 전통설과 새로운 해석", 『경제발전연구』 22-4 (2016).

김두얼, "수출진흥확대회의의 기능과 진화 과정", 『경제사학』 41-1 (2017).

김민수·강병영, "OEM 함정과 자체브랜드 전략", 이근 편, 『중진국 함정과 2만불 전략』 (이투신서, 2005).

김상용, "한국근대공업기술의 발달과정: 섬유공업을 중심으로" 『학술원논문집: 자연과학편』 50-1 (2011).

김석관, "미완의 기술학습: 한국 신발산업의 성장과 쇠퇴", 『기술혁신연구』 8-2 (2000).

김성남·박기주, "중화학공업화 정책의 수립, 전개 및 조정", 박기주 외, 『한국 중화학공업화와 사회의 변화』(대한민국역사박물관, 2014).

김성훈, "정부의 산업정책과 기업의 기술혁신전략: 한국 자동차산업을 중심으로"(고려대학교 박사학위논문, 1998).

김수근, "남북한 경제발전의 비교", 『통일논총』 2 (1985).

김수현, "투기와의 전쟁을 넘어 시장개혁과 주거복지로: 참여정부 부동산정책이 남긴 것", 강철규 외, 『경국제민의 길: 참여정부 경제의 겉과 속』(굿플러스북, 2015).

김승석, "경제발전과 국가의 역할 변화: 석유화학공업을 중심으로", 오두환 편저, 『공업화의 제유형(Ⅱ): 한국의 역사적 경험』(경문사, 1996).

김양화, "1950년대 제조업 대자본의 자본축적에 관한 연구: 면방, 소모방, 제분 공업을 중심으로"(서울대학교 박사학위논문, 1990).

김양화, "1950년대 한국의 공업화 과정", 오두환 편저, 『공업화의 제유형(Ⅱ): 한국의 역사적 경험』(경문사, 1996).

김양희, "동북아시대 구상과 한미 FTA", 강철규 외, 『경국제민의 길: 참여정부 경제의 겉과 속』 (굿플러스북, 2015).

김연희, "1980년 전후 전화선 부족 현상에 대한 시민의 반응", 임종태 외, 『한국의 과학문화와 시민사회』 (한국학술정보, 2010).

김영순, "유신체제의 수립 원인에 관한 연구: 정치경제학적 접근", 한국산업사회연구회 편, 『오늘의 한국자본주의와 국가』 (한길사, 1988).

김영호, "한국의 경제성장과 기술이전", 김영호 외, 『한국경제의 분석』 (서문당, 1989).

김왕동, "미래산업의 기술능력 축적과정에 대한 연구: 중소 반도체 장비 제조업체에 대한 정성적 접근" (고려대학교 박사학위논문, 2001).

김용복, "한국 전자산업의 발전메커니즘에 관한 연구" (서울대학교 박사학위논문, 1995).

김용복, "1980년대 한국산업정책과정의 특징: 〈공업발전법〉을 중심으로", 『국제정치연구』 8-1 (2005).

김우식, "한국의 외국 기술도입과 국내 기술능력의 관계", 한국사회사연구회 편, 『현대 한국의 생산력과 과학기술: 한국사회사연구회 논문집 제22집』 (문학과지성사, 1990).

김재관, "종합제철의 잉태와 탄생", 『經友』 5 (1989).

김재훈, "공동개발사업과 기술능력의 발전", 조형제·김창욱 편, 『한국 반도체산업 세계 기술을 선도한다』 (현대사회경제연구원, 1997).

김정수, "오명 론: 80년대 통신혁명의 지휘자", 이종범 편, 『전환시대의 행정가: 한국형 지도자론』 (나남출판, 1995).

김주환, "개발국가에서의 국가-기업 관계에 관한 연구: 한국의 조선산업발전과 '지원-규율' 테제에 대한 비판적 검토" (서울대학교 박사학위논문, 1999).

김주환, "한국 조선업의 세계제패 요인에 관한 연구: 상품주기론에 대응한 조선업 발전전략을 중심으로", 『대한정치학회보』 16-1 (2008).

김진기, "한국 방위산업의 발전전략에 대한 연구: 박정희 시대의 방위산업 발전전략을 중심으로", 『국가전략』 14-1 (2008).

김진백·이남석, "기술 추격, 품질 혁신, 국제화를 통한 현대-기아차의 성장", 『Korea Business Review』 21-1 (2017).

김창욱, "컴퓨터산업의 기술능력의 향상과 지체", 이근 외, 『한국 산업의 기술능력과 경쟁력』 (경문사, 1997).

김창욱, "기술특성과 산업패턴의 관계에 관한 진화경제학적 분석" (서울대학교 박사학위논문, 1998).

김천욱, "한국기계공업사(37): 현대자동차의 독자엔진 개발", 『기계저널』 54-5 (2014).

김충기, "우리나라의 반도체 산업, 1974~1989", 『전자공학회잡지』 12-1 (1985).

김충기, "국내 반도체 공업의 발전 회고", 『전자공학회지』 13-5 (1986).

김형균·손은희, "조선 산업의 일본 추격과 중국 방어", 이근 외, 『한국 경제의 인프라와 산업별 경쟁력』 (나남출판, 2005).

김환석, "제3세계의 기술종속과 한국의 상황", 강만길·김진균 외, 『한국사회연구 1』 (한길사, 1983).

김환석, "기술혁신의 관점에서 본 한국 자본주의의 발전", 한국사회사연구회 편, 『현대 한국의 생산력과 과학기술: 한국사회사연구회 논문집 제22집』 (문학과지성사, 1990).

남광규, "남북대화의 국내적 활용과 '7·4남북공동성명'의 도출", 『평화학연구』 17-3 (2016).

남종현 외, "철강공업 발전패턴의 국제비교분석", 『철강보』 9-4 (1983).

동길산, "고무신에서 트랙스타로 갈아 신기", 부산광역시, 『부산발전 50년 역사이야기 (상)』 (휴먼컬처아리랑, 2015).

류상영, "한국산업화에서의 국가와 기업의 관계: 포항제철과 국가자본주의" (연세대학교 박사학위논문, 1995).

류상영, "박정희와 그 시대를 넘기 위하여: 연구쟁점과 평가", 한국정치연구회 편, 『박정희를 넘어서: 박정희와 그 시대에 관한 비판적 연구』 (푸른숲, 1998).

문만용, "KIST에서 대덕연구단지까지: 박정희 시대 정부출연연구소의 탄생과 재생산", 『역사비평』 85 (2008).

문만용, "1980년 정부출연연구기관의 재편성: KIST의 KAIST로의 통합을 중심으로", 『한국과학사학회지』 31-2 (2009).

문만용, "'전국민 과학화운동: 과학기술자를 위한 과학기술자들의 사회운동", 『역사비평』 120 (2017).

木宮正史, "한국의 내포적 공업화전략의 좌절: 5·16 군사정부의 국가자율화의 구조적 한계" (고려대학교 박사학위논문, 1991).

민완기, "한국 컴퓨터산업의 전개과정에 관한 연구" (서울대학교 박사학위논문, 1993).

박기주·류상윤, "1940, 50년대 광공업 생산통계의 추계와 분석", 『경제학연구』 58-3

(2010).

박미숙, "여기 사람들 다 미친 것 같다: 파이넥스 개발 다큐멘터리", 『이코노미스트』 (2007. 7. 17).

박사명, "동아시아 경제 위기의 정치 동학", 한국정치연구회 엮음, 『동아시아 발전모델은 실패했는가』 (삼인, 1998).

박승두, "노사관계로드맵 17년의 평가와 전망", 『노동법학』 39 (2011).

박영구, "구조변동과 중화학공업화", 이대근 외, 『새로운 한국경제발전사』 (나남출판, 2005).

박영구, "4대핵공장사업의 과정과 성격, 1969. 11-1971. 11", 『경제사학』 44 (2008).

박영구, "1970년대 한국의 석유화학공업계획: 변화과정을 중심으로", 『경제사학』 48 (2010).

박영구, "1970년대 중화학공업화 추진 행정기관 연구: 중화학공업추진위원회와 기획단", 『한국행정사학지』 28 (2011).

박영구, "제2제철 입지논쟁의 재발굴과 재검토", 『민족문화연구』 44 (2012).

박영구, "1971년의 한국 현대조선공업 시작은 정말 어떠하였는가?", 『한국민족문화』 61 (2016).

박영철, "삼성 PC의 놀라운 변신: 미운 오리 새끼에서 옥동자로!", 『주간조선』 제2179호 (2011. 10. 31).

박우희, "한국에 있어서의 수입기술의 흡수와 확산에 관한 실증분석: 석유화학공업사례", 『경제논집』 19-2 (1980).

박원암, "1997년 외환위기", 김두얼 외, 『한국의 경제 위기와 극복』 (대한민국역사박물관, 2017).

박진희, "한국 섬유 공업 기술의 발달, 1890-1960", 『한국사론』 42 (2005).

박태균, "8·3 조치와 산업합리화 정책: 유신체제의 경제적 토대 구축과정", 『역사와 현실』 88 (2013).

박태준, "박태준 회고록: 불처럼 살다", 『신동아』 (1992. 4~1992. 8).

박항구, "전화, 사치품에서 필수품으로: 전전자식 교환기", 한국과학문화재단 엮음, 『과학이 세상을 바꾼다』 (크리에이터, 2007).

배무기, "기술의 도입, 수용 및 확산: 한국 나일론산업의 일사례연구", 『경제논집』 19-1 (1980).

배석만, "1950년대 대한조선공사의 자본축적 시도와 실패원인", 『부산사학』 25·6 합집

(1994).

배석만, "현대중공업의 초창기 조선기술 도입과 정착과정 연구", 『경영사학』 26-3 (2011).

배석만, "조선 산업의 성장과 수출 전문 산업화", 박기주 외, 『한국 중화학공업화와 사회의 변화』 (대한민국역사박물관, 2014).

배석만, "조선 산업 인력 수급 정책과 양성 과정", 박기주 외, 『한국 중화학공업화와 사회의 변화』 (대한민국역사박물관, 2014).

배용호, "한국 반도체산업의 기술흡수와 연구개발: 삼성전자(주)의 사례연구" (서울대학교 박사학위논문, 1995).

배용호, "조선산업의 혁신경로 창출능력", 이공래 외, 『한국 선도산업의 기술혁신경로 창출능력』 (과학기술정책연구원, 2008).

배종태, "개발도상국의 기술내재화과정: 기술선택요인 및 학습성과 분석" (한국과학기술원 박사학위논문, 1987).

변형윤, "한국철강공업의 기술축적: 포항제철을 중심으로", 『경제논집』 19-2 (1980).

서문석, "해방 직후 섬유업계 고급기술자들의 활동 연구", 『경영사학』 21-1 (2006).

서익진, "한국 산업화의 발전양식", 이병천 엮음, 『개발독재와 박정희시대』 (창비, 2003).

서정욱, "CDMA 성공신화, 이동통신", 서정욱 외, 『세계가 놀란 한국 핵심 산업기술』 (김영사, 2002).

선우정, "포항제철", 『기술패권시대: 대한민국의 기술파워』 (월간조선사, 1999).

성조환, "한국 철강산업의 기술개발 과정에 관한 연구: 포항제철의 역활용 전략" (국민대학교 박사학위논문, 1999).

손영준, "연구소 소개: 한국신발피혁연구소", 『한국의류산업학회지』 4-1 (2002).

손태원, "아라미드섬유와 관련소재개발", 『과학과 기술』 20-10 (1987).

송성수, "삼성 반도체 부문의 성장과 기술능력의 발전", 『한국과학사학회지』 20-2 (1998).

송성수, "철강산업의 기술혁신패턴과 발전과제", 『기술혁신학회지』 3-2 (2000).

송성수, "한국 철강산업의 기술능력 발전과정: 1960~1990년대의 포항제철" (서울대학교 박사학위논문, 2002).

송성수, "기술능력 발전의 시기별 특성: 포항제철 사례연구", 『기술혁신연구』 10-1 (2002).

송성수, "한국 종합제철사업계획의 변천과정, 1958~1969", 『한국과학사학회지』 24-1

(2002).

송성수, "한국 과학기술정책의 특성에 관한 시론적 고찰", 『과학기술학연구』 2-1 (2002).

송성수, "포항제철 초창기의 기술습득", 『한국과학사학회지』 28-2 (2006).

송성수, "자동차 강국의 꿈을 키우다", 한국과학문화재단 엮음, 『과학이 세상을 바꾼다』 (크리에이터, 2007).

송성수, "기술드라이브 정책의 전개: 1980년대", 과학기술부, 『과학기술 40년사』 (2008).

송성수, "'전(全)국민의 과학화운동'의 출현과 쇠퇴", 『한국과학사학회지』 30-1 (2008).

송성수, "추격에서 선도로: 삼성 반도체의 기술발전 과정", 『한국과학사학회지』 30-2 (2008).

송성수, "육상건조공법: 현대중공업", 최영락 외, 『차세대 기술혁신 시스템 구축을 위한 정부의 지원시책』 (한국공학한림원, 2008).

송성수, "과학기술거점의 진화: 대덕연구단지의 사례", 『과학기술학연구』 9-1 (2009).

송성수, "한국의 기술발전 과정에 나타난 특징 분석: 포스코와 삼성 반도체를 중심으로", 『한국과학사학회지』 34-1 (2012).

송성수, "한국의 기술발전에 관한 연구사적 검토와 제언", 『한국과학사학회지』 40-1 (2018).

송성수·송위진, "코렉스에서 파이넥스로: 포스코의 경로실현형 기술혁신", 『기술혁신학회지』 13-4 (2010).

송위진, "세계 컴퓨터산업의 구조변화와 대응전략: 미국을 중심으로", 『과학기술정책동향』 37 (1992).

송위진, "기술선택의 정치과정과 기술학습: CDMA 이동통신 기술개발 사례연구" (고려대학교 박사학위논문, 1999).

송위진, "국가연구개발사업의 정치학: CDMA 기술개발사업의 사례분석", 『한국행정학보』 33-1 (1999).

송위진, "기술혁신에서의 위기의 역할과 과정: CDMA 기술개발 사례연구", 『기술혁신연구』 7-1 (1999).

송위진·이근·임채성, "디지털 전환기의 후발국 기술추격 패턴 분석: 디지털 TV 사례", 『기술혁신연구』 12-3 (2004).

송위진·황혜란, "기술집약적 중소기업의 탈추격형 기술혁신 특성 분석", 『기술혁신연구』 17-1 (2009).

신용옥, "박정희정권기 경제성장에 대한 비판적 고찰", 강만길 엮음, 『한국 자본주의의 역사』(역사비평사, 2000).

신향숙, "제5공화국의 과학 기술 정책과 박정희 시대 유산의 변용: 기술 드라이브 정책과 기술 진흥 확대 회의를 중심으로", 『한국과학사학회지』 37-3 (2015).

신희영, "산업정책변동의 정치에 대한 다차원적 설명: 공업발전법의 제정의 중심으로", 『한국정책과학학회보』 5-1 (2001).

유상운, "국가연구개발사업의 시행과 전개: 반도체 개발 컨소시엄을 중심으로, 1980-2010" (서울대학교 박사학위논문, 2019).

윤정로, "한국의 반도체 산업, 1965-1987", 『과학기술과 한국사회』 (문학과지성사, 2000).

윤현순, "혁신 철강기술의 개발현황과 전망", 포스코경영연구소 철강본부, 『21세기 철강산업, 생존전략은 무엇인가』 (1996).

이광호, "디스플레이산업의 혁신경로 창출능력", 이공래 외, 『한국 선도산업의 기술혁신 경로 창출능력』 (과학기술정책연구원, 2008).

이규열, "선박기술의 현황과 전망", 『기계저널』 45-2 (2005).

이근, "신흥공업국의 기술능력과 경쟁력: 신슘페터주의 기술경제학의 시각에서", 『성곡논총』 26-2 (1995).

이근, "삼단계로 재구성한 '통합적 경제추격론'", 『학술원논문집(인문·사회과학편)』 55-1 (2016).

이대근, "해방 후 경제발전과 국제적 계기", 이대근 외, 『새로운 한국경제발전사』 (나남출판, 2005).

이대근, "한일회담과 외향적 개발전략: 한-미-일 3각무역 메커니즘의 성립", 『현대한국경제론: 고도성장의 동력을 찾아서』 (한울, 2008).

이동걸, "금융정책으로 본 참여정부 5년", 강철규 외, 『경국제민의 길: 참여정부 경제의 겉과 속』 (굿플러스북, 2015).

이명희, "1970년대 초 부실기업 구조조정: 8·3조치를 중심으로", 김두얼 외, 『한국의 경제 위기와 극복』 (대한민국역사박물관, 2017).

이상철, "한국 화학섬유산업의 전개과정(1961-1979): 산업정책의 일연구" (서울대학교 박사학위논문, 1997).

이상철, "화학섬유산업의 기술혁신과 기술능력의 발전", 이근 외, 『한국산업의 기술능력과 경쟁력』 (경문사, 1997).

이상철, "한국의 후발산업화와 산업정책: 화학섬유산업의 사례를 중심으로", 『경제발전연구』 4-1 (1998).

이상철, "박정희시대의 산업정책", 이병천 엮음, 『개발독재와 박정희시대』 (창비, 2003).

이상철, "수출주도공업화전략으로의 전환과 성과", 이대근 외, 『새로운 한국경제발전사』 (나남출판, 2005).

이상철, "새로운 지역발전모델로서의 지역혁신체제", 유철규 편, 『혁신과 통합의 한국경제모델을 찾아서』 (함께읽는책, 2006).

이상철, "한국 교환기산업과 산업정책(1961-1972년)", 『경제사학』 50 (2011).

이상철, "기술도입을 통한 전자교환기 생산과 투자조정(1972-80년)", 『경영사학』 28-4 (2013).

이상철, "중화학공업화 선언 이전의 산업 정책", 박기주 외, 『한국 중화학공업화와 사회의 변화』 (대한민국역사박물관, 2014).

이상철, "철강산업 육성정책과 포항종합제철", 박기주 외, 『한국 중화학공업화와 사회의 변화』 (대한민국역사박물관, 2014).

이영훈, "1960년대 전반 개발 전략의 전환과 그것의 경제사적 배경", 『경제논총』 51-1 (2012).

이영희, "대만 컴퓨터산업의 현황과 전망", 『과학기술정책동향』 5-4 (1995).

이원규, "사업방식과 경쟁전략, 조직능력 축적: 부산 지역 신발제조업체의 경쟁력 원천" (고려대학교 박사학위논문, 2002).

이유재·박기완, "현대자동차", 하영원 외, 『미라클 경영: 기적을 만든 7개 대한민국 기업 스토리』 (자의누리, 2017).

이일옥, "혁신철강기술 개발과 그 영향", 『철강보』 25-6 (1999).

이장우, "산업환경 전략 및 조직구조 간의 관계: 컴퓨터 산업에 대한 종단적 연구" (한국과학기술원 박사학위논문, 1988).

이재인, "초경쟁산업에서 기업 시장지위변화에 관한 연구: 세계 휴대폰 산업을 중심으로" (한양대학교 석사학위논문, 2009).

이정우, "멀리 보고 균형을 잡다: 참여정부의 경제철학", 강철규 외, 『경국제민의 길: 참여정부 경제의 겉과 속』 (굿플러스북, 2015).

이정훈, "대형연구개발 프로젝트의 전략적 관리: 사례연구" (한국과학기술원 박사학위논문, 1993).

이정훈·이진주, "한국통신산업의 기술발전과정과 기술혁신전략: 전자교환기 개발사례를 중심으로", 『Telecommunications Review』 2-11 (1992).

이제민, "한국의 외환위기: 원인, 해결과정과 결과", 『경제발전연구』 13-2 (2007).

이제민, "한국의 경제성장: 그 성공과 굴곡의 과정", 이제민 외, 『한국의 경제 발전 70년』 (한국학중앙연구원출판부, 2015).

이찬구, "선도기술개발사업(G7)의 정책결정 과정 분석: 범부처간 추진 과정 및 민간 전문가 역할을 중심으로", 『기술혁신연구』 16-2 (2008).

이창희, "중화학공업투자 조정일지", 『입법조사월보』 152 (1986).

이철우·주미순, "부산 신발산업의 재구조화에 관한 연구", 『지리학논구』 21 (2001).

이충구, "한국의 자동차 기술: 첫 걸음에서 비상까지", 『오토저널』 (2009. 4~2013. 10).

이현재, "한국의 경제성장과정에 있어서의 국민소득구조 변동에 관한 연구", 『경제논집』 7-1 (1968).

이호, "경제비사: 정주영의 조선업 도전", 『이코노미스트』 (2007. 1. 23~2007. 5. 14).

이홍, "한·미·일 반도체전쟁", 『월간조선』 1991년 5월호.

이홍·한재민, "현대자동차 성장의 진화적 경로", 『경영교육연구』 3-3 (1999).

임병규 외, "폴리부텐 제조기술 및 현황", 『화학공업과 기술』 12-5 (1994).

임재윤, "기술도입, 국내 R&D, 그리고 기술 '국산화': 선경화학 폴리에스터 필름 제조기술과 그 보호를 둘러싼 논쟁 분석, 1976-1978" (서울대학교 석사학위논문, 2016).

장영배·송위진, "신흥공업국 기술발전론의 비판적 검토", 『사회와사상』 19 (1990).

장하원, "1960년대 한국의 개발전략과 산업정책의 형성", 한국정신문화연구원 편, 『1960년대 한국의 공업화와 경제구조』 (백산서당, 1999).

전치형, "거친 시대의 매끄러운 테크놀로지", 임태훈 외, 『한국 테크노컬처 연대기: 배반당한 과학기술 입국의 해부도』 (알마출판사, 2017).

전희동, "검은 연기 대신 푸른 돈 쏟아낸다: 일석삼조 신제철공법 파이넥스", 『과학동아』 2007년 7월호.

정광석, "한국의 조선 생산 기술", 『대한조선학회지』 40-3 (2003).

정기대, "개발도상국 기업의 기술창출단계 기술혁신: 프로세스 기술개발 사례연구", 『기술혁신학회지』 12-1 (2009).

정동섭, "삼성전자의 애니콜 신화", 『경영교육연구』 4-2 (2001).

정일용, "한국 기술도입의 구조적 특성에 관한 연구: 종속적 축적과의 관련성 고찰을 중심으로" (서울대학교 박사학위논문, 1989).

정진성, "정부의 기술 인력 수급계획과 기능공 인력 양성", 박기주 외, 『한국 중화학공업화와 사회의 변화』 (대한민국역사박물관, 2014).

정진성, "포항제철의 기능인력 충원 및 양성", 박기주 외, 『한국 중화학공업화와 사회의 변화』 (대한민국역사박물관, 2014).

정진아, "이승만정권기 경제개발3개년계획의 내용과 성격", 『한국학연구』 31 (2009).

정태석, "87년 체제와 시민사회 이데올로기-가치들의 변화", 『경제와 사회』 117 (2018).

조봉래, "철강 역사 새로 쓴 파이넥스공법", 『과학과 기술』 39-12 (2006).

조윤애, "한국 컴퓨터산업의 과제와 대응방안", 『과학기술정책동향』 5-4 (1995).

조현대, "한국 반도체산업의 기술혁신사례: 국가R&D콘소시엄의 구성·추진을 중심으로", 연구개발정책실 편, 『연구개발 성공사례 분석 (I)』 (과학기술정책관리연구소, 1997).

조형제, "현대자동차의 기민한 생산방식: 또 하나의 베스트 프랙티스?", 『동향과 전망』 93 (2015).

주익종, "대한민국을 부강하게 하다", 한국현대사학회 현대사교양서팀, 『대한민국을 만들다』 (기파랑, 2012).

竹內弘高·野中郁次郎, "신제품개발의 전략과 조직", 今井賢一 편저, 김동열 옮김, 『기술혁신과 기업조직: 일본기업의 사례를 중심으로』 (비봉출판사, 1992).

최상오, "외국원조와 수입대체공업화", 이대근 외, 『새로운 한국경제발전사』 (나남출판, 2005).

최영락, "한국인의 자긍심, 반도체 신화", 서정욱 외, 『세계가 놀란 한국 핵심산업기술』 (김영사, 2002).

최영락, "한국적 기술혁신 모형의 탐색", 최영락 외, 『한국 과학기술 발전의 형태와 방식 분석』 (과학기술정책연구원, 2010).

최영락·이대희·송용일·정윤철, "한국의 기술혁신모형: 새로운 지평을 향하여", 『기술혁신연구』 13-1 (2005).

최영숙, "한국의 섬유공업사 연구" (숙명여자대학교 박사학위논문, 1993).

최윤호, "64km로 시작된 반도체 신화", 김대용 외, 『미래를 설계하는 반도체』 (사이언스북스, 2000).

한국블루오션연구회, "삼성전자, TV를 재정의하다", 김위찬·르네 마보안 지음, 안세민 옮김, 『블루오션 시프트』 (비즈니스북스, 2017).

한만춘, "연세 101 Analog Computer의 발전", 『연세논총』 4-1 (1966).

한기철, "CDMA 이동통신기술 세계 최초 상용화", 연구개발정책실, 『연구개발 성공사례 분석』 (과학기술정책관리연구소, 1997).

허성관, "우리가 몰랐던 참여정부 나라살림: 재정·조세 정책으로 본 국가경영 혁신", 강철규 외, 『경국제민의 길: 참여정부 경제의 겉과 속』(굿플러스북, 2015).

현소은·한민희·예종석, "신화를 창출한 애니콜의 브랜드 전략", 『한국마케팅저널』 5-4 (2003).

현영석, "한국 자동차산업 기술발전에 관한 실증분석: 1962-1986" (한국과학기술원 박사학위논문, 1988).

현영석, "현대자동차의 품질승리", 『한국생산관리학회지』 19-1 (2008).

현영석·김진호, "2000년대 현대자동차 다중위기와 혁신", 『경영경제연구』 38-2 (2016).

홍성인, "한국 조선산업의 글로벌 경쟁과 차별화 전략", 『KIET 산업경제』 2008년 9월호.

홍성주, "한국 과학기술 정책의 형성과 과학기술 행정체계의 등장, 1945~1967" (서울대학교 박사학위논문, 2010).

황정태, "자동차산업의 혁신경로 창출능력", 이공래 외, 『한국 선도산업의 기술혁신경로 창출능력』(과학기술정책연구원, 2008).

황혜란·정재용·송위진, "탈추격 연구의 이론적 지향성과 과제", 『기술혁신연구』 20-1 (2012).

후카가와 히로시, "포항제철소 건설에서의 한일 엔지니어 교류", 김도형·아베 마코토 외, 『한일관계사 1965-2015: II 경제』(역사공간, 2015).

Abernathy, William J. and James M. Utterback, "Patterns of Industrial Innovation", *Technology Review* 80-7 (1978).

Abramovitz, Moses, "Catching Up, Forging Ahead, and Falling Behind", *Journal of Economic History* 46-2 (1986).

Choi, Youngrak, "Korean Innovation Model, Revisited", *STI Policy Review* 1-1 (2010).

Choung, Jae-Yong, Hye-Ran Hwang, and Wichin Song, "Transitions of Innovation Activities in Latecomer Countries: An Exploratory Case Study of South Korea", *World Development* 54 (2014).

Chung, KunMo and KongRae Lee, "Mid-entry Technology Strategy: The Korean Experience with CDMA", *R&D Management* 29-4 (1999).

Cohen, Wesley M. and Daniel A. Levinthal, "Absorptive Capacity: A New Perspective on Learning and Innovation", *Administrative Science Quarterly* 35-1 (1990).

Dahlman, Carl J. and Larry E. Westphal, "Technological Effort in Industrial Development: An Interpretative Survey of Recent Research", Frances Stewart and Jeffrey James eds., *The Economics of New Technology in Developing Countries* (Boulder: Westview Press, 1982).

Dahlman, Carl J., Bruce RossLarson and Larry E. Westphal, "Managing Technological Development: Lessons from the Newly Industrializing Countries", *World Development* 15-6 (1987).

Hobday, Michael, Howard Rush, and John Bessant, "Approaching the Innovation Frontier in Korea: The Transition Phase to Leadership", *Research Policy* 33-10 (2004).

Hounshell, David A., "Rethinking the History of American Technology", Stephen H. Cutcliffe and Robert C. Post eds., *In Context: History and the History of Technology, Essays in Honor of Melvin Kranzberg* (Bethlehem: Lehigh University Press, 1989).

Jeon, Chihyung, "A Road to Modernization and Unification: The Construction of the Gyeongbu Highway in South Korea", *Technology and Culture* 51-1 (2010).

Kim, Dong-Won and Stuart W. Leslie, "Winning Markets or Winning Nobel Prizes? KAIST and the Challenges of Late Industrialization", *Osiris* 13 (1988).

Kim, Linsu, "Stages of Development of Industrial Technology in a Developing Country: A Model", *Research Policy* 9-3 (1980).

Kim, Linsu, "Crisis Construction and Organizational Learning: Capability Building in Catching-up at Hyundai Motor", *Organization Science* 9-4 (1998).

Kim, Linsu, "Building Technological Capability for Industrialization: Analytical Frameworks and Korea's Experience", *Industrial and Corporate Change* 8-1 (1999).

Krugman, Paul, "The Myth of Asia's Miracle", *Foreign Affairs* 73-6 (1994).

Lall, Sanjaya, "Technological Capabilities and Industrialisation", *World Development* 20-2 (1992).

Landsberg, Martin, "Capitalism and Third World Economic Development: A Critical Look at the South Korea Miracle", *Review of Radical Political Economic*, 16-2/3 (1984).

Lee, Jinjoo, Zongtae Bae and Dongkyu Choi, "Technology Development Process: A Model for a Developing Countries with a Global Perspective", *R&D Management* 18-3 (1988).

Lee, Keun and Chaisung Lim, "Technological Regimes, Catching-up and Leapfrogging: Findings from the Korean Industries", *Research Policy* 30-3 (2001).

Lee, Keun, Chaisung Lim and Wichin Song, "Emerging Digital Technology as a Window of Opportunity and Technological Leapfrogging", *International Journal of Technology Management* 29-1/2 (2005).

Leonard-Barton, Dorothy, "Core Capabilities and Core Rigidities: A Paradox in Managing New Product Development", *Strategic Management Journal* 13-2 (1992).

Lucas, Robert E., Jr., "Making a Miracle", *Econometrica* 61-2 (1993).

Pavitt, Keith, "Sectoral Patterns of Technical Change: Towards a Taxonomy and a Theory", *Research Policy* 13-4 (1984).

Perez, Carlota and Luc Soete, "Catching up in Technology: Entry Barriers and Windows of Opportunity", Giovanni Dosi, Christopher Freeman, Richard Nelson, Gerald Silverberg and Luc Soete eds. *Technical Change and Economic Theory* (London: Pinter Publishers, 1988), pp. 458-479.

Song, Sungsoo, "The Historical Development of Technological Capabilities in Korean Steel Industry: The Case of POSCO", *The Korean Journal for the History of Science* 33-2 (2011).

Song, Sungsoo, "Growth and Technological Development of the Korean Shipbuilding Industry", *STI Policy Review* 2-4 (2011).

Teece, David J., "Profiting from Technological Innovation: Implications for Integration, Collaboration, Licensing, and Public Policy", *Research Policy* 15-6 (1986).

Tidd, Joe, John Bessant and Keith Pavitt, *Managing Innovation: Integrating Technological, Market and Organizational Change* (New York: John Wiley & Sons, 1997).

Utterback, James M., *Mastering the Dynamics of Innovation* (Boston: Harvard Business School Press, 1994) [국역: 김인수·김영배·서의호 옮김, 『기술변화와 혁신전략』 (경문사, 1997)].

Utterback, James M. and William J. Abernathy, "A Dynamic Model of Process and Product Innovation", *Omega* 3-6 (1975).

# 索　引

八七体制，252
巴特尔纪念研究所，55
白德贤，98，186
白斗镇，26
白行南，182
白色电话，231
半岛商社，75
北方政策，157，324
北京现代汽车，295
奔腾，228
伯恩斯，118
布拉维亚，308
布里萨，125
财阀，4，69，139，146，190，208，228，
　　253，254，268，275
财政经济部，261
产业复兴五年计划，20，28
产业基地开发促进法，64
陈大济，218，219，220
诚信新材料，177
川崎汽船，112
川崎重工业，115，116，117

船舶海洋技术研究所，192
船舶海洋研究所，192
崔茂盛，119
崔三权，79
崔永洛，2，10，11，287
大德研究园区，65，66
大国家党，271
大韩塑料，54
大韩通信，233，234
大韩造船高等技术学校，37
大韩造船公社，37，109，111，113，114，
　　118，194
大韩制粉，31
大韩重石，92，93
大陆橡胶工业公司，81
大农，165
大平正芳，49
大邱纤维技术振兴院，170
大同造船，195，286
戴维·迪斯汀顿，283
地方分权特别法，276
地缘比较优势，140

| 索引 |

帝人, 73, 80

第一次农业增产五年计划, 27

第一次石油波动, 113

第一个经济开发五年计划, 41, 42, 43, 45, 53, 71, 85, 137, 323

第一合纤, 78, 80, 168, 169

第一制糖, 32

电话交换机, 231

电信, 233, 310

电讯, 239, 311

东海造船, 194

东丽, 73, 74

东芝, 132, 218, 220, 221, 222, 223, 246, 299, 300, 303, 305, 306, 331

泛泰, 312, 313

丰田, 120, 204, 294, 330

凤凰科技, 226

福特, 120, 122, 123, 198

釜山大学, 31

釜山水利造船, 194

富士, 99, 222, 224

高俊植, 100

高丽人参研究所, 65

高丽远洋, 113

高速公路设施公团, 162

高通公司, 240

工业发展法, 150, 151, 179, 255, 324

工业基础技术开发项目, 151

公平交易委员会, 146

光阳钢铁厂, 104, 183, 184, 185, 189, 190, 255

广场协议, 152

归属财产处理法, 21

国防科学研究所, 55

国际化学, 81

国际货币基金组织, 260, 264, 315, 316

国际商社, 83, 84, 173, 175, 328

国家创新体制, 277

国家技术资格法, 65

国家均衡发展委员会, 276

国家重建最高会议, 39

国民年金法, 155

国民投资基金, 63

国民投资基金法, 63

国民政府, 260

国营化学, 54

哈利崔, 55

海太, 32, 165, 266

海外建设促进法, 67

韩宝钢铁, 165, 166

韩国半导体, 132, 133, 134, 207, 212, 216, 217

韩国保健社会研究院, 279

韩国标准研究所, 65

韩国玻璃工业, 35

韩国产业银行, 27, 128, 171

韩国船舶研究所, 65

韩国电信公司, 233

韩国电子通信, 217, 232, 233, 234, 235, 236, 237, 238, 239, 240, 241, 242, 243, 244, 245, 250

韩国电子通信研究所, 216, 255

韩国钢铁, 54, 94, 95, 97, 104, 184, 331

韩国化纤协会, 74, 168

韩国化学研究所, 65, 182

韩国皇冠电子, 131

› 465

韩国火药，225
韩国开发研究院，67，269，279
韩国科学院，79，142，145，327
韩国尼龙，73，77，78
韩国时间，138
韩国水资源开发公司，64
韩国塔科马造船，193
韩国通信，232，234，235，239，246，263，331，332
韩国系统产业，224
韩国纤维产业联合会，81
韩国纤维开发研究院，170
韩国新钢铁技术研究组合，282
韩国烟草研究所，65
韩国移动通信，239，242，243，246
韩国银行，23，28，29，46，166，261
韩国造船协会，292
韩国战争，81，259
韩国重工业，144，263
韩国综合化学，89，263
韩华化学，89
韩华综合化学，180
韩进重工业，194，196，287，288，290，291
韩美，20，23，26，27，32，43，55，277
韩日邦交正常化，50，82，323
韩日会谈，49
韩万春，224
汉拿重工业，194，195，196，286
汉阳大学，31，224，314
汉阳化学，87，88，89，91，92
和平民主党，154
亨克，126
洪成范，74

洪相福，100
湖南石化，180
湖南乙烯，89，179
湖岩自传，208
话通，236，251
黄昌圭，222，300
黄惠兰，11
激光，193，229，307，315
计划造船，113
技术飞跃，257，258
技术开发事业，331
技术能力发展论，5，7
技术依赖，11，199
江原产业，56
姜基栋，133，134
金刚山旅游事业，267
金融监督委员会，261
金融实名制，161，325
金斯顿造船厂，115
金星半导体，216，232，233，236
金星电子，132
金星社，126，129，130，131，132，226，229，231
金星通信，224
金星信息通信，241，246，247
金星制糖，32
锦湖实业，225
经济调整协定，26
经济协助处，23
经济重建促进会，40
俱乐部，2，163
军事革命委员会，39，136
军事政变，39，136
开发贷款基金，27

开发负担金制度, 156
康柏, 228
康泰斯, 73, 74
科技创新, 269
克莱斯勒, 202, 297
蓝黑手机, 313
蓝色电话, 231
乐天化学, 89
乐喜化学, 126
勒芒, 198
雷诺, 292
雷诺三星, 292
李秉喆, 40, 208
李承福, 123
李承奎, 211
李承晚, 20, 36, 322, 323
李大云, 202
李根, 6, 9, 11, 169, 258
李会昌, 259, 260, 271, 272
李基泰, 246, 312
李济民, 165, 316
李健熙, 219, 248, 250, 300, 303, 304, 313
李经植, 159
李琪烈, 234
李仁济, 259, 272
李任成, 209
李荣薰, 25, 45, 140
李润雨, 211, 214
李贤淳, 202, 297
李相哲, 169
李一福, 209, 214
李轸周, 6, 9
李忠九, 123

李钟吉, 209, 211, 212
丽川园区, 89, 179, 180, 328
栗谷事业, 55
联合国, 17, 23, 24, 25, 26, 30, 157
林采成, 9, 258
卢日贤, 202
卢泰愚, 16, 153, 154, 156, 157, 158, 159, 161, 242, 251, 252, 324, 326
卢武铉, 16, 271, 272, 273, 274, 275, 276, 277, 278, 279, 280, 317, 318, 319, 325
路径开拓型, 258, 289
路径实现型创新, 10, 320, 321
罗斯托, 136
马标, 81
马自达, 198
麦迪逊, 267
麦克森电子, 241
美光科技, 210
米尔斯, 203
民主共和党, 56, 57
民主正义党, 153, 154, 159
摩托罗拉, 132, 239, 240, 246, 247, 248, 249, 250, 309, 313, 315, 332
募金运动, 260, 261
耐克, 83, 173, 174
南北共同声明, 57
南北共同委员会, 57
南北共同宣言, 267
南阳综合技术研究所, 292, 295
逆向工程, 126, 142
年综合经济重建计划, 39

› 467

诺基亚, 301, 309, 313

欧宝, 198

帕米利亚, 121

裴基恩, 74

拼图, 12, 124

朴成贤, 202

朴光南, 123

朴恒九, 244

朴泰俊, 95, 96, 105

朴宇熙, 6

朴正国, 202

朴正熙, 3, 4, 12, 16, 33, 38, 39, 40, 41, 43, 44, 47, 48, 49, 50, 51, 53, 55, 56, 57, 58, 59, 60, 66, 68, 69, 71, 88, 95, 127, 136, 137, 138, 143, 144, 145, 146, 150, 159, 231, 315, 323, 324, 326

浦项产业科学研究院, 185

浦项工科大学, 185

浦项制铁, 37, 66, 93, 94, 95, 96, 97, 98, 99, 100, 101, 102, 103, 104, 105, 106, 107, 108, 109, 138, 140, 142, 183, 184, 185, 186, 187, 188, 189, 190, 254, 255, 256, 280, 281, 282, 283, 284, 285, 286, 320, 329, 330

普韦布洛号, 55

齐藤英四郎, 104

巧克力手机, 313

权东七, 177

仁川造船, 194

仁川制铁, 54, 98, 140

日本钢管, 100

日本皇冠, 131

日本技术团, 99

萨尔达尼亚, 284

三白产业, 30

三宝电脑, 225, 226, 229, 329

三和橡胶, 81

三井, 89

三菱, 37, 110, 123, 131, 197, 199, 203, 204, 218, 297

三菱汽车, 123, 125

三美, 165

三星, 9, 89, 113, 118, 130, 131, 133, 134, 135, 136, 144, 180, 182, 190, 191, 207, 208, 209, 210, 211, 212, 213, 214, 215, 216, 217, 218, 219, 220, 221, 222, 223, 224, 230, 234, 241, 245, 246, 247, 248, 249, 250, 254, 255, 256, 257, 258, 266, 287, 288, 290, 298, 299, 300, 301, 302, 303, 304, 305, 306, 307, 308, 309, 311, 312, 313, 314, 315, 331, 332

三星半导体, 134, 135, 221, 299

三星半导体通信, 236

三星电子, 130, 131, 133, 134, 135, 210, 216, 217, 225, 229, 230, 241, 246, 247, 248, 249, 250, 251, 258, 300, 301, 304, 305, 306, 307, 308, 310, 311, 312, 313, 314, 315, 329, 331, 332, 333

三星经济研究所, 155, 183

三星康宁, 131

| 索引 |

三星汽车，292
三星物产，32
三星造船，113
三星重工业，70，71，114，191，192，195，196，287，288，290，291，330
三星综合化学，180
三洋航海，54
三洋收音机，126
闪电事业，55
申永吉，187，282
申璋燮，187
圣达菲，295
市场秩序维持协定，172
是川制铁，36
手机，16，143，245，246，247，248，249，250，251，257，259，300，301，302，309，310，311，312，313，314，318，320，327，332，333
首尔大学，6，7，31，110，132，160，216，227，307
受指导的资本主义，41
双铃，165
双龙汽车，264，292
松下，218，309，332
塔斯卡，24，26
泰光产业，73，77，169
泰光实业，176
陶氏化学，87，89，91
统一国民党，159
统一民主党，154，159
统一主体国民会议，58
投资事业调整委员会，70

土地改革，20，21，322
外汇危机，16，155，165，166，253，259，260，261，263，264，265，266，267，268，270，272，274，286，292，315，316，317，318，325，326
外资管理法，40
外资引进促进法，40
微软，221
未来产业，267，318
蔚山园区，87，90，179，180，328
沃格尔，3
乌拉圭回合，162
吴明，235，243
吴源哲，56，58，59，61，86，136，324
伍德，26，290
武器开发委员会，55
西门子，231
禧玛诺，177
夏普，210，303，305，306，308
仙童，132
鲜京，73，78，79，80，142，169，242，266
鲜京合纤，73，77，78，79，80，142，168，169，170
鲜京化纤，327
现代电子，213，216，217，226，241，247，310
现代发动机，71，113，144，153
现代集团，110，114，267
现代建设，56，67，113，114，266
现代起亚汽车，292，293，294，295，296，297，298
现代汽车，9，114，120，122，140，144，

› 469

197，198，199，200，201，202，203，204，205，206，258，266，292，293，294，295，296，297，318，330，333
现代汽车集团，295，296
现代三湖重工业，194
现代石化，180
现代重工业，71，114，140，190，193，196，266，287，288，290，330，333
现代重工业史，115
乡土预备军，55
新常态，318
新韩公社，18，19，20，21
新韩汽车，144
新行政首都特别法，276
新进工业，120
新进汽车，120，140
新经济论，160
新经济推进委员会，161
新经济五年计划，159，160，161
新君爵，200
新科，123
新民党，57
新民主共和党，159
新千年民主党，271，272
新日本制铁，100，106
新熊彼特主义，6
新一代平板显示器，158，307
新政治国民会议，259
信息通信，158，163，164，224，230，231，236，237，239，241，247，250，251，252，271，278，302，310，311，312，316，319，325，331，332
信用卡，268，273，325
徐廷旭，234，235，236，243
许文道，103
选择性产业政策，51，255
学校供餐法，267
延世大学，224
伊科诺，131
医疗保险法，155
尹韩植，170
英特尔，228，299，300
永昌产业，177
右向右精神，96
月维新，58
越南派兵，50，323
长期经济社会发展展望，67
长期汽车工业振兴计划，121
长期造船工业振兴计划，112
赵东麟，129
真露，165，266
政变，16，144
中韩建交，181
忠北大学，65
忠州肥料，86，87，88，89，91
资源开发研究所，65
自动步枪，55
自由贸易协定，275，276，317，325
自由民主联合，259
自由市场经济，326
最低工资法，155

# 译者后记

近代以来，许多国家都面临两大历史任务：政治上实现民族独立；经济上实现工业化。

朝鲜战争后，韩国开始了工业化历程。从1962年开始，韩国花30年时间完成了工业化，并取得了不可小觑的成就。韩国的成功固然与美国的援助密不可分。但是，一个贫穷落后的小国从摆脱殖民统治、实现民族独立，到走上现代工业化道路，用短短几十年的时间，就走完了传统强国几百年走的路，这一路的艰难，国家、百姓的付出，必定是难以想象的。

《韩国现代化之路：工业化和技术革命》将经济史与技术史相结合，审视了韩国企业与整个经济的动态变迁，探讨韩国在重化工业、轻化工业、尖端技术等领域的技术发展路径，并展示了相关领域的技术发展案例，系统总结了韩国作为后发经济体成功追赶先发经济体的理论与实践。

本书客观阐述了韩国现代化的发展历史。对中国和其他发展中经济体的产业转型升级和创新战略的制定有参考和启示的成分。同时，我们可以通过对比，看清我们正在走的路和以后我们将要走的路，提醒我们发展没有捷径可走，必须一步一个脚印。

第一次接触工业、科技类书籍的翻译，心中不免有些忐忑。传统上，翻译与文学的关系最为亲密。说起翻译，许多人首先想到的是"文笔""文采"。近年来随着信息交流的发展，实用型文本尤其是科技文献的翻译越来越显得重要，各种类型的翻译百花齐放，为翻译工作注入了新的生机，也提出了挑战。从接到出版社通知之日起，我们团队就着手准备工作。整个翻译过程可以大致分为译前准备、翻译执行和译后审校三个阶段。译前准备阶段，团队成员首先广泛查阅文献、收集资料，对原著背景、作者背景、原著所论述的领域进行了充分了解，尽力避免因不懂而"硬译"或者"想当然"的情况发生。之后，团队分章节通读全文，全面把握原著的内容、行文特点、原文体例结构、写作风格等，并在阅读过程中预设翻译难点。《韩国现代化之路：工业化和技术革命》一书出现了大量的专有名词和科技术语等，并附有术语索引表，论述内容客观标准，逻辑清晰。经讨论，团队一致认为首先应将专有名词和科技术语作为翻译重难点，由此在之后的细读过程中，更是着重对其进行了标注和整理，力求翻译之信。翻译执行过程着眼于最大程度还原原文，保障译文的准确性，同时注重译文语言表达的流畅性和逻辑性，还特别关注了译文行文是否符合译入语表达习惯的问题。译后审校也是整个翻译过程中不容忽视的重要一环，能够进一步提高和保障译文翻译质量。我们深知，像原作一样，没有一个译本不会留下遗憾，翻译作为一种"再创造"，不可避免得带进译者理解上或疏忽上的错误。全书在翻译完成后，自校两次，又反复翻阅检查多次，尽力将瑕疵降到最低。尽管如此，在最终译稿交付后，出版社的编辑老师仍然发现和纠正了不少不当之处。经过进一步的共同讨论，对全书的专业名词、术语等的译法再次进行了进一步的标准化和统一化，使译文的规范性和准确性得到进一层的提高和保证。

这部著作的翻译看起来似乎不要求我们有极高的文学造诣，但这并不意味着可以放低翻译要求，甚至可以说，无论从逻辑的严密、歧义的避免上，还是背景知识的理解和术语的准确性上，这部著作的翻译都对我们提出了更高的要求。为顺利完成翻译，我们团队从最初就确立了责任和使命意识，牢记翻译时应像一名科技工作者那样，严谨、细致、有耐力、有规划。在此，感谢全团队成员和编辑老师的共同努力，期冀在我们的共同努力下，通过对该著作的翻译与介绍，为现代韩国科技的研究和世界工业化发展史研究提供翔实的资料，也为我国科技建设提供借鉴。同时，能够为广大科技领域研究韩国问题的学者提供一个了解韩国历史的新视窗。

恳望细心的读者在阅读期间把发现的或者有所怀疑的问题及时反馈给我们或出版社，这将是对我们翻译工作的鞭策，也是我们改进的重要动力。

李姗　李莹

2023.2.20